高等学校土木工程专业"卓越工程师"教育"十二五"规划教材
普通高等教育土木工程专业指导性规范配套"十二五"规划教材

建筑工程经济

主　编　姜　慧　陈晓红
副主编　王　霞　王　蕾　白玉萍

武汉理工大学出版社
·武　汉·

内容提要

本书主要研究建筑工程经济的基本原理、程序及方法。通过本课程的学习，学生能够了解建筑工程经济的基本理论，掌握建筑工程经济分析的基本原理和方法，并进行方案的评判选择。

本书内容包括：绪论；建筑工程经济分析的基本要素；现金流量与资金时间价值；建设项目经济评价方法；建设项目多方案经济性评价；建设项目不确定性分析与风险分析；设备更新经济分析；价值工程；建设项目可行性研究；建设项目财务分析；建设项目国民经济评价；建设项目后评价。书末附有某建设项目可行性研究报告案例。

本书根据注册造价工程师和造价员对工程经济相关知识素质要求，以体现应用特色为目标，以培养学生建筑工程经济应用能力为出发点，在内容上将基础理论与工程实践紧密结合，加强应用算例内容，强化学生的实际应用技能培养，方便案例教学，以提高学生学习的积极性，培养学生的自学能力和实际分析解决问题的能力。本书体系完整、内容全面、思路清晰、案例丰富、难易适当，既可作为相关专业学生的教材，还可作为工程经济管理人员的工作参考书。

图书在版编目(CIP)数据

建筑工程经济/姜慧，陈晓红主编. —武汉：武汉理工大学出版社，2014.8(2018.8 重印)
ISBN 978-7-5629-4196-5

Ⅰ.①建… Ⅱ.①姜… ②陈… Ⅲ.①建筑工程 Ⅳ.①F407.9

中国版本图书馆 CIP 数据核字(2014)第 188324 号

项目负责人：高 英 汪浪涛 戴皓华　　**责任编辑**：汪浪涛
责任校对：王 毓　　**装帧设计**：一 尘
出版发行：武汉理工大学出版社
地　　址：武汉市洪山区珞狮路 122 号
邮　　编：430070
网　　址：http://www.techbook.com.cn
经　　销：各地新华书店
印　　刷：湖北丰盈印务有限公司
开　　本：787×1092　1/16
印　　张：20.5
字　　数：512 千字
版　　次：2014 年 8 月第 1 版
印　　次：2018 年 8 月第 3 次印刷
定　　价：40.00 元

凡购本书，如有缺页、倒页、脱页等印装质量问题，请向出版社发行部调换。
本社购书热线电话：027-87515778　87515848　87785758　87165708(传真)

前　言

“建筑工程经济”是土木工程专业、工程管理专业、工程造价专业的一门主要专业课程，该课程旨在培养和提高学生从事建筑工程技术经济分析和评价的能力，本书正是为了满足这一要求而编写的。

建筑工程经济是研究技术与经济的关系以及国际活动规律的科学，它是利用经济学的理论和方法，研究如何有效配置各种技术资源，进行技术和经济最佳组合的综合性学科。

本教材在内容的选取上体现了应用型本科人才培养所遵循的“适理论、强实践”的原则，在进行理论研究的基础上，结合注册工程师执业资格考试中对建筑工程经济知识的要求，侧重于提高学生的建筑工程经济应用能力，同时又使学生具有一定的可持续发展性。在编写过程中努力保证全书的系统性和完整性，所选的内容体现实用性、可应用性。为使学生在学习过程中能真正掌握各种分析方法，培养学生独立分析和解决问题的能力，在进行了理论讲解后还配有适量的例题，进行案例教学。

全书共分为 12 章，由姜慧、陈晓红任主编，王霞、王蕾、白玉萍任副主编，由姜慧统稿。其中第 1、4、6、8、10 章及附录 A、附录 B 由徐州工程学院姜慧编写，第 2、12 章由徐州工程学院白玉萍编写，第 3 章由西安欧亚学院王霞编写，第 5 章由徐州工程学院姜慧与白玉萍编写，第 7、11 章由湖北工业大学陈晓红编写，第 9 章、案例由石河子大学王蕾编写。本书在编写过程中，参阅了许多专家和学者的论著，殷惠光、李梁、肖跃军、张选、韩栋梁、乔磊、房荣对本书的编写提出了很多的宝贵意见并提供了有益的帮助，作者在此表示衷心的感谢。

由于编者的水平所限，不足之处在所难免，敬请广大读者批评指正。

编　者
2014 年 6 月

目　录

1 绪　论

内容简介：本章主要介绍基本建设的内容、作用、程序以及建筑业的特点和发展现状。让学生熟悉建筑工程经济研究的内容、特点及发展，了解建筑工程经济分析的意义、步骤和基本原则。

教学要求：要求学生了解基本建设的内容、建筑业的概念及发展现状，熟悉建筑工程经济的研究内容、特点和基本原则，理解建筑工程与经济的关系及建筑工程经济的分析方法。

知识链接：了解建筑工程的基础程序及相关知识。

1.1 基本建设

1.1.1 基本建设的内容与作用

1.1.1.1 基本建设的概念

基本建设一词是俄文(капитальное строительство)的意译，源自于前苏联对增添固定资产的建设活动的称呼，相当于西方国家的“固定资本投资”(Fixed Capital Investment)，用以说明社会主义经济中基本的、需要耗用大量劳动和资金的固定资产的建设，以区别于流动资产的投资和形成过程。但西方国家的固定资本投资不区分哪些是简单再生产，哪些是扩大再生产。

我国的基本建设主要是指社会主义国民经济中投资进行建筑、购置和安装固定资产的经济活动以及与此相联系的其他经济活动。通过新建、扩建、改建和设备更新改造来实现固定资产的简单再生产和扩大再生产。

固定资产的更新改造在比较长的时间里不包括在基本建设的范围内。1981 年国家决定，从 1982 年起把基本建设投资和更新改造投资统一纳入固定资产投资计划中。

基本建设是形成固定资产的生产活动。固定资产是指在其有效使用期内重复使用而不改变其实物形态的主要劳动资料，它是人们生产和活动的必要物质条件，是一个物质资料生产的动态过程，这个过程概括起来，就是将一定的物资、材料、机器设备通过购置、建造和安装等活动把它转化为固定资产，形成新的生产能力或使用效益的建设工作。

地理学范畴的基本建设是指以扩大生产能力或新增工程效益为主要目标的新建、扩建工程及有关工作，是以投资形式来实现的固定资产再生产，也是落实项目布局的最终环节。

1.1.1.2 基本建设的内容

基本建设是物质资料生产的动态过程，它通过购置、建造、安装等活动，将一定的物资、材料、机器设备转化为固定资产，形成新的生产能力或使用效益。其基本内容包括建筑工程、设备安装工程、设备购置、勘察与设计、其他基本建设工作等。

(1)建筑工程。包括永久性和临时性的建筑物、构筑物、设备基础的建造，以及照明、水卫、暖通等设备的安装，建筑场地的清理、平整、排水，竣工后的整理、绿化，以及水利、铁路、公路、桥梁、电力线路、防空设施等的建设。

(2)设备安装工程。包括生产、电力、起重、运输、传动、医疗、实验等各种机器设备的安装,与设备相连的工作台、梯子等的装设,附属于被安装设备的管线敷设和设备的绝缘、保温、油漆等,安装设备的测试盒无负荷试车等。

(3)设备购置。包括一切需要安装和不需要安装的各种机械设备、电器设备和工具、器具的购买以及加工制作。

(4)勘察与设计。包括地质勘探、地形测量以及工程设计方面的工作。

(5)其他基本建设工作。指除上述内容以外的基本建设工作,包括机构筹建、土地征用、职工培训及其他生产准备工作。

1.1.1.3 基本建设的作用

基本建设是国民经济的组成部分,在整个国民经济中占有重要地位,对经济发展起着主导的、决定性的作用。

(1)提供、提高生产能力和效益的发动机

基本建设通过资本和劳动的投入,维持简单再生产,不断增强扩大再生产的物质技术基础,满足扩大再生产的需求,为国民经济各部门提供越来越多的生产能力(或效益),是国民经济发展的发动机。

(2)调整产业结构,合理配置生产力的调节器

一个国家或地区在不同的经济发展时期,具有不同的产业结构特征。这就要求基本建设投资遵循产业结构演进的一般规律和一定时期的变化趋势,在各部门、各行业之间进行资源的合理配置,调整和优化产业结构,进而推动经济增长。同理,一个国家或地区的空间发展也是不平衡的,为了充分发挥区域优势,通常以能推广应用先进的产业技术、能获得最佳经济效益为理念,进行各个地区、各个行业的产业结构调整,合理配置生产力,依靠基本建设投资在区域上的分布来实现生产力的合理布局,从而促进区域实现合理平衡的发展。因此,通过基本建设可改变国民经济的重大比例关系,可以调节产业和部门结构及生产力的地区分布,促进国民经济的发展。

(3)是促进社会生产发展和提高人民生活水平的重要保障

基本建设为社会提供住宅和科研、文教、卫生设施以及城市基础设施,改善人民物质文化生活条件,为提高人民生活质量等方面提供了有力的保障。

1.1.2 基本建设的分类与程序

1.1.2.1 基本建设的分类

基本建设项目种类繁多,为了计划和管理的需要,建设项目可以从不同角度进行分类。

(1)按建设的性质分为新建项目、扩建项目、改建项目、迁建项目和恢复项目。

①新建项目:是指从无到有或新增固定资产的价值超过原有固定资产价值3倍以上的建设项目。

②扩建和改建项目:是在原有企业、事业、行政单位的基础上,扩大产品的生产能力或增加新的产品生产能力,以及对原有设备和工程进行全面技术改造的项目。

③迁建项目:是指原有企业、事业单位,由于各种原因,经有关部门批准搬迁到另地建设的项目。不论其建设规模是否维持其原有规模,都是迁建项目。

④恢复项目:是指对由于自然、战争或其他人为灾害等原因而遭到毁坏的固定资产进行重建的项目。包括按原来规模恢复建设以及在恢复的同时进行扩充建设的部分。

(2)按建设项目的用途分为生产性基本建设和非生产性基本建设。

①生产性基本建设是指直接用于物质生产和直接为物质生产服务的建设项目,包括工业建设、建筑业和地质资源勘探事业建设、邮电运输建设、农林水利建设等。

②非生产性基本建设是指用于满足人民物质和文化生活需要的项目的建设,包括住宅、文教和卫生设施建设、科学实验研究建设、公用事业建设、金融保险业的建设以及其他建设等。

(3)按建设规模和对国民经济的重要性,分为大型、中型、小型项目。新建项目按项目的全部设计规模(生产能力)或所需投资(总概算)计算。扩建项目按扩建新增的设计生产能力或扩建所需投资(扩建总概算)计算,不包括扩建以前原有的设计生产能力。对于工业建设项目和非工业建设项目的大、中、小型划分标准,国家相关部门有明确规定。生产单一产品的工业企业,其规模按产品的设计生产能力进行划分。如:水泥厂,年产量100万吨以上的为大型项目;20万吨～100万吨(特种水泥5万吨以上)为中型项目;20万吨(特种水泥5万吨以下)以下为小型项目。生产多种产品的工业企业,按其主要产品的设计生产能力划分;产品种类繁多,不好按产品设计生产能力划分的,则按全部投资额划分。如其他建材行业,总投资2000万元以上为大型项目,总投资1000万元～2000万元为中型项目;总投资1000万元以下为小型项目。

一个建设项目,只能是属于大、中、小型项目中的一类。大、中型项目是国家重要的工程项目,对国民经济的发展具有重要意义。

(4)按项目的投资来源,可划分为政府投资项目和非政府投资项目。

任何社会的总投资都是由政府投资和非政府投资两大部分构成的。

①政府投资指政府为了实现其职能,满足社会公共需要,实现经济和社会发展战略,投入资金用以转化为实物资产的行为和过程。

②非政府投资是指企业、集体单位、外商和私人投资兴建的工程项目。这类项目一般均实行项目法人责任制。对于企业不使用政府投资建设的项目,一律不再实行审批制,区别不同情况实行核准制或登记备案制。

(5)按项目建设过程,可划分为筹建项目、施工项目、建成投产项目、收尾项目。

①筹建项目:指尚未开工,正在进行选址、规划、设计等施工前各项准备工作的建设项目。

②施工项目:指报告期内实际施工的建设项目,包括报告期内新开工的项目、上期跨入报告期续建的项目、以前停建而在本期复工的项目、报告期施工并在报告期建成停产或停建的项目。

③建成投产项目:指报告期内按规定设计的内容,形成设计规定的生产能力(或效益)并投入使用的建设项目,包括部分投产项目和全部投产项目。

④收尾项目:指已经建成投产和已经组织验收,设计能力已全部建成,但还遗留少量尾工需继续进行扫尾的建设项目。

(6)按项目工作阶段划分为项目决策阶段、项目计划设计阶段、项目实施控制阶段、项目完工交付阶段。

①项目决策阶段。在这一阶段中,人们提出一个项目的提案,并对项目提案进行必要的机遇与需求分析和识别,然后提出具体的项目建议书。在项目建议书或项目提案获得通过以后,需要进一步开展不同详细程度的项目可行性分析,最终做出项目方案的抉择和项目的决策。

②项目计划设计阶段。在这一阶段中,人们首先要为已经决策要实施的项目编制各种各样的计划(针对整个项目的工期计划、成本计划、质量计划、资源计划和集成计划等)。同时,还需要进行必要的项目设计工作,以全面设计和界定项目,并且还要拟定项目各阶段所需要开展的工作,提出有关项目产出物的全面要求和规定。

③项目实施控制阶段。在这一阶段中,人们开始实施项目。在项目实施的同时,人们要开展各种各样的控制工作,以保证项目实施的结果与项目设计、计划的要求和目标相一致。

④项目完工交付阶段。项目还需要经过一个完工交付的工作阶段才能够真正结束。在项目的完工交付阶段,人们要对照项目定义和决策阶段提出的项目目标和项目计划设计阶段所提出的各种项目要求,首先由项目团队全面检验项目的整个工作和项目的产出物,然后由项目团队向项目的业主或用户进行验收和移交工作,直至项目的业主或用户最终接受了项目的整个工作和工作结果,项目才算最终结束。

1.1.2.2 基本建设的程序

基本建设是现代化大生产,一项工程从计划建设到建成投产,要经过许多阶段和环节,客观规律性很强。这种规律性,与基本建设自身所具有的技术经济特点有着密切的关系。为了保证建设项目决策正确、建设顺利,实现预期目标,提高投资效果,必须遵循基本建设程序。

(1)基本建设程序的含义

基本建设程序是对基本建设项目从酝酿、规划到建成投产所经历的整个过程中的各项工作开展先后顺序的规定。它反映工程建设各个阶段之间的内在联系,是从事建设工作的各有关部门和人员都必须遵守的原则。任何项目的建设过程,一般都要经过计划决策、勘察设计、组织施工、验收投产等阶段,每个阶段又包含着许多环节。这些阶段和环节有其不同的工作步骤和内容,它们按照自身固有的规律,有机地联系在一起,并按客观要求的先后顺序进行。

(2)基本建设程序的内容

现行的基本建设程序分为7个主要阶段,分别是:项目建议书阶段、可行性研究报告阶段、设计工作阶段、建设准备阶段、建设施工阶段、竣工验收阶段和项目后评估阶段。这些阶段和环节各有其不同的工作内容。

①项目建议书阶段

项目建议书是建设单位向国家提出的要求建设某一建设项目的建议文件,即投资者对拟兴建项目的建设必要性、可行性以及建设的目的、要求、计划等进行论证并写成报告,建议上级批准。

②可行性研究报告阶段

项目建议书一经批准，即可着手进行可行性研究，对项目在技术上是否可行、经济上是否合理进行科学分析和论证。可行性研究报告阶段主要包括进行可行性研究、可行性研究报告的编制、可行性研究报告审批等环节。详细内容见第 9 章建设项目可行性研究。

③设计工作阶段

设计是对拟建工程的实施在技术上和经济上所进行的全面而详尽的安排，是建设计划的具体化，是组织施工的依据，是整个工程的决定性环节，它直接关系着工程质量和将来的使用效果。可行性研究报告经批准后的建设项目可通过招投标选择设计单位，按照已批准的内容和要求进行设计，编制设计文件。如果初步设计提出的总概算超过可行性研究报告确定的总投资估算 10%以上或其他主要指标需要变更时，要重新报批可行性研究报告。

④建设准备阶段

项目在开工建设之前要切实做好各项准备工作，主要内容有：征地、拆迁和场地平整；完成施工用水、电、路；组织设备、材料订货；准备必要的施工图纸；组织施工招标，择优选定施工单位。项目在报批开工之前，根据批准的总概算和建设工期，合理编制建设项目的建设计划和建设年度计划，计划内容要与投资、材料、设备相适应，配套项目要同时安排，相互衔接。

⑤建设施工阶段

建设项目经批准开工建设，项目即进入了施工阶段，建设工期从开工时算起。项目开工时间，是指建设项目设计文件中规定的任何一项永久性工程第一次破土、正式打桩的时间。

施工项目投产前进行的一项重要工作是生产准备。它是项目建设程序中的重要环节，是衔接基本建设和生产的桥梁，是建设阶段转入生产经营的必要条件。建设单位应当根据建设项目或主要单项工程生产技术的特点，适时组成专门班子或机构，做好各项生产准备工作，如招收和培训人员、生产组织准备、生产技术准备、生产物质准备等。

⑥竣工验收阶段

竣工验收是工程建设过程的最后一环，是全面考核建设成果、检验设计和工程质量的重要步骤，也是项目建设转入生产或使用的标志。通过竣工验收，一是检验设计和工程质量，保证项目按设计要求的技术经济指标正常生产；二是有关部门和单位可以总结经验教训；三是建设单位对验收合格的项目可以及时移交固定资产，使其由建设系统转入生产系统或投入使用。凡符合竣工条件而不及时办理竣工验收的，一切费用不准再由投资中支出。

⑦项目后评估阶段

建设项目后评估是工程项目竣工投产、生产运营一段时间后，对项目的立项决策、设计施工、竣工投产、生产运营等全过程进行系统评价的一种技术经济活动，通过建设项目后评估达到肯定成绩、总结经验、研究问题、吸取教训、提出建议、改进工作、不断提高项目决策水平和投资效果的目的。

工程建设是社会化大生产，有其内在的客观规律。上述程序中，以可行性研究报告得以批准作为一个重要的“里程碑”，通常称之为批准立项，此前的建设程序可视为建设项目的决策阶段，此后的建设程序可视为建设项目的实施阶段。大、中型和限额以上建设项目建设程序如图 1.1 所示。

图 1.1　大、中型和限额以上的建设项目建设程序示意图

1.2　建　筑　业

1.2.1　建筑业的含义及范围

1.2.1.1　建筑业的含义

建筑业是我国重要的支柱产业之一。建筑业是以建筑产品生产为对象的物质生产部门，是国民经济体系中专门从事土木工程及附属设施的建造，线路、管道和设备的安装以及装饰装修活动的行业。其产品是各种工厂、矿井、铁路、桥梁、港口、道路、管线、住宅以及公共设施的建筑物、构筑物和设施。

1.2.1.2　建筑业的特征

建筑业的特征是由建筑产品和建筑生产的特点决定的。和其他工业产品相比，建筑产品具有以下特点：建筑产品的多样性和生产的单件性；建筑产品的固定性和生产的流动性；建筑产品体积庞大，生产周期长，消耗多，生产受气候影响较大；建筑产品销售的特殊性，不是实物形态在空间上的转移，而是权益的转换。这些特点使得建筑业具有以下特征：

①建筑业属于劳动密集型行业。

②建筑业的物质资源消耗量大。

③建筑业受国家经济政策（生产需求）影响大。

④建筑业与环境密切相关。

⑤建筑业的人力雇佣以项目为中心。

⑥建筑业生产零散。

⑦建筑业进入的障碍小。

1.2.1.3　建筑业的范围

根据国民经济行业分类国家标准《国民经济行业分类》(GB/T4754—2011)，将国民经济行业划分为以下19个门类：农、林、牧、渔业，采矿业，制造业，电力、燃气及水生产和供应业，建筑业，批发和零售业，交通运输、仓储和邮政业，住宿和餐饮业，信息传输、软件和信息技术服务业，金融业，房地产业，租赁和商务服务业，科学研究和技术服务业，水利、环境和公共设施管理业，居民服务、修理和其他服务业，教育、卫生和社会工作业，文化、体育和娱乐业，公共管理、社会保障和社会组织，国际组织。

其中，将建筑业进一步划分为房屋建筑业(指房屋主体工程的施工活动，不包括主体工程施工前的工程准备活动)、土木工程建筑业(包括铁路、道路、隧道和桥梁工程建筑，水利和内河港口工程建筑，海洋工程建筑，工矿工程建筑，架线和管道工程建筑，其他土木工程建设)、建筑安装业(包括电气安装、管道和设备安装、其他建筑安装业)、建筑装饰和其他建筑业(包括建筑装饰业、工程准备活动、提供施工设备服务、其他未列明建筑业等)。

1.2.2　建筑业在国民经济中的地位和作用

建筑业属于第二产业，是一个独立的物质生产部门，生产独具特色的建筑产品，具有区别于其他部门的技术经济特点，拥有健全的管理机构和稳定的生产队伍，是我国的支柱产业。

(1)建筑业为国民经济各部门提供物质基础

现代建筑对于人类来说，不仅仅是赖以生存的基础，还更多地表现出政治、社会、文化、经济对人类的交互作用，是人民生活的重要物质基础，是人类为社会创造价值的场所，也是人类自身发展的环境。改革开放以后，我国建筑业发展迅速，其产品转给使用者以后，就形成各种生产性和非生产性的固定资产，长江三峡水利枢纽、青藏铁路、京沪高速铁路、苏通跨江大桥和杭州湾跨海大桥、北京奥运会场馆、上海世博会场馆等一大批高精尖工程的顺利竣工和投入使用，为我国的经济建设、国防建设、文化建设和民生改善发挥了巨大作用。

(2)建筑业在国民经济中占较大比重

建筑业作为国民经济的重要物质生产部门与整个国家经济的发展、人民生活水平的改善有着密切的关系。根据建筑业历年统计数据显示，随着国民经济的快速增长，固定资产投资率逐年提高，在每年国家和社会的固定资产投资中，有3/5～3/4是由建筑业来完成的。建筑业增加值平稳上升，扣除价格因素，年均增长12%左右。建筑业增加值在GDP总量排序中，长期稳步居于国民经济各产业部门的前6位。建筑业的快速发展，大大改善了城乡面貌和人民居住环境，加快了城镇化进程，带动了相关产业发展，成为拉动国民经济快速增长的支柱产业。

(3)建筑业提供大量就业机会，税收贡献突出

我国建筑业不断推进结构调整和产业升级，加快转变增长方式，规模不断扩大，支柱地位日益凸显，为转移农村富余劳动力、增加农民收入发挥了重要作用。目前，建筑业的从业人员已达到4100多万人，约占全社会从业人员的5%，至少直接影响到全国1亿多人口的生存和生活质量。建筑业不仅直接拉动了国民经济增长，同时吸纳了城镇化及农村结构调整所转移的大量劳动力，缓解了就业压力，有力地支持了社会主义新农村建设和“三农”问题

的解决。根据国家相关部门统计，建筑业接纳了农村接近1/3的富余劳动力就业。此外，建筑业利税总额增加明显，建筑业每年向国家财政提供的利税数在国家财政收入中占到10%～30%的比重，在一些地区成为本地财政的支柱性财源，增加值占到GDP的10%～15%，税收贡献突出，为经济的发展和人员就业做出了重要贡献。

(4)建筑业前后关联度大，能带动许多相关产业的发展

在整个国民经济中，没有一个部门不需要建筑产品，而几乎所有的部门也都向建筑业提供不同的材料、设备、生活资料、知识或各种服务。建筑业的发展带动了相关产业的发展和繁荣，促进了建材工业、冶金工业、木材及木材加工业、有色金属制造业、化工、轻工、电子、森工、运输等50多个相关产业的发展。

(5)建筑业创汇能力逐年增强，潜力巨大

随着我国建筑经济的发展以及改革开放的不断深入，我国在国际建筑承包市场中也具有很大的潜力。通过走向国际承包市场，既能发展经济、扩大影响，又可以带动资本、技术、劳务、设备及商品输出创收外汇。建筑业对外承包和劳务合作有一定的实力，入选全球最大225家国际承包商的中国公司逐步增加，2012年已经达到52家，这52家对外承包工程企业国际营业额总和为627.08亿美元，占225强国际市场营业额总和的13.84%。建筑业为国家出口创汇工作做出了不可磨灭的贡献。因此，国家将建筑业作为国民经济重要支柱产业之一，加以引导、扶持。

(6)建筑业对国民经济发展有一定的调节作用

由于建筑业在国民经济中的特殊地位，在市场经济条件下，它最能灵敏地反映国民经济的繁荣和萧条。当国民经济各个行业处于繁荣期时，全社会对固定资产和住宅消费的需求增加，建筑业同样处于兴旺时期；当国民经济处于萧条期时，建筑业的任务来源减少，从而处于衰落时期。前已述及，建筑业对整个国民经济可产生很大的相关效应，因而当国民经济处于萧条期时，可以通过扩大国家对公共事业的投资，如市政工程、高速公路等，使建筑业不要衰落下去，这样也就刺激了与建筑业密切相关的行业的发展，从而引起对其他行业需求的螺旋式增长，反之，当国民经济出现过热现象时，国家可通过压缩公共投资规模，取消对住宅消费的优惠政策等措施，抑制建筑业的发展，从而也就抑制了其他行业的发展，使国民经济走上稳定发展的轨道。我国实行的是社会主义市场经济，建筑业对国民经济的这种调节作用是通过扩大或压缩固定资产投资规模来实现的。

(7)建筑业可以吸收大量的消费资金。当人民生活水平提高到一定程度时，社会消费资金会有较大幅度的增加。许多国家的经验都表明，把社会消费资金(包括储蓄)吸引到住宅消费上来是一个两全齐美的办法。这样一方面为社会消费资金提供了良好的出路；另一方面也为建筑业提供了大量的生产资金，从而达到引导消费、调整消费结构、促进生产的效果。

总之，建筑业的发展是市场经济发展的必然要求；是完善我国建筑业产业结构的必然要求；是规范我国建筑业市场秩序，促进我国建筑业良性发展的必然要求；是缓解城镇就业压力、分流农村富余劳动力，实现社会和谐发展的必然要求。因此，国家有关部门在保持国有建筑经济的控制力的同时，应积极规范市场秩序，完善相关政策、法规，鼓励、引导建筑经济的发展。同时，对其发展要按照市场经济及建筑业的发展规律制定长远规划，实行总量控制，不能一哄而上、无序进行。

1.2.3 建筑业和固定资产投资、房地产业的关系

1.2.3.1 建筑业和固定资产投资的关系

(1)两者联系密切。固定资产投资是建造和购置固定资产的经济活动,投资额是以货币表现的工作量,它是反映固定资产投资规模、速度、比例关系和使用方向的综合性指标,其实质是指国民经济各部门固定资产再生产的投资活动;固定资产投资活动包括项目立项、可行性研究、筹措资金、购置土地、组织设计、购置设备、施工发包、安装调试、竣工验收、试运行等多个环节。固定资产投资为建筑业提供市场,固定资产投资多数都要依靠建筑业完成。

(2)两者区别明显。详见表1.1。

表1.1 建筑业和固定资产投资的区别

区　别	建　筑　业	固定资产投资
活动的性质不同	物质生产活动,创造新的价值	非生产性的投资管理活动,通过建筑业的活动实现固定资产的再生产
任务不同	为社会提供更多更好的建筑产品,满足人们日益增长的物质和文化需要,并取得盈利	合理分配和使用资金,选择最佳投资方案,实现固定资产的再生产
在市场经济中的角色不同	建筑产品的生产者和经营者	投资者,建筑产品的使用者、购买者

1.2.3.2 建筑业与房地产业的关系

(1)两者之间的联系。房地产业是指从事房地产开发、经营、管理和服务的行业。房地产业为建筑业提供市场,建筑业完成房地产业的投资活动。

(2)两者之间的区别,详见表1.2。

表1.2 建筑业与房地产业的区别

区　别	建　筑　业	房地产业
性质不同	是国民经济的一个重要物质生产部门,主要任务是生产和销售建筑产品,属于第二产业	是国民经济流通领域的一个部门,主要任务是开发房地产、经营房地产商品,属于第三产业
活动目的不同	为社会生产更多更好的建筑产品,满足国民经济各部门对固定资产再生产的需求和人们对房屋建筑的需要并取得盈利	通过房地产投资,开发经营房地产商品,在满足社会对房地产商品需求的同时获得盈利
在市场经济中的角色不同	在房地产投资形成的建筑市场交易中,是建筑产品的生产者和销售者	在房地产投资形成的建筑市场交易中,是建筑产品的投资者、购买者;在房地产市场交易中与建筑业无关,而是开发商和房屋的最终用户进行的商品交易

1.2.4 国内外建筑业的发展趋势

1.2.4.1 我国建筑业的发展趋势

建筑业是国民经济的重要物质生产部门,它与整个国家经济的发展、人民生活的改善有着密切的关系。经过30多年的改革开放,我国建筑业呈现出全新的面貌,行业取得了全方位的进步。1978年以来,建筑市场规模不断扩大,固定资产投资规模仍在高速增长,建筑业增加值

占国内生产总值的比重从3.8%增加到了7.0%,成为拉动国民经济快速增长的重要力量。

未来50年,中国城市化率将提高到76%以上,城市对整个国民经济的贡献率将达到95%以上。都市圈、城市群、城市带和中心城市的发展预示了中国城市化进程的高速起飞,也预示了建筑业更广阔的市场即将到来。据有关机构不完全统计,2013年至2020年,中国建筑业总产值将增长130%。建筑行业的高速发展也带动了相关产业的发展,大幅提高了我国的综合国力和人民的生活水平,为全面建成小康社会提供了广阔的空间。

1.2.4.2 国际建筑业的发展趋势

20世纪50年代至80年代末,国际建筑市场经历了一个比较完整的景气指数循环,目前正在进入第二个景气指数循环的快速增长阶段,全球建筑市场价值约7.5万亿美元,占全球GDP的13.4%。据英国权威媒体统计报告显示:"建筑业从未出现过像这样超越GDP增幅的迅速增长。这种增长得到了中国和印度两大新兴的超级大国和美国建筑业反弹的支持。"《2020年全球建筑业》(*Global Construction* 2020)的报告是一项重要的全球建筑业研究,得到了全球咨询公司普华永道(PwC)的支持,该报告预测,到2020年,全球建筑业的产值将从现在的7.5万亿美元增至12万亿美元,增幅达到67%,建筑业将占全球GDP的14.6%。这份报告显示,全球建筑业将在未来十年中花费总计97.7万亿美元的资金。

中国作为最大的发展中国家,2013年的建筑市场规模接近10万亿元人民币,到2015年将达到12万亿元。2015年,全球将出现23座人口超过1000万的特大城市,这将极大地推动建筑业全球化,并为传统建造商之间的战略整合提供机会。

中国和印度将推动新兴市场的增长,人口增加、迅速城市化和经济增长强劲将成为推动建筑业发展的重要力量。受到刺激消费推动的中国已经在2010年超越美国,成为全球最大的建筑市场。中国建筑市场的规模到2020年将增至2.5万亿美元,在全球建筑业中占据21%的份额。

Global Construction 2020预测,印度将取代日本,到2018年成为全球第三大建筑市场。美国将出现明显的周期性反弹,住宅和非住宅建筑细分行业都将在短期内实现两位数的增长。

到2020年,中国、美国、印度、印度尼西亚、加拿大、澳大利亚和俄罗斯这七个国家将在全球建筑业增长中占据三分之二的份额。可见,建筑业未来的发展前景非常广阔,具有巨大的发展空间。

1.3 工程经济学的产生与发展

1.3.1 国外工程经济学的产生与发展

工程经济学的产生至今有100多年的历史,已经成为较为成熟的应用经济学的学科之一。1887年,美国的土木工程师惠灵顿(A. M. Wellington)出版的著作《铁路布局的经济理论》是其诞生的标志。书中首次将成本分析方法应用于铁路最佳长度和路线的曲率选择问题,开创了工程领域的经济评价工作。并且第一次明确指出"工程经济并不是建造艺术,而是一门少花钱多办事的艺术"。到了1930年,美国斯坦福大学土木工程学系格兰特教授(E. L. Grant)出版了《工程经济学原理》教科书,书中以复利为基础探讨了投资决策的理论和方法,他的理论和贡献得到了社会的承认,从而奠定了经典工程经济学的基础,他被西方誉为"工程经济学之父"。至此，历经40多年的发展，工程经济学终于成为一门独立、系统化的致力于工程经济分析的学科。

20世纪30年代，美国在开发田纳西河流域时，开始推行"可行性研究"方法，把工程技术和工程项目的经济问题推向一个新的阶段。第二次世界大战结束以后，各国越发重视技术进步对经济增长的促进作用。此后，随着数学和计算技术的发展，运筹学、概率论、数理统计等方法得到广泛应用，系统工程、计量经济学、最优化技术等飞跃发展，工程经济学研究取得重大进展。

1951年，乔尔·迪安(Joel Dean)教授出版了《管理经济学》，在对公司资产投资的研究方面，把计算现金流现值方法应用到资本支出的分析上，在投资收益和风险分析上起到重要作用，开创了应用经济学的新领域。1961年，乔尔·迪安(Joel Dean)教授的《资本预算》一书不仅展现了现金流量的贴现方法，而且开创了资本限额分配的现代分析方法。

20世纪60年代以后，工程经济学研究主要集中在风险投资、决策敏感性分析和市场不确定性分析等方面。

1968年，偏重于研究工程企业经济决策分析的德加莫(DeGarmo)教授的《工程经济》一书以投资决策形态和决策方案的比较研究，开辟了工程经济学对经济计划和公用事业的应用研究途径。

1978年，布西(L. E. Bussey)出版了《工业投资项目的经济分析》，全面系统地总结了工程项目的资金筹集、经济评价、优化决策以及项目的风险和不确定性分析等。

1982年，里格斯(J. L. Riggs)出版了《工程经济学》，系统阐明了货币的时间价值、货币管理、经济决策和风险与不确定性分析等，把《工程经济学》的学科水平向前推进了一大步。

上述经济学者的研究与贡献，促进了工程经济学与相关学科的交流与发展。此后，工程经济学在美国得到进一步的发展，形成了相对完善的理论体系。同时，工程经济学在前苏联、英国、日本等世界其他国家也得到广泛的重视和应用，各国结合自己国家的研究情况，纷纷推出各自分析工程与经济的方法和学科，使工程经济学的内容更加丰富。

20世纪90年代以后，西方工程经济学不再局限于传统的对工程项目或技术方案本身的经济效益的微观研究，出现了中观经济和宏观经济研究的新趋势。工程经济中的微观经济效益分析正逐渐同宏观经济效益分析、社会效益研究、环境效益评价等结合在一起，如分析项目对行业技术进步、所在地区经济发展的影响；考察项目对生态环境及可持续发展的影响；结合国家的经济制度、政策以及国际经济环境变化等宏观问题进行工程经济学研究。可以预见，随着科学技术的发展和人类社会的进步，工程经济学的研究方法还会不断创新，工程经济学的理论会不断完善，工程经济学的研究领域会更加深入。

1.3.2 我国工程经济学的产生与发展

我国的工程经济学研究开始于20世纪50年代初期，引进了前苏联的投资决策体制，采用了"方案研究""建设建议书""技术经济分析"等类似可行性研究的方法，取得了较好的效果。

20世纪60年代末至70年代末，我国国民经济发展缓慢，基本建设前期工作削弱，很多建设项目违背了经济规律，否定工程经济分析的必要性，不讲经济效益，盲目追求项目建设速度，造成了工程建设项目的巨大经济损失，挫伤了学者和专业技术人员研究应用工程经济学的积极性，从而使我国的工程经济学发展陷入停滞状态，人才出现断层。从20世纪80年代开始，我国工程经济迅速发展，工程经济学的应用和研究又重新受到国家重视，各地高校也将工程经济学列为一些专业的必修课。1983 年，原国家计委要求重视投资前期工作，明确规定把项目可行性研究纳入基本建设程序；1985 年我国政府决定对项目实行“先评估、后决策”制度，规定建设项目，特别是大中型重点建设项目和限额以上的技术改造项目，都必须经过有资格的咨询公司的评估。

20 世纪 90 年代以来，随着我国建立社会主义市场经济体制目标的逐步确立，我国建筑经济研究吸收了国外先进的工程项目管理经验，再结合我国工程管理的实际，逐步形成了一套完整的工程经济理论体系和方法。现在，在项目投资决策分析、项目评估和管理中，已经广泛地应用了工程经济学的原理和方法。随着经济的全球化和全球信息技术的飞速发展，建筑工程经济学的发展也趋于信息化，将复杂的经济问题借助电脑和网络技术进行分析，大大提高了工作效率。

1.4 建筑工程经济学介绍

1.4.1 工程与经济

1.4.1.1 工程

工程是人们综合运用科学的理论和技术手段，有组织、系统化地去改造客观世界的具体实践活动，以及所取得的实际成果。

工程技术的含义具有广义性，它是人类利用和改造自然的手段。它不仅包含劳动者技艺，还包括部分取代这些技艺的物质手段。因此，工程技术包括劳动工具、劳动对象等一切劳动的物质手段和体现为工艺、方法、程序、信息、经验、技巧和管理能力的非物质手段。

1.4.1.2 经济

经济有多种含义，具体含义随语言环境的不同而不同，大到一国的国民经济，小到一家的收入支出，有时候用来表示财政状态，有时候又会用来表示生产状态。归纳起来大体有四个方面的含义。

(1)社会生产关系，指人类社会发展到一定阶段的社会经济制度，是政治和思想等上层建筑赖以存在的基础。

(2)指国民经济的总称，如一国的社会产业部门的总称(第一产业:农业和采掘业;第二产业:加工制造产业;第三产业:服务业)。

(3)指人类的经济活动，即对物质资料的生产、交换、分配和消费活动。

(4)指节约或节省，即人们在日常工作与生活中的节约，既包括了对社会资源的合理利用与节省，也包括了个人家庭生活开支的节约。建筑工程经济学主要应用了经济学中节约的含义。

1.4.1.3 工程与经济的关系

二者关系密切，相辅相成。工程是实现人们理想的手段，经济是人们所追求、期待的目标，两者之间存在手段和目的的逻辑关系。一方面，工程中包含着经济，工程技术进步是经济发展的必要条件，经济的发展离不开各种技术手段的应用。另一方面，经济必须依附于工程，经济发展是工程技术进步的动力和方向，决定工程技术的先进性，工程的产生与建设具有明显的经济目的性。

1.4.2 建筑工程经济学

1.4.2.1 建筑工程的含义

建筑工程，指通过对各类房屋建筑及其附属设施的建造和与其配套的线路、管道、设备的安装活动所形成的工程实体。其中“房屋建筑”指有顶盖、梁柱、墙壁、基础以及能够形成内部空间，满足人们生产、居住、学习、公共活动等需要的建筑。

建筑工程的主要内容有生产工艺的设计与制订、生产设备的设计与制造、检测原理与设备的设计与制造、原材料的研究与选择、土木工程的勘测设计与施工设计、土木工程的施工建设等。此外，人们在习惯上将某个具体的工程项目简称为工程，如建设项目中的三峡水电工程、青藏铁路工程、北京奥运会场馆建设工程、大型炼油厂工程、核电站工程、高速公路建设工程、企业的技术改造及改扩建工程等，还有生产经营活动中的技术开发项目、新药物研究项目、软件开发项目、新工艺及设备的研发项目等都具有工程的含义。建筑工程经济学中的工程既包括工程技术方案、技术措施，也包括工程项目。

1.4.2.2 建筑工程经济学的概念

建筑工程经济学是建筑工程技术学与经济学的交叉学科，是以工程项目为对象，以经济分析方法为手段，研究工程领域的经济问题和经济规律，研究如何有效利用资源和提高经济效益的学科。

建筑工程经济学是对工程技术问题进行经济分析的系统理论与方法。建筑工程经济学是在资源有限的条件下，运用工程经济学分析方法，对建筑工程技术（项目）各种可行方案进行分析比较，选择并确定最佳方案的科学。因此，它的核心任务是对建筑工程项目技术方案的经济决策。

1.4.2.3 建筑工程经济学的研究对象与内容

(1)建筑工程经济学的研究对象

①建筑工程经济学是研究建筑工程与经济的相互关系，以期达到技术与经济最佳结合的科学。建筑工程经济学的实质是寻求建筑工程技术与经济效果的内在联系，揭示两者协调发展的内在规律，促使技术的先进性和经济的合理性统一。

②建筑工程经济学是研究建筑工程技术的实践效果，寻求提高经济效果的途径与方法的科学。

③建筑工程经济学是研究如何通过技术创新与进步来促进经济增长的科学。其主要研究技术创新规律及其与经济发展的关系。

(2)建筑工程经济学的研究内容

①建筑工程经济学学科本身的建设。即包括研究建筑工程经济的含义、作用，该学科在国民经济中的重大地位和作用，它的研究对象、内容、基本理论和方法等一系列问题。

②建设项目论证比较分析。一个建设项目目标的实现会有多个方案，建筑工程经济学的重要任务就是通过计算相关的评价指标，分析方案间的关系后，在众多方案中选择最优方案。

③财务评价和国民经济评价。财务评价是从投资项目或企业角度对项目进行经济分析，而国民经济评价是从整个国家（或国民经济）的角度考察项目的经济效果和社会效果。

④建筑工程项目不确定性分析。由于经济系统的复杂多变、方案决策时使用的预测或

估算数据与将来的实际数据的偏差等因素会导致方案决策风险，故而进行建筑工程项目不确定性分析，这样可以了解各种外部条件发生变化时对投资方案经济效果的影响程度，了解投资方案对各种外部条件变化的承受能力，以加强对风险的把握和控制，在此基础上做出的决策，在一定程度上可以降低甚至避免决策失误造成的巨大损失，有助于决策的科学化。

⑤价值分析。建筑工程经济学一是研究如何用最低的全寿命周期成本实现产品、作业或服务的必要功能；二是通过对物质环境的功能分析、功能评价和功能创新，寻求提高经济效果的途径与方法。

1.4.2.4 建筑工程经济学的研究任务

通过建筑工程经济学课程的学习，对拟建的投资项目在决策之前进行详细、周密、全面的调查研究，综合论证项目投资的必要性、可行性、有效性、合理性，并从多个可能方案中，选择技术先进、适用、可靠、经济合理的建设方案，为国家和建设部门制订建筑技术政策、技术方案和技术措施提供经济依据，为建筑技术的不断创新设计合理的运行机制。

1.4.3 建筑工程经济学与各门课程的关系

1.4.3.1 建筑工程经济学与西方经济学的关系

西方经济学是建筑工程经济学的理论基础，建筑工程经济学是西方经济学的具体化和延伸。分析思路和方法基本相同。

例如：资源的稀缺性和资源的最佳配置要求同样是建筑工程经济学分析问题的依据和追求的目标。西方经济学中的效用、利润、成本、收益、价格、供给与需求等都是建筑工程经济学分析项目的依据。

1.4.3.2 建筑工程经济学与技术经济学的关系

建筑工程经济学的研究对象是建筑工程项目技术经济分析的最一般的方法，可以涉及技术，也可以不涉及技术，而技术经济学研究的不是纯技术，也不是纯经济，而是两者之间的关系，即把技术与经济结合起来进行研究，以选择最佳技术方案。

1.4.3.3 建筑工程经济学与投资项目评估学的关系

建筑工程经济学侧重于方法论科学，而投资项目评估学侧重于应用型科学。建筑工程经济学为投资项目评估学提供方法和依据，投资项目评估学为建筑工程经济学提供应用的舞台。

1.4.3.4 建筑工程经济学与财务学的关系

财务学是建筑工程经济学的基础和先行科学，而建筑工程经济学使财务学的应用范围得以拓展。

1.4.3.5 建筑工程经济学与工程概预算的关系

建筑工程经济学是工程概预算的基础，工程概预算又为建筑工程经济学提供了分析依据。二者分析的时间段不同，研究的详细程度不同。建筑工程经济学主要研究投资前期和后期的经济效益，而工程概预算是分析投资过程中的经济效益。

1.5 建筑工程经济分析的基本步骤和基本原则

1.5.1 建筑工程经济分析的基本步骤

一个完整的建筑工程经济分析与评价活动包括以下五个主要阶段：

1.5.1.1　调查研究，确定目标

首先要确立工作目标，这是方案评价论证的基础。设定的目标要满足人们的需要，因此，只有通过市场调查，寻找经济环境中显性和隐性的需求，才能由需求形成问题，由问题产生目标，然后依照目标去寻求最佳方案。目标要具体明确，而且要有长远观点和全局观点，并要分清主次。

1.5.1.2　寻找关键要素

关键要素即实现目标的制约因素，只有找到了主要矛盾，确定了系统的各种关键要素，才有可能采取有效措施，为目标的实现扫清道路。寻找关键要素是一个系统分析的过程，需要树立系统的思想方法，综合地运用各种相关学科的知识和技能。

1.5.1.3　提出备选方案

为达到已确立的目标，综合考虑相关制约因素，可采取各种不同途径，提出多种可供选择的方案。

1.5.1.4　评价方案

对提出的各种备选方案进行评价，首先要使不同方案具有可供比较的基础，因此，要根据评价的目标要求来建立方案的指标体系，才能将参与分析的各种因素定量化；然后，将方案的投入和产出转化为统一的用货币表示的收益和费用，最终通过评价方案的数学模型进行综合运算、分析对比，从中选出最优方案。

1.5.1.5　决策

决策的核心问题是通过对备选方案经济效果的分析和比较，从中选择最满意的实施方案，决策对工程项目建设的效果具有决定性影响。在决策时，工程技术人员、经济分析人员和决策者应特别注重信息交流和沟通，减少由于信息不对称带来的分歧，使得各方人员充分了解各方案的工程经济特点和各方面的效果，提高决策的科学性和有效性。

1.5.2　建筑工程经济分析的基本原则

1.5.2.1　资金的时间价值原则

工程经济学中一个最基本的概念是资金具有时间价值。由于资金时间价值的存在，使得今天的1元钱比未来的1元钱更值钱，若想用现在时点的价值来衡量未来时期获得的财富，就必须将其打一个折扣，折现为现值，如果不考虑资金的时间价值，就无法合理客观地评价项目的未来收益水平。

1.5.2.2　现金流量原则

衡量投资收益，用的是现金流量而不是会计利润。现金流量反映项目发生的实际现金的流入与流出，而不是反映应收、应付款项及折旧，摊销等非现金性质的款项；会计利润是会计账面数值，而非手头可用的现金。

1.5.2.3　增量分析原则

对不同方案进行评价和比较必须从增量角度进行，即用两个方案的投资差额与现金流量差额来进行分析，得到各种差额评价指标，再与基准指标对比，以确定投资多的方案是否可行。

1.5.2.4　机会成本原则

企业投资进行项目的建设，只要是投入了这个项目，就算是投入，不管这些资金是借来的还是自有的，或者是企业自有的机械、设备、厂房等资源，都要计入成本，这个成本就叫机会成本。沉没成本是与决策无关的成本。

1.5.2.5 有无对比原则

在方案比选时，将有这个项目和没有这个项目时的现金流量情况进行对比；将某一项目实现前和实现后所出现的各种效益费用情况进行对比。

1.5.2.6 风险收益的权衡原则

投资任何项目都是存在风险的，因此必须考虑方案的风险和不确定性。不同项目的风险和收益是不同的，对风险和收益的权衡取决于人们对待风险的态度。

1.5.2.7 可比性原则

进行比较的方案必须有相同的货币单位，并在时间上匹配。因此，项目的效益和费用应在时间上具有可比性。

1.6 建筑工程经济在建筑工程管理中的作用

随着科学技术的发展，新兴交叉学科不断涌现，科学技术在更高层次上走向综合化和整体化。现代工程管理不再是纯技术工作、纯经济工作。参与建筑工程管理的工程师（或建筑工程管理人员）都应具备技术、经济及管理的综合能力。曾任世界生产力科学联合会主席的里格斯在1982年出版的《工程经济学》中写道："工程师的传统工作是把科学家的发明转变为有用的产品。而今，工程师不仅要提出新颖的技术发明，还要能够对其实施的结果进行熟练的财务评价。现在，在密切而复杂地联系着的现代工业、公共部门和政府之中，成本和价值的分析比以往更为细致、更为广泛（如工人的安全、环境影响、消费者保护）。缺少这些分析，整个项目往往很容易成为一种负担，而收益不大。"从上述论述可以看出，一个称职的工程师（或建筑工程管理人员）必须具备技术知识并掌握相应的工程经济学知识，才能使其工作更为有效。

在工程管理中，"建筑工程经济"具有重要的地位和作用：一是根据经济学的基本理论与方法，结合建设项目特点，以建设项目的实施过程为主，运用相应的技术经济手段，选择技术上先进、经济上合理的建设方案；二是根据国家和有关部门制定的各项政策、法律法规，进行建设项目的有效管理，保证建设项目最佳效益目标的实现。因此，"建筑工程经济"是现代工程管理人员必备的基础知识。在我国现行的诸多建设领域的执业资格考试中，"建筑工程经济"都是一门必考的基础课程（表1.3）。通过学习这门课程，可以为合格的工程管理人员履职搭建一个更为完整的知识体系。

表1.3 对工程经济学知识有要求的执业资格名称、管理部门与实施时间

序号	名　称	管理部门	实施时间
1	监理工程师	建设部	1992.07
2	房地产估价师	建设部	1995.03
3	资产评估师	财政部	1996.08
4	造价工程师	建设部	1996.08
5	结构工程师	建设部	1997.09
6	咨询工程师（投资）	国家发展和改革委员会	2001.12
7	一级建造师	建设部	2003.01
8	设备监理师	国家质量监督检验检疫总局	2003.10
9	投资建设项目管理师	国家发展和改革委员会	2005.02

本 章 小 结

(1)基本建设指以扩大生产能力或新增工程效益为主要目标的新建、扩建工程及有关工作,是以投资形式来实现的固定资产再生产。

(2)建筑业是指专门从事土木工程及其附属设施的建造,线路、管道和设备的安装以及装饰装修活动的行业。其产品是各种工厂、矿井、铁路、桥梁、港口、道路、管线、住宅以及公共设施的建筑物、构筑物和设施。

(3)建筑业是我国的支柱产业,建筑业在国民经济中占较大比重;建筑业为国民经济各部门提供物质基础,提供大量就业机会,税收贡献突出;建筑业前后关联度大,能带动许多相关产业的发展;建筑经济创汇能力较强;建筑业对国民经济发展有调节作用;建筑业可以吸收大量消费资金。建筑业和固定资产投资、房地产业既联系密切,又区别明显。国内外建筑业发展前景广阔,具有巨大的发展空间。

(4)建筑工程经济学是在资源有限的条件下,运用工程经济学分析方法,对建筑工程技术(项目)各种可行方案进行分析比较,选择并确定最佳方案的科学。它的核心任务是对建筑工程项目技术方案的经济决策。

(5)建筑工程经济学研究内容包括建筑工程经济学学科本身建设、建设项目论证比较分析、财务评价和国民经济评价、项目不确定性分析、价值分析等。

(6)建筑工程经济分析的基本步骤:调查研究,确定目标;寻找关键要素;提出备选方案;评价方案;决策。

(7)建筑工程经济学的研究任务是对拟建的投资项目在决策之前进行详细、周密、全面的调查研究,综合论证项目投资的必要性、可能性、有效性、合理性,并从多个可能方案中,选择技术先进、适用、可靠、经济合理的建设方案,为决策者提供经济依据,为建筑技术的不断创新设计合理的运行机制。

(8)建筑工程经济分析的基本原则:资金的时间价值原则;现金流量原则;增量分析原则;机会成本原则;有无对比原则;风险收益的权衡原则;可比性原则。

(9)建筑工程经济是现代项目管理人员必备的基础知识,是我国现行的诸多建设领域的执业资格考试中一门必考的基础课程。

习　题

1.1　思考题

(1)基本建设的内容主要有哪些?

(2)基本建设按建设的性质分为哪几类?

(3)简述基本建设的程序。

(4)建筑行业具有哪些特征? 在国民经济中有何种地位和作用?

(5)简述建筑业和固定资产投资及房地产业的关系。

(6)建筑工程经济学的研究对象和内容是什么?

(7)简述建筑工程经济分析的基本步骤和原则。

2 建筑工程经济分析的基本要素

内容简介：本章主要介绍投资的基本构成；建设投资、建设期利息、流动资金的基本概念。总成本费用的构成、固定资产折旧的基本方法；成本的分类及含义；营业收入与税费；利润及利润的分配。

教学要求：熟悉投资、总成本费用的基本构成；了解成本的分类及含义，以及营业收入与税费的基本概念；掌握建设期贷款利息的计算方法和固定资产折旧的计算方法。

知识链接：结合财务管理中的相关知识进行学习。

2.1 投　　资

2.1.1 投资的构成

根据工程项目建设与经营的要求，投资者要形成一定的生产能力，所需要的项目总投资应包括三个部分，即建设投资、建设期利息和流动资金。

2.1.2 建设投资

2.1.2.1 建设投资的概念

建设投资是指项目按给定的建设规模、产品方案和工程技术方案进行建设所需要的费用。它是项目费用的重要组成部分，也是项目财务分析的基础数据。

2.1.2.2 建设投资的构成

建设投资可按形成资产法或按概算法进行分类。

按形成资产法分类，建设投资由固定资产费用、无形资产费用、其他资产费用和预备费用四个部分组成。

(1)固定资产费用

固定资产是指使用年限在1年以上，单位价值在一定限额以上，在使用过程中始终保持原有物质形态的资产。固定资产主要包括房屋、建筑物、机械、运输设备和其他与生产经营有关的设备、器具、工具等。不属于生产经营主要设备的物品，单位价值在2000元以上，使用年限超过2年的也作为固定资产。

在不同的分析时期，固定资产具有不同的价值：

①固定资产原值：项目建成投产时核定的固定资产值，其大小等于购入或自创固定资产时所发生的全部费用。

②固定资产净值：固定资产使用一段时间后所具有的价值，其大小等于固定资产原值扣除累计的折旧费。

③固定资产重估值：在许多情况下，由于各种原因，固定资产净值往往不能反映当时固定资产的真实价值，需要根据社会再生产条件和市场情况对固定资产重新估价，估得的价值

即为固定资产重估值。

④固定资产残值：项目寿命期结束时，固定资产的残余价值（一般指当时市场上可以实现的价值）。

固定资产费用是指项目投产时将直接形成固定资产的建设投资，包括工程费用和工程建设其他费用中按规定所形成的固定资产费用（又称为固定资产其他费用）。

固定资产其他费用主要包括建设单位管理费、可行性研究费、研究试验费、勘察设计费、环境影响评价费、场地准备及临时设施费、引进技术和引进设备其他费、工程保险费、联合试运转费、特殊设备安全监督检验费和市政公用设施及绿化费等。

固定资产费用所形成的资产就是固定资产原值。

(2)无形资产费用

无形资产是指具有一定价值或可以为所有者带来经济利益，能在比较长的时期内持续发挥作用且不具有独立实体的权利和经济资源。无形资产包括专利权、著作权、商标权、土地使用权、专有技术、商誉等。

无形资产费用是指直接形成无形资产的建设投资，即形成专利权、非专利权技术、商标权、土地使用权和商誉等所需要的建设投资。

(3)其他资产费用

其他资产费用是指除货币资金、交易性金融资产、应收及预付款项、存货、长期投资、固定资产、无形资产以外的资产。其他资产费用主要包括开办费、长期待摊费用和其他长期资产。开办费指企业在筹建期间，除应计入有关财产物资价值以外所发生的各项费用，包括人员工资、办公费、培训费、差旅费、印刷费、注册登记费以及不计入固定资产价值的借款费用等。长期待摊费用指摊销期在一年以上的已付费用，如经营性租入固定资产的改良支出和固定资产大修理支出等。其他长期资产一般包括国家批准储备的特种物资、银行冻结存款以及临时设施和涉及诉讼中的财产等。

(4)预备费用

预备费用是为了工程建设实施阶段可能发生的风险因素导致的建设费用的增加而预备的费用。预备费用包括涨价预备费和基本预备费两大类。

①涨价预备费

它是指建设期间由于利率、汇率或价格等因素的变化而预留的可能增加的费用。其内容包括：人工、设备、材料、施工机械的价差费，建筑安装工程费及工程建设其他费用调整，利率、汇率调整等增加的费用。涨价预备费的计算方法，一般是根据国家规定的投资综合价格指数，以估算年份价格水平的投资额为基数，采用复利法计算。计算公式为：

$$P = \sum_{t=1}^{n} I_t[(1+f)^m(1+f)^{0.5}(1+f)^{t-1}-1] \tag{2.1}$$

式中 P——涨价预备费；

n——建设期年份数；

I_t——估算静态投资额中第 t 年投入的工程费用；

f——年涨价率；

m——建设前期年限（从编制透支估算到开工建设）。

年涨价率，政府部门有规定的按规定执行，没有规定的由可行性研究人员预测。

②基本预备费

基本预备费主要是为解决在施工过程中，经上级批准的设计变更和国家政策性调整所增加的投资以及为解决意外事故而采取措施所增加的工程项目费用，又称工程建设不可预见费。主要指设计变更及施工过程中可能增加工程量的费用，具体包括以下几个方面：

a. 在进行设计和施工过程中，在批准的初步设计范围内，必须增加的工程和按规定需要增加的费用（含相应增加的价差及税金）。

b. 在建设过程中，工程遭受一般自然灾害所造成的损失和为预防自然灾害所采取措施发生的费用。

c. 在上级主管部门组织施工验收时，验收委员会（或小组）为鉴定工程质量，必须开挖和修复隐蔽工程的费用。

d. 由于设计变更所引起的废弃工程发生的费用，但不包括施工质量不符合设计要求而造成的返工费用和废弃工程发生的费用。

e. 征地、拆迁的价差。基本预备费按工程费用（即建筑工程费、设备及工器具购置费和安装工程费之和）和工程建设其他费用两者之和乘以基本预备费的费率计算。

$$基本预备费 = (工程费用 + 工程建设其他费用) \times 基本预备费费率 \tag{2.2}$$

按概算法分类，建设投资的构成如图 2.1 所示。

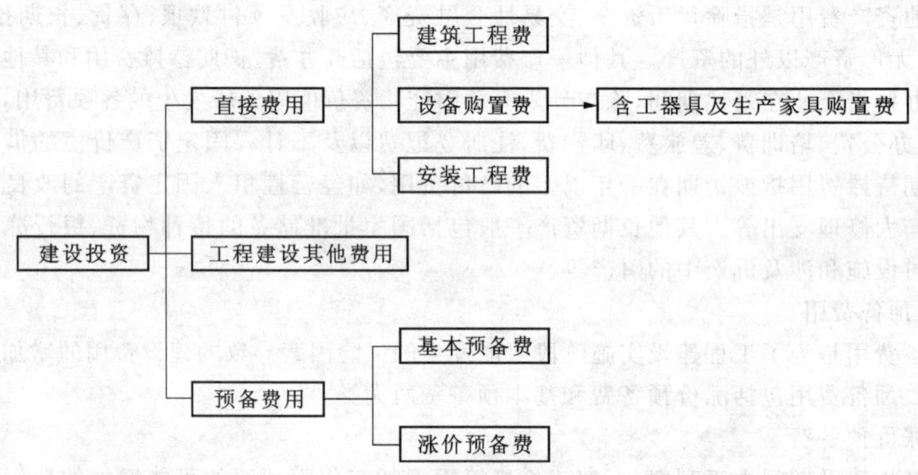

图 2.1 按概算法分类的建设投资的构成

2.1.3 建设期利息

建设期利息又称为建设期资本化利息，是指项目在建设期内因使用外部资金（如银行贷款、企业债券、项目债券等）而支付的利息。建设期利息应计入固定资产原值。

为了便于分析和计算，通常假定借款均在每年的年终支用，当年使用的建设资金借款按半年计息，其余各年份（上一年年末或本年年初借款累计）按全年计息。

当采用自有资金计息时，按单利计算，即：

$$各年应计利息 = (年初借款本金累计 + 本年借款额/2) \times 名义年利率 \tag{2.3}$$

当采用复利方式计息时：

$$各年应计利息 = (年初借款本金累计 + 本年借款额/2) \times 实际年利率 \tag{2.4}$$

例题：

某建设项目建设期为3年，第一年年初贷款额为400万元、第二年年初贷款额为500万元、第三年年初贷款额为600万元，年利率为8%，建设期内利息只计息不支付，该项投资各年的建设期贷款利息是多少？

第一年：400/2×8%＝16

第二年：(400＋16＋500/2)×8%＝53.28

第三年：(400＋16＋500＋53.28＋600/2)×8%＝101.54

2.1.4 流动资金

2.1.4.1 流动资金的概念

(1)广义的流动资金是指企业全部的流动资产，包括现金、存货(材料、在制品、产成品)、应收账款、有价证券、预付款等项目。以上项目皆属业务经营所必需，故流动资金有一通俗名称，称为营业周转资金。

(2)狭义的流动资金是指流动资产减去流动负债的差额，即所谓的净流动资金。净流动资金的多寡代表企业的流动地位，净流动资金越多表示净流动资产越多，其短期偿债能力较强，因而其信用地位也较高，在资金市场中筹资较容易，成本也较低。

(3)流动资金的特点

包括如下：

①流动资金占用形态具有变动性。

②流动资金占用数量具有波动性。

③流动资金循环与生产经营周期具有一致性。

④流动资金来源具有灵活多样性。

2.1.4.2 流动资金的构成

企业流动资金按其所处的领域分为生产领域的流动资金和流通领域的流动资金。前者又可分为储备资金与生产资金，后者又可分为货币资金与商品资金。流动资金在生产资金中占有很大比重，在纺织工业、机械工业、食品工业中要占2/3以上。节约流动资金对于降低物资消耗、降低产品成本、提高企业经济效益具有重要意义。

2.1.4.3 流动资产

(1)流动资产的概念

流动资产是指可以在1年内或者超过1年的一个营业周期内变现或者耗用的资产。流动资产通常包括现金(银行存款)、存货(原材料、半成品、产成品)和应收账款等。企业生产经营活动过程中流动资产的构成及循环过程如图2.2所示。

流动资产与流动资金之间有以下关系式：

$$流动资金 = 流动资产 - 流动负债(应付账款) \tag{2.5}$$

流动资产和流动资金的主要区别是包括的范围不同。流动资金包括的范围广，它是流动资产的货币表现再加上金融资产，而流动资产包括物质性流动资产，不包括金融性资产(如库存现金、银行存款等)。

(2)流动资产的分类

①在实物形态上，流动资产基本上体现为各部门以及居民的物资储备。包括：

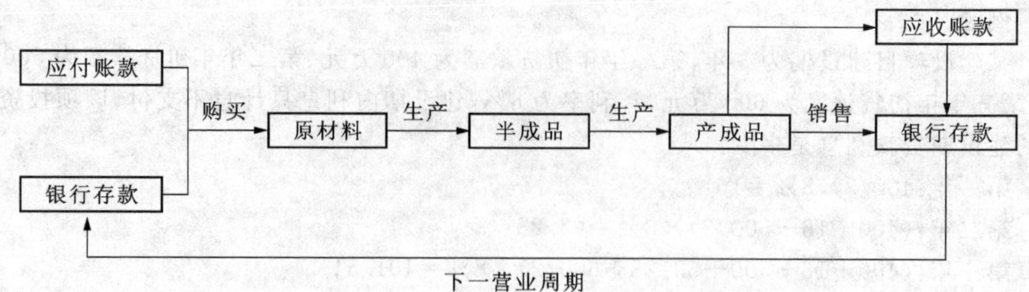

图 2.2　流动资产的构成及循环过程

a. 处于生产和消费准备状态的流动资产：生产单位储备的生产资料和消费部门及居民储备的消费品；

b. 处于待售状态的流动资产：生产部门和流通部门库存、尚未出售的生产资料和消费品储备以及国家储藏的后备性物资；

c. 处于生产过程中的流动资产：生产单位的在制品、半成品储备。

②按照流动性大小可分为速动资产和非速动资产。包括：

a. 速动资产：在很短时间内可以变现的流动资产，如货币资金、交易性金融资产和各种应收款项；

b. 非速动资产：包括存货、待摊费用、预付款、1 年内到期的非流动资产以及其他流动资产。

2.1.5　投资形成的资产

总投资形成的资产分为固定资产、无形资产、流动资产和其他资产。

根据资产保全原则，当一个工程项目建成投入运营时，项目总资产中的固定资产投资、建设期利息、流动资金形成固定资产、无形资产、流动资产和其他资产四部分。为简化计算，在工程经济分析实务中可把预备费用和建设期利息全部计入固定资产原值。

2.2　成　　本

2.2.1　成本费用的构成

2.2.1.1　总成本费用

总成本费用指在运营期（生产期）内为生产产品或提供服务所发生的全部费用。总成本费用的构成可以由生产成本期间费用法和生产要素法两种方法确定。

(1)生产成本期间费用法

按照生产成本期间费用法，总成本费用的构成主要由生产成本和期间费用两大块构成。如图 2.3 所示。

①生产成本

生产成本是指为生产产品和提供服务所发生的各种耗费，亦称制造成本。它主要包括各项直接支出和制造费用。

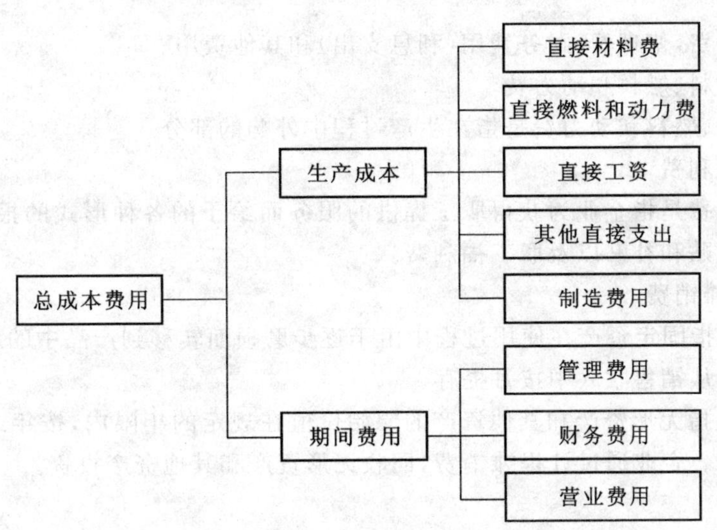

图 2.3　总成本费用构成

a. 各项直接支出主要包括直接材料费、直接燃料和动力费、直接工资和其他直接支出。

直接材料费是指在生产服务过程中直接消耗于产品生产的各种物资的费用，包括实际消耗的原材料、辅助材料、备品配件、外购半成品、包装物以及其他直接材料。

直接燃料和动力费是指生产产品过程中必须使用而外购的电和燃料（包括：煤、柴油或汽油等）的费用。

直接工资是指在生产服务过程中直接从事产品生产人员的工资性消耗，包括生产和服务人员的工资、奖金、津贴、各类补贴等。

其他直接支出是指按照直接工资的一定百分比计算的直接从事产品生产的职工福利费。

b. 制造费用是指发生在生产单位的间接费用，是生产单位（车间、分厂）为组织和管理经营活动而产生的各项费用。包括生产单位管理人员的工资、职工福利费、生产单位固定资产折旧费、修理维护费、维检费及其他制造费用。

②期间费用

期间费用是与特定的生产经营期密切相关，直接在当期得以补偿的费用。期间费用包括管理费用、财务费用和营业费用。

a. 管理费用是指企业行政管理部门为管理和组织经营活动而发生的各项费用。包括由企业统一负担的管理人员工资和福利费、折旧费、修理费、无形资产、其他资产摊销费及其他管理费用。

b. 财务费用是指为筹集资金而发生的各种费用，包括生产经营期间发生的利息净支出及其他财务费用（外币汇兑损益、外汇调剂手续费、支付给金融机构的手续费等）。

c. 营业费用是指在销售产品过程中发生的费用以及专设销售机构的各项费用，包括为销售产品和服务所发生的运输费、包装费、保险费、展览费和广告费，以及专设销售机构人员的工资及福利费、类似工资性质的费用、业务费等。

(2)生产要素法

按照生产要素的构成，总成本费用主要包括外购原材料费、燃料和动力费，工资及福利费，折旧费、摊销费，修理费，财务费用(利息支出)和其他费用。

①外购原材料、燃料和动力费

外购原材料、燃料和动力费是指在生产过程中外购的部分。

②工资及福利费

工资及福利费是指企业为获得职工提供的服务而给予的各种形式的报酬，通常包括职工工资、奖金、津贴和补贴以及职工福利费。

③折旧费、摊销费

a. 折旧费是指固定资产在使用过程中由于逐步磨损而转移到产品中的那部分价值。固定资产的折旧费从销售收入中按月提存。

b. 摊销费是指无形资产和其他资产的原始价值在规定的年限内，按年或产量转移到产品成本中的部分。企业通过计提摊销费，回收无形资产和其他资产投资。

④修理费

修理费是指为保证固定资产的正常运转和使用，在不改变设备设施原有性能前提下进行部件更换、修复所发生的费用。按修理范围的大小和修理时间间隔的长短可以分为大修理和中小修理。

⑤财务费用(利息支出)

按照会计法规，企业为筹集所需资金而发生的费用称为借款费用，又称为财务费用，包括利息支出、汇兑亏损以及相关的手续费等。

⑥其他费用

其他费用包括其他制造费用、其他管理费用和其他营业费用。

a. 其他制造费用是指从制造费用中扣除生产单位管理人员工资及福利费、折旧费、修理费后的其余部分。在项目评价中常用的估算方法是按固定资产原值(扣除建设期利息)的百分数估算或者按人员定额估算。

b. 其他管理费用是指从管理费用中扣除工资及福利费、折旧费、摊销费、修理费后的其余部分。在项目评价中常用的估算方法是按照人员定额或工资及福利费总额的倍数估算。

c. 其他经营费用是指从营业费用中扣除工资及福利费、折旧费、修理费后的其余部分。在项目评价中常用的估算方法是按照营业收入的百分数估算。

2.2.1.2　经营成本

经营成本是建筑工程经济中分析现金流量时所使用的特定概念。作为项目运行期的主要现金流出，其构成为：

$$经营成本=外购原材料、燃料和动力费+工资及福利费+其他费用$$

经营成本涉及项目生产及销售企业管理过程中的物料、人力和能源的投入费用，能够在一定程度上反映企业的生产和管理水平。同类企业的经营成本具有可比性。

经营成本与总成本的关系为：

$$经营成本 = 总成本费用 - (折旧费 + 摊销费 + 利息支出) \tag{2.6}$$

2.2.1.3　固定成本和可变成本

按照各种费用与产品或服务数量的关系，可以把总成本费用分为固定成本和可变成本两部分。

固定成本是指在一定生产规模限度内，不随产品或服务的数量增减而变化的费用，如折旧费、摊销费、修理费、工资及福利费(计件工资除外)和其他费用等。

可变成本指产品成本中随产品或服务数量的增减而成比例增减的费用。可变成本包括外购原材料费、燃料及动力费和计件工资。

【例 2.1】 某企业的成本资料如下:原材料 3100 元;燃料和动力 2000 元;生产工人工资 4000 元,其中计件工资 1500 元,计时工资 2500 元;车间经费和企业管理费 10900 元,其中变动成本部分 3400 元,固定成本部分 7500 元。若企业年产量为 1000 件,试问:①上述资料中,哪些属于可变成本?哪些属于固定成本?②该企业的总成本费用为多少?

【解】 ①在该企业的成本资料中,原材料费、燃料和动力费、计件工资、管理费中的变动成本部分,都与产量成正比关系,属于可变成本。因此,该企业的可变成本为:

可变成本=3100+2000+1500+3400=10000 元

该企业单位产品的可变成本为:

单位产品的可变成本=可变成本/产量=10000/1000=10 元

单位产品的可变成本为 10 元,说明每生产 1 件产品就必须投入 10 元的相关费用,即单位可变成本在相关的产量范围内是不变的。

计时工资、管理费中的固定成本部分与产量没有正比关系,属于固定成本。因此该企业的固定成本为:

固定成本=2500+7500=10000 元

②该企业的总成本费用为:

总成本费用=固定成本+可变成本=10000+10000=20000 元

2.2.2 折旧与摊销

2.2.2.1 折旧的概念

折旧是资本化成本在其有效年限内的分配。政府允许公司保留这一未来替换资金,而对其不征税。折旧普遍用于耐用设备,也用于其他资产。一般来讲,如果一项资产可以满足以下特点就可以计提折旧:必须在经营或生产过程中使用;寿命期长于 1 年;由于自然原因而磨损、损耗、废弃或者贬值。这些特点是设备的显著特点,也适用于建筑、专利权和著作权。

固定资产折旧费既不是现金流出,也不是现金流入,而是非现金费用,但因税法允许其冲减应税收入,在技术方案有盈利的情况下,会减少应纳税所得额,即折旧费将以减少纳税的方式间接影响技术方案的现金流量。因此,在分析和计算技术方案现金流量时,必须对折旧费进行计算。

2.2.2.2 折旧费计算方法

固定资产折旧法,指将应计提折旧总额在固定资产各使用期间进行分配时所采用的具体计算方法。目前我国常用的折旧方法分为两大类:第一类是直线折旧法,第二类是加速折旧法。

(1)直线折旧法

①平均年限法。平均年限法是把应计提折旧的固定资产价值按其使用年限平均分摊的一种方法。这种方法属于直线折旧法。其计算公式为:

$$f = \frac{1-S}{T} \times 100\% \tag{2.7}$$

式中　f——年折旧率；

S——预计净残值率(一般取原值的3%～5%)；

T——折旧年限。

$$D = K_0 f \tag{2.8}$$

式中　D——年折旧额；

K_0——固定资产原值。

如果用 K_L 代表残值，则 $K_L = K_0 \times S$，$D = K_0 f$，这里 K_0、S、D、T 的意义同上。

【例 2.2】　某固定资产原值为 20000 元，预计净残值率为 5%，折旧年限为 5 年，则按平均年限法计算年折旧率、年折旧额及第 3 年末账面净值分别为多少？

【解】　根据式(2.7)、式(2.8)得

$f = \frac{1-S}{T} \times 100\% = \frac{1-5\%}{5} \times 100\% = 19\%$

$D = K_0 f = 20000 \times 19\% = 3800$ 元

$K_3 = K_0 - 3D = 20000 - 3800 \times 3 = 8600$ 元

平均年限法计算简单，因此被广泛应用。但它不能准确反映固定资产实际损耗情况，不利于投资的尽快回收，在出现新设备而使原设备提前淘汰时，可能由于未提足折旧而承担经济损失。

②单位产量法。对于某些专业设备、大型设备以及运输车辆等，可按产量、工作时间或行驶里程计提折旧。这种方法也属于直线折旧法。折旧额计算如下：

$$\text{折旧额} = \frac{u}{U}(K_0 - K_L) \tag{2.9}$$

式中　u——给定年份生产的产量；

U——产量总数；

K_0——设备原值；

K_L——残值。

【例 2.3】　有一台设备，原值为 20000 元，设计生产能力为 200000 件，预计前两年每年生产 40000 件产品，第 3 年生产 60000 件产品，第 4 年生产 20000 件产品，最后一年生产 40000 件产品。试用单位产量法计算该设备各年的折旧额。

【解】　第 1 年折旧额 $= \frac{u}{U}(K_0 - K_L) = \frac{40000}{200000} \times (20000 - 0) = 4000$ 元

依此，可算出各年的折旧额如表 2.1 所示。

表 2.1　单位产量法计算折旧额表

年份	产量(件)	折旧额(元)
1	40000	4000
2	40000	4000
3	60000	6000
4	20000	2000
5	40000	4000

(2)加速折旧法(递减折旧法)

这类方法是依据边际效用递减规律,即固定资产的效用随着使用寿命的缩短而逐渐降低,在折旧时初期计提折旧较多而后期计提折旧较少,从而相对加速折旧的方法。具体包括年数总和法、双倍余额递减法等。

①年数总和法。这是以固定资产剩余使用年数与使用年数总和之比计算的折旧率,再乘以应计折旧的固定资产价值来求得各年折旧额。因为折旧率逐年递减,故折旧额逐年减少。其计算公式为:

$$f_t = \frac{T-(t-1)}{\frac{1}{2}T(T+1)} \times 100\% \tag{2.10}$$

式中 f_t——第 t 年折旧率;

T——折旧年限。

公式(2.10)中的 $T-(t-1)$ 为设备的折旧年限与已使用年限的差额;

$T(T+1)/2$ 为设备使用年限的年数总和。

因此,公式(2.10)可表述为:

$$年折旧额 = (折旧年限 - 已使用年限) \times 年序号之和 \times 100\%$$

$$D_t = (K_0 - K_L) f_t \tag{2.11}$$

式中 f_t——第 t 年折旧率;

D_t——第 t 年折旧额;

K_L——预计净残值;

K_0——固定资产原值。

仍以例 2.2 数据为例,按年数总和法计算的各年折旧率、年折旧额及年末账面净值如表 2.2所示。

残值为 20000×5%=1000 元

表 2.2 年数总和法折旧计算表

使用年限	年折旧率	年折旧额(元)	原值－残值(元)
1	5/15	6333	19000
2	4/15	5067	19000
3	3/15	3800	19000
4	2/15	2533	19000
5	1/15	1267	19000

②双倍余额递减法。是指用直线折旧率的两倍乘以固定资产期初净值来计算折旧费的方法。这里的直线折旧率不考虑残值,即双倍余额递减折旧率为 $f=2/T$。为把固定资产原值与预计净残值的差额分摊完,这种方法计算到一定年度后,要改用直线折旧法。当下式成立时,即从该年起改为直线折旧法。

计算公式为:

$$年折旧率 = 2/折旧年限 \times 100\% \tag{2.12}$$

$$年折旧额 = 固定资产年末净值 \times 年折旧率 \tag{2.13}$$

我国财务制度规定，用双倍余额递减法计算折旧到最后两年要改为直线折旧法。

【例 2.4】 有一台设备，原值为 20000 元，残值为 0，有效使用年限为 5 年，试用双倍余额递减法计算该设备各年的折旧额。

年折旧率为 $f=2/5\times100\%=40\%$，各年折旧额及账面净值如表 2.3 所示。

（从第 4 年起改为直线折旧，将固定资产净值平均摊销在最后两年）

表 2.3　双倍余额递减法折旧计算表

使用年限	年折旧率	年折旧额(元)	年末净值(元)
0			20000
1	40%	8000	12000
2	40%	4800	7200
3	40%	2880	4320
4	50%	2160	2160
5	50%	2160	0

2.2.3　建筑工程经济分析中的其他有关成本

2.2.3.1　机会成本

(1)机会成本的概念

机会成本又称为经济成本或择一成本，它是指利用一定资源获得某种收益时放弃其他可能的最大收益。或者说，在面临多方案择一决策时，被舍弃的选项中的最高价值者是本次决策的机会成本；也指厂商把相同的生产要素投入到其他行业当中去可以获得的最高收益；还包括生产要素用于某一特定用途而放弃其他用途所付出的代价。机会成本不是实际发生的成本，而是技术方案决策时观念上的成本。

(2)利用机会成本概念进行经济分析的前提条件

包括如下：

①资源是稀缺的；

②资源具有多种用途；

③资源已经得到充分利用；

④资源可以自由流动。

2.2.3.2　沉没成本

(1)沉没成本的概念

沉没成本是指由于过去的决策已经发生了的，而不能由现在或将来的任何决策改变的成本。我们把这些已经发生不可收回的支出，如时间、金钱、精力等称为“沉没成本”。

(2)沉没成本的特征

沉没成本是一种历史成本，对现有决策而言是不可控成本，不会影响当前行为或未来决策。从这个意义上说，在投资决策时应排除沉没成本的干扰。

对企业来说，沉没成本是企业在以前经营活动中已经支付，而经营期间摊入成本费用的支出。因此，固定资产、无形资产、递延资产等均属于企业的沉没成本。

2.3 营业收入与税费

2.3.1 营业收入

营业收入是指销售产品或提供服务所获得的收入，它是财务分析的重要数据，也是现金流量表中主要的现金流入量。

营业收入的大小主要与产品或服务的销售量和价格有关，即：

$$营业收入 = 产品或服务的销售量 \times 价格$$

2.3.2 营业税金及附加

税收是国家为实现其职能，凭借政权的力量，按照法定的标准和程序，无偿地、强制地取得财政收入而发生的一种分配关系。税收不仅是国家取得财政收入的主要渠道，也是国家对各项经济活动进行宏观调控的重要杠杆。税收对国家而言，是一种收入；对纳税人而言，则是一项支出。在建筑工程经济分析中，只有正确计量项目的各项税费，才能科学准确地进行评价。

2.3.2.1 增值税

(1)增值税的含义

增值税是对在我国境内销售或提供加工、修理修配劳务，以及进口货物的单位和个人，就其取得货物的销售额、进口货物金额、应税劳务销售额计算税款，并实施税额抵扣制的一种流转税。增值税实行价外计税。

增值税的计税方法

一般纳税人的应纳税额为当期销项税额抵扣当期进项税额后的余额。其计算公式为：

$$应纳税额 = 当期销项税额 - 当期进项税额 \tag{2.14}$$

①销项税额。销项税额是指纳税人销售货物或者提供应税劳务，按照销售额和增值税率计算并向买方收取的增值税额。销项税额的计算公式为：

$$销项税额 = 销售额 \times 税率 \tag{2.15}$$

②进项税额。进项税额是指纳税人购进货物或接受应税劳务所支付或负担的增值税额。进项税额是由销售方向购买方在销售价格以外收取的税费。

另外，增值税也可以按照增值额的大小进行计算，即：

$$增值税 = 增值额 \times 税率 \tag{2.16}$$

式中，增值额是指纳税人从事应税货物生产经营或提供劳务而新增加的价值额。

(2)增值税税率

我国现行增值税税率实行两档比例税率，即17%的标准税率和13%的低税率。另外，作为特殊情况，对出口货物实行零税率。

纳税人销售或进口货物，提供加工、修理修配劳务，大多数适用17%的标准税率；

纳税人销售或进口粮食、煤气、自来水、书刊、饲料、农机、农药等，适用13%的低税率；

纳税人出口货物，一般适用零税率。

目前，国家正在对增值税实行改革试点，其主要税制安排为：在现行增值税17%标准税率和13%低税率基础上，新增11%和6%两档低税率。租赁有形动产等适用17%的税率，交通运输业、建筑业等适用11%的税率，其他部分现代服务业适用6%的税率。

注：2013年7月29日财政部、国家税务总局下发通知：为进一步扶持小微企业发展，经国务院批准，自2013年8月1日起，对增值税小规模纳税人中月销售额不超过2万元的企业或非企业性单位，暂免征收增值税。

2.3.2.2 营业税

营业税是对在我国境内提供应税劳务、转让无形资产或销售不动产的单位和个人，就其取得的营业额为课税依据征收的一种流转税。

(1)营业税征收范围

营业税的征收范围包括：交通运输业、建筑业、金融保险业、邮电通信业、文化体育业、娱乐业、服务业等七大行业的劳务提供；转让无形资产，如土地使用权、商标权、专利权等；销售不动产。

(2)营业税的计税方法

营业税应纳税额的计算公式为：

$$应纳税额 = 营业额 \times 适用税率 \tag{2.17}$$

纳税人的营业额未达到财政部规定的起征点的，免缴营业税。现行规定为：按期纳税的，起征点为月销售额5000～20000元；按次纳税的，起征点为每次(日)销售额300～500元。

(3)营业税的税率

营业税的税率按不同行业分为以下几个档次：

①交通运输业(陆路运输、水路运输、航空运输、管道运输、装卸搬运)为3%；

②建筑业(建筑、安装、修缮、装饰及其他工程作业)为3%；

③金融保险业为5%；

④邮电通信业为3%；

⑤文化体育业为3%；

⑥娱乐业(歌厅、舞厅、卡拉OK歌舞厅、音乐茶座、台球、高尔夫球、保龄球、游艺)为5%～20%；

⑦服务业(代理业、旅店业、饮食业、旅游业、仓储业、租赁业、广告业及其他服务业)为5%；

⑧转让无形资产(如土地使用权、专利权、非专利技术、商标权、著作权、商誉)为5%；

⑨销售不动产(如建筑物及其他土地附着物)为5%；

⑩对公益性强、收入水平低而需要国家扶持的项目(如学校及其他教育机构提供的劳务)，医院及其他医疗机构提供的医疗服务，纪念馆、博物馆、美术馆、图书馆、文物保护单位举办文化活动所售门票收入等，免征营业税。

注：2013年7月29日财政部、国家税务总局下发通知：为进一步扶持小微企业发展，经国务院批准，自2013年8月1日起，对营业税纳税人中月营业额不超过2万元的企业或非企业性单位，暂免征收营业税。

2.3.2.3 消费税

消费税以税法规定的特定产品为征税对象，即国家可以根据宏观产业政策和消费政策的要求，有目的、有重点地选择一些消费品征收消费税，以适当地限制某些特殊消费品的消费需求。在我国，消费税是价内税，是价格的组成部分。

(1)消费税的征收范围

消费税是在对货物普遍征收增值税的基础上，选择少数消费品再进行征收的一个税种，主要是为了调节产品结构，引导消费方向，保证国家财政收入。

根据相关的税法，消费税的征收范围包括以下五种类型的产品：

①一些过度消费会对人类健康、社会秩序、生态环境等方面造成危害的特殊消费品，如烟、酒、鞭炮、焰火等；

②奢侈品、非生活必需品，如贵重首饰、化妆品等；

③高耗能及高档消费品，如小轿车、摩托车等；

④不可再生和替代的石油类消费品，如汽油、柴油等；

⑤具有一定财政意义的产品，如汽车轮胎等。

最新的税收改革中还调整新增了高尔夫球及球具、高档手表、游艇、木制一次性筷子、实木地板等税目，取消了护肤护发品税目，并对部分税目的税率进行了调整。

(2)消费税的计税方法

消费税实行从价定率和从量定额两种计税方法。

从价定率计税是以应税消费品的销售额为计税依据，计算公式为：

$$\text{应纳税额} = \text{应税消费品的销售额} \times \text{税率} \tag{2.18}$$

从量定额计税是以应税消费品的销售量为计税依据，计算公式为：

$$\text{应纳税额} = \text{应税消费品的销售量} \times \text{单位税额} \tag{2.19}$$

(3)消费税的税率

消费税的税率共设 14 大类，有以下三种形式：

①比率税率：10 档，1%～56%；

②定额税率：只适用于啤酒、黄酒、成品油；

③定额税率和比率税率相结合：只适用于卷烟、白酒。

2.3.2.4 营业税金附加

营业税金附加主要包括教育费附加和城市维护建设税。

(1)教育费附加

教育费附加是指为了加快地方教育事业的发展，扩大地方教育经费来源，而向缴纳增值税、营业税、消费税的单位及个人征收的教育经费。教育费附加按应缴纳的增值税、营业税、消费税税款的 3%征收。

教育费附加的计算公式为：

$$\text{教育费附加} = (\text{增值税} + \text{营业税} + \text{消费税}) \times \text{税率} \tag{2.20}$$

(2)城市维护建设税

城市维护建设税是一种地方附加税，是以增值税、营业税、消费税为计税依据征收的一种税。所有缴纳增值税、营业税、消费税的单位和个人均应缴纳城市维护建设税。

城市维护建设税的计算公式为：

$$\text{城市维护建设税} = (\text{增值税} + \text{营业税} + \text{消费税}) \times \text{税率} \tag{2.21}$$

城市维护建设税按纳税人所在地区实行差别税率。

项目所在地为市区的，税率为7%；

项目所在地为县城、镇的，税率为5%；

项目所在地为乡的，税率为1%。

2.3.2.5 资源税

资源税是对在我国境内开采原油、天然气、煤炭、黑色金属矿原矿、有色金属矿原矿及生产盐的单位和个人征收的一种税。征收资源税的目的在于调节因资源条件差异而形成的资源级差收入，促进国有资源的合理开采与利用，同时为国家创造一定的财政收入。

资源税按照矿产的产量计征，即：

$$应纳税额 = 课税数量 \times 单位税额 \tag{2.22}$$

资源税实行差别税率。对资源条件和开采条件好、收入多的，多征税；对资源条件和开采条件差、收入少的，少征税。

2.3.2.6 所得税

所得税是以单位(法人)或个人(自然人)在一定时期内的纯所得(净收入)额为征税对象的一个税种。根据征收对象的不同，所得税分为企业所得税和个人所得税两种。

(1)企业所得税

企业所得税是对我国境内企业和其他取得收入的组织(以下统称企业)，就其生产、经营所得和其他所得征收的一种税。

根据企业所得税法的规定，企业的应纳税所得额乘以适用税率，减除依照所得税法关于税收优惠规定的减免和抵免的税额后的余额，为应纳税额。由此可以得出企业应纳税额的计算公式为：

$$\begin{aligned}应纳税额 &= 应纳税所得额 \times 税率 - 减免或抵免税额 \\ &= (收入总额 - 准予扣除的项目金额) \times 税率 - 减免或抵免税额\end{aligned} \tag{2.23}$$

应纳税所得额为企业每一纳税年度的收入总额，减除不征税收入、免税收入、各项扣除以及允许弥补的以前年度亏损后的余额。

收入总额是指企业以货币形式和非货币形式从各种来源取得的收入，主要包括：(a)销售货物收入；(b)提供劳务收入；(c)转让财产收入；(d)股息、红利等权益性投资收益；(e)利息收入；(f)租金收入；(g)特许权使用费收入；(h)接受捐赠收入；(i)其他收入。

收入总额中不征税的收入有：(a)财政拨款；(b)依法收取并纳入财政管理的行政事业性收费、政府性基金；(c)国务院规定的其他不征税收入。

各项扣除是指企业实际发生的与取得的收入有关的、合理的支出，主要包括成本、费用、税金、损失和其他支出。另外，企业发生的公益性捐赠支出，在年度利润总额12%以内的部分，准予在计算应纳税所得额时扣除。企业按照规定计算的固定资产折旧、无形资产和其他资产的摊销费用，在计算应纳税所得额时准予扣除。

根据所得税法的有关规定，企业的下列所得，可以免征、减征企业所得税：

①从事农、林、牧、渔业项目的所得；

②从事国家重点扶持的公共基础设施项目投资经营的所得；

③从事符合条件的环境保护、节能节水项目的所得；

④符合条件的技术转让所得。

此外，符合条件的小型微利企业，按20%的税率征收企业所得税；国家需要重点扶持的高新技术企业，按15%的税率征收企业所得税。

(2)个人所得税

①个人所得税的征收范围。凡在中国境内有住所，或者无住所而在境内居住满一年的个人，从中国境内和境外取得的所得，均应缴纳个人所得税。

个人所得主要包括工资、薪金所得；个体工商户的生产、经营所得；对企事业单位的承包经营、承租经营所得；劳务报酬所得；稿酬所得；特许权使用费所得；利息、股息、红利所得；财产租赁所得；财产转让所得；偶然所得；经国务院财政部门确定征税的其他所得。

②个人所得税的税率。工资、薪金所得，适用超额累进税率，税率为3%～45%，自2011年起，我国的个税起征点改为3500元，具体税率如表2.4所示。

表2.4 个人工资、薪金所得税税率表

级数	全月应纳税所得额	税率(%)
1	不超过1500元的	3
2	超过1500至4500元的部分	10
3	超过4500元至9000元的部分	20
4	超过9000元至35000元的部分	25
5	超过35000元至55000元的部分	30
6	超过55000元至80000元的部分	35
7	超过80000元的部分	45

个体工商户的生产、经营所得和对企事业单位的承包经营、承租经营所得，适用5%～35%的超额累进税率，具体税率如表2.5所示。

表2.5 个体工商户生产、经营所得税税率表

级数	全年应纳税所得额	税率(%)
1	不超过15000元的	5
2	超过15000至30000元的部分	10
3	超过30000元至60000元的部分	20
4	超过60000元至100000元的部分	30
5	超过100000元的部分	35

稿酬所得，适用比例税率，税率为20%，并按应纳税额减征30%。

劳务报酬所得，适用比例税率，税率为20%。对劳务报酬所得一次收入极高的，可以实行加成征收，具体办法由国务院规定。

特许权使用费所得，利息、股息、红利所得，财产租赁所得，财产转让所得，偶然所得和其他所得，适用比例税率，税率为20%。

在会计处理上，营业税、增值税、消费税、资源税和城市维护建设税、教育费附加均可包含在营业税金及附加中。

2.4 利　　润

2.4.1 利润的计算

2.4.1.1　利润总额

利润总额是企业在一定时期内全部生产经营活动的最终财务成果。它集中反映了企业生产经营各方面的效益。

按照现行财务制度规定，利润总额的计算公式为：

$$\text{利润总额} = \begin{matrix}\text{营业}\\ \text{利润}\end{matrix} + \begin{matrix}\text{投资净}\\ \text{收益}\end{matrix} + \begin{matrix}\text{补贴}\\ \text{收入}\end{matrix} + \begin{matrix}\text{营业外}\\ \text{收入}\end{matrix} - \begin{matrix}\text{营业外}\\ \text{支出}\end{matrix} \tag{2.24}$$

在项目评价时，为简化计算，通常假定项目不发生其他业务利润，也不发生投资净收益、补贴收入、营业外收支净额，故本期的利润总额为：

$$\text{利润总额} = \begin{matrix}\text{主营业务}\\ \text{（销售）收入}\end{matrix} - \begin{matrix}\text{主营业务}\\ \text{总成本费用}\end{matrix} \tag{2.25}$$

例题：某工程咨询企业 2011 年的营业利润为 502 万元，该企业本年营业外收入 30 万元，营业外支出 20 万元，该企业利润总额是多少？

利润总额 ＝ 营业利润＋营业外收入－营业外支出 ＝ 502＋30－20 ＝ 512 万元

2.4.1.2　税后利润

税后利润又称为净利润，是指利润总额扣除所得税后的余额。其计算公式为：

$$\text{税后利润} = \text{利润总额} - \text{所得税} \tag{2.26}$$

2.4.1.3　可分配利润

在公司的净利润中扣除职工福利及奖励基金，再加上年初未分配利润后即得可分配的利润总额。用公式表示为：

$$\text{可分配利润} = \text{净利润} + \text{年初未分配利润} - \begin{matrix}\text{中外合资企业提取}\\ \text{职工福利及奖励基金}\end{matrix} \tag{2.27}$$

2.4.2 利润的分配

2.4.2.1　利润分配的原则

(1)依法分配原则

企业的收益分配必须依法进行。为了规范企业的收益分配行为，维护各利益相关者的合法权益，国家颁布了相关法规。

(2)分配与积累并重原则

企业通过经营活动赚取收益，既要保证企业简单再生产的持续进行，又要不断积累企业扩大再生产的财力基础。恰当处理分配与积累之间的关系，留存一部分净收益以供未来分配之需，能够增强企业抵抗风险的能力，同时，也可以提高企业经营的稳定性与安全性。

(3)兼顾各方利益原则

企业的收益分配必须兼顾各方面的利益。企业是经济社会的基本单元，企业的收益分配涉及国家、企业股东、债权人、职工等多方面的利益。

(4)投资与收益对等原则

企业进行收益分配应当体现“谁投资谁受益”、收益大小与投资比例相对等的原则。

2.4.2.2　税后利润的分配顺序

(1)弥补被没收财务损失,以及违反税法规定支付的滞纳金和罚款;

(2)弥补企业以前年度亏损;

(3)提取法定公积金,用于弥补亏损,按照国家规定转增资本金等;

(4)提取公益金,主要用于企业职工福利设施支出;

(5)向投资者分配利润,企业以前年度未分配的利润,可以并入本年度向投资者分配。

注:法定盈余公积金的提取比例一般是当年净利润的10%。

本章小结

(1)投资的构成包括建设投资、建设期利息和流动资金。

(2)建设期利息是指项目在建设期内因使用外部资金(如银行贷款、企业债券、项目债券等)而支付的利息。

(3)流动资金是指企业全部的流动资产,包括现金、存货、应收账款、有价证券、预付款等项目。企业流动资金按其所处的领域分为生产领域的流动资金和流通领域的流动资金。

(4)流动资产的分类可分为速动资产和非速动资产。

(5)总投资形成的资产分为固定资产、无形资产、其他资产和流动资产。

(6)总成本费用的构成可以由生产成本期间费用法和生产要素法两种方法确定。

(7)经营成本=外购原材料费、燃料和动力费+工资及福利费+其他费用。

(8)按照各种费用与产品或服务数量的关系,可以把总成本费用分为固定成本和可变成本两部分。

(9)固定资产折旧是指固定资产在使用过程中由于磨损而逐步转移到产品价值中的那部分固定资产的价值。

(10)机会成本是指利用一定资源获得某种收益时放弃其他可能的最大收益。

(11)沉没成本是指由于过去的决策已经发生了的,而不能由现在或将来的任何决策改变的成本。

(12)营业收入是指销售产品或提供服务所获得的收入,它是财务分析的重要数据,也是现金流量表中主要的现金流入量。

(13)与建筑工程经济分析相关的税包括增值税、营业税、消费税、教育费附加、城市维护建设税、资源税、所得税。

(14)利润总额=营业利润+投资净收益+补贴收入+营业外收入-营业外支出。

(15)可分配利润=净利润+年初未分配利润-中外合资企业提取职工福利及奖励基金。

(16)利润分配的原则:依法分配原则、分配与积累并重原则、兼顾各方利益原则、投资与收益对等原则。税后利润应按照国家财务制度规定的顺序进行分配。

习　题

2.1　思考题

(1)工程项目总投资由哪些部分组成?

(2)按照形成资产法进行划分,建设投资由哪几个部分构成?

(3)按照概算法分类,建设投资由哪几部分构成?

(4)什么是固定资产?固定资产具有哪几种价值?

(5)什么是无形资产?它主要包括哪些内容?

(6)什么是流动资金?流动资金的主要特点是什么?其主要的用途是什么?

(7)什么是流动资产?它和流动资金之间存在什么关系?

(8)为了便于计算和分析,对于建设投资借款利息的计算,通常采用什么方法?

(9)什么是总成本费用?它有哪两种估算方法?

(10)按照生产成本期间费用法,总成本费用主要包括哪些内容?

(11)什么是机会成本,举例说明?

(12)为什么在决策时要考虑沉没成本?

(13)为什么折旧、摊销及借款利息不是经营成本的组成部分?

(14)折旧的方法有哪几种?加速折旧法的特点是什么?

(15)什么是增值税?增值税是如何计算的?

(16)个人所得税的征收范围是什么?

(17)什么是利润总额?什么是税后利润?它们是如何计算的?

(18)利润分配的基本原则是什么?税后利润应该按什么顺序进行分配?

2.2　练习题

(1)如果某人每个月的应发工资为7500元,试计算他每月应缴纳的个人所得税是多少?

(2)某固定资产原值为250000元,预计净残值6000元,预计可以使用5年,按照双倍余额递减法及年数总和法,计算该设备各年应提取的折旧额。

(3)某新建项目,建设期为3年,第一年贷款300万元,第二年贷款600万元,第三年贷款400万元,年利率12%,建设期内利息只计息不支付,计算建设期贷款利息。

3 现金流量与资金时间价值

内容简介:本章主要介绍现金流量与资金时间价值的概念及含义,现金流量图的绘制方法,名义利率与实际利率的差别换算,资金时间价值的单利复利基本计算公式,等值的意义与等值的计算。

教学要求:了解单利复利含义,熟悉现金流量的基本要素,了解资金的时间价值概念,掌握现金流量分析及其现值、终值和年金的综合计算。

知识链接:结合财务管理中的相关知识进行学习。

3.1 现金流量

3.1.1 现金流量的概念

3.1.1.1 概念

工程经济要素的价值(例如投入的资金、花费的成本、获取的收益)都以资金表示,而资金以常见的现金流量这个概念来表示。

现金流量(cash flows)是指某特定的经济系统在一定时期(年、半年、季等)各时间点上实际发生的资金流入或资金流出量。流入系统的资金称为现金流入(CI),流出系统的资金称为现金流出(CO),同一时点上现金流入与流出之差称为净现金流量。

3.1.1.2 确定现金流量应注意的问题

(1)工程经济学中以特定的经济系统为对象,同一笔资金从不同的考察角度和范围有不同的内涵。例如,国家对企业经济活动征收的税金,从企业角度看是现金流出;从国家角度看,由于税金对国家来说所有权并未改变,而是国民经济系统内资金的一种再分配,所以是内部的转移支付,它既不是现金流入也不是现金流出。

(2)工程经济学中现金流量与发生的时间相对应,具有时间性。

(3)工程经济学中现金流量是系统实际收到或支出的资金,而不是资金的转移。即现金流量必须是实际发生的,每一笔现金流量都有可靠的凭证验证。例如,不应将应收账款和应付账款等作为现金流量。

(4)工程经济学中以投资角度所讲的现金流量,泛指可以用货币(实物)度量的资源或财富,甚至包括未变现的资产增值,不是只包括货币现金。如新建项目需要原企业的土地或设备,原来土地是5万元买来,现在如果能卖到15万元,则项目土地的投资应该是15万元。

(5)工程经济学中研究的现金流量是未来方案发生的估计值或观察值、预测值,估计的精确性很重要。

3.1.2 现金流量图的基本要素

现金流量图的三要素:现金流量的大小、方向和时间点。其中大小表示资金金额,方向指项目的现金流入和流出,时间点是指现金流入或流出所发生的时间。

3.1.3 现金流量图

现金流量图是表示某一特定经济系统各时间点的现金流入、现金流出的一种图示。即把经济系统的现金流量绘入一时间坐标图中,表示出各现金流入、现金流出与相应时间点的对应关系,如图3.1所示。

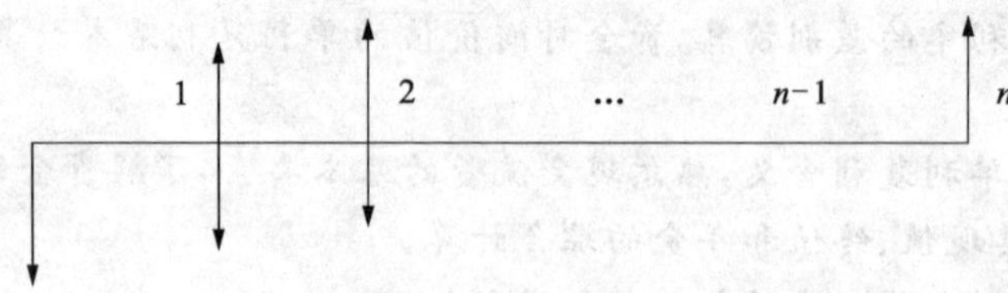

图3.1 现金流量图

现金流量图的绘制方法:

(1)横轴表示时间轴,时间推移从左到右,每一刻度表示一个计息周期。可取年、半年、季、月等,在不做特别说明的情况下,一般以年表示。

(2)垂直于时间坐标的箭线表示不同时间点的现金流量的大小和方向。箭头向上表示现金流入,箭头向下表示现金流出。现金流量数值大小应与箭线长度成比例。

(3)箭线与时间轴的交点即为现金流量发生的时间点。零表示时间序列的起点,时间序列中某一期的期末正好是下一期的期初。

(4)现金流入和现金流出总是针对特定系统而言的。例如,企业向银行贷款,对企业来说是现金流入,对银行来说就是现金流出。

【例3.1】 某项目第一年年初投资10万元,每年的经营成本为2万元,每年年末收入8万元,寿命期为5年,期末残值为1万元。试绘制现金流量图。

该项目的现金流量图如图3.2所示。

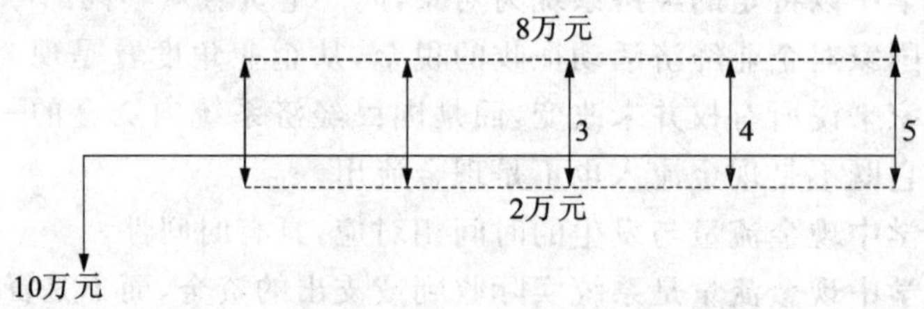

图3.2 某项目现金流量图

3.2 资金的时间价值

3.2.1 资金时间价值的概念

资金时间价值是指资金在生产和流通过程中,随着时间的推移而产生的增值,增值的这部分价值就叫作资金的时间价值。

举例:商品经济中有这样一种现象,即现在的100元与1年后的100元其经济价值是不相等的(或者经济效益不同)。如某人年初存入银行100元,若年利率为10%,年末可从银行取出本息 110 元，这 10 元的增值就是资金时间价值的表现形式。

对于资金的时间价值，可以从两方面来理解：

从投资者角度看，是资金在生产与交换活动中给投资者带来的利润。资金投入生产经营后，数额随时间的增加持续增长，资金的增值特性使其具有时间价值。

从消费者角度看，资金的时间价值体现为对放弃现期消费的损失所做的必要补偿。资金用于投资就不能用于现期消费，牺牲现期消费是为了能在将来获得更多的消费。

实质：在商品经济中，资金购买到一定量的劳动资料、劳动对象等，投入到生产领域中，与劳动相结合后形成新产品，通过流通领域形成资金增值。资金的这种循环本身并不会增值，其实质是再生产过程中劳动者创造的价值。资金的这种增值采取了随时间推移而增值的外在形式，故称之为资金的时间价值。

由于资金时间价值的存在，不同时间点发生的现金流量不能直接比较。只有通过一系列换算，将发生在不同时间点上的现金流量转化到同一时间点上，再进行对比，才能符合客观情况。如探明一个有工业价值的油田，目前立即开发可获利 100 亿元，若 5 年后开发，由于价格上涨，可获利 160 亿元，如果不考虑时间价值，根据 160 亿元大于 100 亿元，可以认为 5 年后开发有利。如果考虑资金的时间价值，现在获得 100 亿元可用于其他投资，平均每年获利 15%，则 5 年后将有 200 亿元（$100\times1.15^5\approx200$），因此可认为目前开发更有利。

因此资金具有时间性，考虑资金时间价值的经济分析方法是工程经济学讨论的重要内容之一。

3.2.2 资金时间价值的计算

3.2.2.1 利息和利率

利息是指占用资金所付出的代价或者是放弃近期消费所得到的补偿，是衡量资金时间价值的绝对尺度。

$$I_n = F_n - P$$

式中 I_n——n 期末利息和；

F_n——本利和；

P——本金。

利率：一个计息周期内所得的利息与借款本金之比，通常用百分数表示，是衡量资金时间价值的相对尺度。

$$i = \frac{I_1}{P} \times 100\%$$

式中 i——利率；

I_1——单位时间内的利息。

利率的高低主要由以下因素决定：

(1)社会平均利润率。利率随社会平均利润率的变化而变化。通常情况下，平均利润率是利率的最高界限。因为如果利率高于平均利润率，无利可图，就不会有人去借款。

(2)借贷资本的供求情况。在平均利润率不变的情况下，借贷资本供过于求，利率便下降；反之，供不应求，利率便上升。

(3)借贷风险。借出资本要承担一定的风险，风险越大，利率也就越高。

(4)通货膨胀。通货膨胀对利息的波动有直接影响，资金贬值往往会使利息无形中成为负值。

(5)借出资本的期限长短。贷款期限长，不可预见因素多，风险大，利率就高；反之，贷款期限短，不可预见因素少，风险小，利率就低。

3.2.2.2 单利和复利

利息计算有单利和复利之分。当计息周期在一个以上时，就需要考虑单利与复利的问题。单利：是指在计算利息时，仅用本金计算利息。即：本金生息，利息不生息。

n 期末单利本利和计算公式：

$$F_n = P(1+ni) \tag{3.1}$$

式中 F_n——本利和；

P——本金；

i——利率；

n——计算利息的次数。

推导：第 1 年 $F_1 = P + P \times i = P(1+i)$

第 2 年 $F_2 = F_1 + P \times i = P(1+i) + P \times i = P(1+2i)$

……

第 n 年 $F_n = F_{n-1} + P \times i = P[1+(n-1)i] + P \times i = P(1+ni)$

【例 3.2】 某人借入 1000 元，年利率为 10%，4 年末偿还，采用单利法计算各年的利息和本利和，见表 3.1。

表 3.1 单利方式利息计算表

单位：元

使用期	年初款额	单利年末计息	年末本利和	年末偿还
1	1000	1000×10%=100	1100	0
2	1100	1000×10%=100	1200	0
3	1200	1000×10%=100	1300	0
4	1300	1000×10%=100	1400	1400

单利的利息额仅由本金所产生，其新生利息，不再加入本金产生利息。由于没有反映资金随时都在“增值”的规律，即没有完全反映资金的时间价值，因此，单利计算在工程经济分析中使用较少。

复利：指在计算利息时，不仅本金计算利息，利息到期不付也要计算利息。即本金生息，利息也生息，“利滚利”。

n 期末复利本利和计算公式：

$$F_n = P(1+i)^n \tag{3.2}$$

推导：第 1 年 $F_1 = P + P \times i = P(1+i)$

第 2 年 $F_2 = F_1 + F_1 \times i = F_1(1+i) = P(1+i)^2$

……

第 n 年 $F_n = F_{n-1} \times (1+i) = P(1+i)^{n-1} \times (1+i) = P(1+i)^n$

【例 3.3】 数据同例 3.2 采用复利方式计算各年的利息和本利和，见表 3.2。

表 3.2 复利方式利息计算表

单位:元

使用期	年初款额	复利年末计息	年末本利和	年末偿还
1	1000	1000×10%=100	1100	0
2	1100	1100×10%=110	1210	0
3	1210	1210×10%=121	1331	0
4	1331	1331×10%=133.1	1464.1	1464.1

两个例题的比较:同一笔借款在利率和计息期均相同的情况下,用复利计算的利息金额比用单利计算的多 64.1 元。如果本金越多,利率越高,年数越多,二者的差距就越大。

工程项目时间长,投资数额大,复利计算能全面反映资金的实际运行情况,因此一般采用复利法计算资金的时间价值。而单利法一般用于短期投资或不超过一年的短期贷款。

在我国现行的财税制度规定:投资贷款实行差别税率并按复利计算,而为了储户方便,存款实行差别税率按单利计算。

实际生活中一般按复利计息,但为了储户方便,我国银行目前名义上用的还是单利计算,只是通过存期的不同,规定不同的单利利率。例如:2012 年 7 月 6 日人民币存款利率调整情况为,我国居民银行存款 1 年期利率为 3.00%,2 年期为 3.75%,3 年期为 4.25%,5 年期为 4.75%。如果按年利率为 3.00%的复利计算,其等价的单利利息率分别为 3.00%、3.05%、3.09%、3.19%。可见,银行为了吸引长期存款,规定的利率还高于等价的复利利率。贷款方面,银行考虑贷款风险,现行的年利率分别是 6.00%(1/2～1 年)、6.15%(1～3 年)、6.40%(3～5 年)、6.55%(5 年以上),按不同的还款方式直接用复利计算利息。

复利法分为间断复利法(普通复利法)和连续复利法。按照瞬时计算利息的方法称为连续复利法,按照年、半年、季、月、周、日计算利息的方法称为间断式复利法。在实际应用中多采用间断式复利法,一方面出于习惯,另一方面是因为会计通常在年底计算一年的进出款,按年计算税金、保险等,因而采用间断式复利法考虑问题更适宜。

3.2.2.3 资金的等值计算

资金的等值是指在考虑资金时间价值的情况下,不同时间点发生的绝对值不等的资金可能具有相等的价值。

例如,现在的 100 元与一年以后的 105 元,数量上并不相等,但如果将现在的 100 元存入银行,年利率为 5%,则两者是等值的。因为现在存入的 100 元,一年后的本利和为 100×(1+5%)=105 元。

影响资金等值的因素:①资金额的大小;②资金发生的时间;③利率的高低。

在考虑资金时间价值的情况下,不同时间点的收入或支出是不能直接相加减的,利用等值的概念,可以把不同时间点的资金换算成同一时间点的等值资金,然后进行比较。所以,工程经济分析中,方案的比选都采用等值概念进行分析,等值是一个十分重要的概念。

(1)基本参数

①P:现值。在利息计算中一般代表本金。

②F:终值(将来值)。在利息计算中一般代表本利和。

③A:等额年金或年值。即在 n 次等额的支付中,每次支出或收入的金额。

④i:利率、折现或贴现率、收益率。

⑤n:期数(年)。在利息计算中是指计算利息的次数;在经济分析中一般代表工程项目的寿命。

(2)一次支付类型的复利计算

一次支付又称整付,是指所分析系统的现金流量,无论是流入或是流出,均在一个时间点上发生,如图3.3所示。

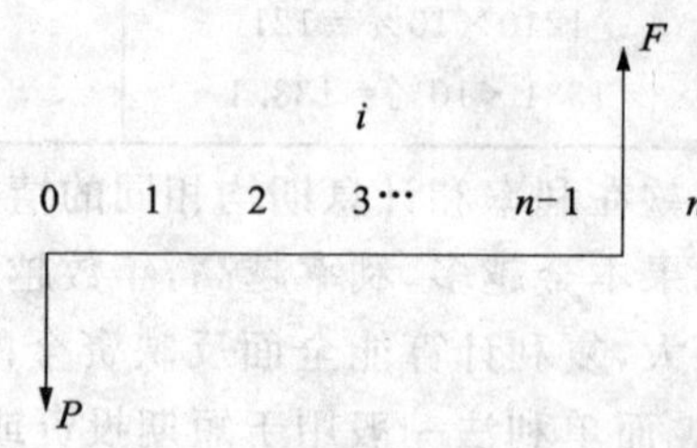

图3.3 一次支付现金流量图

图中:P为现值,指资金发生在某一特定时间序列起点处的价值,即现在的资金价值或本金(时间序列起点通常是评价时刻的点,即现金流量图的零点处)。

F为终值,指资金发生在某一特定时间序列终点处的价值,是n期末的资金值或本利和。

i为计息周期利率,即计算采用的利率。

n为计息周期数,即计算周期的时间数。

①复利终值公式(一次支付终值公式、整付本利和公式)

现有一项目资金为P,按年利率i计算,求n年后的本利和。即已知i、n、P,求F。

n年末的本利和F与本金P的关系为:

$$F = P(1+i)^n \tag{3.3}$$

$(1+i)^n$称为一次支付终值系数,通常用$(F/P,i,n)$来表示。

实际上,常用一种规格化代号来代表各种计算因子,这种规格化代号的一般形式为$(y/x,i,n)$。括号中第一个字母y代表所求的未知数,第二个字母x为已知数,i为计息周期利率,n为计息周期数。因此公式(3.3)可以改写为如下形式:$F=P(F/P,i,n)$

【例3.4】 某人现在存款1000元,银行的年利率为10%,问第5年年末一共可以取出多少钱?

【解】 $F = P(1+i)^n = 1000 \times (1+10\%)^5 = 1000 \times 1.6105 = 1610.5$ 元

也可以查复利系数表中的一次支付终值系数$(F/P,10\%,5)$为1.6105,所以:

$F = P(F/P,i,n) = 1000 \times 1.6105 = 1610.5$ 元

②复利现值公式(一次支付现值公式)

这是已知终值F,求现值P的等值公式,是一次支付终值公式的逆运算。由公式(3.3)可直接导出:

$$P = F(1+i)^{-n} \tag{3.4}$$

$(1+i)^{-n}$为一次支付现值系数,通常用$(P/F,i,n)$来表示。

复利现值是将各时间点处资金价值折算为现值(对应零点时的值)的过程,称为"折现"或"贴现",所使用的利率就叫折现率、贴现率或收益率。也叫折现系数或贴现系数。

【例3.5】 如果银行的年利率为10%,某人为在5年后获得1000元,现在应存入银行

多少钱？

【解】 $P=F(1+i)^{-n}=1000\times(1+10\%)^{-5}=1000\times0.6209=620.9$ 元

也可以查复利系数表中的一次支付现值系数$(P/F,i,n)$为 0.6209，所以：

$P=F(P/F,i,n)=1000\times0.6209=620.9$ 元

(3)等额支付类型

等额支付是多次支付形式中的一种。多次支付是指现金流入和流出在多个时间点上发生，而不是集中在某个时间点上。现金流量数额的大小可以是不等的，也可以是相等的。当现金流量序列是连续的，且数额相等，则称之为等额系列现金流量。下面介绍等额系列现金流量的四个等值计算公式。

①等额分付终值公式（等额年金终值公式）

如图 3.4 所示为现金流量图：从第 1 年年末至第 n 年年末每年发生的金额均为 A，A 称为等额年金或年值。在考虑资金时间价值的条件下，要把 n 年内系统的总现金流出转化为与之等值的第 n 年末的现金流入 F。即已知每年的等额年值 A、利率 i 和计息周期 n，求终值 F。类似于日常生活储蓄中的零存整取，公式的推导过程如下：

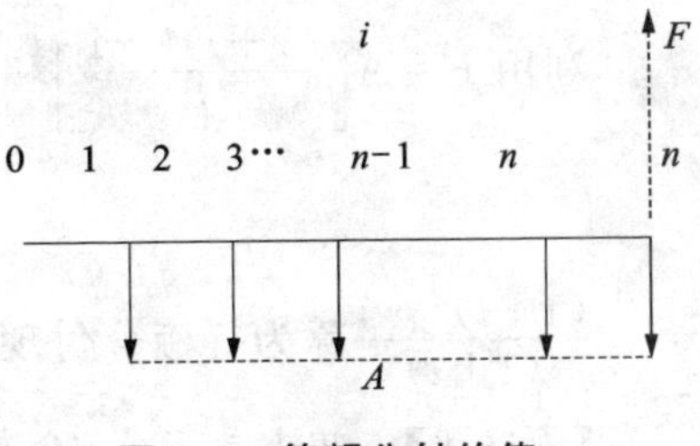

图 3.4 等额分付终值公式现金流量图

第 1 年 $F_1=A(1+i)^{n-1}$

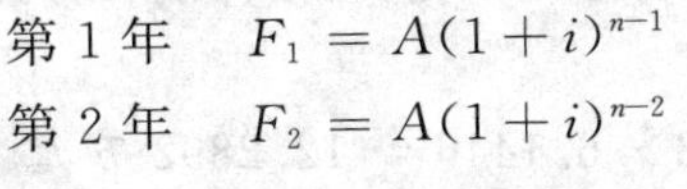
第 2 年 $F_2=A(1+i)^{n-2}$

……

第 n 年 $F_n=A$

$$F=A(1+i)^{n-1}+A(1+i)^{n-2}+\cdots\cdots+A(1+i)+A$$
$$=A[1+(1+i)+\cdots\cdots+(1+i)^{n-2}+(1+i)^{n-1}]$$

利用等比数列求和公式可得：

$$F=A\left[\frac{(1+i)^n-1}{i}\right] \tag{3.5}$$

$\frac{(1+i)^n-1}{i}$称为等额分付终值系数，通常用$(F/A,i,n)$来表示。

【例 3.6】 某人每年年末存入银行 2 万元，连续存 5 年，年利率为 10%，求第 5 年年末可从银行取出多少钱？

【解】 $F=A(F/A,i,n)=2\times(F/A,10\%,5)=2\times6.1051=12.2102$ 万元

【例 3.7】 某企业从每年的折旧费中保留 5 万元，现已有 20 万元，今后 6 年仍然这样累计下去，利率为 10%，问第 6 年年末这笔保留的折旧基金总额是多少？

【解】 $F=20(F/P,10\%,6)+5(F/A,10\%,6)=74.02$ 万元

②等额分付偿债基金公式（等额存储偿债基金公式）

等额分付偿债基金公式是等额分付终值公式的逆运算，即已知终值 F、利率 i 和计息周期 n，求等额年值 A。类似于日常商业活动中的分期付款业务。

$$A=F\left[\frac{i}{(1+i)^n-1}\right] \tag{3.6}$$

$\frac{i}{(1+i)^n-1}$称为等额分付偿债基金系数，通常用$(A/F,i,n)$来表示。

【例 3.8】 某厂欲积累一笔设备更新基金，用于第 4 年年末更新设备。预计此项设备投资总额为 500 万元，银行利率为 12%，问每年年末至少要存入多少钱？

【解】 $A = F(A/F,i,n) = 500 \times (A/F,12\%,4) = 500 \times 0.2092 = 104.6$ 万元

③等额分付现值公式

如果希望在今后 n 年内，每年年末都能取得一笔等额的资金 A，在利率为 i 的情况下，现在必须投入多少钱，现金流量图如图 3.5 所示。

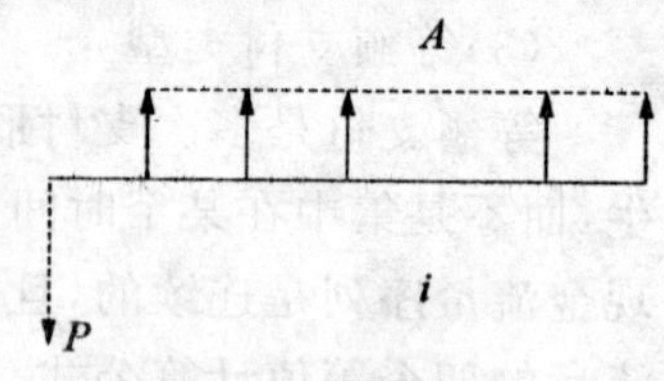

图 3.5 等额分付现值公式现金流量图

现要把 n 年内系统的总现金流入转化为与之等值的总现金流出 P。即已知每年的等额年值 A、利率 i 和计息周期 n，求现值 P。类似于日常生活储蓄中的整存零取。

利用 $F=A\left[\frac{(1+i)^n-1}{i}\right]$ 和 $F=P(1+i)^n$ 可以得到：

$$P = A\left[\frac{(1+i)^n-1}{i(1+i)^n}\right] \tag{3.7}$$

$\frac{(1+i)^n-1}{i(1+i)^n}$ 称为等额分付现值系数，通常用 $(P/A,i,n)$ 来表示。

【例 3.9】 某人为了在 10 年内，每年年末都能从银行取出 2 万元，在利率为 10% 的情况下，问现在应该存入多少钱？

【解】 $P = A(P/A,i,n) = 2 \times (P/A,10\%,10) = 2 \times 6.1446 = 12.2892$ 万元

【例 3.10】 某人每年年初存入银行 500 元，连续存 8 年，若银行利率为 8%，此人第 8 年年末可从银行取出多少钱？相当于现值多少？

【解】 $F = 500(F/A,8\%,8)(F/P,8\%,1) = 5743.98$ 元

$P = 500 + 500(P/A,8\%,7) = 3103$ 元

④等额分付资本回收公式

等额分付资本回收公式是等额分付现值公式的逆运算。在期初一次投入资金数额为 P，在 n 年内全部收回，在利率为 i 的情况下，求每年年末应等额回收的资金 A。即已知现值 P、利率 i 和计息周期 n，求等额年值 A。

$$A = P\left[\frac{i(1+i)^n}{(1+i)^n-1}\right] \tag{3.8}$$

$\frac{i(1+i)^n}{(1+i)^n-1}$ 称为等额分付资本回收系数，通常用 $(A/P,i,n)$ 来表示。

等额分付资本回收系数是一个重要的系数，其含义是对应于工程方案的初始投资，则在方案寿命期内每年至少要回收的金额。

【例 3.11】 一台施工机械价值 10 万元，希望 5 年内收回全部投资，若折现率为 8%，问每年应至少等额回收多少钱？

【解】 $A = P(A/P,i,n) = 10 \times (A/P,8\%,5) = 10 \times 0.2505 = 2.505$ 万元

【例 3.12】 某企业向银行贷款 3000 万元购买一台设备，假设该设备使用期为 10 年，基准折现率为 8%，使用期内大修等费用每年约需 30 万元，试问经营这台设备每年至少应获得多少收益才不会亏本？

解法(一)：$30(P/A,8\%,10) + 3000 = A(P/A,8\%,10)$

$$A = [30(P/A,8\%,10) + 3000](A/P,8\%,10)$$

解法(二):$A = 3000(A/P,8\%,10) + 30$

解得:$A = 477.09$ 万元

为了便于理解和记忆,现将以上 6 个公式汇总于表 3.3。

表 3.3 资金等值计算公式汇总表

系数名称	求	已知	标准代号	代数式	计算公式	说明
复利终值系数	F	P	$(F/P,i,n)$	$(1+i)^n$	$F=P(F/P,i,n)$	一次支付
复利现值系数	P	F	$(P/F,i,n)$	$(1+i)^{-n}$	$P=F(P/F,i,n)$	
等额分付终值系数	F	A	$(F/A,i,n)$	$\frac{(1+i)^n-1}{i}$	$F=A(F/A,i,n)$	等额多次支付
等额分付偿债基金系数	A	F	$(A/F,i,n)$	$\frac{i}{(1+i)^n-1}$	$A=F(A/F,i,n)$	
等额分付现值系数	P	A	$(P/A,i,n)$	$\frac{(1+i)^n-1}{i(1+i)^n}$	$P=A(P/A,i,n)$	
等额分付资本回收系数	A	P	$(A/P,i,n)$	$\frac{i(1+i)^n}{(1+i)^n-1}$	$A=P(A/P,i,n)$	

从表 3.3 中可以看出,各种系数之间具有以下关系:复利终值系数与复利现值系数互为倒数;等额分付终值系数与等额分付偿债基金系数互为倒数;等额分付现值系数与等额分付资本回收系数互为倒数。

注意:等额分付资本回收系数=等额分付偿债基金系数$+i$

在工程经济分析中,现值比终值使用更为广泛。因为用终值进行分析,会使人感到评价结论的可信度较低;而用现值概念容易被决策者接受。为此,在工程经济分析时应当注意以下两点:

(1)正确选择折现率。折现率是决定现值大小的一个重要因素,必须根据实际情况选用。

(2)注意现金流量的分布情况。从收益角度来看,获得的时间越早、数额越大,其现值就越大。因此,应使建设项目早日投产,早日达到设计生产能力,早获收益,多获收益,这样才能达到最佳经济效益。从投资角度看,投资支出的时间越晚、数额越小,其现值就越小。因此,应合理分配各年投资额,在不影响项目正常实施的前提下,尽量减少建设初期投资额,加大建设后期投资比重。

3.3 名义利率与实际利率

3.3.1 周期利率

用于表示计算利息的时间单位称为计息周期,通常是年、半年、季,也可以是月、周或日。计息周期所对应的利率称为周期利率(计息周期有效利率)。例如,某笔住房抵押贷款按月还本付息,其月利率为 1%,计息周期为月,月利率 1%就是周期利率。

3.3.2 名义利率

在复利计算中，一般是采用年利率。但年利率的计息周期可能等于一年也可能短于一年，若利率为年利率，而实际计息周期小于一年（如月、季等），则这种年利率称为名义利率。

例如：年利率为12%，每年计息12次（即按月计息），12%则为名义利率，实际相当于月利率为1%。

$$名义利率(r)=周期利率\times每年的计息次数(m) \tag{3.9}$$

3.3.3 实际利率

若利率为年利率，实际计息周期也是一年，这种年利率即为实际利率。

例如：年利率为12%，每年计息1次（即按年计息），12%则为实际利率。

根据名义利率和计息次数，得周期利率为$\frac{r}{m}$，

利率周期末本利和为：

$$F=P(1+\frac{r}{m})^m \tag{3.10}$$

该利率周期内产生的利息为：$I=F-P=P\left[(1+\frac{r}{m})^m-1\right]$

根据利率定义，得实际利率：

$$i=\frac{I}{P}=(1+\frac{r}{m})^m-1 \tag{3.11}$$

上面的公式是一年中复利计息次数有限时，名义利率与实际利率的换算公式。当每年中的复利计息次数 m 无限增加时，则年实际利率为：

$$i_{连}=\lim_{m\to\infty}(1+\frac{r}{m})^m-1=\lim_{m\to\infty}\left[(1+\frac{r}{m})^{\frac{m}{r}}\right]^r-1=e^r-1 \tag{3.12}$$

这种计息方式称为连续复利。

由公式(3.11)可知，当 $m=1$ 时，实际利率等于名义利率；当 $m>1$ 时，实际利率大于名义利率，而且 m 越大，二者相差也越大。

由于计息的周期长短不同，同一笔资金在占用时间相等的情况下，所付的利息却不相同，这就会影响方案的经济效益指标，所以需要将名义利率换算为实际利率。

【例3.13】 某施工企业希望从银行借款500万元，借款期限为2年，期满一次还本。经咨询有甲、乙、丙、丁四家银行愿意提供贷款，年利率均为8%。其中，甲要求按月计算并支付利息，乙要求按季度计算并支付利息，丙要求按半年计算并支付利息，丁要求按年计算并支付利息。则对该企业来说，借款实际利率最低的银行是哪家？

【解】 甲银行的年实际利率为：

$$i=(1+\frac{r}{m})^m-1=(1+\frac{8\%}{12})^{12}-1=(1+0.67\%)^{12}-1=8.30\%$$

乙银行的年实际利率为：

$$i=(1+\frac{r}{m})^m-1=(1+\frac{8\%}{4})^4-1=(1+2\%)^4-1=8.24\%$$

丙银行的年实际利率为：

$$i=(1+\frac{r}{m})^m-1=(1+\frac{8\%}{2})^2-1=(1+4\%)^2-1=8.16\%$$

丁银行的年实际利率为8%。

因为丁银行的实际利率最低，所以应选择丁银行。

在进行分析计算时，对名义利率一般有两种处理方法：①将其换算为实际利率后，再进行计算；②直接按单位计息周期利率来计算，但计息期数要作相应调整。

【例3.14】 某人现在存款1000元，年利率 $i=10\%$，计息周期为半年，按复利计息，问第5年年末存款金额为多少元？

【解】 (1)按年实际利率计算，计息周期为半年，则每年计息次数是2次，计息周期利率 $\frac{r}{m}=\frac{10\%}{2}=5\%$，则年实际利率为：

$$i=(1+\frac{r}{m})^m-1=(1+\frac{10\%}{2})^2-1=(1+5\%)^2-1=10.25\%$$

查复利系数表：当 $i=10\%$ 时，$(F/P,10\%,5)=1.6105$

当 $i=12\%$ 时，$(F/P,12\%,5)=1.7623$

利用线性内插法求得：当 $i=10.25\%$ 时，

$$(F/P,10.25\%,5)=1.6105+\frac{1.7623-1.6105}{12\%-10\%}\times(10.25\%-10\%)=1.6295$$

则第5年年末本利和 $F=1000\times(F/P,10.25\%,5)=1000\times1.6295=1629.5$ 元

(2)按计息周期利率计算

计息周期利率 $\frac{r}{m}=\frac{10\%}{2}=5\%$，计息次数为 $2\times5=10$，则

$$F=1000\times(F/P,10\%/2,2\times5)=1000\times1.6289=1628.9\text{ 元}$$

上述两种方法计算结果略有差异，实际利率不是整数，无表可查，在利率间用线性内插法计算时引起系数有微小差异。此差异虽小，但计算较烦琐，故用计息周期利率计算较为简单。

本章小结

本章在提出现金流量概念及现金流量图绘制的基础上，着重介绍了资金时间价值的意义、衡量尺度及计算公式。

(1)现金流量概念及现金流量图绘制是资金时间价值计算的基础。

(2)利息与利率、单利与复利、计息周期、名义利率与实际利率都是计算资金时间价值的基本概念。

(3)根据资金支付方式和等值换算的时间不同，本章介绍了资金等值计算的一次性支付和等额支付两种类型，共6个计算公式，每种类型都可以通过计算公式来分别计算现值、终值、年值等资金等值数据，可以将不同时间点上的资金实现等值。

习　题

3.1　思考题

(1)现金流量图的基本要素有哪些？

(2)什么是资金的时间价值？

(3)什么是利息、利率？单利和复利的区别是什么？

(4)如何理解资金的等值？

(5)什么是名义利率和实际利率？两者有何关系？

3.2　练习题

(1)关于现金流量图的绘制规则的说法，正确的是(　　)。

A. 对投资人来说，时间轴上方的箭线表示现金流出

B. 箭线长短与现金流量的大小没有关系

C. 箭线与时间轴的交点表示现金流量发生的时间点

D. 时间轴上的点通常表示该时间单位的起始时间点

(2)下列关于现金流量的说法中，正确的是(　　)。

A. 收益获得的时间越晚，数额越大，其现值越大

B. 收益获得的时间越早，数额越大，其现值越小

C. 收益获得的时间越早，数额越小，其现值越大

D. 收益获得的时间越晚，数额越小，其现值越小

(3)当年名义利率一定时，每年的计息次数越多，这年实际利率(　　)。

A. 与年名义利率的差值越大

B. 与年名义利率的差值越小

C. 与计息周期利率的差值越小

D. 与计息周期利率的差值趋于常数

(4)年利率为 8%，按季度复利计息，则半年期实际利率为(　　)。

A. 4.00%　　　　B. 4.04%　　　　C. 4.07%　　　　D. 4.12%

(5)某企业现贷款 2000 万元，利率为 8%，若在第 5 年年末一次还清本利和，按单利法和复利法计算本利和各是多少？

(6)某公司以单利方式一次性借入资金 2000 万元，借款期限为 3 年，年利率为 8%，到期一次还本付息，则第 3 年年末应当偿还的本利和为多少万元？

(7)某项目建设期为 2 年，建设期内每年初贷款 1000 万元，年利率为 8%，若运营期前 5 年每年年末等额偿还贷款本息，到第 5 年年末全部还清，则每年年末偿还贷款本息是多少？

(8)某企业在第一年初向银行借款 300 万元用于购置设备，贷款年实际利率为 8%，每半年计息一次，今后 5 年内每年 6 月底和 12 月底等额还本付息，则该企业每次应偿还多少万元？

(9)某企业从金融机构借款 100 万元，月利率为 1%，按月复利计息，每季度付息一次，则该企业一年需向金融机构支付利息多少万元？

(10)某企业计划从现在算起，第 6 年年末和第 8 年年末分别需要提取现金 80 万元和 100 万元，若银行利率为 6%，且从第一年起每年年末等额存款，连续存 5 年，问每年需存款多少万元？

(11)某房地产企业要向银行贷款，甲银行年利率为 16%，按年复利计息；乙银行年利率为 15%，按月复利计息，问该企业应选择哪家银行贷款？

4 建设项目经济评价方法

内容简介：建设项目经济评价方法是人们分析和衡量技术方案和项目的手段。本章首先介绍了建设项目经济评价指标体系和静态、动态评价指标；其次介绍了建设项目方案经济评价类型，并针对性地阐述了单一方案、互斥方案等多方案类型的评价方法；最后介绍了经济费用效益分析的思想。

教学要求：要求学生了解投资决策指标的概念及分类，掌握项目评价的方法和决策。

知识链接：经济分析的基本要素。

4.1 建设项目经济评价的概念及特点

4.1.1 建设项目经济评价的概念

建设项目的经济评价是采用一定的方法和经济参数，对建设项目的投入产出进行研究、分析计算和对比论证的过程。经济评价的内容、深度和侧重点，是由项目决策工作不同阶段的要求所决定的。它在项目建设程序中主要有以下三个阶段：项目建议书阶段，可行性研究报告阶段，建设项目后评价阶段。

经济评价的目的是根据国民经济和社会发展战略及各行业、各地区发展规划的要求，在做好产品（服务）市场需求预测及厂址选择、工艺技术选择等工程技术研究的基础上，计算项目的效益和费用，通过多方案比较，对拟建项目的财务可行性和经济合理性进行分析论证，做出全面的经济评价，为项目的投资决策提供科学的依据。

4.1.2 建设项目经济评价的特点

项目的经济评价为项目或方案的取舍提供重要依据，是项目决策科学化的重要手段。它一般具有以下特点：

(1)动态分析与静态分析相结合，一般以动态分析为主。

(2)定性分析与定量分析相结合，一般以定量分析为主。

(3)宏观效益分析与微观效益分析相结合，以宏观效益分析为主。

(4)预测分析与统计分析相结合，以预测分析为主。

(5)全过程效益分析与阶段性效益分析相结合，以全过程效益分析为主。

4.1.3 经济评价的要求

经济评价的目的主要是为项目决策提供科学、可靠的依据。因此，项目经济评价的结果与结论显得尤为重要，所以对项目经济评价的要求非常严格。

(1)项目经济评价基础数据要准确可靠，效益与费用计算口径要对应一致。

(2)项目经济评价工作应遵循国家统一发布的评价方法和统一的评价参数。

(3)经济评价应与现行的财税制度保持一致。

(4)经济评价要与项目的具体特点相吻合。

4.1.4 建设项目的财务评价和国民经济评价

财务评价和国民经济评价作为建设项目评价的两个层次,因其作用与任务的不同,二者之间存在很大差别。

(1)评价角度不同

财务评价是根据现行国家财税制度和价格体系,从项目财务角度考察项目的盈利状况、偿还能力和外汇平衡能力,以确定项目投资行为的财务可行性。国民经济评价是按照资源合理配置的原则,从国家整体角度考察项目效益和费用,以确定项目投资行为的经济合理性。

(2)效益、费用的含义和划分范围不同

财务评价是从企业的角度出发,根据项目自身的收支情况来确定项目的效益和费用,利息、税金等各项支出都视为费用,政府补贴等视为收益。国民经济评价从全社会的角度来考察项目的效益与费用,其着眼于项目对社会提供的有用产品、服务及项目所耗费的社会资源,不计国内转移支付部分,即政府补贴不能计为项目的收益。税金和国内借款利息也不作为项目的费用。财务评价只计算项目直接发生的效益和费用,而国民经济评价对项目引起的间接效益和费用即外部效果也要进行计算和分析。

(3)评价采用的价格不同

财务评价对投入物和产出物均采用市场价格,财务价格是以现行价格为基础的预测价格,考虑价格的变动因素。而国民经济评价则采用影子价格,在计算期内各年均不考虑物价水平上涨因素。

(4)评价所采用的参数不同

财务评价所采用的是行业基准收益率、基准投资回收期等财务评价参数;而国民经济评价则采用影子汇率、影子工资、社会折现率等经济评价参数。

4.2 建设项目经济评价指标分类

评价建设项目经济效果的好坏,取决于两个方面:一是基础数据的完整可靠,二是选取评价指标的合理性及计算方法的正确性。因此,选择正确的经济评价方法非常重要。

建设项目经济评价的核心内容就是对经济效果的评价。经济效果评价指标多种多样,任一具体指标,都只能从某个方面或某些方面反映项目的经济性。为了使评价工作系统而全面,就需要采用一系列指标,从多方面进行分析和考察。这些既相互联系又有其相对独立性的评价指标,就构成工程项目评价的指标体系。工程项目的评价指标可以从不同的角度进行分类。

4.2.1 时间性评价指标、价值性评价指标以及比率性评价指标

按评价指标的量纲或其所反映的经济性质,可将其分为时间性指标、价值性指标和比率性指标,如图 4.1 所示。时间性指标是以时间为量纲的指标;价值性指标是以货币为量纲的

指标；比率性指标是无量纲的指标。

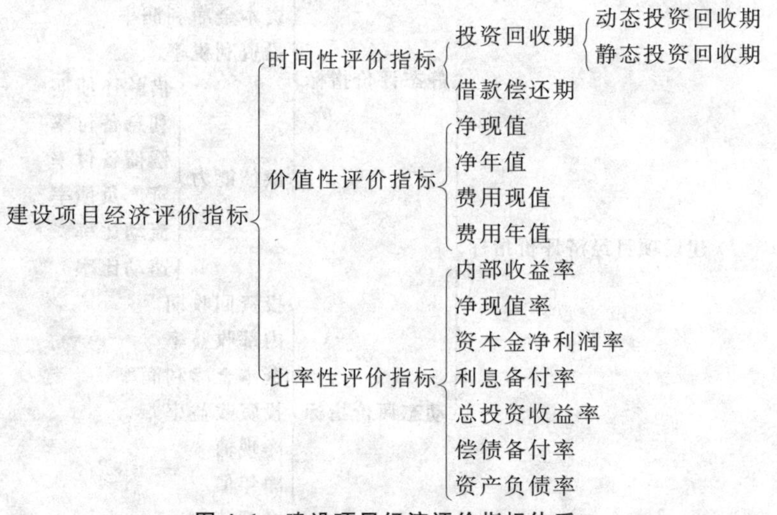

图 4.1　建设项目经济评价指标体系

（按评价指标的量纲分类）

4.2.2　盈利能力指标、清偿能力指标和财务生存能力指标

按评价指标的性质，可将其分为盈利能力指标、清偿能力指标和财务生存能力指标，如图 4.2 所示。盈利能力就是项目赚取利润的能力。清偿能力分析是项目融资后分析的主要内容，清偿能力指标是项目融资主体和债权人共同关心的指标。财务生存能力指标是指通过考察项目计算期内的投资、融资和经营活动所产生的各项现金流入和流出，计算净现金流量和累计盈余资金，分析项目是否有足够的净现金流量维持正常运营，以实现财务可持续性。

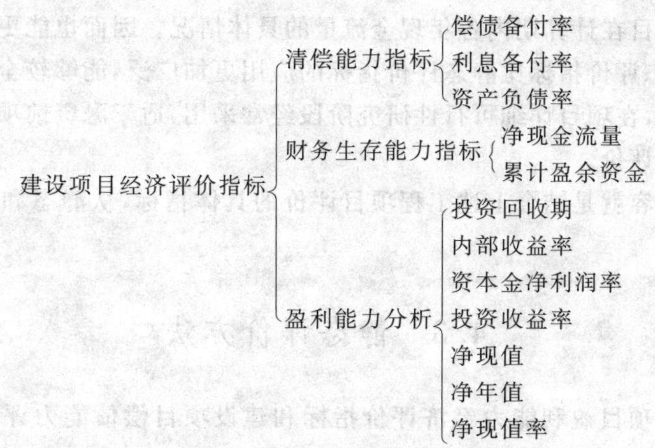

图 4.2　建设项目经济评价指标体系

（按评价指标的性质分类）

4.2.3　静态评价指标和动态评价指标

按建设项目评价时是否考虑资金的时间价值，评价指标可分为静态评价指标和动态评价指标两大类。如图 4.3 所示。

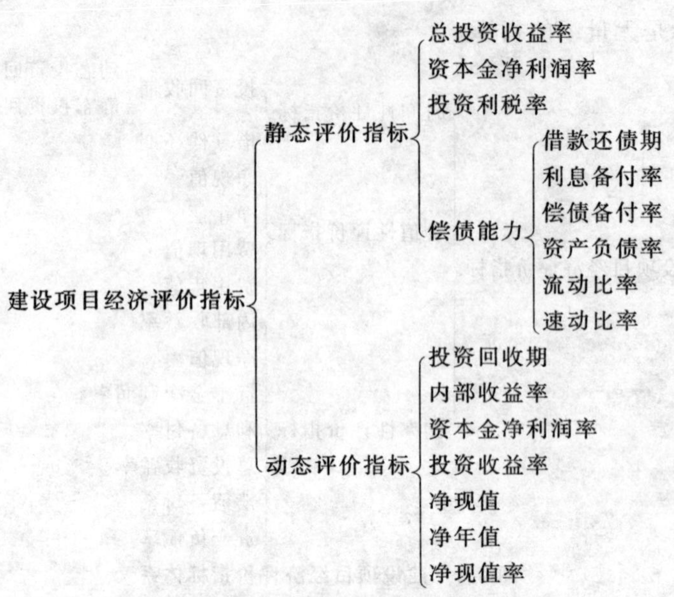

图 4.3　建设项目经济评价指标体系

（按评价指标是否考虑资金时间价值分类）

静态评价指标是指在不考虑资金时间价值的情况下，进行效益和费用计算，即评价指标不进行复利计算，计算简便、直观，适用于评价短期建设项目和逐年收益大致相等的项目，在对建设项目方案进行概略评价时或对时间较短、投资规模与收益规模均比较小的投资项目进行评价时都经常采用。它的主要缺点是没有考虑资金时间价值，并且不能反映项目整个寿命周期的全面情况。

动态评价指标是指在考虑资金时间价值的情况下，进行效益和费用计算，即将发生在不同时点的效益、费用采用一定的折现率进行等值化处理后计算出的评价指标。动态评价指标更加注重考察项目在计算期内各年现金流量的具体情况。因而也能更直观地反映项目的盈利能力，所以动态评价指标比静态评价指标的应用更加广泛，能够较全面反映投资方案整个计算期的经济性，在项目详细可行性研究阶段经常采用，适于融资前项目整体效益评价及较长期的项目经济评价。

本章的主要内容就是结合上述工程项目评价的具体指标，从静态和动态两个角度介绍相关方法。

4.3　静态评价方法

此方法从建设项目盈利能力经济评价指标和建设项目偿债能力评价指标两方面进行分析。

4.3.1　反映建设项目盈利能力的经济评价指标

4.3.1.1　静态投资回收期(P_t)

(1)静态投资回收期的含义

项目的静态投资回收期(Static Payback Period)，简称回收期，是指在不考虑资金的时间价值的情况下，以项目的净收益回收项目的全部投资所需要的时间。其单位通常用“年”表示。投资回收期一般从建设开始年算起，也可以从项目建成投产年开始算起，计算时应具体注明。对投资者来说，投资回收期越短越好。

(2)静态投资回收期的计算

静态投资回收期的计算公式为：

$$\sum_{t=0}^{P_t}(CI-CO)_t=0 \tag{4.1}$$

式中 P_t——静态投资回收期；

CI——第 t 年的现金流入量；

CO——第 t 年的现金流出量；

$(CI-CO)_t$——第 t 年的净现金流量。

以下为计算项目静态投资回收期的两种方法。

①直接计算法(公式法)

项目建成投产后各年的净收益均相同，则静态投资回收期的计算公式为：

$$P_t=\frac{I}{A}+n_0 \tag{4.2}$$

式中 I——项目的全部投资；

A——每年的净收益，即 $A=(CI-CO)_t$；

n_0——项目的建设期。

【例 4.1】 某项目建设投资为 1000 万元，流动资金为 200 万元，建设当年即投产并达到设计生产能力，年净收益为 340 万元，求该项目的静态投资回收期。

【解】 根据式(4.2)可得该项目的静态投资回收期为：

$$P_t=\frac{I}{A}=\frac{1000+200}{340}=3.53\text{ 年}$$

②列表计算法(累计法)

如果项目建成投产后各年的净收益不同，通常用表格形式进行计算，根据方案的净现金流量从投资开始时刻(即零时点)起依次求出以后各年的现金流量之和(即累计净现金流量)，直至累计净现金流量等于零的时刻为止。对应于累计净现金流量等于零的时刻，即为该方案从投资开始年算起的静态投资回收期。因为不论在什么情况下，都可以通过这种方法来确定静态投资回收期，所以此方法又称为一般方法。其计算公式为：

$$P_t=(\text{累计净现金流量出现正值的年份数}-1)+\frac{|\text{上一年累计净现金流量}|}{\text{出现正值年份的净现金流量}} \tag{4.3}$$

注意，项目寿命期的确定对项目经济分析有较大影响。项目寿命期也称为项目计算期，是指对拟建项目进行现金流量分析时应确定的项目服务年限。对建设项目来说，项目寿命期分为建设期和生产期两个阶段，生产期又分为投产期和达产期两个阶段。

项目建设期是指从开始施工至全部建成投产所需要的时间。项目建设期内只有投资，很少有产出，其长短的确定与投资规模、行业性质和建设方式有关。

项目生产期是指项目从建成到固定资产报废为止所经历的时间。其中项目投产期指尚未达到满负荷生产状态的时期，达产期指达到 100% 满负荷生产状态的时期。项目生产期不能等同于项目投资后的服务期(物理寿命期)，而应根据项目的性质、技术水平及实际服务期的长短合理确定。

在计算经济评价指标时，建设项目寿命期的确定很重要。项目寿命期的确定是否合理，会影响到项目的最终评价结果。若确定的寿命期过短，有可能错过一些盈利更多的方案；若确定的寿命期过长，使项目虚增了盈利时间，一些经济上本不可行的项目则有可能被选中实施。

(3)静态投资回收期的评价

投资回收期是建设工程项目的一个评价指标，在进行方案评价时，一般将计算出的投资回收期与基准投资回收期相比较进行判断。设 P_c 为基准投资回收期：

进行单方案评价时，若 $P_t \leqslant P_c$，说明项目投入的总资金在规定的时间内可收回，方案的经济效益好，方案可行。

若 $P_t > P_c$，说明项目投入的总资金在规定的时间内不能收回，方案的经济效益不好，方案不可行。

当多个方案进行比较，在每个方案自身满足 $P_t \leqslant P_c$ 时，投资回收期越短的方案越好。

标准投资回收期 P_c 通常是国家或部门制定的标准(依据全社会或全行业投资回收期的平均水平)，但也可以是企业根据自己的目标所期望的投资回收期水平。

【例 4.2】 某工程项目期初投资 220 万元，第一年投资 110 万元，第二年建成投产并获得收益，每年的收入和支出见表 4.1，该项目的寿命周期为 7 年，若基准静态投资回收期为 6 年，计算该项目的静态投资回收期，并进行方案评判。

表 4.1 某项目的投资及净现金流量

单位：万元

项目年份	0	1	2	3	4	5	6	7
总投资	220	110	—	—	—	—	—	—
收入	—	—	80	100	120	180	200	200
支出	—	—	40	50	60	70	80	80
净现金流量	−220	−110	40	50	60	110	120	120
累计净现金流量	−220	−330	−290	−240	−180	−70	50	170

【解】 由于项目每年的净收益由表 4.1 可知，该项目的静态投资回收期在 5 到 6 年之间，根据式(4.3)可得

P_t =(累计净现金流量出现正值的年份数 − 1)+(上一年累计净现金流量的绝对值 / 出现正值年份的净现金流量)$=(6-1)+70/120=5.58$ 年

由题意知 $P_c=6$，则 $P_t<P_c$，所以该建设项目可行。

(4)静态投资回收期评价法的优缺点

静态投资回收期可以在一定程度上反映出项目方案的资金回收能力，其计算简便，有助于对技术上更新较快的项目进行评价。但该指标没有考虑资金的时间价值，也没有对投资回收期以后的收益进行分析，无法确定项目在整个寿命期的总收益和获利能力。容易使人接受短期效益好的方案，忽视短期效益差、但长期效益好的方案。

【例 4.3】 某项目三种方案的净现金流量见表 4.2，请采用静态投资回收期法判断三个方案的优劣。

表 4.2　某项目三种方案的净现金流量表

单位:万元

方案年份	0	1	2	3	4	5	累计现金流量
方案一	－1500	750	750	0	0	0	0
方案二	－1500	375	375	375	375	375	375
方案三	－1500	500	500	500	500	500	1000

【解】 比较三个方案,初始投资总额都为1500万元,静态投资回收期分别为2年、4年和3年,如果仅按静态投资回收期的长短来进行方案的取舍,应优先选择方案一,其次选择方案三,最后选择方案二。但是比较发现,方案一收回投资后各年份的净收益为0,是三个方案中效益最差的。因此,静态投资回收期只能作为辅助方法进行方案决策,要想保证决策的科学有效性,必须与其他方法结合使用。

4.3.1.2　总投资收益率(*ROI*)

总投资收益率又称为投资效果系数、投资利润率,是指在建设项目达到设计生产能力后的正常生产年份的年息税前利润总额或营运期内年平均息税前利润总额与项目投资总额的比率。

$$ROI=\frac{EBIT}{TI}\times 100\% \tag{4.4}$$

式中 *ROI*——总投资收益率;

EBIT——项目正常年份的年息税前利润总额或营运期内年平均息税前利润总额;

TI——项目投资总额。

其中:年息税前利润＝年营业(销售)收入－年总成本费用－年营业税金及附加＋补贴收入＋利息支出;

年总成本费用＝外购原材料、燃料及动力费＋工资及福利费＋修理费＋折旧费＋摊销费＋利息支出＋其他费用;

年营业税金及附加＝年消费税＋年增值税＋年营业税＋年资源税＋年城市维护建设税＋教育费附加;

项目总投资＝建设投资(固定资产投资)＋建设期利息＋流动资金。

总投资收益率表明项目在正常生产年份中,单位投资每年所创造的年净收益额。投资收益率越大,说明项目的投资效益越好。

如果项目在正常生产年份内各年收益情况变化幅度较大,也可采用下列公式进行计算:

$$总投资收益率(ROI)=\frac{年平均税前利润总额}{项目总投资}\times 100\% \tag{4.5}$$

用总投资收益率评价方案,同样要与基准投资收益率 R_c 进行比较。

如果项目的总投资收益率≥基准投资收益率 R_c,则项目是可以考虑接受的;

如果项目的总投资收益率＜基准投资收益率 R_c,则认为项目是不可行的。

【例 4.4】 某项目的投资与收益情况见表 4.3,若行业平均投资收益率为18%,试判断该项目是否可行?

表 4.3 某项目投资收益情况表

单位:万元

项目年份	0	1	2	3	4	5	6
投资	−200						
利润		20	25	30	35	50	60

【解】 根据式(4.5)可得

$$总投资收益率 = \frac{(20 + 25 + 30 + 35 + 50 + 60)/6}{200} \times 100\% = 18.33\%$$

经过计算得出该项目的总投资收益率为18.33%。它反映了项目在正常年份的每百万元投资所带来年收益为18.33万元。

由题意可知,行业平均投资收益率为18%,则该项目总投资收益率大于行业平均投资收益率,所以该建设项目可行。

【例 4.5】 某工业项目建设投资额8250万元(不含建设期贷款利息),建设期贷款利息620万元,全部流动资金700万元,项目投产后正常年份的息税前利润为500万元,计算该项目的总投资收益率。

【解】 根据式(4.4)可得

$$总投资收益率 \quad ROI = EBIT/TI \times 100\% = 500/(8250 + 620 + 700) \times 100\% = 5.22\%$$

4.3.1.3 建设项目资本金净利润率(ROE)

建设项目资本金净利润率表示项目资本金的盈利水平,指项目达到设计能力后正常年份的年净利润或营运期内年平均净利润与项目资本金的比率。其计算公式如下:

$$\begin{array}{l}资本金净利\\润率(ROE)\end{array} = \frac{NP}{EC} = \frac{正常年份的年净利润或营运期内年平均净利润}{项目资本金} \times 100\% \tag{4.6}$$

式中 ROE——资本金净利润率;

NP——项目正常生产年份的年净利润或营运期内的年平均净利润;

EC——项目资本金。

年净利润=利润总额−所得税

=年产品营业(销售)收入−年产品营业税金及附加−年总成本费用+补贴收入+利息支出−所得税

项目资本金=原有股东增资扩股+吸收新股东投资+发行股票+政府投资+股东直接投资

评价依据:将计算出的资本金净利润率与行业净利润率参考值进行比较:

资本金净利润率高于行业净利润率参考值时,表明盈利能力达到要求。

对于技术方案而言,若总投资收益率或资本金净利润率高于同期银行利率,适度举债是有利的。反之,过高的负债比率将损害企业和投资者的利益。所以总投资收益率或资本金净利润率指标不仅可以用来衡量工程建设方案的获利能力,还可以作为技术方案筹资决策参考的依据。

4.3.1.4 投资利税率

投资利税率是指项目达到设计生产能力后正常生产年份的年利税总额或项目营运期内的年平均利税总额与项目总投资的比率。其计算公式如下:

$$REOI = \frac{EEBIT}{TI} \times 100\% \tag{4.7}$$

式中　$REOI$——投资利税率；

$EEBIT$——项目正常年份的年利税总额或营运期内年平均利税总额；

TI——项目总投资。

其中：年利税总额＝年产品营业（销售）收入－年总成本费用；

项目总投资＝固定资产投资＋建设期利息＋流动资金。

投资利税率可以根据利润与利润分配表中的有关数据计算求得。在财务评价中，投资利税率高于行业平均投资利税率时，认为该建设项目可行。

【例 4.6】 某企业投资一项建设项目，基建投资 5000 万元，生产期为 10 年，预计总利润为 10000 万元，年税金按年平均总利润的 8%计算，流动资金需要量按年平均总利润的 15%计算，所需资金全部自筹，试计算该项目的投资利税率。若行业平均投资利税率为 18%，试判断该项目是否可行。

【解】 $EEBIT = \frac{10000}{10} + \frac{10000}{10} \times 8\% = 1080$ 万元

$TI = 5000 + \frac{10000}{10} \times 15\% = 5150$ 万元

根据式(4.7)可得该项目的投资利税率为 $\frac{1080}{5150} \times 100\% = 20.97\%$

由题意可知，行业平均投资利税率为 18%，则该项目投资利税率大于行业平均投资利税率，所以该建设项目可行。

4.3.2　反映建设项目偿债能力的经济评价指标

4.3.2.1　借款偿还期(P_d)

借款偿还期又称贷款偿还期，是指在国家财政规定的及具体的财务条件下，用项目投产后可以用作还款的项目收益（税后利润、折旧、摊销及其他收益等）来偿还项目投资借款本金和利息所需要的时间。它是反映项目借款偿债能力的重要指标。借款偿还期的计算公式为：

$$I_d = \sum_{t=1}^{P_d} (R_p + D' + R_0 - R_r)_t \tag{4.8}$$

式中　P_d——借款偿还期（从借款开始年算起，当从投产年算起时，应予以注明）；

I_d——建设投资借款本金和利息（不包括已用自有资金支付的部分）之和；

R_p——第 t 年可用于还款的利润；

D'——第 t 年可用于还款的折旧；

R_0——第 t 年可用于还款的其他收益；

R_r——第 t 年企业留利。

实际计算时，计算数据可通过项目的财务平衡表或借款偿还计划表得出，其单位通常用“年”表示，计算公式为：

$$P_d = (\text{借款偿还后出现盈余的年份数} - 1) + \frac{\text{当年应偿还借款额}}{\text{当年可用于还款的收益额}} \tag{4.9}$$

【例 4.7】 某公司借款偿还第 4 年出现盈余，盈余当年应偿还的借款额为 15 万元，盈余当年可用于还款的余额为 260 万元，计算该项目的借款偿还期。

【解】 根据式(4.9)可得：

$$借款偿还期=(4-1)+\frac{15}{260}=3.058\ 年$$

借款偿还期满足贷款机构要求的期限时，即认为项目是有借款偿还能力的。当项目预先给定借款偿还期时，借款偿还期指标就不适用了，这时应采用利息备付率和偿债备付率指标分析项目的偿债能力。

4.3.2.2 利息备付率

利息备付率也称已获利息倍数，是指建设项目在借款偿还期内各年可用于支付利息的息税前利润与当期应付利息费用的比值，它从付息资金来源的充裕性角度反映支付债务利息的能力。其计算公式为：

$$利息备付率=\frac{息税前利润}{当期应付利息费用} \tag{4.10}$$

式中，息税前利润＝利润总额＋当年计入总成本费用的应付利息。

当期应付利息是指计入总成本费用的全部利息。利息备付率应分年计算，分别计算出在债务偿还期内各年的利息备付率。利息备付率表示用项目利润偿付利息的保证倍率，利息备付率越高，说明利息支付的保证度越大，利息偿付的保障程度越高，偿债风险越小。对于正常经营的企业，一般情况下，利息备付率不宜低于 2。利息备付率低于 1，表示没有足够资金支付利息，偿债风险很大。

若偿还前期的利息备付率数值偏低，为了分析所用，也可以补充计算债务偿还期内的年平均利息备付率。

4.3.2.3 偿债备付率

偿债备付率是从偿债资金来源的充裕性角度反映偿付债务本息的能力，是指在借款偿还期内，各年可用于还本付息的资金与当期应还本付息金额的比值。其计算公式为：

$$偿债备付率=\frac{可用于还本付息资金}{当期应还本付息额} \tag{4.11}$$

式中：

可用于还本付息资金＝息税前利润＋折旧＋摊销－所得税；

当期应还本付息金额＝当期应还贷款本金额＋计入总成本费用的全部利息。

融资租赁的本息和营运期内的短期借款本息也纳入还本付息金额。如果营运期间支出了维护营运的投资费用，应从分子中扣减。

偿债备付率应分年计算，分别计算出在债务偿还期内各年的偿债备付率。若偿还前期的偿债备付率数值偏低，为分析所用，也可以补充计算债务偿还期内的年平均偿债备付率。

偿债备付率表示可用于还本付息的资金偿还借款本息的保证倍率，偿债备付率低，说明偿付债务本息的资金不充足，偿债风险大。当这一指标小于 1 时，表示可用于还本付息的资金不足以偿付当年债务。故偿债备付率至少应大于 1，正常情况下不宜低于 1.3，并满足债权人的要求。

【例 4.8】 某项目与备付率有关的数据见表 4.4，计算该项目的利息备付率和偿债备付率。

表 4.4 某项目与备付率有关的数据

单位:万元

项目年份	2	3	4	5
应还本付息额	96.4	96.4	96.4	96.4
应付利息额	23.7	19.5	16.8	12.8
息税前利润	50	206.5	206.5	206.5
折旧	169.7	169.7	169.7	169.7
所得税	6.5	68.7	67.4	68

【解】 根据式(4.10)和式(4.11)可得

第二年:利息备付率$=\frac{50}{23.7}=2.11$

偿债备付率$=\frac{50+169.7-6.5}{96.4}=2.21$

第三年:利息备付率$=\frac{206.5}{19.5}=10.59$

偿债备付率$=\frac{206.5+169.7-68.7}{96.4}=3.19$

第四年:利息备付率$=\frac{206.5}{16.8}=12.29$

偿债备付率$=\frac{206.5+169.7-67.4}{96.4}=3.20$

第五年:利息备付率$=\frac{206.5}{12.8}=16.13$

偿债备付率$=\frac{206.5+169.7-68}{96.4}=3.20$

4.3.2.4 资产负债率

资产负债率是指各期期末负债总额与期末资产总额的比率,是反映项目各年所面临的财务风险程度及偿债能力的指标。其计算公式为:

$$资产负债率=\frac{期末负债总额}{期末资产总额}\times 100\% \tag{4.12}$$

资产负债率可根据资产负债表中的有关数据计算求得。

资产负债率能够揭示出企业的全部资金来源中有多少是由债权人提供的,可以衡量企业在清算时保护债权人利益的程度,适度的资产负债率,表明企业安全稳健,具有较强的筹资能力,也表明企业和债券人的风险较小。对该指标的分析,应结合国际国内宏观经济状况,行业发展趋势,企业所处竞争环境以及管理层是激进者、中庸者还是保守者等具体条件判定。从债权人的角度看,资产负债率越低越好。对投资人或股东来说,在全部资本利润率高于借款利息率时,负债比例越高越好。一般认为,资产负债率取值的适宜水平是40%~60%。

【例 4.9】 某建筑公司无优先股,上年每股盈余为 4 元,每股发放股利 2 元,保留盈余在过去一年中增加了 500 万元。年底每股账面价值为 30 元,负债总额为 5500 万元,试计算该公司的资产负债率。

【解】 总股数为：500/(4－2)＝250 万股

所有者权益总额为：250×30＝7500 万元

根据式(4.12)可得：

资产负债率＝5500/(7500＋5500)×100％＝42.31％

4.3.2.5 流动比率

流动比率是反映项目各年流动资产总额和流动负债总额之比，以及衡量短期债务清偿能力最常用的比率，也是衡量企业短期风险的指标。其计算公式为：

$$流动比率 = \frac{流动资产总额}{流动负债总额} \tag{4.13}$$

其中：流动资产总额＝现金＋有价证券＋应收账款＋存货

流动负债总额＝应付账款＋短期应付票据＋应付未付工资＋税收＋其他债务

流动比率可根据资产负债表中的有关数据计算求得。流动比率越高，说明资产的流动性越大，短期偿债能力越强。但比率太高会影响盈利水平。一般来说，流动资产应该至少是流动负债的两倍，即流动比率不低于 2。不同的行业有不同的水平和标准。

4.3.2.6 速动比率

速动比率是指速动资产对流动负债的比率。它用来衡量企业流动资产中可以立即变现用于偿还流动负债的能力。其计算公式为：

$$速动比率 = \frac{速动资产}{流动负债} \tag{4.14}$$

其中：速动资产＝流动资产－存货

或

速动资产＝流动资产－存货－预付账款－待摊费用

速动比率可根据资产负债表中的有关数据计算求得，一般速动比率维持在 1∶1 较为正常，它表明企业的每 1 元流动负债就有 1 元易于变现的流动资产来抵偿，短期偿债能力有可靠的保证。但不同的行业有不同的水平和标准。

【例 4.10】 根据某建筑公司资料，2011 年年初的流动资产为 612 万元，存货为 387 万元，流动负债为 297 万元；年末的流动资产为 557 万元，存货为 386 万元，流动负债为 164 万元。试计算年初和年末的速动比率。

【解】 根据式(4.14)可得：

年初速动比率：$\frac{612-387}{297}=0.76$

年末速动比率：$\frac{557-386}{164}=1.04$

4.4 动态评价方法

4.4.1 动态投资回收期

4.4.1.1 动态投资回收期的含义

动态投资回收期(Dynamic Investment Pay-back Period)是指把投资项目各年的净现金

流量按基准收益率折成现值之后，再来推算的投资回收期。它与静态投资回收期的根本区别是考虑了资金的时间价值。动态投资回收期就是净现金流量累计现值等于零时的年份。

4.4.1.2 动态投资回收期的计算

动态投资回收期 P'_t的计算公式为：

$$\sum_{t=0}^{P'_t}(CI-CO)_t(1+i_c)=0 \tag{4.15}$$

式中 P'_t——动态投资回收期；

CI——现金流入量；

CO——现金流出量；

$(CI—CO)_t$——第 t 年的净现金流量；

I_c——基准折现率。

在实际计算中，常用与求静态投资回收期相似的“累计计算法”求解动态投资回收期P'_t，公式为：

$$P'_t=\left(\frac{\text{累计净现金流量折现值}}{\text{开始出现正值的年份}}-1\right)+\frac{|\text{上一年累计净现金流量的折现值}|}{\text{出现正值年份的净现金流量折现值}} \tag{4.16}$$

计算出的动态投资回收期应与行业或部门的基准投资回收期 P_c 进行比较。

若 $P'_t \leqslant P_c$，表明项目投入的总资金在规定的时间内可收回，则认为项目是可以考虑接受的。若 $P'_t > P_c$，表明项目投入的总资金在规定的时间内不能收回，则认为项目是不可行的。

【例 4.11】 某项目有关数据见表 4.5，基准收益率 $i_c=10\%$，$P_c=7$ 年。试计算静态和动态投资回收期。

表 4.5 某项目收支表

单位：万元

项目年份	0	1	2	3	4	5	6
投资支出	40	450	100				
其他支出				300	450	450	450
收入				400	700	700	700

【解】 根据表 4.5 计算可得表 4.6：

表 4.6 某项目净现金流量表

项目年份	0	1	2	3	4	5	6
净现金流量（万元）	−40	−450	−100	100	250	250	250
累计现金流量（万元）	−40	−490	−580	−480	−230	20	270
折现系数	1	0.9091	0.8264	0.7513	0.6830	0.6209	0.5654
折现值（万元）	−40	−409.10	−82.64	75.13	170.75	155.23	141.35
累计折现值（万元）	−40	−449.10	−531.74	−456.61	−285.86	−130.63	10.72

根据式(4.3)可得：

$$P_t = (5-1) + \frac{|-230|}{250} = 4.92 \text{ 年}$$

根据式(4.16)可得：

$$P'_t = (6-1) + \frac{|-130.63|}{141.35} = 5.92 \text{ 年}$$

经过计算得出 $P_t < P_c$，$P'_t < P_c$，所以此项目可行。

4.4.1.3 动态投资回收期评价法的优缺点

动态投资回收期是一个常用的经济评价指标，它考虑了资金的时间价值，该指标容易理解，计算也比较简便，在一定程度上显示了资本的周转速度。显然，资本周转速度越快，回收期越短，风险越小，盈利越多。动态投资回收期适用于三类项目：一是技术上更新迅速的项目；二是资金相当短缺的项目；三是未来的情况很难预测而投资者又特别关心资金补偿的项目。

动态投资回收期的不足之处是，没有全面地考虑投资方案整个计算期内的现金流量，即忽略了发生在投资回收期以后的所有情况，只考虑回收之前的效果，无法准确衡量方案在整个计算期内的经济效果。所以它同静态投资回收期一样，通常只适用于辅助性评价。只有在静态投资回收期较长和基准收益率较大的情况下，才需计算动态投资回收期。同时，由于投资回收期只能反映被评价方案的投资回收速度，不能反映方案之间的比较结果，故不能单独用于两个或两个以上方案的比较评价。

4.4.2 净现值

4.4.2.1 净现值的概念

净现值(Net Present Value)是指将项目整个计算期内各年的净现金流量(或净效益费用流量)，按一定的折现率(基准收益率)，折现到计算基准年(通常是期初，即第0年)的现值的代数和。在建设项目评价中，净现值分为财务评价的财务净现值(用 $FNPV$ 表示)和国民经济(费用效益)评价的经济净现值(用 $ENPV$ 表示)。本章由于是对建设项目的现金流量进行分析评价，所以计算的是财务评价指标。为不失一般性，采用 NPV 表示。

4.4.2.2 净现值的计算

净现值是考察项目在计算期内盈利能力的主要动态评价指标，公式为：

$$NPV = \sum_{t=0}^{n}(CI-CO)_t(1+i_c)^{-t} = \sum_{t=0}^{n} NCF_t(P/F, i_c, t) \tag{4.17}$$

式中 NPV——净现值；

n——项目的计算期，包括项目的建设期、投产期和达产期；

i_c——基准折现率。

净现值的计算方法有以下两种。

(1)列表法。在项目的现金流量表上按基准折现率计算寿命期内累计折现值。

(2)公式法。利用一次支付现值公式或等额支付现值公式将寿命期内每年发生的现金流量，按基准折现率折现到期初，然后累加起来。

4.4.2.3 净现值的判别准则

净现值大于零则方案可行，且净现值越大，方案越优，投资效益越好。

(1)单一方案。根据式(4.17)计算出 NPV 后,在用于投资方案的经济评价时其判别准则如下:

①若 $NPV>0$,说明方案可行。因为这种情况说明投资方案实施后的投资收益水平不仅能够达到基准折现率的水平,而且还会有盈余,即项目的盈利能力超过其投资收益期望水平,同时表明方案的动态投资回收期小于该方案的计算期。

②若 $NPV=0$,说明方案可考虑接受。因为这种情况说明投资方案实施后的收益水平恰好等于基准折现率,即盈利能力能达到所期望的最低财务盈利水平,同时表明方案的动态投资回收期等于该方案的计算期。

③若 $NPV<0$,说明方案不可行。因为这种情况说明投资方案实施后的投资收益水平达不到基准折现率,即其盈利能力水平比较低,甚至有可能出现亏损,同时表明方案的动态投资回收期大于该方案的计算期。

(2)多方案。多方案进行比选时,选择 NPV 值大于 0 且最大的方案。

【例 4.12】 某技术方案的净现金流量见表 4.7。若基准收益率大于等于 0,则方案的净现值(　　)。

A. 等于 900 万元　　B. 大于 900 万元,小于 1400 万元

C. 小于 900 万元　　D. 等于 1400 万元

表 4.7　某技术方案的净现金流量

计算期(年)	0	1	2	3	4	5
净现金流量(万元)	—	−300	−200	200	600	600

【解】 计算本方案的累计净现金流量,在不考虑时间价值的情况下,合计为 900 万元。但本方案的基准收益率大于等于 0,故方案的净现值一定小于 900 万元,选择 C。

4.4.2.4　净现值的优缺点

(1)NPV 指标的优点

①考虑了资金的时间价值并全面考虑了项目在整个寿命期内的经济情况。

②经济意义明确直观,能够直接以货币额表示项目的净收益。

③能直接说明项目投资额与资金成本之间的关系。

④不仅适用于单一方案的比选,也适用于多方案的选择。

(2)NPV 指标的不足

①$(CI-CO)_t$ 的准确预测比较困难。计算期内各期的 $(CI-CO)_t$ 都对净现值指标的计算产生影响,特别是计算期较长的方案,准确预计计算期内各年的净现金流量很困难。

②折现率 i_c 的选取比较困难。由式(4.17)可以看到,项目的 $(CI-CO)_t$ 和计算年限 n 是确定的,此时净现值仅是折现率 i_c 的函数(即净现值函数)。净现值函数曲线如图 4.4 所示。

净现值函数是指净现值与折现率之间的一种变化关系,由图 4.4 所示的单一方案的净现值函数曲线可以看到,一是净现值曲线是一条以 $NPV\to-C$ 为渐近线的曲线,折现率 i 越大,净现值 NPV 越小;二是净现值曲线在横轴上至少有一个交点 B,该交点处的净现值等于零;三是 A 点是折现率 i 为零(即不考虑资金的时间价值)时的净现值,也称为累计净现金流。

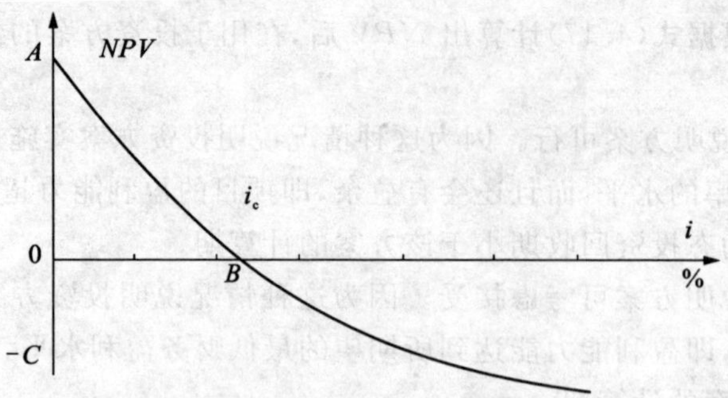

图 4.4　净现值函数曲线图

可见计算净现值 NPV 必须首先确定一个符合经济现实的基准折现率，一般折现率的选取有三种情况：

一是选取社会折现率 i_s。通常只有当其他两种方法实施发生困难时，才采用已知的社会折现率。

二是选取行业或部门的基准折现率 i_c。根据该项目的生产技术或企业的业务性质，选取相应行业(或部门)规定的基准折现率 i_c，可避免社会折现率 i_s 不考虑部门或行业差别的简单化，使 NPV 的计算更趋于合理。

三是选取计算折现率 i_0。从代价补偿的角度，可用下式计算出计算折现率 $i_0 = i_{01} + i_{02} + i_{03}$

式中　i_0——计算折现率；

i_{01}——考虑时间因素应补偿的收益率；

i_{02}——考虑社会平均风险因素应补偿的收益率；

i_{03}——考虑通货膨胀因素应补偿的收益率。

本方法计算较为繁复，不太方便。

【例 4.13】　某建设项目的建设期为 2 年，第一年投资 200 万元，第二年投资 150 万元，生产期 20 年，投产后年均收益 80 万元，若行业的基准收益率为 20%，试分析该项目是否可行。如若使净现值为零，第二年实际应投资多少？

【解】　(1)计算该项目的净现值

由式(4.17)计算建设项目净现值：

$$NPV = -200 - 150(P/F,20\%,1) + 80(P/A,20\%,20)(P/F,20\%,2)$$
$$= -200 - 150 \times 0.8333 + 80 \times 4.870 \times 0.6944$$
$$= -54.46 \text{ 万元}$$

因为 $NPV < 0$

所以，该建设项目不可行。

(2)若使净现值为零，设第二年投资应为 x 万元，则

$$-200 - x(P/F,20\%,1) + 80(P/A,20\%,20)(P/F,20\%,2) = 0$$

解得　$x = 84.65$ 万元

因此要使净现值为 0，第二年实际应投资 84.65 万元。

4.4.3 净现值率

4.4.3.1 净现值率的概念

净现值率(Net Present Value Ratio, $NPVR$)是指项目的净现值与投资总额现值的比值,其经济含义是单位投资现值所能带来的净现值,是一个考察项目单位投资盈利能力的指标。

净现值率常用于有资金约束条件下多个方案的排队和优选。净现值指标用于多个方案的比选时,没有考虑各方案投资额的大小,因而不能直接反映资金的利用效率。为了考察资金的利用效率,通常采用净现值率作为净现值的辅助指标。

4.4.3.2 净现值率的计算

净现值率的计算公式为:

$$NPVR = \frac{NPV}{I_p} \tag{4.18}$$

式中 $NPVR$——净现值率;

NPV——净现值;

I_p——项目总投资现值。

4.4.3.3 净现值率的判别准则

(1)单一方案。净现值率与净现值的判别准则一样,当 $NPVR \geqslant 0$ 时,方案可行;当 $NPVR < 0$ 时,方案不可行。

(2)多方案比选。用净现值率法进行多方案比较时,以 $NPVR > 0$ 且最大的方案为优,它体现了投资资金的使用效率,此指标主要适用于方案的优劣排序。

采用净现值率评价项目时应注意:

①投资现值与净现值的研究期应一致,即净现值的研究期是 n 期,则投资现值的研究期也是 n 期。

②计算投资现值与净现值的折现率应一致。

【例 4.14】 某建设项目各年的净现金流量见表 4.8,试用净现值率指标判断项目的经济性。假设基准收益率为 10%。

表 4.8 某建设项目的净现金流量

计算期(年)	0	1	2	3	4	5	6	7	8
净现金流量(万元)	0	−300	−300	200	200	200	200	200	200

【解】 $NPV = -300 \times (A/P, i_c, 2) + 200 \times (P/A, i_c, 6)(P/F, i_c, 2)$

$= -300 \times (1.1^2 - 1)/(0.1 \times 1.1^2) + 200 \times (1.1^6 - 1)/(0.1 \times 1.1^6) \times 1.1^{-2}$

$= 546.98$ 万元

$I_p = 300 \times (1.1^2 - 1)/(0.1 \times 1.1^2)$

$= 520.66$ 万元

$NPVR = 546.98/520.66 = 1.05$

由于 $NPVR > 0$,故该项目经济上可行。

4.4.4 净年值

4.4.4.1 净年值的概念

净年值(Net Annual Value, *NAV*)又叫等额年值或等额年金,是指按给定的基准收益率,通过等值换算将方案计算期内各个不同时点的净现金流量分摊到计算期内各年的等额年值。净年值指标反映的是项目年均收益的情况。

4.4.4.2 净年值的计算

净年值的计算公式为:

$$NAV = NPV(A/P, i_c, n) = \sum_{t=0}^{n}(CI - CO)_t(1 + I_c)^{-t}(A/P, i_c, n) \quad (4.19)$$

式中 NAV——净年值;

$(A/P, i_c, n)$——资本回收系数;

其余符号意义同前。

由于净现值是项目在计算期内获得的超过基准收益率水平的收益现值,而净年值则是项目在计算期内每期的等额超额收益,净年值与净现值仅仅差一个资本回收系数,并且 $(A/P, i_c, n)>0$,根据式(4.19),NAV 与 NPV 总是同正或同负,故 NAV 与 NPV 在评价同一个项目时的结论总是一致的。

由 $NPV \geqslant 0$,可得 $NAV \geqslant 0$,项目可行;如果 $NPV<0$,可得 $NAV<0$,项目不可行。

4.4.5 内部收益率

4.4.5.1 内部收益率的概念

内部收益率(Internal Rate of Return, *IRR*)又称内部报酬率,是资金流入现值总额与资金流出现值总额相等、净现值等于零时的折现率。选取这个折现率时,项目的现金流入的现值和等于其现金流出的现值和,它是除净现值以外的另一个最重要的动态经济评价指标。从投入的角度,*IRR* 反映项目所能承受的最高利率;从产出的角度,*IRR* 代表项目能得到的收益程度。因此,内部收益率与净现值、净年值的评价结论一致。

4.4.5.2 内部收益率的计算

$$NPV(IRR) = \sum_{t=0}^{n}(CI - CO)_t(1 + IRR)^{-t} = 0 \quad (4.20)$$

式中 IRR——内部收益率;

其余符号意义同前。

内部收益率是使项目在整个计算期内各年净现金流量现值累计之和等于零时的折现率。内部收益率的计算式是一个高次方程,计算复杂,一般根据现金流量表中的累计净现值,采用线性内插法求出近似解。从经济意义上讲,内部收益率 *IRR* 的取值范围是:$-1<IRR<\infty$,大多数情况下的取值范围是:$0<IRR<\infty$。采用线性内插法应首先明确折现率与现值的关系。一般情况下,折现率越大,现值越小;折现率越小,现值越大,其原理如图4.5所示。

计算过程如下:

(1)首先,初估 *IRR* 的试算初值;试用 i_1 计算 NPV_1(i_1 可以以给出的基准收益率作为

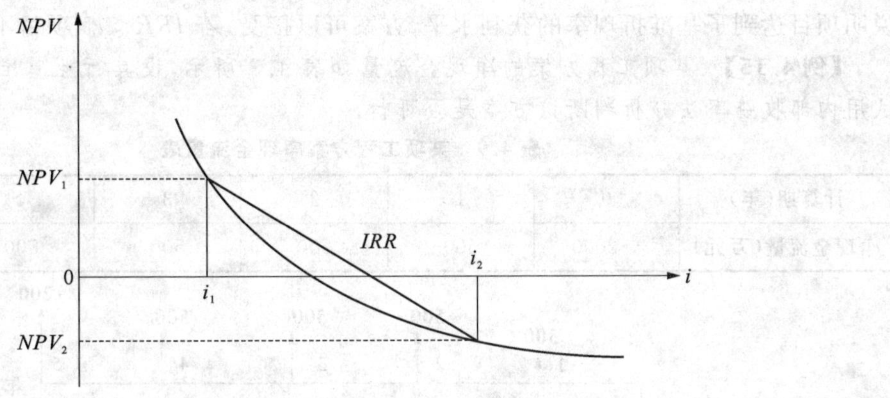

图 4.5 线性内插法求 IRR 图解

试算第一步的依据来确定)。

(2)假若 $NPV_1=0$,则对应的 i_1 即为内部收益率。

(3)若 $NPV_1 \neq 0$,则根据 NPV_1 是否大于 0,再设 i_2。插值测算及判别规则如下:

①若 $NPV_1>0$,则设 $i_2>i_1$,计算 NPV_2 的值;若 $NPV_2=0$,则对应的 i_2 即为内部收益率。若 $NPV_2>0$,则将 i_2 的值赋给 i_1,即 $i_1=i_2$,设下一个 $i_2>i_1$,直到计算得出 $NPV_2<0$ 为止。

②若 $NPV_1<0$,则设 $i_2<i_1$,计算 NPV_2 的值,和上述步骤类似,直到找到一个 $NPV_2>0$ 为止。

i_1 和 i_2 的取值差距取决于 NPV_1 绝对值的大小,较大的绝对值可以取较大的差距,反之取较小的差距,一般应满足 i_2 与 i_1 的差值不超过 2%～5%,这样通过线性内插法求得的 i^* 才近似等于 IRR。

③多次计算得出 $NPV_1>0$,$NPV_2<0$ 或者 $NPV_1<0$,$NPV_2>0$,$NPV=0$ 所对应的 IRR 必然在 i_1 和 i_2 之间,将 i_1 和 i_2 对应的点用直线连起来,将其和横坐标的交点来近似模拟曲线和横坐标的交点,此时可用线性内插法求出直线和横坐标交点的横坐标值,以此作为 IRR 的近似值,即:

$$IRR \approx i^* = i_1 + \frac{NPV_1}{NPV_1 + |NPV_2|} \times (i_2 - i_1) \tag{4.21}$$

式中 IRR——内部收益率;

i_1——计算使用的低的折现率;

i_2——计算使用的高的折现率;

i^*——NPV 为 0 时的折现率;

NPV_1——使用 i_1 计算得出的净现值;

NPV_2——使用 i_2 计算得出的净现值。

4.4.5.3 内部收益率的判别准则

内部收益率指标是项目占用的尚未回收资金的获利能力,能反映项目自身的盈利能力,其值越高,方案的经济性越好。因此,在进行建设项目经济分析时,内部收益率是考察项目盈利能力的主要动态评价指标。

若给定基准折现率 i_c,将所求得的内部收益率与基准折现率 i_c 进行比较,若 $IRR \geq i_c$,

说明项目达到了基准折现率的获利水平，方案可以接受；若 $IRR < i_c$，项目不能接受。

【例 4.15】 某项工程方案的净现金流量如表 4.9 所示，设其行业基准收益率为 10%。试用内部收益率法分析判断该方案是否可行。

表 4.9 某项工程方案净现金流量表

计算期(年)	0	1	2	3	4	5
净现金流量(万元)	−2000	500	500	500	500	1200

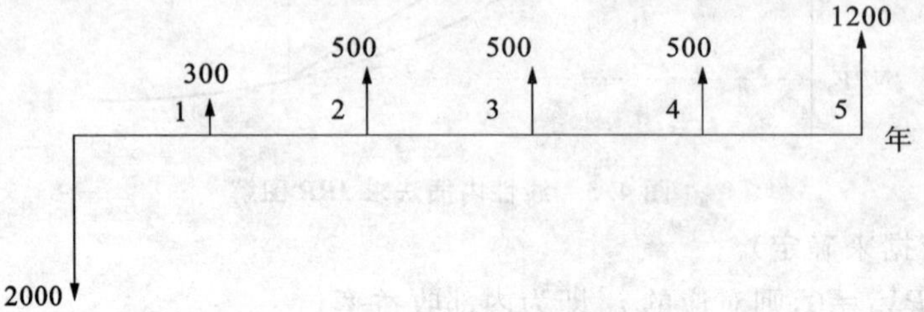

图 4.6 例 4.15 现金流量图

【解】 $NPV(12\%) = -2000 + 300(P/F,12\%,1) + 500(P/A,12\%,3)(P/F,12\%,1) + 1200(P/F,12\%,5) = 21$ 万元 > 0

$NPV(14\%) = -2000 + 300(P/F,14\%,1) + 500(P/A,14\%,3)(P/F,14\%,1) + 1200(P/F,14\%,5) = -91$ 万元 < 0

$$IRR = i_1 + \frac{NPV(i_1)}{NPV(i_1) + |NPV(i_2)|}(i_2 - i_1)$$

$$= 12\% + \frac{21}{21+91} \times (14\% - 12\%)$$

$= 12.375\% >$ 行业基准收益率 10%，该方案可行。

4.4.5.4 **内部收益率法的使用条件**

以上所讨论的内部收益率的计算及经济意义都是针对具有常规现金流量的投资方案，这类现金流量的特点为：在计算期内，开始时有支出，然后有收益，且方案的现金流量序列的符号只改变一次，直到寿命期末现金流量始终为正值，而且所有现金流量的代数和为正。这类项目的净现值函数如图 4.5 所示，项目的净现值随着 i 的增加而减小，且与横轴有且只有一个交点，这种情况下，内部收益率有唯一解。

净现值符号变化多次的项目称为非常规项目。对于非常规项目的内部收益率的解有两种情况：一是有多个正根，则所有的根都不是真正的项目收益率，这样的项目不能使用内部收益率指标考查经济效果，即内部收益率法失效；二是只有一个正根，则这个根就是项目的内部收益率。

4.4.5.5 **内部收益率评价法的优缺点**

(1)优点

①内部收益率的计算考虑了资金时间价值并全面考虑了项目在整个计算期间的经济状况，能直观反映投资的最大可能盈利能力或最大利息偿还能力。

②同时将项目寿命期内的收益与其投资总额联系起来，得出这个项目的收益率，从中选取投资收益大的方案，可达到提高资金使用效率的目的。

③内部收益率的计算不需要确定基准折现率，只需要知道基准收益率的大致范围即可，

而计算净现值或净年值都需要事先确定基准折现率。

(2)缺点

①内部收益率计算比较麻烦。

②对于非常规项目来讲,在某些情况下甚至不存在或存在多个内部收益率。

③使用内部收益率评价经济效果的同时隐含了再投资假设,降低了准确程度。如果只根据 *IRR* 指标大小进行多方案投资决策,可能会使那些投资大、*IRR* 小,但收益总额大的方案落选,因此 *IRR* 指标需要同其他指标如 *NPV* 指标结合使用,因为 *NPV* 指标大的方案,*IRR* 指标未必大,反之亦然。

尽管如此,内部收益率指标仍然是反映工程项目投资收益能力最重要的指标之一。

本章小结

建设项目经济评价的核心内容就是经济效益评价。为了确保项目投资决策的正确性和科学性,研究建设项目经济评价指标和方法是必要的。

投资项目经济效益评价的指标是多种多样的,它们从不同角度反映投资项目的经济性。投资者可以根据不同的评价目标、评价深度和可获得的数据资料多少,以及项目本身和所处条件的不同,选用不同的评价指标和方法。为了使经济评价的指标体系科学化、标准化、规范化和实用化,本章以经济效益评价理论和国家颁布的《建设项目经济评价方法与参数》为依据,结合项目技术经济分析方法,主要介绍了投资项目经济效益的各类指标、方法和标准。

习　题

4.1　思考题

(1)项目经济评价的特点有哪些?

(2)什么是建设项目经济评价?经济评价的要求有哪些?

(3)什么是建设项目的财务评价和国民经济评价?

(4)根据评价指标所反映的经济性质,工程项目评价的指标可分为哪些类型?

(5)常用的静态评价指标和动态评价指标有哪些?

(6)静态投资回收期评价法和动态投资回收期评价法的优缺点都有哪些?

(7)反映建设项目盈利能力的经济评价指标有哪些?

(8)反映建设项目偿债能力的经济评价指标有哪些?

(9)净现值的概念是什么?计算方法有哪些?

(10)什么是净年值率?其优缺点有哪些?

(11)什么是内部收益率?其使用条件是什么?

4.2　练习题

(1)某项目一次性投资 200 万,当年即可投产,投产后项目年净收益为 40 万,求该项目的投资回收期。

(2)某项目各年净现金流量如表 4.10 所示,则该项目的静态投资回收期为多长时间?

表 4.10　某项目各年净现金流量

年份	1	2	3	4	5	6	7～20	21
净现金流量(万元)	−400	−600	−500	900	400	600	14×600	400

(3)某项目总资金为2400万元，其中资本金为1900万元，项目正常生产年份的销售收入为1800万元，总成本费用为924万元(含利息支出60万元)，销售税金及附加192万元，所得税税率为33%。试计算该项目的总投资收益率、投资利税率、资本金利润率。

(4)某公司借款偿还第六年出现盈余，盈余当年应偿还的借款额为18.1万元，盈余当年可用于还款的余额为300万元，计算该项目的借款偿还期。

(5)某项目应还本付息额为96.4万元，应付利息额23.7万元，息税前利润50万元，折旧169.7万元，所得税6.5万元。计算该项目的利息备付率和偿债备付率。

(6)某项目资产总计4590220万元，负债合计730659万元，负债和所有者权益(或股东权益)总计4590220万元。计算该项目的资产负债率。

(7)某项目年末流动资产合计1980万元，流动负债合计1000万元，存货690万元。计算该项目的流动比率和速动比率。

(8)已知一个项目的基准收益率为10%，各年净现金流量(单位:万元)为－80、－80、40、50、60、70。计算该项目的净现值。

(9)某工程项目预计建设期为1年，所需原始投资200万元于建设起点一次投入。该项目预计使用寿命为5年。建成后每年的产值收入为100万元。假定适用的行业基准折现率为10%，计算项目净现值及净现值率。

(10)设备A的购置价格为8万元，寿命期为5年，运行费用折算至每年年末为5万元；设备B的购置价格为15万元，寿命期为10年，折算至每年年末的运行费用也为5万元。两种设备的净残值都是零，基准收益率为8%。用净年值分析使用设备A还是设备B划算。

(11)某项目现金流量如表4.11所示，计算该项目的净现值和动态投资回收期。

表4.11　某项目相关数据

年份	1	2	3	4	5	6	7	8
净现金流量(万元)	－1000	－1200	800	900	950	1000	1100	1200
折现系数(i_c＝10%)	0.909	0.826	0.751	0.683	0.621	0.564	0.513	0.467
折现净现金流量(万元)	－909.0	－991.2	600.8	614.7	589.95	564.0	564.3	560.4

(12)某项目净现金流量如表4.12所示。当基准收益率i_c＝12%时，试用内部收益率指标判断该项目的经济性。

表4.12　某项目净现金流量

年份	0	1	2	3	4	5
净现金流量(万元)	－100	20	30	20	40	40

(13)某净现金流量如表4.13所示，基准折现率为10%，基准回收期为5年，试用静态和动态投资回收期指标判别该方案的可行性。

表4.13　某净现金流量

年份	0	1	2	3	4	5
年净现金流量(万元)	－100	20	30	55	55	55

(14)某工程项目有A1、A2和A3三个投资方案，A1期初的投资额为5000万元，每年的净收益为1400万元；A2期初的投资额为10000万元，每年的净收益为2500万元；A3期初的投资额为8000万元，每年的净收益为1900万元。若年折现率为15%，试比较三个方案的优劣(寿命期都为10年)。

(15)A项目原始投资的现值为150万元，1～10年的净现金流量为29.29万元；B项目的原始投资额为100万元，1～10年的净现金流量为20.18万元。行业基准折现率为10%。①计算差量净现金流量ΔNCF；②计算差额内部收益率ΔIRR；③用差额投资内部收益率法决策。

5 建设项目多方案经济性评价

内容简介:工程建设项目方案经济评价,除了采用前述的评价指标(如投资回收期、净现值、内部收益率等)对单个方案进行评价外,往往决策者还需要在多个备选方案之间进行比较,选择满足需求的技术先进、经济效益好的最佳方案或满意方案。而多方案的比选,与备选方案之间的关系、资源状况等客观因素有关。根据备选方案之间不同的关系,可将备选方案划分为不同的类型,针对不同类型的备选方案有不同的经济评价方法。

教学要求:掌握建设项目多方案比选的方法。

知识链接:建设项目经济评价方法。

5.1 建设项目方案经济评价概述

建筑工程经济中的项目方案是指一种投资的可能性,实际的建筑工程经济分析中用得较多的是方案的比较和选择。由于资金来源、原料、施工工艺等方面的不同,为了实现某一目标会形成众多的工程方案,为了保证某项投资活动得到较好的预期收益,通常需要制定出多个方案,通过选择适当的经济评价方法和指标,对各个方案的经济效益进行比较,看哪个方案更经济,成本费用更低,最终选择出最佳投资方案。

5.1.1 建设项目方案经济评价方案类型

与单一方案经济评价相比,多方案的比较和选择更复杂,由于不同的投资方案投资、收益、费用及方案的寿命期都不相同,使得我们在单一方案分析中所得出的一些结论不能直接用于多方案的比较和选择。多方案比选中不仅要考虑单一方案的经济可行性,还要考虑项目群的整体最优。多方案的比较和选择不仅涉及经济因素,而且还涉及技术因素以及项目内、外部环境等其他相关因素(如产品质量、市场竞争、市场营销等),只有对这些因素进行全面、系统的调查、分析和研究,才能选出最佳方案,做出科学的投资决策。

此外,并不是任何方案之间都是绝对可以比较的。不同的方案产出的数量和质量、产出的时间、费用的大小和寿命期都不相同,因此,在进行多方案的比选时,就需要有一定的前提条件和判别标准。

在进行投资方案的比较和选择时,应明确投资方案之间的相互关系,确定方案之间是否可以比较,然后才能考虑选用适宜的评价指标和方法进行方案的比选。备选方案之间的关系不同,决定了所采用的评价方法和评价指标也会有所不同。如图 5.1 所示,按照多方案之间的经济关系,可以将多方案分为独立型方案、互斥型方案、混合型方案以及其他类型方案。

5.1.1.1 独立型方案

独立型方案是指作为评价对象的各个方案之间的现金流是独立的,在经济上互不相关的方案,选择某一方案并不排斥另一方案。比如某房地产开发公司设计了两个不同建设项目的规划方案,公司可以选择其中的一个方案,也可以选择其中的两个方案,方案之间的效果与选择不受影响，互相独立。单一方案是独立型方案的特例。独立型方案的比较选择，与单一投资项目的经济评价本质相同，方案采用与否，只取决于方案自身的绝对经济性。

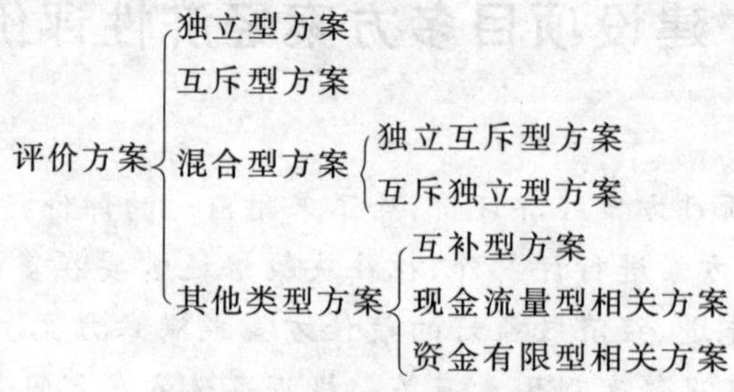

图 5.1　评价方案的分类

独立型方案的特点是效果之间具有“加和性”。具有加和性的方案组可认为是独立型方案。比如甲、乙两个方案，只选择甲方案时，投资 15 万元，净收益现值 25 万元；只选择乙方案时，投资 20 万元，净收益现值 30 万元。当甲、乙两个方案同时选择时，需投资 15＋20＝35 万元，得到净收益现值共为 25＋30＝55 万元。可见，甲、乙两个方案具有加和性，可认为甲、乙两个方案之间相互独立。

在若干可采用的独立型方案中，如果资源受到制约，就只能在众多方案中选择一个方案或多个方案的组合。如，现有 A、B、C、D 四个独立型方案，它们所需投资分别为 30 万元、40 万元、50 万元、60 万元。目前资金总量为 100 万元，则可能选择的方案共有 A、B、C、D、A＋B、A＋C、A＋D、B＋C、B＋D 和不投资共十个方案组合，这些方案组合之间的关系是互斥的，上述将独立型方案转化为互斥型方案的过程叫作独立型方案互斥化，这样的方案组合又叫“组合-互斥方案”。对于这种类型的项目决策，需要认真研究各方案之间的相互关系，最终应选择的不是单个方案，而是最佳的方案组合。

5.1.1.2　互斥型方案

在若干备选方案中，各个方案之间彼此可以相互替代，具有排他性，选择其中任何一个方案，则其余方案必须放弃，这种择此就不能择彼的多方案组合即为互斥型方案。互斥型各方案的效果之间不具有加和性。

比如同一建筑项目的基础开挖形式，按基础构造形式可分为条形基础、独立基础、满堂基础和桩基础，这四种构造形式可以根据实际情况选择其中的一种，而不能几种构造形式同时使用。

互斥型方案还可以按以下因素分类。

(1)按服务期寿命长短不同分

①相同寿命期的方案，即参与对比或评价方案的寿命期均相同；

②不同寿命期的方案，即参与对比或评价方案的寿命期均不相同；

③无限寿命的方案，即大型基础设施和市政工程可视为无限寿命的工程。如南水北调工程、大型水电站工程等。

(2)按规模不同分

①相同规模的方案，即参与对比的或评价的方案具有相同的产出量或容量，在满足相同功能的数量方面具有一致性和可比性；

②不同规模的方案，即参与评价的方案具有不同的产出量或容量，在满足相同功能的数量方面不具有一致性和可比性。

对于互斥型方案的比选，不仅要考虑各个备选方案的经济合理性，还要对可行方案进行排序，以解决优选问题。互斥型方案优选指标的选择至关重要，在互斥型方案的优劣排序过程中和对方案进行优选时，不能直接采用内部收益率法，但是可以直接采用净现值法。因为净现值法采用绝对值衡量各种方案对项目价值的影响，采用净现值最大化的选择法选择投资方案，与实现投资效益最大化的投资政策目标是一致的，可以据此进行项目经济可行性的判断，并对项目进行优劣排序，选择净现值大的方案作为优选方案。而内部收益率采用相对量反映方案盈利能力能准确反映出实际投资的投资报酬率，但无法体现投资方案的价值，内部收益率的最大化并不完全意味着投资效益的最大化，即以内部收益率最大化的选择方法选择投资方案与实现投资效益最大化的投资目标可能不一致。

5.1.1.3 混合型方案

混合型方案是独立型与互斥型的混合情况，即在一组方案中，方案之间有些具有互斥关系，有些具有独立关系。混合型方案在结构上可组织成两种基本形式，第一种基本形式是在一组独立型方案中，每个独立型方案又有若干个互斥型方案的形式；第二种基本形式是在一组互斥型方案中，每个互斥型方案又有若干个独立型方案的形式。

在不同的方案类型中，经济比较的原则只有一个，即最有效地分配有限的资源，以获得最好的经济效益。重要的是根据不同的方案类型正确地选择和使用评价方法。除了使用绝对经济效果指标筛选方案外，还要使用相对经济效果指标优选方案，具体包括如下：

(1)确定项目方案自身的绝对经济效果，通过方案本身的经济效果指标绝对值(如投资回收期、净现值、内部收益率等)的计算，来确定方案自身的经济性，评价和选择方案。

(2)确定方案之间的相对经济效果，通过方案对比来考察哪个方案最优，从而选择方案。

不同方案类型的经济比较可以是对上述绝对经济效果指标值及其相应的效率型指标(如净现值率、内部收益率)进行大小排序，也可采用上述指标的增量分析(或差额分析)方法，如通过计算差额净现值、差额内部收益率以及差额投资回收期等指标进行排序。

这两个步骤的目的和作用不同，前者是筛选方案，后者是优选方案。在建筑工程经济评价中两者相辅相成。一般情况下，独立或单一型方案采用前一种方法检验即可，互斥型方案、混合型方案的评价和优选通常需要同时采用两个步骤。

5.1.1.4 其他类型方案

(1)互补型方案

在多方案中，出现经济互补的方案称为互补型方案。互补型方案之间存在着相互依存的关系，比如建一个居民区，就必须建设与之配套的道路、消费场所等，它们在建设时间、建设规模、等级等各方面都要彼此配套，才能发挥各自的功能，从经济角度来说，它们既互相补充，又互为条件，缺一不可。

(2)现金流量相关型方案

现金流量相关型方案是指各方案的现金流量之间存在着相互影响，方案之间的关系既不完全排斥，也不完全互补，但若干方案中任一方案取舍都会导致其他方案现金流量的变化，这些方案之间存在相关性。如在相隔不远处建设两家商场，这两个方案既非完全排斥，也非完全独立，因为一个方案的实施必然影响另一个方案的收入。

可见，经济评价前分清楚建筑工程项目方案属于何种类型非常重要，方案类型不同，其评价方法、评价标准和评价结论会有很大差别。从分析可看出，一组方案之间的结构类型不是一成不变的，因为方案之间的关系取决于内部因素（方案自身特点）和外部因素（环境制约因素）的共同影响。内部因素较难改变，但是外部因素经常变化。如没有资金制约时，无论投资者投资于哪个项目，只要单个方案可行，则可以实施。但是，如果有资金制约，且只能满足其中一个项目的投资需求，那么两个投资方案就只能选择其一，方案之间的关系就变成了互斥关系。所以，随着内外部条件的变化，独立关系和互斥关系可以相互转化。

（3）资金有限型相关方案

由于有资金约束，只能选择若干可采用的独立型方案中的一部分实施，这些独立型方案就是资金有限型相关方案。对于资金约束条件下相关方案的经济性比选，除了要考察备选方案的经济合理性以外，还要在资金的约束框架内进行可行方案的优选。如现有独立方案A、B、C、D，它们所需的投资分别为200万元、120万元、80万元、60万元。当资金总额限量为300万元时，方案可以相互组合。这样，可供选择的方案有：A、B、C、D、AC、AD、BC、BD、CD、BCD十个组合方案。

5.1.2 方案比选时应注意的问题

5.1.2.1 备选方案应满足的条件

（1）备选方案提供的信息资料应真实、可靠。

（2）备选方案的整体功能应达到目标要求。

（3）备选方案的经济效果应达到可以被接受的水平。

（4）备选方案包含的范围和时间应一致，效益和费用计算口径应一致。

5.1.2.2 方案比选时的注意事项

（1）同时进行财务分析和经济费用效益分析时，方案经济比选主要按经济费用效益分析结论选择方案。

（2）在进行建设项目备选方案比选时，首先要进行绝对经济效果检验，运用经济评价方法评判各备选方案是否达到相关标准要求，删除不合要求的方案；其次进行相对经济效果检验，按照本章介绍的相关方法对备选方案进行优选。

（3）方案比选时使用不同的指标和方法可能导致相反的结论，因此需要根据方案确定计算期是否一样、资金有无约束、效益是否相同等，选用适当的指标和方法。从不同方案的效益、费用等方面进行方案比较，可根据实际情况分别选择差额内部收益率法、净现值法、净年值法或净现值率法等方法进行比选。

（4）备选方案计算期不同时，可采用净年值法和费用现值法。如果采用净现值法或差额投资内部收益率法，可统一各方案的计算期。

（5）在项目无资金约束的条件下，一般采用财务净现值法、财务净年值法和差额内部收益率法。

（6）方案效益相同或基本相同时，可采用最小费用法，即费用现值法和费用年值法。

5.2 独立型方案经济评价

独立型方案经济评价的实质是看方案是否达到或超过了预定的评价准则。独立型方案经济评价可将每个方案作为单一方案进行评判，方案之间彼此独立，评价结果互不干扰。独立型方案评价是在"可行"与"不可行"之间进行选择。独立型方案是否可行，取决于方案自身的经济性，即方案的经济效果是否达到预先确定的评价标准。具体的方法就是计算方案的经济效果指标，并按照判别规则进行判断即可。这种对方案自身经济性的检验称作"绝对经济效果检验"。

5.2.1 静态评价

对独立型方案进行经济效果静态评价，主要是对投资方案的静态投资回收期(P_t)和投资收益率指标进行计算，并与相应的标准投资回收期(P_c)或行业平均利润率进行比较，判断经济效果的优劣。如果方案的总投资收益率大于行业平均投资收益率，方案可行；若方案投资回收期 P_t 小于等于行业基准投资回收期 P_c，方案可行。当然，也可以根据实际情况选择投资利税率、资本金利润率等指标进行计算评判。

【例 5.1】 某公司拟建两个建设项目 A 和 B，项目 A 总投资 5000 万元，预计年净收益 1000 万元；项目 B 总投资 30000 万元，每年净收益如表 5.1 所示。若基准投资收益率为 12%，试评判两个建设项目是否可行。

表 5.1 某方案的净收益表

单位：万元

年份	1	2	3～9	10
净收益	1200	2000	2800	3000

【解】 分别计算建设项目 A 和 B 的总投资收益率如下：

由式(4.4)计算建设项目 A 的总投资收益率：

$ROI(\text{A})=1000\div5000\times100\%=20\%$

建设项目 B 年平均利润总额＝(1200＋2000＋2800×7＋3000)÷10＝2580 万元

由式(4.4)计算建设项目 B 的总投资收益率：

$ROI(\text{B})=2580\div30000\times100\%=8.6\%$

由题意知基准投资收益率为 12%，建设项目 A 的总投资收益率大于基准投资收益率，所以建设项目 A 可行；建设项目 B 的总投资收益率小于基准投资收益率，所以建设项目 B 不可行。

5.2.2 动态评价

对独立型方案进行经济效果动态评价，可以用动态投资回收期、净现值、内部收益率、净现值率、净年值等指标进行评价。根据第 4 章第 4 节的分析，总结如下：

(1)动态投资回收期 $P_t\leqslant$标准投资回收期 P_c，项目可行；反之，不可行。

(2)对于常规投资方案，$IRR\geqslant i_c$，项目可行；反之，不可行。

(3)净现值 $NPV\geqslant0$，项目可行；反之，项目不可行。

经前面讨论得出结论，对于独立型方案，净现值、净年值、净现值率和内部收益率四个指标所得结论是一致的。

【例 5.2】 某建设项目有 A、B 两个规划设计方案，其现金流量如表 5.2 所示，试判断其经济可行性。项目的基准收益率为 8%。

表 5.2　某项工程方案现金流量

方案	初始投资(0 年)(万元)	年收入(万元)	年支出(万元)	寿命(年)
A	5000	2400	1000	10
B	10000	4000	1500	10

【解】 (1)采用 NPV 指标评价两个方案的经济性。

$NPV(\mathrm{A}) = -5000 + (2400 - 1000) \times (P/A, 8\%, 10) = 4394$ 万元

$NPV(\mathrm{B}) = -10000 + (4000 - 1500) \times (P/A, 8\%, 10) = 6775$ 万元

由计算结果可知，两个方案的净现值均大于零，故 A、B 两个方案均可被采用。

(2)采用 IRR 指标评价两个方案的经济性。解方程：

$-5000 + (2400 - 1000) \times (P/A, IRR, 10) = 0$

得 $IRR(\mathrm{A}) = 25\%$。同理可得 $IRR(\mathrm{B}) = 22\%$。由计算结果可知，两个方案的内部收益率均大于基准收益率 8%，故 A、B 两个方案均可被采用。

可见，对于独立型方案，用净现值和内部收益率两种方法分别进行方案评判时，结论相同。

5.3　互斥型方案经济评价

由于互斥型方案的排他性使得我们只能在若干方案中选择一个方案作为最佳方案实施。互斥型方案的评价，不仅要考察各方案本身的经济性并进行筛选，而且要对通过筛选的方案按特定指标进行排序，从而优胜劣汰、选取最优方案。该类型方案的经济效果评价包括绝对效果检验(备选方案中各方案自身的经济效果是否满足评价准则的要求)和相对效果检验(考察备选方案中哪个方案最优)。必须注意的是，互斥型方案的比较必须具备如下可比条件：一是对于被比较方案，比较指标的计算方法要一致；二是各方案在时间上可比。要求比较方案有相同的计算期，当方案的计算期不同时，应采用一定方式转化为在相等的条件下进行比选。而且比较方案要具有相同的时间点，应考虑资金投入时间先后产生的影响，不同时间点发生的现金流量不能直接相加。

互斥型方案的经济评价有静态评价和动态评价两种方法。互斥型方案通常采用的评价指标有净现值、净年值、费用现值、费用年值、增量投资收益率、增量投资净现值、增量投资费用现值等。

考虑互斥型方案的时间可比性问题，按互斥型方案的寿命期是否相等，把互斥型方案分为各方案寿命期相等、各方案寿命期不等两种情况。下面结合起来分析。

5.3.1　静态评价

互斥型方案静态评价常用指标有增量投资收益率、增量静态投资回收期等。

5.3.1.1　增量投资收益率法

增量投资收益率是指增量投资所带来的经营成本上的节约额与增量投资之比。其计算公式为：

$$R_{(2-1)} = (C_1 - C_2)/(I_2 - I_1 \pm \Delta K) \times 100\% \tag{5.1}$$

式中　$R_{(2-1)}$——增量投资收益率；

C_1——方案 1 的经营成本；

C_2——方案 2 的经营成本；

I_1——方案 1 的投资额；

I_2——方案 2 的投资额；

ΔK——某一方案提前投入使用的投资补偿额。

当方案 1 提前投入使用时取 $+\Delta K$；当方案 2 提前投入使用时取 $-\Delta K$；当两个对比方案同时投入使用时取零。

评判准则：将计算出来的增量投资收益率与基准投资收益率进行比较，若计算出来的增量投资收益率大于基准投资收益率，则投资大的方案可行，说明投资的增量 (I_2-I_1) 完全可以用经营成本的节约 (C_2-C_1) 进行补偿。反之，投资小的方案为优。

注意：式(5.1)仅限用于对比方案的产出量(或年营业收入、生产率等)相同的情形。当对比方案的产出量(或生产率)不同时，则要做产量等同化处理，再计算增量投资收益率。

产量等同化处理的方法有两种：

(1)用单位生产能力投资和单位产品经营成本计算

设方案 1、方案 2 的产量 Q_1、Q_2，分别除对应的投资或经营成本，得到单位生产能力投资或单位产品经营成本。$R_{(2-1)}$ 的计算公式如下：

$$R_{(2-1)} = \frac{C_1/Q_2 - C_2/Q_2}{I_2/Q_2 - I_1/Q_1} \tag{5.2}$$

(2)用扩大系数计算

以两个方案年产量的最小公倍数作为方案的年产量，使得产量等同化。

$$R_{(2-1)} = \frac{C_1/b_2 - C_2/b_2}{I_2/b_2 - I_1/b_1} \tag{5.3}$$

式中　b_1——方案 1 的年产量扩大的倍数；

b_2——方案 2 的年产量扩大的倍数。

Q_1、Q_2、b_1、b_2 必须满足 $Q_1b_1=Q_2b_2$。

以上两种产量等同化处理方法是一致的。但是其追加投资收益不是两个原方案的，而是产量等同化处理后的两个新方案的追加投资利润率，比较结果只能作为方案比选用。

【例 5.3】 某建设项目有计算期相同的 A、B 两个方案，A 方案投资为 12000 元，年经营成本为 8000 元；B 方案投资为 8000 元，年经营成本为 9000 元。两个方案同时投入使用，效益相同，若基准投资收益率为 11%，试选择较优的方案。

【解】 由式(5.1)计算 A、B 两个方案的增量投资收益率得：

$$R_{(2-1)} = \frac{9000-8000}{12000-8000} \times 100\% = 25\%$$

由于 $R_{(2-1)}$ 大于基准投资收益率 11%，因此，投资大的 A 方案为优选方案。

5.3.1.2　增量投资回收期法

增量投资回收期是指用互斥型方案经营成本的节约或增量净收益来补偿其增量投资的年限。

增量投资回收期计算公式：

$$Pt_{(2-1)} = \frac{I_2 - I_1 \pm \Delta K}{C_1 - C_2} \tag{5.4}$$

式中　$Pt_{(2-1)}$——增量投资回收期；

其余符号意义同前。

评判准则：将计算出来的增量投资回收期与基准投资回收期比较，增量投资回收期若小于基准投资回收期，则投资大的方案就是可行的；反之，投资小的方案可行。

同样，当对比方案的产出量（或生产率）不同时，增量投资回收期为：

$$Pt_{(2-1)} = \frac{I_2/Q_2 - I_1/Q_1}{C_1/Q_1 - C_2/Q_2} \tag{5.5}$$

$$Pt_{(2-1)} = \frac{I_2/b_2 - I_1/b_1}{C_1/b_1 - C_2/b_2} \tag{5.6}$$

以上计算的增量投资回收期同样也不是两个原方案的，而是产量等优化处理后的两个新方案的增量投资回收期，结果只作方案比选用。

【例 5.4】　已知基准投资回收期为 3.5 年，其余数据同例 5.3，试选择较优的方案。

【解】　由式(5.4)计算 A、B 两个方案的增量投资回收期得

$$Pt_{(2-1)} = \frac{12000 - 8000}{9000 - 8000} = 4 \text{ 年}$$

由于 $Pt_{(2-1)}$ 大于基准投资回收期 3.5 年，因此，投资小的 B 方案为优选方案。

5.3.1.3　年折算费用法

年折算费用是指将投资方案的投资额用基准投资回收期分摊到各年，再与年经营成本相加的费用之和。年折算费用法是通过计算互斥型方案的年折算费用，判断互斥型方案的相对经济效果，据此选择最优方案的评价方法。其计算公式为：

$$Z_j = \frac{I_j}{P_c} + C_j \tag{5.7}$$

式中　Z_j——第 j 个方案的年折算费用；

I_j——第 j 个方案的投资额；

P_c——基准投资回收期；

C_j——第 j 个方案的年经营成本。

评判准则：进行方案比选时，年折算费用最小的方案为最优方案。

当互斥型方案个数较多时，用增量投资收益率法和增量投资回收期法进行方案经济评价，要进行两两比较淘汰，计算量很大。而运用年折算费用法，只需计算各方案的年折算费用，计算简便，评价准则直观。

【例 5.5】　某建设项目有三个备选方案，费用如表 5.3 所示，基准投资回收期为 5 年，试用年折算费用法选择最优的方案。

表 5.3　三个备选方案的费用

单位：万元

方案	方案 1	方案 2	方案 3
投资	2500	2450	2800
年经营成本	2900	2850	2830

【解】　由式(5.7)计算三个方案的年折算费用如下：

$$Z_1 = \frac{2500}{5} + 2900 = 3400 \text{ 万元}$$

$$Z_2 = \frac{2450}{5} + 2850 = 3340\ 万元$$

$$Z_3 = \frac{2800}{5} + 2830 = 3390\ 万元$$

由上述计算结果可知，方案2的年折算费用最小，因此方案2为最优方案。

5.3.2 动态评价

对互斥型方案进行经济效果的动态评价，要将不同时间内资金的流入和流出根据时间价值换算成同一时点的价值，以消除方案时间上的不可比性。常用的主要经济指标有净现值 *NPV*、内部收益率 *IRR*、净年值 *NAV*、净现值率 *NPVR* 等。

5.3.2.1 寿命期相等的互斥型方案的比较与选择

考虑互斥型方案时间上的可比性，可将互斥型方案比选根据计算期是否相同，分为计算期相同的互斥型方案比选和计算期不同的互斥型方案比选两种。寿命期相等的互斥型方案的比选又分为两种情形：一是各备选方案各年的净现金流量可以估算的情形；二是只能估算对比方案之间的差额净现金流量的情形。

(1)各备选方案各年的净现金流量可估算。

如果各备选方案各年的净现金流量可以估算，则评价指标可以采用净现值、净年值、费用现值以及费用年值等。以净现值法（净年值法）为例说明其比选过程遵循的两个步骤。

第一步：进行方案的绝对效果检验。分别计算各个方案的净现值（净年值），剔除不能通过评价标准（$NPV<0$ 或 $NAV<0$）的方案。

第二步：进行方案的相对经济效果检验，即对所有 $NPV \geqslant 0$（$NAV \geqslant 0$）的方案进行优选，净现值 *NPV*（净年值 *NAV*）大于或等于零且为最大的方案即为最优方案。

同理，使用其他指标分析时，根据净年值最大准则或费用现值（费用年值）最小准则，对方案进行选优。其中净现值法的优点是概念清晰而且分析简单，在实际工作中是首选的方法。

【例5.6】 某建筑公司有两个施工机械购置方案A、B可供选择，如表5.4所示，试用 *NPV* 指标选择最佳购置方案。基准收益率为15%。

表5.4 例5.6中两个方案的现金流量

方案	初始投资(万元)	年净收益(万元)	寿命(年)
A	35	12	10
B	82	20	10

【解】 计算各方案的 *NPV*：

$NPV(\text{A}) = -35 + 12 \times (P/A, 15\%, 10) = -35 + 12 \times 5.019 = 25.23$ 万元

$NPV(\text{B}) = -82 + 20 \times 5.019 = 18.38$ 万元

A、B两个方案的 *NPV* 都大于零，皆可选。但由于方案A的 *NPV* 大于零且数额最大，故经绝对效果检验和相对效果检验后，应选择方案A。

【例5.7】 试采用 *NAV* 指标对例5.6的两个施工机械购置方案A、B进行选优。基准收益率为15%。

【解】 计算各方案的 *NAV*：

$NAV(\mathrm{A}) = -35 \times 0.15 \times (A/P, 15\%, 10) + 12 = -35 \times 0.1993 + 12 = 5.02$ 万元

$NAV(\mathrm{B}) = -82 \times 0.1993 + 20 = 3.66$ 万元

由于方案 A、B 的 NAV 都大于零，且 $NAV(\mathrm{A})$ 数额最大，故应选择方案 A。

在建筑项目经济分析中，如果方案所产生的效益相同（或基本相同），或者当各方案所产生的效益无法或很难用货币直接计量时（如教育、环保等项目），常用费用现值 PC 或费用年值 AC 替代净现值进行评价。采用费用现值或费用年值只能进行相对效果评价，计算各个方案的费用现值或费用年值，以费用现值或费用年值最低的方案作为最佳方案。

费用现值的表达式为：

$$PC = \sum_{t=0}^{n} CO_t (1 + i_c)^{-t} \tag{5.8}$$

费用年值表达式为：

$$AC = \left[\sum_{t=0}^{n} CO_t (1 + i_c)^{-t}\right] \frac{i_c \times (1 + i_c)^t}{(1 + i_c)^t - 1} \tag{5.9}$$

采用费用年值（AC）法或净年值（NAV）法进行评价所得出的结论是完全一致的，因此在实际互斥型方案评价应用中，视互斥型方案的实际情况任意选择其中一种方法即可。

(2)各备选方案各年的净现金流量不可估算，只能估算对比方案之间的差额净现金流量。

如果只能估算对比方案之间的差额净现金流量，此时采用的评价指标是增量内部收益率（ΔIRR）。增量内部收益率（ΔIRR）是两方案各年净现金流量的差额的现值之和等于零时的折现率。其表达式为：

$$\Delta NPV(\Delta IRR) = \sum_{t=0}^{n} (A_1 - A_2)_t (1 + \Delta IRR)^{-t} = 0 \tag{5.10}$$

亦即：$$\sum_{t=0}^{n} A_{1t} (1 + \Delta IRR)^{-t} = \sum_{t=0}^{n} A_{2t} (1 + \Delta IRR)^{-t}$$

式中　ΔIRR ——增量投资内部收益率；

$A_{1t} = (CI - CO)_{1t}$——初始投资大的方案年净现金流量；

$A_{2t} = (CI - CO)_{2t}$——初始投资小的方案年净现金流量。

从公式中得出，增量投资内部收益率就是 $NPV(1) = NPV(2)$ 时的折现率。

评价准则：

增量投资内部收益率大于基准收益率，则投资大的方案为最优方案。

增量投资内部收益率小于基准收益率，则投资小的方案为最优方案。

应用增量内部收益率评价互斥型方案经济效果的基本步骤：

a. 计算各备选方案的 IRR_j，分别与基准收益率 i_c 比较，$IRR_j < i_c$ 的方案，则淘汰。

b. 将 $IRR_j \geqslant i_c$ 的方案按初始投资额由小到大依次排列。依次用初始投资额大的方案的现金流量减去初始投资额小的方案的现金流量，所形成的增量投资方案的现金流量是常规投资的形式。

c. 按初始投资额由小到大的顺序依次计算相邻两个方案的增量内部收益率 ΔIRR，若 $\Delta IRR > i_c$，则说明初始投资大的方案优于初始投资小的方案，保留投资大的方案；反之，保留投资小的方案。直至全部方案比较完毕，保留的方案就是最优方案。

【例 5.8】 现有两个互斥型方案，其净现金流量如表 5.5 所示，设基准收益率为 10%，试用净现值、内部收益率和增量内部收益率评价方案。

表 5.5 例 5.8 中两个方案的现金流量表

方案	各年的净现金流量(万元)				
	0	1	2	3	4
1	−7000	1000	2000	6000	4000
2	−4000	1000	1000	3000	3000

【解】 (1)净现值 NPV 的计算

$NPV1=-7000+1000(P/F,10\%,2)+2000(P/F,10\%,1)+6000(P/F,10\%,3)+4000(P/F,10\%,4)=2801.7$ 万元

$NPV2=-4000+1000(P/F,10\%,1)+1000(P/F,10\%,2)+3000(P/F,10\%,3)+3000(P/F,10\%,4)=2038.4$ 万元

(2) 内部收益率 IRR 的计算

由 $NPV(IRR1)=-7000+1000(P/F,IRR1,2)+2000(P/F,IRR1,1)+6000(P/F,IRR1,3)+4000(P/F,IRR1,4)=0$

解得：$IRR1=23.67\%$

由 $NPV(IRR2)=-4000+1000(P/F,IRR2,2)+1000(P/F,IRR2,1)+3000(P/F,IRR2,3)+3000(P/F,IRR2,4)=0$

解得：$IRR2=27.29\%$

从分析得出，方案 1 的内部收益率低，净现值高；而方案 2 的内部收益率高，净现值低。从计算结果可看出，$IRR1<IRR2$，$NPV1>NPV2$

如果以内部收益率作为评价标准，方案 2 优于方案 1；

如果以净现值为评价标准，基准收益率为 $i_c=10\%$ 时，方案 1 优于方案 2；

两种评判方法产生了矛盾，哪个指标评判结果是正确的呢？这需要从净现值和内部收益率的经济含义进行探讨。

由净现值的经济含义可知，净现值最大准则符合收益最大化的决策准则，故正确。

内部收益率是投资方案占用的尚未回收资金的获利能力，它取决于项目内部。若以内部收益率为评价标准，就不能仅看方案自身内部收益率是否最大，而要看方案 1 比方案 2 多花的投资的内部收益率(即增量投资内部收益率 ΔIRR)是否大于基准投资收益率 i_c。

评判原则：

$\Delta IRR>i_c$，则投资大的方案 1 是最优方案；

$\Delta IRR<i_c$，则投资小的方案 2 是最优方案。

(3)采用增量内部收益率法进行方案选择

$$\Delta NPV(\Delta IRR)=\sum_{t=0}^{n}(A_1-A_2)_t(1+\Delta IRR)^{-t}=0$$

即 $-7000+1000(P/F,\Delta IRR,1)+2000(P/F,\Delta IRR,2)+6000(P/F,\Delta IRR,3)+4000(P/F,\Delta IRR,4)=-4000+1000(P/F,\Delta IRR,1)+1000(P/F,\Delta IRR,3)+3000(P/F,$

ΔIRR,4)

试算得到增量投资收益率 ΔIRR=18.80%

由于增量投资收益率 ΔIRR=18.80%>基准收益率 i_c=10%,故投资大的方案1为最优方案,与净现值评价准则的结果一致,结论正确。净现值最大准则的正确性是由基准折现率——最低希望收益率的经济意义决定的。一般来说,最低希望收益率应该等于被拒绝的投资机会中最佳投资机会的盈利率,因此净现值就是拟采纳方案与被拒绝的最佳投资机会相比多得的盈利,其值越大越好,这符合盈利最大化的决策目标的要求。

【例 5.9】 某工程项目有四个投资备选方案(表 5.6)。基准收益率 i_c 为 10%,试用内部收益率法选出最佳方案。

表 5.6 例 5.9 中四个方案的现金流量数据

方案	A	B	C	D
初始投资(万元)	−525	−300	−412.5	−285
年净收益(万元)	63	33	52.5	29.25
寿命(年)	30	30	30	30

【解】 按照内部收益率法评价互斥型方案,评价结果见表 5.7。

表 5.7 增量内部收益率评价结果表

单位:万元

检验	方案	D	B	C	A
绝对效果	初始投资	−285	−300	−412.5	−525
	年净收益	29.25	33	52.5	63
	寿命(年)	30	30	30	30
	内部收益率	9.63%	10.49%	12.4%	11.59%
可行与否		可	可	可	可
相对效果	对比方案			C−B	A−C
	增量投资			−112.5	−112.5
	增量收益			19.5	10.5
	增量内部收益率			17.28%	8.55%
选定方案				C	C

由于方案A与方案C形成的增量投资收益率为8.55%,小于基准收益率10%,故最终应选定方案C。

5.3.2.2 寿命期不等的互斥型方案的比较与选择

当备选方案的计算期不同时,方案间不具有可比性,不能直接采用净现值法、增量投资收益率法等进行方案选择。这时必须对计算期做出某种假定,使计算期不等的互斥型方案能在一个共同的计算期基础上进行比较,以保证得到合理的结论。建立时间可比的方法有净年值法、净现值法。净现值法包含最小公倍数法和研究期法两种方法。

(1)净年值(NAV)法

净年值法是分别计算各备选方案净现金流量的等额净年值 NAV，并比较大小，选择 $NAV \geqslant 0$ 且 NAV 最大者为最优方案。

此种评价方法基于一种假定：各备选方案在其寿命结束时，均可按原方案重复实施或以与原方案经济效果水平相同的方案接续。净年值是以"年"为时间单位比较各方案的经济效果，从而使寿命不等的互斥型方案间具有可比性。故净年值更适用于评价具有不同计算期的互斥型方案的经济效果，由于只需要计算一个计算期，故计算最为简便。当参加比选的方案数目众多时，采用此法最好。

(2)净现值(NPV)法

采用价值性指标净现值(NPV)进行方案比选时，必须考虑时间的可比性，即在相同的计算期下比较净现值(NPV)的大小。因此需要将各方案不同的计算期转化成相同的计算期，常用的方法有最小公倍数法和研究期法。

①最小公倍数法(方案重复法)

最小公倍数法是以各备选方案计算期的最小公倍数作为比较期，并假设在比较期内各个方案可重复实施，完全相同的现金流量系列周而复始地循环下去直到比较期结束，在此基础上计算出各个方案的净现值，以净现值最大的方案为最佳方案。

利用最小公倍数法可以使得各备选方案具有相同的比较期，具备时间上的可比性。但这种方法所依赖的方案可重复实施的假定不是在任何情况下都适用的。当最小公倍数不大时，考虑技术进步和通货膨胀两种因素的作用，现金流量重复发生假定基本符合实际，但是，当利用最小公倍数法求得的计算期过长，甚至远远超过所需的项目寿命期或计算期的上限，如三个备选方案的计算期分别为 7 年、9 年、10 年时，比较期为 $7\times9\times10=630$ 年，此时采用现金流重复计算、比较方案就不可取了。另外，对于某些不可再生资源开发型项目，方案可重复实施的假定不再成立，这种情况下就不能用最小公倍数法确定计算期，可以选择研究期法。

②研究期法

研究期法是根据对市场前景的预测，直接选取一个适当的分析期作为各个备选方案共同的计算期，在比较期内，直接采用方案本身的现金流量，或者假定现金流量重复；在比较期末，计入计算期末计入方案的余值。这样计算期不同的备选方案就转化为计算期相同的方案了，可以按计算期相同互斥型方案的比较方法进行方案选择。

研究期的选定应遵循最大限度利用方案原有现金流量信息，把主观臆断方案余值的影响减小至最低的原则。研究期的确定一般以互斥型方案中年限最短方案的计算期作为互斥型方案评价的共同研究期，计算简便，可以完全避开方案可重复实施的假设。具体操作时，也可以选择最长方案的计算期，或选择所期望的计算期作为共同研究期。通过比较各个方案在该研究期内的净现值来对方案进行比选，以净现值最大的方案为最佳方案。

对于计算期短于共同研究期的方案，仍可假定其计算期完全相同地重复延续，也可按新的不同的现金流量序列延续。需要注意的是：对于计算期(或者是计算期加其延续)比共同研究期长的方案，要对其在研究期以后的现金流量余值进行估算，并回收余值。该项余值估算的合理性及准确性，对方案比选结论有一定影响。

【例 5.10】 已知表 5.8 中数据，试用 NPV、$NPVR$ 指标进行方案比较。设基准收益率 $i_c=10\%$。

表 5.8 例 5.10 数据表

方　案	1	2
投资(万元)	2800	6500
年收益值(万元)	1400	2400
年支出值(万元)	345	880
估计寿命(年)	4	8

【解】 绘制现金流量图如图 5.2 所示。

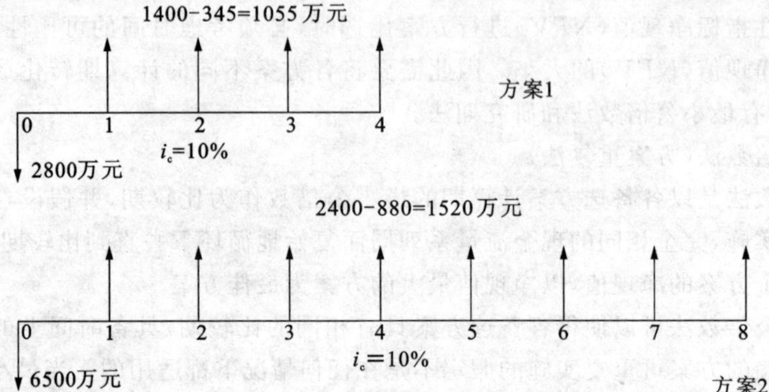

图 5.2 现金流量图

(1)采用净现值指标评价

A. 利用各方案研究期的最小公倍数计算。本例即 8 年的研究期(图 5.3)。

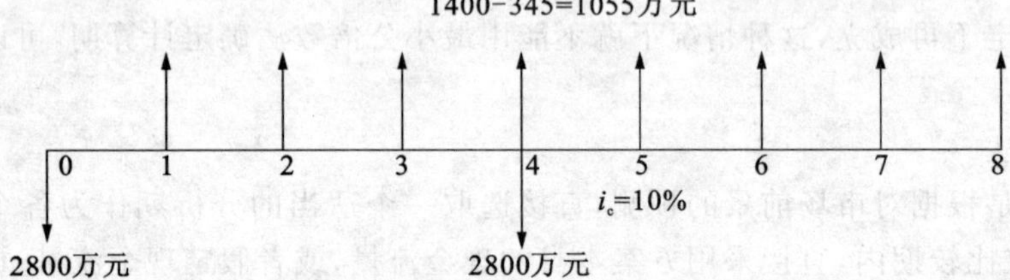

图 5.3 方案 1 *NPV* 最小公倍数评价法现金流量图

$$
\begin{aligned}
NPV1 &= -2800[1+(P/F,10\%,4)]+(1400-345)(P/A,10\%,8)\\
&= -2800(1+0.6830)+1055\times 5.3349\\
&= 915.92 \text{ 万元}
\end{aligned}
$$

$$
\begin{aligned}
NPV2 &= -6500+(2400-880)(P/A,10\%,8)\\
&= -6500+1520\times 5.3349\\
&= 1609.05 \text{ 万元}
\end{aligned}
$$

因 *NPV*2 大于 *NPV*1，故选择方案 2。

B. 取年限短的方案计算期作为共同的研究期，本例为 4 年，设第 4 年年末和第 8 年年末初期投入所形成的固定资产余值均为零。

$$
\begin{aligned}
NPV1 &= -2800+(1400-345)(P/A,10\%,4)\\
&= -2800+1055\times 3.1699\\
&= 544.24 \text{ 万元}
\end{aligned}
$$

$$NPV2 = [-6500(A/P,10\%,8) + (2400 - 880)](P/A,10\%,4)$$
$$= (-6500 \times 0.1874 + 1520) \times 3.1699$$
$$= 956.99 \text{ 万元}$$

因 $NPV2$ 大于 $NPV1$，故选择方案 2。

(2) 采用净现值率（$NPVR$）指标评价

$NPVR1 = 544.24/2800 = 0.194$

或 $NPVR1 = 915.92/2800[1 + P/F,10\%,4)] = 915.52/4712.45 = 0.194$

$NPVR2 = 1609.05/6500 = 0.248$

或 $NPVR2 = 956.99/[6500(A/P,10\%,8)(P/A,10\%,4)] = 956.99/3862.19 = 0.248$

因 $NPVR2$ 大于 $NPVR1$，故应选方案 2。

5.3.2.3 无限服务期的互斥型方案评价

有些工程使用寿命很长，如运河、铁路、地铁、水坝、隧道、机场等，可以通过反复维修使其寿命延长，甚至可以近似看作无限期服务。评价这类项目技术方案的经济性，可以采用净现值、净年值指标来处理。

(1)净现值法

由年净现值公式得 $P = A(P/A,i_c,n) = A\dfrac{(1+i)^n - 1}{i(1+i)^n} = \dfrac{A}{i}\left[1 - \dfrac{1}{(1+i)^n}\right]$

当 $n \to \infty$ 时，$(1+i)^n \to \infty$　故

$$P = \frac{A}{i} \tag{5.11}$$

应用上式可以很容易地解决无限寿命期互斥型方案的比较问题，评价时将初始投资费用加上假设永久运营所需要的成本支出和维护费用支出的现值，构成方案的费用现值，此过程称为资本化成本，式(5.11)被称为“资本化成本”公式。

同理：$NPV = NAV(P/A,i_c,n) = NAV\dfrac{(1+i)^n - 1}{i(1+i)^n}$

当 $n \to \infty$ 时，即工程项目计算期为无限大时，$(1+i)^n \to \infty$　故

$$NPV = \frac{NAV}{i} \tag{5.12}$$

如果评价方案的最小公倍数计算期很大，常规计算很麻烦，则可取无穷大计算期法计算 NPV。

对于无限期互斥型方案采用净现值法比较的判别准则为：

净现值大于等于零且净现值最大的方案为最优方案。

【例 5.11】 有 A、B 两个项目建设方案，其费用现金流量如表 5.9 所示，若行业折现率为 8%，试比较哪个方案最优。

表 5.9　方案的费用现金流量

单位：万元

方　案	A	B
一次投资(0 年)	3500	2600
年维护费	1.4	0.7
再投资	4(每 10 年一次)	3.5(每 5 年一次)

【解】 两个方案的费用现值计算如下：

$$PC(\mathrm{A}) = 3500 + \frac{1.4 + 4(A/F,8\%,10)}{8\%} = 3520.95 \text{ 万元}$$

$$PC(\mathrm{B}) = 2600 + \frac{0.7 + 3.5(A/F,8\%,5)}{8\%} = 2626.21 \text{ 万元}$$

由计算结果可知，方案 A 为最优方案。

(2)净年值法

由式(5.11)推出无限期的等额年金计算公式为：

$$A = P \times i \tag{5.13}$$

对于无限期互斥型方案，采用净年值法比较的判别准则为净年值大于等于零且净年值最大的方案为最优方案。

对于仅有或仅需计算费用现金流量且对比方案的产出基本相同时，可以采用费用年值法进行比选。比较互斥型方案的费用年值，费用年值最小的方案为优。

【例 5.12】 两种疏浚灌溉渠道的技术方案：一种用挖泥机清除渠底淤泥，另一种在渠底铺设永久性混凝土板。两方案费用支出为：方案 A 购置挖泥设备 72 万元，使用寿命 10 年，机械残值 5 万元，年作业费 23 万元，控制水内有害物质生长的年费用 12 万元；方案 B 渠底铺设混凝土板 600 万元，年维护费用 1.2 万元，5 年修补一次费用 30 万元。假设基准收益率 $i_c = 10\%$，试应用净年值法比较两方案的优劣。

【解】 两方案的费用现金流量如表 5.10 所示。

表 5.10 例 5.12 的费用现金流量

单位：万元

方案 A	费用	方案 B	费用
购置挖泥设备(寿命 10 年)	72	河底混凝土板(无限寿命)	600
挖泥设备残值	5	年维护费	1.2
年运营费	35	混凝土板维修(5 年一次)	30

$$\begin{aligned} AC(\mathrm{A}) &= 72(A/P,10\%,10) - 5(A/F,10\%,10) + (23 + 12) \\ &= 72 \times 0.1627 - 5 \times 0.0627 + 35 \\ &= 46.40 \text{ 万元} \end{aligned}$$

$$\begin{aligned} AC(\mathrm{B}) &= 600 \times 10\% + 30(A/F,10\%,5) + 1.2 \\ &= 600 \times 10\% + 10 \times 0.1638 + 1.2 \\ &= 62.84 \text{ 万元} \end{aligned}$$

根据计算结果可知，方案 A 优于方案 B。

5.4 混合型方案经济评价

混合型方案是指有若干个独立型方案，独立型方案又包含互斥型方案的组合型方案。混合型方案选择分为资金无约束和资金有约束条件下的方案选择两种情况。

资金无约束时的混合型方案选择，应首先从每组互斥型方案中，选择最优方案；然后，将各互斥型方案组选出的最优方案进行组合，组合方案即为实施方案。

有资金约束时的混合型方案选择比较复杂，具体方法是采用差额投资效率指标排序法，即设法将混合型方案中的互斥型方案转化为独立型方案，然后按独立型方案的内部收益率排序法进行方案选择。具体步骤是：

(1)在各组互斥型方案中，淘汰不合要求方案。不合要求方案是指在投资额递增的 N 个方案中，如第 $t+1$ 个方案对第 t 个方案的差额投资内部收益率高于第 t 个方案对第 $t-1$ 个方案的差额投资内部收益率，即 $\Delta FIRR_{(t+1)-t}>\Delta FIRR_{t-(t-1)}$，则第 t 个方案是不合要求方案。因此，需要计算各组互斥型方案中的差额内部收益率，淘汰不合要求方案，确保各组互斥型方案的差额投资内部收益率数值顺序递减。

(2)混合型方案独立化。将各组互斥型方案转化为独立型方案。如 A1、A2、A3 为互斥型方案，假设一个“0 投资”“0 收益”的 A0 方案，构建 A1－A0、A2－A1、A3－A2 一组方案代替。实践中该组方案既可以任选一个方案，也可以同时选两个方案，还可以同时选三个方案 A1－A0、A2－A1、A3－A2，或者还有其他选择。因此，A1－A0、A2－A1、A3－A2 为相互独立型方案。同理可将其他互斥型方案转化为独立型方案，将原混合型方案转化为一组独立型方案。

(3)按独立型方案选择的内部收益率排序法进行方案选择。这样选出的符合条件的方案组合，即为混合型方案选择的最优方案组合。

5.5 相关方案经济评价

相关方案指除互斥型方案、独立型方案和混合型方案以外的方案，具体包括现金流量相关方案、资金有限型相关方案等。

5.5.1 现金流量相关方案经济评价

对现金流量相关方案，首先应确定方案之间的相关性，对其现金流量之间的相互影响做出准确的估计，然后根据方案之间的关系，把方案组合成互斥型的组合方案。如跨江收费项目的建桥方案 A 或轮渡方案 B，可以考虑的方案组合是方案 A、方案 B 和 AB 混合型方案。在 AB 混合型方案中，方案 A 的收入将因另一方案 B 的存在而受到影响。最后按照互斥型方案的评价方法对组合方案进行比选。

【例 5.13】 甲、乙两城市之间可建一条公路和一条铁路。仅建一条公路或仅建一条铁路的净现金流量如表 5.11 所示。如果两个项目都上，由于客货运分流的影响，两项目都将减少净收入，其净现金流量如表 5.12 所示。试用净现值指标进行决策，基准收益率为 10%。

表 5.11 公路、铁路独立建设的现金流量

单位：百万元

年　份		0	1	2	3～32
方案	铁路 A	－300	－300	－300	150
	公路 B	－150	－150	－150	90

表 5.12 公路、铁路同时建设的现金流量

单位：百万元

年份		0	1	2	3～32
方案	铁路 A	−300	−300	−300	120
	公路 B	−150	−150	−150	52.5
	A+B	−450	−450	−450	172.5

【解】 先将两个相关方案组合成三个互斥型方案，然后分别计算其净现值：

$NPV(\mathrm{A}) = -300 \times [1 + (P/F, 10\%, 1) + (P/F, 10\%, 2)] + 150 \times (P/A, 10\%, 30)(P/F, 10\%, 2) = -300 \times 2.7355 + 150 \times 7.79 = 347.85$ 百万元

$NPV(\mathrm{B}) = -150 \times 2.7355 + 90 \times 7.79 = 290.78$ 百万元

$NPV(\mathrm{A+B}) = -450 \times 2.7355 + 172.5 \times 7.79 = 112.80$ 百万元

可见，在三个互斥型方案中，方案 A 净现值最大，故此方案为最优可行方案。若用净年值法和内部收益率对表 5.12 中的互斥型方案进行评价选优，也可得到相同的结论。

5.5.2 资金有限型相关方案经济评价

对独立型方案群做比较优选，存在资金无约束和资金有约束两种情况。对于独立型方案的比选，如果没有资金的限制，只要备选方案经过单方案评价，经济上可行，方案就可行。但在有明确的资金限制时，受资金总拥有量的约束，不可能采用所有经济上合理的方案，只能从中选择一部分方案实施，这就出现了资金合理分配的问题。此时独立型方案在约束条件下成为相关的方案。

有资金约束条件下的独立型方案选择，其根本原则在于使有限的资金获得最大的总体效益。具体评价方法有互斥型方案组合法和净现值率排序法。

5.5.2.1 互斥型方案组合法

互斥型方案组合法就是把备选方案的各种可能组合视为互斥型方案，然后按互斥型方案的比选方法选择最优组合方案，其比选步骤如下：

(1)列出备选方案的所有组合。在有资金约束条件下进行独立型方案的比选，由于每个独立型方案都有两种可能——选择或者拒绝，故 n 个独立型方案可以构成 2^n-1 个组合方案。每个组合方案可以看成是一个满足约束条件的互斥型方案。

(2)排除投资总额不符合资金约束条件的组合方案。

(3)对各个组合方案按互斥型方案的经济评价方法进行评价比较，选择一个符合评价准则的可行组合方案。

【例 5.14】 某公司某年度有四个相互独立的技术攻关项目，各方案的有关数据列于表 5.13中，该公司本年度可用于技术改造的资金计划为 400 万元，试用净现值指标选择可实施的组合方案。基准收益率为 10%。

表 5.13 各方案有关数据

独立型方案	初始投资(万元)	*NPV*(万元)	*NPVR*
A	200	180	0.9
B	240	192	0.8
C	160	112	0.7

【解】 (1)列出互斥的组合方案 $2^3-1=7$ 个，组合方案的 NPV 见表 5.14。

表 5.14 组合方案 NPV 计算表

单位:万元

序号	组合方案	投资	可行与否	NPV
1	A	200	√	180
2	B	240	√	192
3	C	160	√	112
4	A+B	440	×	372
5	A+C	360	√	292
6	B+C	400	√	304
7	A+B+C	600	×	484

(2)保留投资额不超过 400 万元且净现值大于等于零的组合方案，淘汰其余组合方案。保留的组合方案中净现值最大的即为最优可行组合方案。本例中第 6 组方案(B+C)的净现值最大，为 304 万元。

在有资金约束条件下运用互斥型方案组合法进行比选，其优点是在各种情况下均能保证获得最佳组合方案，但缺点是在方案数目较多时，其计算比较烦琐。

5.5.2.2 净现值率排序法

净现值率大小表明该方案单位投资所获得的净效益大小。按净现值率排序原则选择项目方案，其基本思想是单位投资的净现值越大，在一定投资限额内所能获得的净现值总额就越大。

净现值率排序法是指在资金限量条件下，根据各方案的净现值率的大小，在排除经济不合理的方案的基础上，确定各方案的先后排列顺序，并依次分配资金，直至资金总量被分配完毕或不足以再进行分配为止的一种方案选择方法。其比选步骤如下：

(1)计算各备选方案的净现值率，舍弃净现值率小于零的方案。

(2)将净现值率大于或等于零的各个方案按净现值率的大小依次排序。

(3)依据方案排序选取方案，直至所选取的方案组合的投资总额最大限度地接近或等于投资限额为止。

【例 5.15】 某集团公司年度投资预算为 440 万元，备选方案的数据如表 5.15 所示，已知基准收益率为 10%，试按净现值率法进行方案选择。

表 5.15 例 5.15 备选方案数据

方案	第 0 年投资(万元)	第 1～10 年各年净收入(万元)	NPV(万元)	$NPVR$	排序
A	−160	38	54.7	0.34	1
B	−160	34	32.1	0.20	2
C	−240	50	42.5	0.177	3

按净现值率从大到小的顺序选择且满足资金约束条件的方案为A、B、C、A+B、A+C、B+C,按排序结果选择A+B组合,所用资金总额为320万元。

上述选择是否为最优组合方案,可用互斥组合法进行检验。

互斥组合法计算结果见表5.16。由表中数据可看出,最优组合方案是A+C。可见,本案例中用互斥组合法选择的是方案A+C(净现值为97.2万元),而用净现值率排序法选择的是方案A+B(净现值为86.8万元)。

表5.16 方案A、B、C的互斥组合

方案	第0年投资(万元)	第1~10年各年净收入(万元)	NPV(万元)	NPVR	排序
A	-160	38	54.7	0.34	1
B	-160	34	32.1	0.20	4
C	-240	50	42.5	0.177	6
A+B	-320	72	86.8	0.271	2
A+C	-400	88	97.2	0.243	3
B+C	-400	84	76.6	0.187	5

净现值率排序法的优点是计算简便。但是,由于投资项目的不可分性,净现值率排序法在许多情况下,不能保证现有资金的充分利用,不能达到净现值最大的目标。因此,此种方法一般能得到投资经济效益较大的组合方案,但不一定是最优的组合方案。只有在各方案投资预算的比例很小时,它才能达到或者接近于净现值最大的目标。

为弥补净现值排序法可能漏选最优组合的不足,可进一步计算各组合及其剩余资金的综合投资收益率。此时,假设剩余资金另作他用,可获得基准收益率水平。计算公式为:

$$NPVR_{组} = \frac{1}{K_{限}}\left[\sum_{j=1}^{n} K_j NPVR_j + (K_{限} - \sum K_j) i_c\right] \tag{5.14}$$

式中 $NPVR_{组}$——某方案组合与剩余资金整体的净现值指数;

$K_{限}$——资金限额;

K_j——该组合方案中第 j 个方案的投资额;

$NPVR_j$——该组合方案中第 j 个方案的净现值率;

n——互斥组合中包括的独立方案个数;

i_c——基准收益率(近似视为剩余资金的净现值指数)。

下面结合例5.15,分别计算A+B组合和A+C组合及其剩余资金的综合净现值率,用以选择方案。

$$\begin{aligned} NPVR(A+B) &= \frac{1}{K_{限}}[K_A \times NPV(A) + K_B \times NPV(B) + (K_{限} - K_A - K_B) \times i_c] \\ &= \frac{1}{440}[160 \times 0.34 + 160 \times 0.20 + (440 - 160 - 160) \times 10\%] \\ &= 0.2236 \end{aligned}$$

$$NPVR(A+C) = \frac{1}{K_{限}}[K_A \times NPV(A) + K_C \times NPV(C) + (K_{限} - K_A - K_C) \times i_c]$$

$$= \frac{1}{440}[160 \times 0.34 + 240 \times 0.177 + (440 - 160 - 240) \times 10\%]$$
$$= 0.2293$$

由于 $NPVR(\mathrm{A}+\mathrm{B}) < NPVR(\mathrm{A}+\mathrm{C})$，所以 A+C 组合优于 A+B 组合。

本章小结

为了对工程项目的经济性做出评价，需要对备选方案进行比较，选择可行或最优方案。备选方案一般存在四种类型：独立型方案、互斥型方案、混合型方案、其他方案。备选方案之间的关系不同，决定了所采用的评价方法和评价指标也会有所不同。

①独立型方案。独立型方案是指方案间互不干扰、在经济上互不相关的方案，即这些方案是彼此独立无关的，选择或放弃其中一个方案，并不影响对其他方案的选择。

②互斥型方案。方案之间具有互斥性，在多方案中只能选择一个，其余方案必须放弃，不能同时存在。互斥型诸方案的效果之间不具有加和性。

③混合型方案。混合型方案是独立型方案与互斥型方案的混合情况，即在有限的资源约束下有几个相互独立的投资方案，在这些方案中又分别包含着若干互斥型方案。

④其他方案。除上述方案类型以外的方案，主要有互补型方案、现金流量相关型方案、资金有限型相关方案等。

(1)独立型方案评价

可采用静态评价方法（评价指标为静态投资回收期和投资收益率等）和动态评价方法（评价指标为动态投资回收期、净现值、内部收益率、净现值率、净年值率等）。

(2)互斥型方案评价

①静态评价指标

②动态评价指标

(3)混合型方案选择

①无资金约束。

a. 从每组互斥型方案中，选择最优方案；

b. 把各组选出的最优方案加以组合，即为实施方案。

②有资金约束：差额投资内部收益率指标排序法。

a. 淘汰互斥型方案中的无资格方案，使各组互斥型方案的 $\Delta FIRR$ 顺序递减；

b. 将各组互斥型方案转化为独立方案；

c. 按内部收益率排序法进行方案选择

(4)相关方案经济评价

①互斥型方案组合法：互斥组合法是把备选方案的各种可能组合视为互斥型方案，然后按互斥型方案的比选方法选择最优组合方案。

a. 列出备选方案的所有组合。

b. 排除投资总额不符合资金约束条件的组合方案。

c. 对各个组合方案按互斥型方案的经济评价方法进行评价比较，选择一个符合评价准则的可行组合方案。

②净现值率排序法：在资金限量条件下，根据各方案的净现值率的大小，在排除经济不合理方案的基础上，确定各方案的先后排列顺序，并依次分配资金，直至资金总量被分配完毕或不足以再进行分配为止的一种方案选择方法。

a. 计算各备选方案的净现值率，舍弃净现值率小于零的方案。

b. 将净现值率大于或等于零的各个方案按净现值率的大小依次排序。

c. 依据方案排序选取方案，直至所选取的组合方案的投资总额最大限度地接近或等于投资限额为止。

习 题

5.1 思考题

(1)根据评价指标所反映的经济性质，工程项目评价的指标可分为哪些类型？

(2)常用的静态评价指标有哪些？

(3)静态投资回收期的优缺点都有哪些？

(4)常用的动态评价指标有哪些？

(5)什么是投资收益率？

(6)什么是利息备付率？

(7)什么是偿债备付率？

(8)动态投资回收期的优缺点都有哪些？

(9)什么是净现值？计算净现值有哪些方法？

(10)什么是净现值率？其优缺点有哪些？

(11)什么是净年值？

(12)什么是内部收益率？

(13)投资方案有哪些类型？请举例说明。

5.2 练习题

(1)某项目各年的现金流量如下：第一年年初投资 20 万元，第二年年初投资 16 万元，第 3 年～第 10 年每年生产运营费用为 4.4 万元，收益为 14 万元，费用和收益均发生在年末，试求该项目的静态和动态投资回收期(基准折现率为 10%)。

(2)某项目期初投资 5000 万元，当年完工并产生收益，预计 10 年中每年可获得收益 100 万元，期末残值为 7000 万元，试计算内部收益率。

(3)某项目第 1 和第 2 年期初分别投资 1000 万元、800 万元，第 2 年、第 3 年、第 4 年每年获得收益净现值为 500 万元，第 5 年和第 6 年共收益净现值 1200 万元，试计算该项目的内部收益率。

(4)某项目拟定两个技术方案，方案一的净现值为 400 万元，投资现值为 2000 万元。方案二的净现值为 1000 万元，投资现值为 10000 万元。试以净现值和净现值率指标来选择最优方案。

(5)某项目初始投资 1000 万元，第 1 年需追加投资 150 万元，第二年达产运行，第 2 年～第 5 年每年的经营成本为 300 万元，预计年销售收入为 500 万元，该项目第 6 年～第 10 年每年的经营成本为 250 万元，预计年销售收入为 550 万元，试使用净现值指标评价该项目的经济性(基准折现率为 10%)。

(6)某项目有两个拟订方案，寿命期均为 5 年，基准折现率为 10%。方案一：初始投资为 80 万元，第三年末需追加投资 10 万元，该方案 5 年的经营成本分别为 5 万元、5 万元、6 万元、6 万元、7 万元。方案二：初始投资为 70 万元，该方案 5 年的经营成本分别为 6 万元、8 万元、8 万元、10 万元、10 万元。试用费用现值和费用年值比较两方案的经济性。

(7)某项目初始投资 130 万元，第 3 年达产，年销售收入为 100 万元，寿命期为 8 年，年经营成本为 50

万元，试计算该项目的内部收益率，并评价其经济性(基准折现率为15%)。

(8)某企业欲在自有厂房内投资一个新项目，有A、B、C三个备选方案。方案A初始投资为5000万元，年收益为1224万元。方案B初始投资为3000万元，年收益为970万元。方案C初始投资为1000万元，年收益为160万元。三个方案寿命期均为10年，基准折现率为10%，试决策该企业应该采用哪个方案？

(9)某工地欲搭建一个临时仓库，初始投资为10000元，该仓库拆除后残值为0，现假设仓库每年能获得1500元的净收益。

①使用9年，该仓库的内部收益率是多少？

②假设希望得到12%的收益率，该仓库至少应使用多少年才值得投资？

6　建设项目不确定性分析与风险分析

内容简介:对未来建设项目经济效果的计算、分析和评价,所采用的基础经济数据都是对未来的预测和假设,具有不确定性。通过对拟建项目的不确定因素进行分析,计算基本变量的增减变化引起项目财务或经济效益指标的变化,能够找出最敏感的因素及其临界点。本章主要介绍盈亏平衡分析、敏感性分析和风险分析等各种分析方法,主要目的是减少盲目性,辨明不确定因素对项目经济效果影响的规律,预测项目可能遭遇的风险,判断项目在财务上、经济上的可靠性,为选择减少和避免项目风险的措施提供参考。

教学要求:了解不确定性分析的概念及含义;熟悉盈亏平衡分析的概念和基本理论、敏感性分析的概念和基本步骤、风险分析的概念及一般步骤;掌握盈亏平衡分析法、敏感性分析法和风险分析的方法。

知识链接:建设项目经济评价方法及方案比选。

6.1　不确定性分析概述

6.1.1　不确定性分析的概念

不确定性分析(Uncertainty Analysis)是指在对建设项目进行了财务评价和国民经济评价的基础上,对决策方案受到各种事前无法控制的外部因素变化的影响所进行的研究和估计。

不确定性分析是决策分析中常用的一种方法。通过该分析可以尽量弄清和减少不确定性因素对经济效益的影响,预测项目投资对某些不可预见的政治与经济风险的抗冲击能力,以完善建设项目的评价结论,从而证明项目投资的经济性和稳定性,提高投资决策的可靠性和科学性。

6.1.2　不确定性或风险产生的原因

建设项目赖以存在的政治、经济、社会、市场环境以及项目自身所涉及的投融资、运营、生产工艺、技术装备等因素的变化,项目基础数据的预测、估计和统计的误差等都是产生项目不确定性的原因。

(1)项目基础数据的预测、估计和统计误差

如项目固定资产投资和流动资金是项目经济评价中重要的基础数据,但在实际中,往往会由于各种原因而高估或低估了它们的数额,从而影响了项目评价的结果。

(2)市场供需结构、物价总水平、汇率等经济因素的变化

由于市场、物价、汇率等因素的变化,会产生物价的浮动,从而影响项目评价中所用的价格,进而导致诸如年销售收入、年经营成本等数据与实际值发生偏差。

(3)生产工艺、技术装备等技术因素的变化

技术进步会引起新老产品和工艺的更替，这样，根据原有技术条件和生产水平所估计出的年销售收入等指标会与实际值发生偏差。

(4)其他外部影响因素

如国家政策、法律法规、标准、规范、国际政治经济形势的变化以及环境、生态、风俗等社会因素的变化等，均会对经济项目的经济效果产生一定的甚至是难以预料的影响。

6.1.3 不确定性分析的内容和方法

对项目进行不确定性分析的内容和方法要根据项目的类型、特点、决策者的要求、相应的人力财力以及项目对国民经济的影响程度等条件来确定。具体包含以下内容：

(1)鉴别项目的主要不确定性因素

项目运行中所涉及的所有因素皆具有不确定性，但在不同条件下的不确定性程度是不同的。在进行不确定性分析时，应找出不确定性程度相对较大的关键因素作为分析的重点，而不需要对所有的不确定性因素进行分析。

(2)预测和估计不确定性因素的变化范围

对项目的不确定性因素，应预测和估计其变化的一般趋势、变动的幅度范围及可能的变动边界。

(3)选择不确定性分析的方法

根据项目的类型特点、决策者的要求、不确定性因素的性质等，选择不确定性分析的方法。盈亏平衡分析适用于在财务环境下对不确定性因素进行概括分析，敏感性分析适合揭示各种环境状态下的重点不确定性因素。

(4)确定分析结果

根据选用的方法和依据的指标，不确定性分析的结果可以是盈亏平衡点的确定、敏感度与敏感因素的界定等。

(5)进行项目实施风险预测

根据不确定性因素估计和不确定性分析结果，分析判断项目实施的风险状况，提示存在的风险，寻找防范对策。

不确定性分析包括盈亏平衡分析、敏感性分析、概率分析三种方法。

一般来讲，盈亏平衡分析只适用于项目的财务评价，而敏感性分析和概率分析则可同时用于财务评价和国民经济评价。

6.2 盈亏平衡分析

各种不确定性因素(如投资、成本、销售量、产品价格、项目寿命期等)的变化均会影响投资方案的经济效果，当这些因素的变化达到某一临界值时，就会影响方案的取舍。盈亏平衡分析的目的就是找出这种由盈利到亏损、由优到劣的临界值，即盈亏平衡点(Break-even Point，BEP)，判断投资方案对不确定性因素变化的承受能力，为决策提供依据。

6.2.1　盈亏平衡分析的概念与分类

6.2.1.1　盈亏平衡分析的概念

盈亏平衡分析(Break-even Analysis)是通过盈亏平衡点分析项目成本与收益的平衡关系的一种方法。它主要是通过正常年份的产量或销售量、可变成本、固定成本、产品价格和销售税金及附加等数据计算收入等于总成本的临界点。即当项目达到一定产量(销售量),产品单价、单位变动成本或固定成本达到一定值时,项目收入等于总成本,项目处于不盈不亏状态,利润为零的点。盈亏平衡点越低,表明项目适应变化的能力越强,抗风险能力越大。

6.2.1.2　盈亏平衡分析的分类

盈亏平衡分析有多种分类方法:

(1)按采用的分析方法不同分为:图解法和方程式法盈亏平衡分析;

(2)按分析要素间的函数关系不同分为:线性和非线性盈亏平衡分析;

(3)按分析的产品品种数目多少分为:单方案和多方案盈亏平衡分析;

(4)按是否考虑货币的时间价值分为:静态和动态的盈亏平衡分析。

本章以单方案和多方案盈亏平衡分析为主,结合其他的盈亏平衡分析方法,进行方案的不确定性分析探讨。

6.2.2　单方案盈亏平衡分析

单方案盈亏平衡分析又称为量本利分析,是通过分析产品产量、成本和盈利能力之间的关系找出方案盈利与亏损在产量、单价、单位产品成本等方面的临界值,以判断方案在各种不确定因素作用下的风险情况。

由于项目的收入与成本都是产品产量的函数,因此,一般又根据它们之间的函数关系,将盈亏平衡分析分为两种:线性盈亏平衡分析、非线性盈亏平衡分析。

6.2.2.1　线性盈亏平衡分析

线性盈亏平衡分析是指项目的收入与成本都是产量的一次线性函数的分析。

(1)线性盈亏平衡分析的假定条件

①生产量等于销售量,统称为产(销)量,用 Q 表示。

②销售收入与产量呈线性关系。

在一定时期和一定的产(销)量范围内,产品销售单价不变,产品销售收入为产(销)量的线性函数,即销售收入=产品销售单价×产(销)量。

若以 TR 表示销售收入,P 表示产品销售单价,则 $TR=P\times Q$

③假设项目正常生产年份的总成本按其性态不同可划分为固定成本和变动成本两部分。

固定成本是指在一定产(销)量范围内,成本总额不随产品产(销)量增减变动而变化的那部分成本。如直线法计提的折旧、辅助人员工资等。变动成本是指在一定产(销)量范围内,生产总成本中随着产品产(销)量变化而呈正比例变动的那部分成本,如直接材料费用、计件工资等。

需要注意:在一定产量范围内,单位产品固定成本是可变的,且与产品产量呈反方向变化;单位产品变动成本不随产品产(销)量的变化而变化,是一个常数。生产总成本、变动成

本均表现为产(销)量的线性函数,即:

生产总成本 = 固定成本 + 变动成本 = 固定成本 + 单位变动成本 × 产(销)量

若以 TC 表示生产总成本,F 表示固定成本,V 表示单位变动成本,则上式可写为:$TC=F+VQ$

④在一定时期和一定产(销)量范围内,单位产品销售税率保持不变,销售税金为产(销)量的线性函数。

即销售税金 = 单位产品销售税金 × 产(销)量

若以 TT 表示销售税金,t 表示单位产品销售税金,则 $TT=t\times Q$

销售收入扣减销售税金即为销售净收入,用 NR 表示,公式表达为:

销售净收入=销售收入-销售税金=(产品销售单价-单位产品销售税金)×产(销)量

即 $NR=(P-t)Q$

⑤假定项目在分析期内,产品市场价格、生产工艺、技术装备、生产方法、管理水平等均无变化。

⑥假定项目只生产一种产品,或当生产多种产品时,产品结构不变,且都可以换算为单一产品计算。

(2)线性盈亏平衡分析方法

线性盈亏平衡分析的方法分为公式法和图解法两种。

①公式法

公式法是利用数学方程式来反映产(销)量、成本和利润之间的关系,进而确定盈亏平衡点的一种分析方法。线性盈亏平衡分析的基本公式如下:

年销售收入方程:

$$TR = PQ \tag{6.1}$$

年总成本费用方程:

$$TC = F + VQ + tQ \tag{6.2}$$

年利润方程为:

$$B = TR - TC = (P - V - t)Q - F \tag{6.3}$$

式中 TR——年销售收入;

P——单位产品售价;

Q——年产量或销量;

TC——年总成本费用;

F——年固定成本;

V——单位变动成本;

t——单位产品营业税金及附加;

B——年利润。

当盈亏平衡时,$B=0$,由此可推导出盈亏平衡点的系列公式。

a. 以产(销)量表示盈亏平衡点

由盈亏平衡点定义,$TR=TC$,$B=0$,求得盈亏平衡产(销)量 $BEP(Q)$,则年产量的盈亏平衡点亦可表示为:

$$BEP(Q)=\frac{F}{P-V-t} \tag{6.4}$$

以产(销)量表示的盈亏平衡点,表明企业不发生亏损时所必须达到的最低限度的产品产(销)量。一个拟建项目如果具有较小的、以实物产量表示的盈亏平衡点,说明该项目只要达到较低的产(销)量就可以保本,也表明该项目可以经受产品生产规模变动的较大的风险。要使项目获得较小的 $BEP(Q)$ 值,就必须降低固定成本,降低单位产品可变成本、单位产品税金或相应提高销售单价。

由式(6.4)可知,当实际产(销)量大于盈亏平衡产(销)量时,可盈利;当实际产(销)量小于盈亏平衡产(销)量时,则会发生亏损。项目投资者应努力提高经营管理水平,采用适宜的营销策略,扩大项目产品的销售量,以实现更多的利润。同时,在项目产品实际产(销)量一定的条件下,也可以通过降低盈亏平衡产(销)量来实现更多的利润。降低盈亏平衡产(销)量的主要途径是:降低固定成本总额或单位变动成本;提高产品销售单价。

b. 以销售收入表示盈亏临界点

由于产品销售单价假定为常数,因此,盈亏平衡销售收入可根据盈亏平衡产(销)量和产品销售单价计算。即:

$$BEP(TR)=BEP(Q)\cdot P \text{ 或 } =\frac{F}{1-\frac{V}{P}-\frac{t}{P}} \tag{6.5}$$

式中 $BEP(TR)$——盈亏平衡销售收入;

V/P——变动成本率;

t/P——销售税率。

以销售收入表示的盈亏平衡点,表明项目不发生亏损时所必须实现的最低销售收入。只有当销售收入与总成本费用相等时,项目才能处于盈亏平衡水平。这一参数与产品生产成本有关,即生产成本较低时,销售收入可以经受较大的风险。

当项目产品实际销售收入超过盈亏平衡销售收入时,可盈利;反之,则亏损。实现更多盈利的途径有:一是在盈亏平衡销售收入一定时,努力扩大实际销售收入;二是在实际销售收入一定时,通过减少固定成本或降低变动成本率,努力降低盈亏平衡销售收入。

c. 以生产能力利用率表示盈亏平衡点

盈亏平衡生产能力利用率可以根据盈亏平衡产(销)量和投资项目设计生产能力来计算。

$$BEP(f)=\frac{BEP(Q)}{Q_0}\times 100\%=\frac{F}{(P-V-t)Q_0}\times 100\% \tag{6.6}$$

式中 $BEP(f)$——盈亏平衡生产能力利用率;

Q_0——项目年设计生产能力。

以生产能力表示的盈亏平衡点,表明项目不亏损时必须达到的最低限度的生产能力。一个拟建项目如果具有较小的 $BEP(f)$,说明企业达到较低的生产能力利用率即可保本,也说明当项目投产后实际生产能力偏离设计生产能力很大时仍然能保持不亏损,因而项目可经受较大的风险。反之,说明项目经受风险能力差。

在其他条件不变的情况下,项目实际生产能力利用率超过盈亏平衡生产能力利用率时,可实现盈利,超过越多,盈利越多,抵抗风险的能力就越强。根据盈亏平衡生产能力利用率可以计算出项目产品产量的安全度。

$$产量安全度 = 1 - 盈亏平衡生产能力利用率 = 1 - BEP(f) = 1 - \frac{BEP(Q)}{Q_0} \times 100\% \tag{6.7}$$

注意：产量安全度越高，项目盈利的机会就越大，项目承担风险的能力越强。产量安全度与盈亏平衡生产能力利用率呈互补关系。盈亏平衡点的生产能力利用率一般不应大于75%；经营安全率一般不应小于25%。

d. 以产品销售单价表示的盈亏平衡点

根据 $TR=TC$，盈亏平衡产品销售单价为：

$$BEP(P) = \frac{F}{Q_0} + V + t \tag{6.8}$$

式中 $BEP(P)$——盈亏平衡销售单价；

Q_0——项目年设计生产能力。

用销售单价表示的盈亏平衡点，表明企业不发生亏损时所必须达到的最低销售价格。只有当销售价格与产品单位成本相等时，项目才能处于盈亏平衡水平上。这一参数直接与产品单位成本有关，较低的产品单位成本可以使产品的销售单价经受较大的风险。

在其他条件不变的情况下，当项目产品定价 $P>BEP(P)$ 时，可实现盈利；当 $P=BEP(P)$ 时，保本；当 $P<BEP(P)$ 时，则产生亏损。为增强项目产品的市场竞争力，便于企业灵活运用价格策略，应该采取有效措施（如降低固定成本总额或单位变动成本等），降低盈亏平衡销售单价，提高项目产品承担价格风险的能力。产品承担价格风险的能力可以用价格安全度指标予以反映。计算公式为：

$$价格安全度 = 1 - BEP(P)/P_0$$

式中 $BEP(P)$——项目产品盈亏平衡点的价格；

P——拟定产品销售价格。

价格安全度越高，项目产品盈利的可能性就越大，抵抗价格风险的能力越强。价格安全度与盈亏平衡销售单价呈反方向变化，提高价格安全度，必须降低盈亏平衡销售价格。

同理，还可求出营业收入的盈亏平衡点、产品销售价格的盈亏平衡点、单位产品变动成本的盈亏平衡点、固定成本的盈亏平衡点等。

【例 6.1】 某厂设计年产量为 30 万件，售价 10 元，可变费用为 6 元，年固定成本为 40 万元，销售税为每件 2 元。试用产量表示盈亏平衡点。

【解】 $BEP(Q)=\frac{F}{P-V-t}=\frac{400000}{10-6-2}=200000$ 件

【例 6.2】 某项目设计年产量 10000 台，已知每台产品的销售价格为 6000 元，每台产品缴付的营业税金及附加（含增值税）为 500 元，单位可变成本为 2500 元，年总固定成本为 600 万元，试求用产量、销售收入等表示的盈亏平衡点，并求出盈亏平衡点的生产能力利用率、经营安全率、盈亏平衡点的售价。

【解】 盈亏平衡点的产量：

$$BEP(Q) = \frac{F}{P-V-t} = \frac{6000000}{6000-2500-500} = 2000 \text{ 台}$$

盈亏平衡点的销售收入：

$BEP(TR) = BEP(Q) \cdot P = 2000 \times 6000 = 12000000$ 元

盈亏平衡点的生产能力利用率：

$$BEP(f) = \frac{BEP(Q)}{Q_0} = \frac{2000}{10000} \times 100\% = 20\%$$

经营安全率：

$BEP(S) = 1 - BEP(f) = 1 - 20\% = 80\%$

盈亏平衡点的售价：

$$BEP(P) = \frac{F}{Q_0} + V + t = \frac{6000000}{10000} + 2500 + 500 = 3600 \text{ 元/台}$$

计算结果表明，只要达到产量 2000 台，销售净收入 1200 万元，生产能力利用率 20%，产品销售单价 3600 元，该项目即可实现不亏不盈，又因经营安全率为 80%，因此，该项目具有较大的承担风险的能力。

②图解法

图解法是一种通过绘制盈亏平衡图直观反映产(销)量、成本和盈利间的关系，确定盈亏平衡点的分析方法。

盈亏平衡图的绘制方法：以横轴表示产(销)量 Q，以纵轴表示销售收入和成本费用，在直角坐标系上先绘出固定成本线，再绘出销售收入线和生产总成本线；销售收入线与生产总成本线相交于一点，此点即为盈亏平衡点，在此点销售收入等于生产总成本；以盈亏平衡点作垂直于横轴的直线并与之交于 $BEP(Q)$ 点，此点即为以产(销)量表示的盈亏平衡点(也可以从盈亏平衡点出发作垂直于纵轴的直线并与之相交于一点，此点即为以销售收入表示的盈亏平衡点)，如图 6.1 所示。

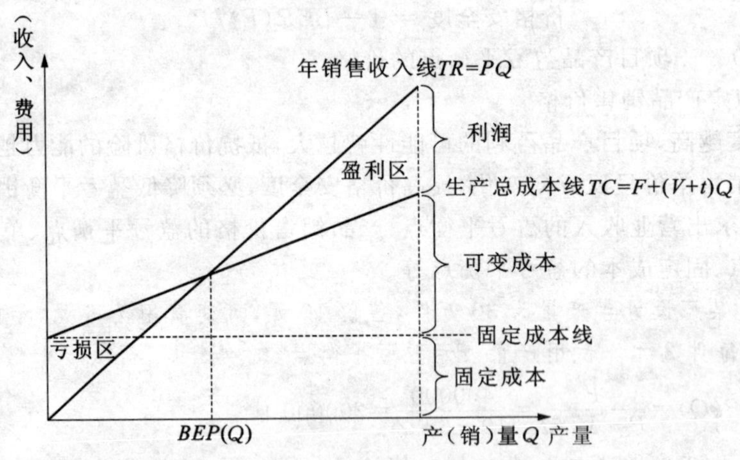

图 6.1 线性盈亏平衡分析图

TR 线与 TC 线的交点横坐标就是盈亏平衡点 $BEP(Q)$。交点左边为亏损区；右边为盈利区。交点对应的产量 $BEP(Q)$ 称为盈亏平衡点产(销)量或保本产(销)量。$BEP(Q)$ 越小，亏损可能性越小，盈利机会越大。实际生产经营状况离盈亏平衡点越远，经营就越安全，抗风险能力也越强。

6.2.2.2 非线性盈亏平衡分析

对于一个拟建生产项目，在实际运营中，成本函数与销售收入函数等并不完全表现为线性关系。如在垄断竞争条件下，随着产品销量的增加，市场上该产品的售价就要下降，此时营销收入与产(销)量之间是非线性关系；同时，企业增加产量可能导致原材料价格上涨，或者还需要多支付一些加班费、奖金及设备维修费等，使产品单位可变成本增加，此时总成本与产(销)量之间也成非线性关系。当销售收入函数与成本函数呈非线性变化趋势时，对其进行的盈亏平衡分析就是非线性盈亏平衡分析。量本利之间的非线性关系表现形式多样，但进行非线性盈亏平衡分析，关键还是确定盈亏平衡点。不过这种情况下盈亏平衡点可能不止一个，如图 6.2 所示。图中，$BEP(Q_1)$、$BEP(Q_2)$分别代表两个盈亏平衡点的产量。Q_{max}代表利润最大时的产量。

非线性盈亏平衡分析假定：

(1)销售量等于产量；

(2)固定成本不变，单位变动成本是产量的函数；

(3)销售单价是销售量的函数；

(4)多种产品可以换算为单一产品。

非线性盈亏平衡分析图见图 6.2。

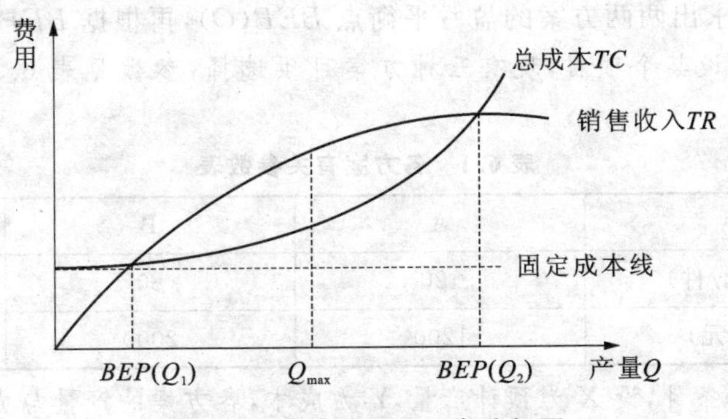

图 6.2 非线性盈亏平衡分析图

求解

$$TC = F + f(Q) = PQ \tag{6.9}$$

即可得到盈亏平衡点。

【例 6.3】 设某建筑企业的年销售收入与年产量的关系为 $TR=150Q-0.015Q^2$元，固定成本总额为 $F=90000$ 元，可变成本总额为 $V_Q=50Q-0.005Q^2$元。试求盈亏平衡点及最大利润时的销售量为多少件？

【解】 根据题意，总成本为 $TC=F+V_Q=90000+50Q-0.005Q^2$元，根据盈亏平衡原理 $TR=TC$ 有：

$$150Q-0.015Q^2=90000+50Q-0.005Q^2$$

即 $\quad -0.01Q^2+100Q-90000=0$

解得 $\quad BEP(Q_1)=1000$ 件

$\quad BEP(Q_2)=9000$ 件

即该企业的产量要控制在 1000～9000 件/年方可盈利。

如要求得获最大利润时销售量为多少件，则要对 $B=TR-TC=-0.01Q^2+100Q-90000$ 求一阶导数并令其等于 0，即

$$\frac{dM}{dQ} = 100 - 0.02Q_{max} = 0$$

解得　$Q_{max} = 5000$ 件/年

针对非线性盈亏平衡分析，在对方案进行选择时应优先选择平衡点较低者，盈亏平衡点低意味着项目的抗风险能力较强，承受意外风险的能力也较强。

6.2.3　多方案盈亏平衡分析

多方案盈亏平衡分析是盈亏平衡分析方法的延伸，它是将同时影响各方案经济效果指标的共有的不确定性因素作为自变量，将各方案的经济效果指标作为因变量，建立各方案经济效果指标与不确定性因素之间的函数关系。先分别求出两两方案的盈亏平衡点，再根据盈亏平衡点进行方案比较，选择其中最经济的方案。

把盈亏平衡分析的方法用于不同方案的比较，其结果就不是不盈不亏的问题，而是哪一个方案优劣的问题。这里的优劣是指达到相同质量、产量的前提下，哪一个方案更好。

在需要对若干个互斥型方案进行比选的情况下，如有某个共同的不确定性因素影响互斥型方案的取舍，先求出两两方案的盈亏平衡点 $BEP(Q)$，再根据 $BEP(Q)$ 进行取舍。

【例 6.4】　拟建设某个项目，现有三种方案可供选择，参数见表 6.1。求各方案分别在什么情况下为最优。

表 6.1　各方案有关参数表

方案	A	B	C
产品可变成本(元/件)	120	80	40
产品固定成本(元)	1200	2000	3000

【解】　根据已知条件，设 X 为预计产量，Y 为成本，各方案的产量与成本关系式分别为：

$$Y_A = 1200 + 120X$$
$$Y_B = 2000 + 80X$$
$$Y_C = 3000 + 40X$$

设方案 A、方案 B、方案 C 成本线交点处的产量为 X_{AB}、X_{BC}、X_{AC}，分别令 $Y_A = Y_B$、$Y_A = Y_C$、$Y_B = Y_C$，求得

$X_{AB} = 20$　　$X_{AC} = 22.5$　　$X_{BC} = 25$

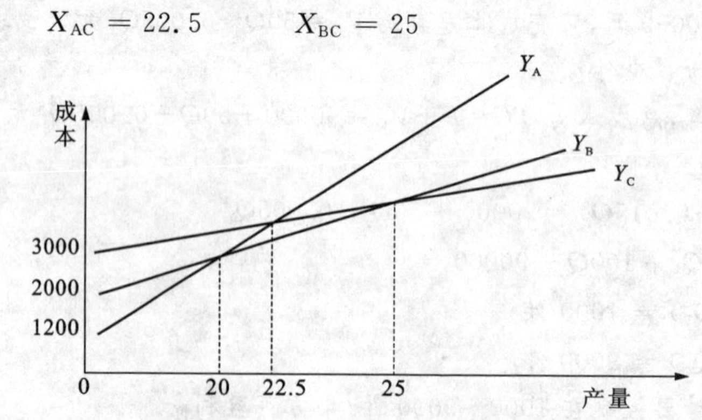

图 6.3　例题 6.4 成本产量关系图

从图 6.3 可以看出，每种生产方式在不同的产量范围内有不同的效果：

当产量小于 20 时，A 方案的成本最低；当产量介于 20～25 之间时，B 方案的成本最低；当产量大于 25 时，C 方案的成本最低。

【例 6.5】 某公司一项目的开发有两种方案，方案 1 的初始投资为 800 万元，预期年净收益为 150 万元；方案 2 的初始投资为 1600 万元，预期年净收益为 250 万元。该项目的市场寿命具有较大的不确定性，如果不考虑期末固定资产回收，在基准折现率为 10% 的情况下，问该公司如何决策？

【解】 设项目寿命为 x 年，则

$$NPV_1 = -800 + 150(P/A, 10\%, x)$$

$$NPV_2 = -1600 + 250(P/A, 10\%, x)$$

当 $NPV_1 = NPV_2$ 时，有

$$-800 + 150(P/A, 10\%, x) = -1600 + 250(P/A, 10\%, x)$$

$$(P/A, 10\%, x) = 8$$

$$\frac{(1+10\%)^x - 1}{10\% \times (1+10\%)^x} = 8$$

$$x \approx 17 \text{ 年}$$

此为以项目寿命期作为共有变量时，两个方案的盈亏平衡点。方案 2 的预期年净收益比方案 1 高，寿命期延长对方案 2 有利。因此，如果项目寿命期小于 17 年，采用方案 1；如果项目寿命期大于 17 年，则采用方案 2。

6.3 敏感性分析

6.3.1 敏感性分析的含义和作用

所谓敏感性分析是指通过分析项目主要不确定性因素发生增减变化时，对财务或经济评价指标的影响，来计算敏感度系数和临界点，找出敏感因素。通过敏感性分析，可以帮助分析者找出对项目的技术经济指标影响程度较大的因素，同时对其变化时给项目经济性能带来的影响进行评估和分析，以减少不利影响，避免风险。具体表现为以下两点：

(1)分析投资、成本、销售量、生产能力、价格、利率等数值发生变化时，项目评价指标（如净现值、内部收益率等）的变化，从中找出敏感因素，并确定影响程度，以便制定相应对策，防范和降低风险，确保项目达到预期目标。

(2)找出不确定性因素最有利与最不利的变动，分析项目评价指标的变动范围，使决策者了解项目风险程度，以便采取有效措施或寻找替代方案，为最后确定有效可行的投资方案提供可靠的依据。

6.3.2 敏感性分析的一般步骤

敏感性分析一般按如下步骤进行：

(1)选择需要分析的不确定性因素

注意在分析时一般仅选择主要的不确定性因素。这些主要不确定性因素的界定一般按以下原则进行，即在可能的变动范围内，预计该因素的变化将较强烈地影响方案的经济效益

指标。对于工程项目,可用于敏感性分析的因素通常有投资额、项目建设周期、产品产量或销售量、产品价格、经营成本、项目寿命期限、折现率等。

(2)确定进行敏感性分析的经济评价指标

常用的评价指标包括净年值、净现值、内部收益率、投资回收期等。

(3)设定各不确定性因素可能的变化范围和增减量

(4)计算因不确定性因素变动引起的经济评价指标的变动值

根据各不确定性因素的变动范围计算和各不确定性因素变动相应的经济评价指标值,建立一一对应的数量关系,其计算结果常用敏感性分析图或敏感性分析表的形式表示。

(5)计算敏感度系数和变动因素的临界点,找出敏感因素,并对敏感因素进行排队,找出敏感性强的因素,并提出决策建议

依据每次所考虑的变动因素数目的不同,敏感性分析又分单因素敏感性分析和多因素敏感性分析。

6.3.3 单因素敏感性分析

每次只考虑一个因素的变动,而假设其他因素保持不变时所进行的敏感性分析称为单因素敏感性分析。在单因素敏感性分析中,可用敏感度系数和临界点来表示敏感性分析的结果。

6.3.3.1 敏感因素和敏感度系数

所谓敏感因素是指该不确定性因素的数值有很小的变动就能使项目经济效果评价指标出现较显著改变的因素。敏感度系数指项目评价指标变化率与不确定性因素变化率之比,用 S_{AF} 表示。

$$S_{AF} = \frac{\frac{\Delta A}{A}}{\frac{\Delta F}{F}} \tag{6.10}$$

式中 $\Delta F/F$——不确定性因素 F 的变化率(%);

$\Delta A/A$——不确定性因素 F 发生 ΔF 变化时,评价指标 A 的相应变化率(%)。

$S_{AF}>0$,表示评价指标与不确定性因素同方向变化;

$S_{AF}<0$,表示评价指标与不确定性因素反方向变化,$|S_{AF}|$ 较大者敏感度较高。

当 S_{AF} 值较大时,不确定性因素叫敏感因素;当 S_{AF} 值较小时,不确定性因素叫不敏感因素。敏感性分析的重点是主要敏感因素,特别是不利因素临界点。

6.3.3.2 临界点

临界点是指项目允许不确定性因素向不利方向变化的极限值,超过此极限,项目将由可行变为不可行。临界点可用临界点百分比或临界值表示。临界点百分比表示某一不确定性因素的变化达到一定的百分比时,项目的经济评价指标将由可行变为不可行;临界值是指某一不确定性因素的变化达到一定数值时,项目的经济评价指标将从可行变为不可行。

下面通过例题来说明单因素敏感性分析的具体操作步骤。

【例 6.6】 某项目的销售税金及附加为销售额的 10%。试分别就投资、产品售价、经营成本进行敏感性分析(设基准收益率 $i_c=10\%$),见表 6.2。

表 6.2　例题 6.6 有关参数表

主要参数	期初投资（万元）	产品售价（元/台）	年经营成本（万元）	使用年限（年）	设计能力（万台）	周转资金（万元）	期末残值（万元）
估算	1200	39	140	10	10	50	80

【解】 (1)选定项目的净现值(NPV)为评价指标

$$NPV = -I + (R-E)(P/A,i,n) + S(P/F,i,n)$$
$$= -1200 + [39\times 10(1-0.1)-140](P/A,10\%,10) + 80(P/F,10\%,10)$$
$$= -1200 + 211\times 6.1446 + 80\times 0.3855$$
$$= -1200 + 1296.51 + 30.84$$
$$= 127.35 \text{ 万元}$$

$NPV>0$,说明该方案为经济可行方案。

(2)从上述分析可得出,影响净现值大小的因素有:投资 I,年现金流入 R,年现金流出 E,投资收益率 i,项目寿命期 n,残值 S。现选择不确定性因素投资 I、价格 P、年经营成本 C 为变化因素,并确定各因素允许变动的幅度和范围皆为:

-20%、-10%、$+10\%$、$+20\%$

(3)计算相应变动的净现值

以投资减少 20%为例,计算投资单因素变动对净现值的影响,进行敏感度分析。

当投资减少 20%时, $NPV_{I1} = -I(1-20\%) + (R-E)(P/A,i,n) + S(P/F,i,n)$

$$= -1200\times 80\% + [39\times 10(1-0.1)-140](P/A,10\%,10) + 80(P/F,10\%,10)$$
$$= 367.35 \text{ 万元}$$

则 $\Delta NPV = NPV_{I1} - NPV$

$$= 367.35 - 127.35 = 240 \text{ 万元}$$

$$\Delta NPV/NPV = \frac{240}{127.35}\times 100\% = 188.46\%$$

$$S_{AF} = \frac{\Delta NPV/NPV}{\Delta I/I} = \frac{188.46\%}{-20\%} = -9.423$$

同理,可计算出产品售价、经营成本等单因素变动的相关指标。详见表 6.3。

表 6.3　例题 6.6 单因素变动对净现值的影响及敏感度分析

单位:万元

变动因素	变动幅度					敏感度系数
	−20%	−10%	0	10%	20%	
投资	367.35	247.35	127.35	7.35	−112.65	
$\Delta NPV/NPV$	188.46%	94.23%	—	−94.23%	−188.46%	−9.42
售价	−304.00	−88.32	127.35	343.03	558.70	
$\Delta NPV/NPV$	−338.71%	−169.35%	—	169.35%	338.71%	16.94
经营成本	299.40	213.38	127.35	41.33	−75.54	
$\Delta NPV/NPV$	135.1%	67.55%	—	−67.55%	−135.1%	−6.76

(4)确定敏感程度

可根据敏感度系数 S_{AF} 的绝对值从大到小排列：售价、投资、经营成本。也可以画出敏感性分析图，根据斜率进行判定。

(5)确定因素的变动范围，即临界值

根据净现值计算式（令其等于 0），可算出售价下降、投资增加或年经营成本增加的限度。

售价下降：

$NPV=-1200+[39(1+\frac{\Delta P}{P})\times 10(1-0.1)-140](P/A,10\%,10)+80(P/F,10\%,10)$

令 $NPV=0$，得出：$\Delta P/P=-5.90\%$

从计算结果可以看出，−5.90%是净现值由 127.35 万元下降到零时，售价允许变化的范围和幅度。

投资增加：

$NPV=-1200(1+\frac{\Delta I}{I})+[39\times 10(1-0.1)-140](P/A,10\%,10)+80(P/F,10\%,10)$

令 $NPV=0$，得出：$\Delta I/I=10.61\%$

从计算结果可以看出，10.61%是净现值由 127.35 万元下降到零时，投资允许变化的范围和幅度。

年经营成本增加：

$NPV=-1200+[39\times 10(1-0.1)-140(1+\frac{\Delta C}{C})](P/A,10\%,10)+80(P/F,10\%,10)$

令 $NPV=0$，得出 $\frac{\Delta C}{C}=14.80\%$

从计算结果可以看出，14.80%是净现值由 127.35 万元下降到零时，年经营成本允许变化的范围和幅度。

综合分析可以看出，当售价下降超过 5.90%，或投资增加超过 10.61%，或年经营成本增加超过 14.80%时，净现值将小于零，项目不可行。分别令：

$NPV=127.35+2156.7(\Delta P/P)$

$NPV=127.35-860.24(\Delta C/C)$

$NPV=127.35-1200(\Delta I/I)$

以 $\Delta P/P$、$\Delta C/C$ 和 $\Delta I/I$ 为横坐标，NPV 为纵坐标，绘制图形（图 6.4）。

6.3.4 多因素敏感性分析

单因素敏感性分析方法的优点是简单、直观，但不足之处是只考虑各因素独立变化，忽略了因素之间的相互影响。多因素敏感性分析考虑了因素之间的相关性，弥补了单因素敏感性分析的局限性，更全面揭示了事物的本质。多因素敏感性分析是指考虑两个或两个以上因素同时变化对项目经济效果评价指标的影响，其他因素保持不变。单因素敏感性分析获得曲线，双因素敏感性分析获得曲面。

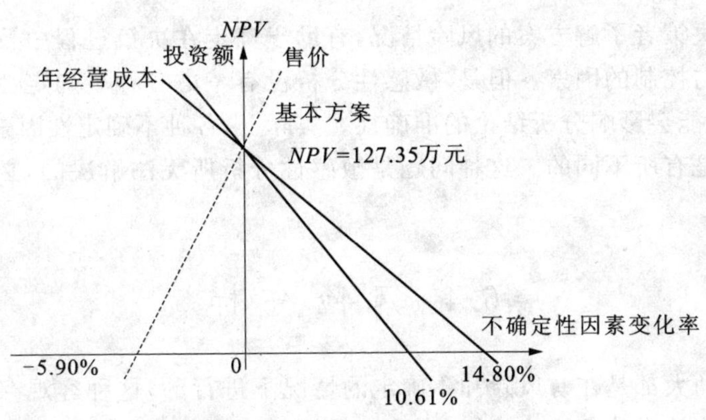

图 6.4　单因素敏感性分析图

【例 6.7】 根据例 6.6 的数据，对产品价格和投资的同时变动进行敏感性分析。

【解】 x 表示投资的变化率、y 表示价格的变化率，则净现值

$NPV = -1200(1+x) + [39(1+y)\times 10(1-0.1) - 140]\times(P/A, 10\%, 10) + 80(P/F, 10\%, 10) \geqslant 0$

得到：$y \geqslant 0.56x - 0.06$

这是一个直线方程，将其在坐标图上表示出来，如图 6.5 所示，即为 $NPV>0$ 的临界线。在临界线上，$NPV=0$，在临界线左上方的区域 $NPV>0$，在临界线右下方的区域 $NPV<0$。

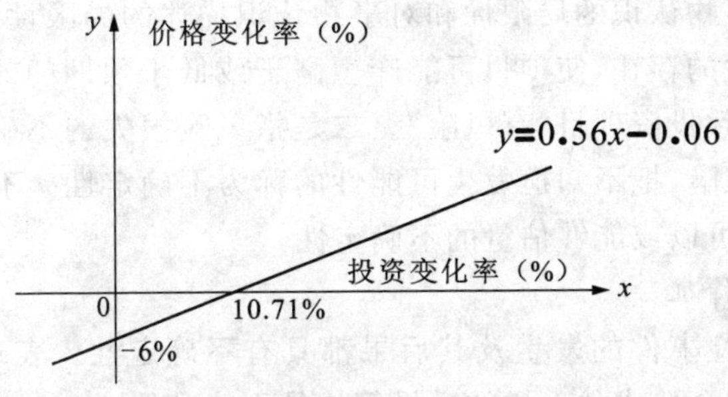

图 6.5　双因素变动敏感性分析图

【例 6.8】 某项目投资方案相关数据如表 6.4 所示，据此表数据做关于初始投资和营业收入的双因素变动敏感性分析，并指出当初始投资增加 10%时，营业收入允许的变动范围。

表 6.4　例题 6.8 有关参数表

主要参数	期初投资(万元)	营业收入(万元)	年经营成本(万元)	使用年限(年)
估算	2000	600	350	20

【解】 设初始投资变动率为 x，营业收入变动率为 y，则

令　$NPV = -2000(1+x) + 600(1+y)(P/A, 10\%, 20) - 350(P/A, 10\%, 20) \geqslant 0$

解得　$y \geqslant 0.392x - 0.0252$

其中，$y = 0.392x - 0.0252$ 称为临界线。当 x 增加 10% 时，代入 $y \geqslant 0.392x - 0.0252$，求出 $y \geqslant 1.4\%$ 。

即当初始投资增加 10%时，营业收入应该增加 1.4%以上才能保证项目的 $NPV \geqslant 0$。

敏感性分析在一定程度上就各种不确定性因素的变动对方案经济效果的影响作了定量

描述。这有助于决策者了解方案的风险情况,有助于确定在决策过程中及各方案实施过程中需要重点研究与控制的因素。但是,敏感性分析没有考虑各种不确定性因素在未来发生变化的概率,这可能会影响分析结论的准确性。实际上,各种不确定性因素在未来某一幅度变动的概率一般是有所不同的。这种问题是敏感性分析所无法解决的,必须借助于概率分析方法进行分析。

6.4 风险分析

工程经济活动大都是在有风险和不确定的情况下进行的,这种客观存在的不确定性会使建设项目的实施效果偏离评价目标,当实施效果低于预期目标时,项目即处于风险状态。现代化工程经济活动规模越来越大,技术越来越复杂,风险同样也在增大,因此,需要进行项目风险分析,以揭示风险,提高决策的可靠性。

6.4.1 风险的概念与分类

6.4.1.1 风险的概念

风险是指实际状态和预期状态之间的不利偏离。建设项目风险是指由于不确定性的存在导致建设项目实施后偏离预期目标的可能性。

风险的定义可以概括为下列两个方面:一是风险是指不确定性。风险由不确定性引起。正是由于人们对复杂事物认识的局限性和对事物认识描述的局限性,使得不确定性成为客观存在。由于不确定性的存在,使项目可能产生高于或低于预期的效益偏离。当这种偏离表现为不利偏离时,导致投资项目“有风险”。二是指风险损失的不确定性。把知道发生可能性的不确定性称为风险,把不知道发生可能性的称为不确定性。不确定性(狭义的)是不能够估量的,而风险是可以或能够估量的不确定性。

6.4.1.2 风险的特征

(1)不确定性。风险事件的发生及其后果都具有不确定性。表现在:风险事件是否发生、何时发生、发生之后会造成什么样的后果等均是不确定的。

(2)相对性。风险总是相对于事件的主体而言的。同样的不确定性事件对不同的主体有不同的影响。人们对于风险事件都有一定的承受能力,但是这种能力因活动、人、时间而异。如汇率风险对于国际投资者来说可能是较大的风险,而对于国内投资者来说则不是风险。

(3)可测性与可控性。根据过去的统计资料可以判断某种风险发生的频率及风险造成经济损失的程度。风险的可测性为风险的控制提供了依据,人们可以根据对风险的认识和估计,采取不同的手段对风险进行控制。

(4)可变性。在一定条件下任何事物总是会发展变化的。风险事件也是如此。当引起风险的因素发生变化时,必然会导致风险的变化。风险的可变性表现在以下几个方面:

①风险性质的变化。

②风险后果的变化。

③出现了新的风险或风险因素已被消除。

(5)风险与效益共存。根据对风险的认识和把握,选择适当手段规避风险,可实现效益。

一般来说，风险越大，效益越高，对效益的追求导致风险投资发展迅速。

6.4.1.3 风险的分类

建设项目的经济风险来源于法律、法规及政策变化，市场供需变化，以及资源开发利用、技术可靠性、工程方案、融资方案、组织管理、环境社会、外部配套条件等一个或几个方面的共同影响。从不同角度，根据不同标准，可将风险分成不同的类型。

(1)按风险后果划分，可将风险分为纯粹风险和投机风险。纯粹风险是指不确定性中仅存在损失的可能性，没有任何收益的可能。如自然灾害，一旦发生，将会造成重大损失，甚至人员伤亡，带来的是绝对损失，不会带来额外的收益。投机风险是指不确定性中既存在收益的不确定性，也存在损失的不确定性。投机风险可能带来机会，获得利益，但又可能隐含威胁，造成损失。

(2)按风险来源划分，可将风险划分为自然风险和人为风险。自然风险是指由于自然力的作用造成财产损失或人员伤亡的风险。人为风险是指由于人的活动而带来的风险。人为风险又可以分为行为风险、经济风险、技术风险、政治风险和组织风险等。

(3)按事件主体的承受能力划分，可将风险划分为可接受风险和不可接受风险。可接受风险一般指法人或自然人在分析自身承受能力、财产状况的基础上，确认能够接受的最大损失的限度。风险低于这一限度的称为可接受风险。不可接受风险一般指法人或自然人在分析自身承受能力、财务状况的基础上，确认已超过或大大超过所能承担的最大损失额，这种风险就被称为不可接受风险。

(4)按风险的对象划分，可将风险分为财产风险、人身风险和责任风险。财产风险是指财产所遭受的损害、破坏或贬值的风险，如设备、正在建设中的工程等，因自然灾害而遭受到的损失。人身风险是指由于疾病、伤残、死亡所引起的风险。责任风险是指由于法人或自然人的行为违背了法律、合同或道义上的规定，给他人造成财产损失或人身伤害的风险。

(5)按风险对工程项目的影响划分，可将工程项目风险分为工期风险、费用风险和质量风险。工期风险即造成工程的局部(工程的分部、分项工程)或整个工程的工期延长，不能按计划正常移交后续工程施工或按时交付使用。费用风险包括财务风险、成本超支、投资追加、报价风险、投资回收期延长或无法回收。质量风险包括材料、工艺、工程不能通过验收，工程试生产不合格，工程质量经过评价未达到要求。

(6)按工程项目风险的主要来源可将工程项目风险分为组织风险、经济与管理风险、环境风险和技术风险。导致工程项目组织风险的因素包括组织结构模式、工作流程组织、任务分工和管理职能分工、业主方(包括代表业主利益的项目管理方)人员的构成和能力、设计人员和监理工程师的能力、承包方管理人员和一般技工的能力、施工机械操作人员的能力和经验、损失控制和安全管理人员的资历和能力等。导致工程项目经济与管理风险的因素包括宏观和微观经济情况、工程资金供应的条件、合同风险、现场与公用防火措施的可用性及其数量、事故防范措施和计划、人身安全控制计划、信息安全控制计划等。导致工程项目环境风险的因素包括自然灾害、岩土地质条件和水文地质条件、气象条件、引起火灾或爆炸的因素等。导致工程项目技术风险的因素包括工程勘测资料和有关文件、工程设计文件、工程施工方案、工程物资、工程机械等。

6.4.2 风险分析的流程

风险分析的主要工作包括风险识别、风险估计、风险评价、风险决策和风险应付。

6.4.2.1 风险识别

风险识别是指在风险事故发生之前，人们运用各种方法系统地、连续地对建设项目潜在的风险因素进行比较、分类、归纳，并探析风险事故发生的原因及过程。

敏感性分析是初步识别风险因素的重要手段。风险识别是风险分析和管理的一项基础性工作，其主要任务是明确风险存在的可能性，为风险估计、风险评价和风险应对奠定基础。在风险识别时，应抓住风险最基本的特征：不确定性和预期效益损失。

6.4.2.2 风险估计

风险估计是指在对风险进行定性识别后，通过定量分析的方法测度风险发生的可能性及对项目的影响程度。风险估计主要是确定风险因素的概率分布以及项目经济评价指标的概率、期望值和偏差。

风险估计分为主观概率估计和客观概率估计。一般而言，风险事件的概率分布应由历史资料确定，是对大量历史先例进行统计分析得到的，这样得到的概率分布即为客观概率。当没有足够的历史资料确定风险事件的概率分布时，由决策人自己或借助于咨询机构或由专家凭经验进行估计得出的概率分布为主观概率。因为风险分析是针对拟建项目在实施之前进行的，不可能拥有大量准确的项目客观信息。因此，在风险分析中，风险估计主要是主观概率估计。实际上，主观概率也是人们在长期实践基础上得出的，并非纯主观的随意猜想。

风险估计首先要确定风险事件的概率分布，概率分布函数给出的分布形式、期望值、方差、标准差等信息，可直接或间接用来判断项目的风险。常用的概率分布类型有离散型概率分布和连续概率分布。

(1)离散型概率分布　当变动因素的取值是离散的，并知道各取值的概率，就可以在给定的条件下计算相应的指标值，从而得出判断指标的概率分布。在这种分布下的指标期望值为：

$$\bar{x} = \sum_{i=1}^{n} p_i x_i \tag{6.11}$$

式中 $\bar{x}$——指标的期望值；

p_i——第 i 种状态发生的概率；

x_i——第 i 种状态下的指标值；

n——可能的状态数。

指标的方差 D 为：

$$D = \sum_{i=1}^{n} p_i (x_i - \bar{x})^2 \tag{6.12}$$

【例 6.9】 某工程项目的净现值为随机变量，并有如表 6.5 所示的离散型概率分布，求净现值的期望值。

表 6.5 例题 6.9 数据表

净现值的可能状态(万元)	100	120	150	200
概率分布	0.1	0.5	0.4	0.2

【解】 净现值的期望值 $= 0.1 \times 100 + 0.5 \times 120 + 0.4 \times 150 + 0.2 \times 200 = 170$ 万元

净现值的方差 $= 0.1 \times (100 - 170)^2 + 0.5 \times (120 - 170)^2 + 0.4 \times (150 - 170)^2 + 0.2 \times (200 - 170^2) = 2080$ 万元

(2)连续概率分布　当一个变量的取值范围为一个区间时，这种变量称为连续变量，其概率密度分布为连续函数。

6.4.2.3　风险评价

风险评价是指根据风险识别和风险估计的结果，依据项目风险判断标准，找出影响项目成败的关键风险因素。项目风险大小的评价标准应根据风险因素发生的可能性及其造成的损失来确定，一般采用评价指标的概率分布或累计概率、期望值、标准差作为判别标准，也可采用综合风险等级作为判别标准。

(1)以评价指标作为判别标准

①财务(经济)内部收益率大于或等于基准收益率(社会折现率)的累计概率值越大，风险越小；标准差越小，风险越小。

②财务(经济)净现值大于或等于零的累计概率值越大，风险越小；标准差越小，风险越小。

(2)以综合风险等级作为判别标准

根据风险因素发生的可能性及其造成损失的程度，建立综合风险等级的矩阵，将综合风险分为风险很强的 K(Kill)级、风险强的 M(Modify)级、风险较强的 T(Trigger)级、风险适度的 R(Review and reconsider)级和风险弱的 I(Ignore)级。综合风险等级分类见表 6.6。

表 6.6　综合风险等级分类表

综合风险等级		风险影响的程度			
		严重	较大	适度	低
风险的可能性	高	K	M	R	R
	较高	M	M	R	R
	适度	T	T	R	I
	低	T	T	R	I

附注：1. 本表来源：国家发改委、建设部. 建设项目经济评价方法与参数. 3 版. 北京：中国计划出版社，2006.

2. 落在本表左上角的风险会产生严重的后果；落在本表右下角的风险，可忽略不计。

6.4.2.4　风险决策

风险估计估算出方案经济效益指标的期望值和标准差，以及经济效益指标的实际值发生在某一区间的可能性。而风险决策则着眼于风险条件下方案取舍的基本原则和多方案比较的方法。

项目风险决策就是人们为了实现项目的目标，在占有一定信息的基础上，从若干可能实施的方案(或技术、措施、行动)中，根据项目的建设环境，采用一定的理论和方法，经过对各个方案系统的分析、评价和判断，选出满意的方案的过程。

(1)项目风险决策要素

项目风险决策一般具有下列要素：

①决策人：包括项目经理，或项目班子，或项目一般管理人员。这取决于决策的对象和

对项目管理人员的授权。

②决策目标:决策行动所影响的项目范围和期望达到的成果。

③决策信息:及时提供完备的、可靠的、和决策目标相关的项目信息是决策行动的前提条件,也是做出科学决策的基础。

④决策准则:选择项目实施方案所依据的原则。

⑤决策成果:采取决策行动后,项目所发生的变化。其变化可能是某一方面的,也可能是多方面的。

(2)项目风险决策的原则

风险决策人可遵循以下决策原则:

①优势原则

在两个可选方案中,如果无论什么条件下方案A总是优于方案B,则称A为优势方案,B为劣势方案,应排除B。应用优势原则一般不能决定最佳方案,但可以减少可选方案的数量,缩小决策范围。

②期望值原则

如果选用的经济指标为收益指标,则应选择期望值大的方案;如果选用的是成本费用指标,则应选择期望值小的方案。

③最小方差原则

方差反映了实际发生的方案可能偏离其期望值的程度。在同等条件下,方差越小,意味着项目的风险越小,稳定性和可靠性越高,应优先选择。

根据期望值和最小方差选择的结果往往会出现矛盾。在这种情况下,方案的最终选择与决策者有关。风险承受能力较强的决策者倾向于做出乐观的选择(根据期望值),而风险承受能力较弱的决策者倾向于更安全的方案(根据方差)。

④最大可能原则

若某一状态发生的概率显著大于其他状态,则可根据该状态下各方案的技术经济指标进行决策,而不用考虑其他状态。只有当某一状态发生的概率大大高于其他状态,且各方案在不同状态下的损益值差别不是很大时方可应用最大可能原则。

⑤满意度原则

在工程实践中由于决策人的理性有限性和时空的限制,既不能找到一切方案,也不能比较一切方案,并非人们不喜欢"最优",而是取得"最优"的代价太高。因此,最优准则只存在于纯粹的逻辑推理中。在实践中只能遵循满意度准则进行决策,即制定一个足够满意的目标值,将各种可选方案在不同状态下的损益值与此目标值相比较进而做出决策。

6.4.2.5 风险应对

风险应对策略就是对已经识别的风险进行定性分析、定量分析和进行风险排序,制订相应的应对措施和整体策略。

风险应对应具有针对性、可行性、经济性,并贯穿于项目评价的全过程。

决策阶段风险应对的主要措施包括强调多方案比选;对潜在风险因素提出必要的研究与试验课题;对投资估算与财务(经济)分析,应留有充分的余地;对建设或生产经营期的潜在风险可建议采取回避、转移、分担和自担措施。

结合综合风险因素等级的分析结果,应提出如表6.7所示的应对方案。

表 6.7　综合风险应对方案表

综合风险等级	风险的可能性	应对方案
K	风险很强	放弃项目
M	风险强	修正拟议中的方案，通过改变设计或采取补偿措施等
T	风险较强	设定某些指标的临界值，指标一旦达到临界值，就要变更设计或对负面影响采取补偿措施
R	风险适度(较小)	风险弱，可忽略

可见，风险应对有四种基本方法：风险回避、损失控制、风险转移和风险保留。

(1)风险回避是投资主体有意识地放弃风险的行为，可完全避免特定的损失风险。简单的风险回避是一种最消极的风险处理办法，因为投资者在放弃风险行为的同时，往往也放弃了潜在的目标收益。所以，一般只有在以下情况下才会采用这种方法：当出现 K 级很强风险时；投资主体对风险极端厌恶；存在可实现同样目标的其他方案，其风险更低；投资主体无能力消除或转移风险；投资主体无能力承担该风险，或承担风险得不到足够的补偿。

(2)损失控制不是放弃风险，而是制订计划和采取措施降低损失的可能性或者是减少实际损失。控制的阶段包括事前、事中和事后三个阶段。事前控制的目的主要是为了降低损失的概率，事中和事后的控制主要是为了减少实际发生的损失。

(3)风险转移是指通过契约将让渡人的风险转移给受让人承担的行为。通过风险转移过程有时可大幅度降低经济主体所承担的风险程度。风险转移的主要形式是合同和保险。通过签订合同，可以将部分或全部风险转移给一个或多个其他参与者。保险是使用最为广泛的风险转移方式。

(4)风险保留即风险承担。也就是说，如果损失发生，经济主体将以当时可利用的任何资金进行支付。风险保留包括无计划自留、有计划自我保险。无计划自留指风险损失发生后从收入中支付，即不是在损失前做出资金安排。当经济主体没有意识到风险并认为损失不会发生时，或将意识到的与风险有关的最大可能损失显著低估时，就会采用无计划自留方式承担风险。一般来说，无计划自留应当谨慎使用，因为如果实际总损失远远大于预计损失，将引起资金周转困难。有计划自我保险指在可能的损失发生前，通过做出各种资金安排以确保损失出现后能及时获得资金以补偿损失。有计划自我保险主要通过建立风险预留基金的方式来实现。

6.4.3　风险分析方法

风险型决策是指已知决策方案所需的条件，但每种方案的执行都有可能出现不同后果，多种后果的出现有一定的概率。风险型决策方法有决策树分析法、决策收益表法等。

6.4.3.1　决策树分析法

(1)决策树分析法的含义

决策树分析法是指利用概率和期望值的概念，根据因素之间的逻辑关系，采用形象的树状结构描述各种状态下的因素值及其相应的概率，并据此计算评价因素的期望值、标准差及可行概率，进行方案风险分析的决策方法。它比较直观、形象，层次清晰，不易遗漏、出错，特别适于分析比较复杂的问题。

(2)决策树的构成

决策树由决策节点、方案枝、状态点和概率枝构成。决策节点是决策树的起点，用矩形表示。从矩形方框引出的分枝称为方案枝，每一个方案枝代表一种可选的方案。各方案枝末端的椭圆圈称为状态点，亦称随机状态点，表示一种客观状态。在状态点引出的分枝则是概率枝。图6.6为决策树基本结构图。

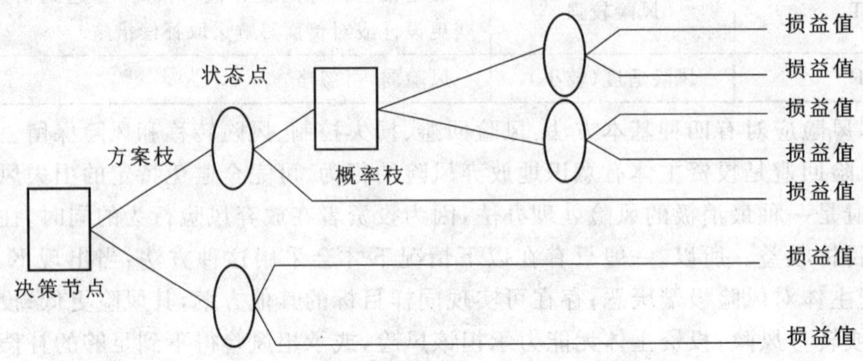

图6.6 决策树基本结构图

(3)决策树分析法的步骤

决策树分析法主要包括如下步骤：

①列出要考虑的各种风险因素，如投资、经营成本、销售价格等；

②设想各种风险因素可能发生的状态，即确定其数值发生变化的个数；

③分别确定各种状态可能出现的概率，并使可能发生状态概率之和为1；

④绘制决策树形图，按上述要求由左向右顺序展开；

⑤分别求出各种风险因素发生变化时，方案净现金流量各状态发生的概率和相应状态下的净现值$NPV(f)$；

⑥计算每个节点的期望值(均值)。

期望值是同时考虑项目经济效益指标的取值大小及取值概率的一种度量，其计算公式为：

$$E(X)=\sum_{i=1}^{n}x_ip_i \tag{6.13}$$

式中 x_i——在i种状态下不确定性因素x的取值；

p_i——在i种状态下不确定性因素x取值为x_i时的概率；

n——可能出现的状态数。

为了比较期望值不同的投资项目之间的风险程度大小，需要引出“变异系数”进行衡量。变异系数为标准差与期望值的比值，通常用V表示：

$$V=\frac{\delta}{E(X)} \tag{6.14}$$

式中 V——变异系数；

δ——标准差。

标准差的计算公式：

$$\delta = \sum_{i=1}^{n} x_i^2 p_i - [E(X)]^2 \tag{6.15}$$

变异系数越大，则该投资项目的风险越大。若两个方案的期望值相等，则标准差的大小是确定风险大小的依据，即标准差越大，风险亦越大。

⑦剪枝，即进行方案的优选。

方案净效果 = 该方案状态点的期望值 − 该方案投资额

⑧对概率分析结果做出说明。一般来讲，期望值大的方案优于期望值小的方案。

【例 6.10】 某建筑企业生产的某种建筑产品在市场上供不应求，因此，该企业决定投资扩建新厂。据研究分析，该产品 10 年后将升级换代，目前的主要竞争对手也可能扩大生产规模，故提出以下三个扩建方案：

(1)大规模扩建新厂，需投资 3 亿元。据估计，该产品销路好时，每年的净现金流量为 9000 万元；销路差时，每年的净现金流量为 3000 万元。

(2)小规模扩建新厂，需投资 1.4 亿元。据估计，该产品销路好时，每年的净现金流量为 4000 万元；销路差时，每年的净现金流量为 3000 万元。

(3)先小规模扩建新厂，3 年后，若该产品销路好再决定是否再次扩建，需投资 2 亿元，其生产能力与方案(1)相同。

据预测，在今后 10 年内，该产品销路好的概率为 0.7，销路差的概率为 0.3。

基准折现率 $i_c = 10\%$，不考虑建设期所持续的时间。现值系数见表 6.8。

表 6.8 现值系数表

n	1	3	7	10
$(P/A,10\%,n)$	0.909	2.487	4.868	6.145
$(P/F,10\%,n)$	0.909	0.751	0.513	0.386

问题：

(1)画出决策树。

(2)试决定采用哪个方案扩建。

【解】

问题(1)：

根据背景资料所给出的条件画出决策树，标明各方案的概率和净现金流量，如图6.7所示。

问题(2)：

计算图 6.7 中各机会点的期望值(将计算结果标在各机会点上方)。

点①：$(9000\times0.7+3000\times0.3)\times(P/A,10\%,10)-30000=7200\times6.145-30000=$ 14244 万元

点②：$(4000\times0.7+3000\times0.3)\times(P/A,10\%,10)-14000=3700\times6.145-14000=$ 8736.5 万元

点④：$9000\times(P/A,10\%,7)-20000=9000\times4.868-20000=23812$ 万元

点⑤：$4000\times(P/A,10\%,7)=4000\times4.868=19472$ 万元

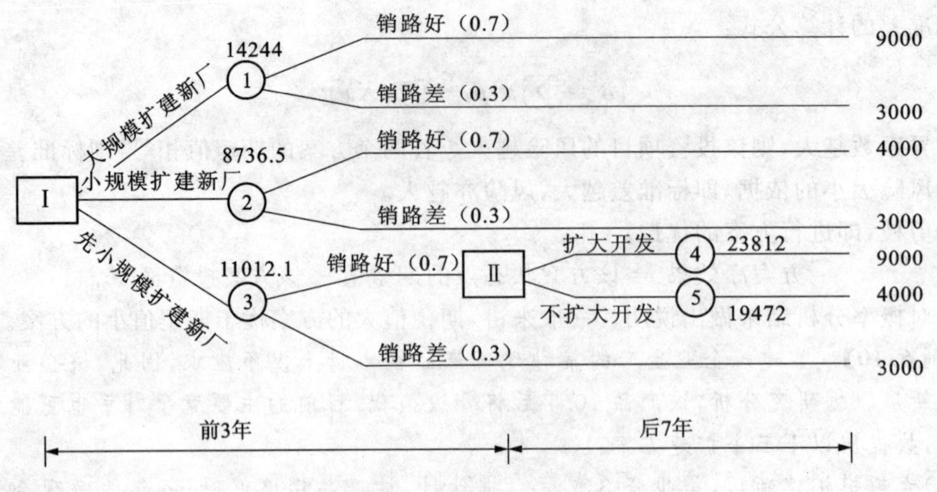

图 6.7　例题 6.10 的决策树(单位:万元)

对于决策点Ⅱ,机会点④的期望值大于机会点⑤的期望值,因此,应采用 3 年后销路好时再次扩建的方案。

机会点③期望值的计算比较复杂,包括以下两种状态下的两个方案:

销路好状态下的前 3 年小规模扩建,后 7 年再次扩建;

销路差状态下小规模扩建持续 10 年。

故机会点③的期望值为:

$4000\times0.7\times(P/A,10\%,3)+23812\times0.7\times(P/F,10\%,3)+3000\times0.3\times(P/A,10\%,10)-14000=4000\times0.7\times2.487+23812\times0.7\times0.751+3000\times0.3\times6.145-14000=11012.1$ 万元

对于决策点Ⅰ的决策,需比较机会点①、机会点②、机会点③的期望值,由于机会点①的期望值最大,故应采用大规模扩建新厂方案。

6.4.3.2　决策收益表法

决策收益表又叫决策损益矩阵。

【例 6.11】　某建设项目建成后拟在下一年生产某种产品,需要确定产品批量。根据预测估计,这种产品市场状况的概率是:畅销为 0.3,一般为 0.5,滞销为 0.2。产品生产采用大、中、小三种批量的生产方案,如何决策使本厂获得最大的经济效益。其有关数据如表6.9所示。

表 6.9　不同状态的发生概率

	畅销	一般	滞销
概率	0.3	0.5	0.2
大批量(百万元)	40	28	20
中批量(百万元)	36	36	24
小批量(百万元)	28	28	28

【解】

大批量生产期望值 $=40\times0.3+28\times0.5+20\times0.2=30$

中批量生产期望值 $=36\times0.3+36\times0.5+24\times0.2=33.6$

小批量生产期望值 $= 28 \times 0.3 + 28 \times 0.5 + 28 \times 0.2 = 28$

中批量生产期望值大于大批量生产期望值和小批量生产期望值，最终企业的经营决策应当选择中批量生产。

【例 6.12】 有甲、乙两个投资项目，每年的现金流根据经营状况而定，其现金流及其概率见表 6.10。试进行风险分析。

表 6.10 现金流及其概率

经营状况	概率	甲方案现金流(万元)	乙方案现金流(万元)
差	0.25	1000	0
一般	0.50	2000	2000
好	0.25	3000	4000

【解】 期望值计算如表 6.11 所示。

表 6.11 期望值计算

单位：万元

	p_i	x_i	$x_i p_i$	x_i^2	$x_i^2 p_i$
方案甲	0.25	1000	250	1000000	250000
	0.50	2000	1000	4000000	2000000
	0.25	3000	750	9000000	2250000
合计	1.0		2000		4500000
	p_i	x_i	$x_i p_i$	x_i^2	$x_i^2 p_i$
方案乙	0.25	0	0	0	0
	0.50	2000	1000	4000000	2000000
	0.25	4000	1000	16000000	4000000
合计	1.0		2000		6000000

由于 $E(X)_{甲} = E(X)_{乙} = 2000$，所以需计算标准差：

$$\delta_{甲} = \sum_{i=1}^{n} x_i^2 p_i - [E(X)]^2 = 707.11 \text{ 万元}$$

$$\delta_{乙} = \sum_{i=1}^{n} x_i^2 p_i - [E(X)]^2 = 1414.21 \text{ 万元}$$

由于甲、乙两方案的期望值均为 2000 万元，因此其风险大小按标准差进行比较，通过计算，甲的标准差小于乙的标准差，因此，乙投资项目风险大于甲投资项目。

本章小结

(1)不确定性分析是研究项目中各种因素的变化和波动对其经济效益影响的方法，包括盈亏平衡分析、敏感性分析、风险分析。盈亏平衡分析方法适用于财务评价，敏感性分析和风险分析可同时适用于经济费用效益评价和企业财务评价。

(2)盈亏平衡分析是指通过计算项目达产年的盈亏平衡点，分析项目成本与收入的平衡关系，判断项目对产出品数量变化的适应能力和抗风险能力。盈亏平衡分析的关键就是要找出项目方案的盈亏平衡点。一般来说，对工程项目的生产能力而言，盈亏平衡点越低，项目盈利的可能性就越大，对不确定性因素变化所带来的风险承受能力就越强。

(3)敏感性分析是指通过分析项目主要不确定性因素发生增减变化时，对财务或经济评价指标的影响，并计算敏感度系数和临界点，找出敏感因素。依据每次所考虑的变动因素数目的不同，敏感性分析又分为单因素敏感性分析和多因素敏感性分析。

(4)风险识别是指采用系统论的观点对项目全面考察、综合分析，找出潜在的各种风险因素，并对各种风险进行比较、分类，确定各因素间的相关性与独立性，判断其发生的可能性及对项目的影响程度，按其重要性进行排队，或赋予权重。敏感性分析是初步识别风险因素的重要手段。风险识别是风险分析和管理的一项基础性工作，其主要任务是明确风险存在的可能性，为风险估计、风险评价和风险应对奠定基础。

风险估计是指采用主观概率和客观概率分析方法，确定风险因素的概率分布，运用数理统计分析方法，计算项目评价指标相应的概率分布或累计概率、期望值、标准差。在离散型概率分布情况下进行风险估计常用的方法是概率树分析。在方案经济效果指标服从某种典型概率分布的情况下，如果已知其期望值与标准差，可以用解析法进行风险估计。

风险评价是指根据风险识别和风险估计的结果，依据项目风险判别标准，找出影响项目成败的关键风险因素。

风险决策则是着眼于风险条件下方案取舍的基本原则和多方案比较的方法。

习　　题

6.1　思考题

(1)不确定性分析包括哪些方面？

(2)盈亏平衡分析、敏感性分析和风险分析的适用范围分别是什么？

(3)什么是盈亏平衡分析？

(4)敏感性因素有哪些？简述敏感性分析的一般步骤。

(5)风险有哪些特征？

(6)风险识别的方法有哪些？

(7)风险决策的准则有哪些？

(8)风险应对的四种基本方法是什么？

(9)风险分析方法有哪些？

6.2　练习题

(1)某建设项目年设计生产能力为10000台，产品单台销售价格为800元，年固定成本为132万元，单台产品可变成本为360元，单台产品销售税金为40元。试求盈亏平衡点的产量和生产能力利用率。

(2)某公司拟投资生产一种新产品，预计年销售收入 $TR=3100Q-0.6Q^2$，年总成本 $TC=3187500+600Q-0.2Q^2$。试确定盈亏平衡点。

(3)某投资方案预计总投资为1200万元，年产量为10万台，产品价格为35元/台，年经营成本为120万元，方案经济寿命期为10年，届时设备残值为80万元，基准贴现率为10%。试就投资额、产品价格及方案寿命期进行敏感性分析。

(4)某投资方案预计总投资为1200万元，年产量为10万台，产品价格为35元/台，年经营成本为120万元，方案经济寿命期为10年，届时设备残值为80万元，基准贴现率为10%。假定投资额与产品价格是关键因素，试对这两个因素进行双参数敏感性分析。

(5)某厂生产和销售一种产品，单价为15元，单位变动成本为12元，全月固定成本100000元，每月销售40000件。由于某些原因其产品单价将降至13.5元；同时每月还将增加广告费20000元。计算：①该产品此时的盈亏平衡点；②增加多少件产品才能使利润比原来增加5%？

(6)某工业项目，设计生产能力为3万件/年，产品单价为3000元/件，总成本费用为7800万元，其中固定成本3000万元，总变动成本与产量成正比。

分别求：以产量、产能利用率、销售价格、单位产品变动成本表示的盈亏平衡点。

(7)两个方案比较优劣——求临界点

A方案，初始投资50万元，年净收益15万元；

B方案，初始投资150万元，年净收益35万元；

基准折现率15%，忽略期末残值。就项目寿命周期，分析两方案取舍的临界点。

(8)某项目工程，施工管理人员要决定下个月是否开工，若开工后遇天气不下雨，则可按期完工，获利润5万元，遇天气下雨，则要造成1万元的损失。假如不开工，不论下雨还是不下雨都要付窝工费1000元。据气象预测下月天气不下雨的概率为0.2，下雨概率为0.8，利用期望值的大小为施工管理人员做出决策。

6.3 案例分析

(1)某单位拟建住宅，预计建筑面积在500～1000m^{2}范围内。拟定砖混、钢筋混凝土、砖木三种结构方案，调查各方案费用情况如表6.12所示，年利率8%。试确定各方案的经济范围。

表6.12 各方案费用情况表

方案	造价(元/m^2)	寿命(年)	维修费(元/年)	取暖费(元/年)	残值
1砖混	600	20	28000	12000	0
2钢筋混凝土	725	20	25000	7500	3.2%
3砖木	875	20	15000	6250	1%

(2)某商品住宅小区开发项目现金流量的估计值如表6.13所示，根据经验推断，销售收入和开发成本为离散型随机变量，其值在估计值的基础上可能发生的变化及其概率见表6.14。试确定该项目净现值大于或等于零的概率。基准收益率i_c=12%。

表6.13 基本方案的参数估计值

单位：万元

年份	1	2	3
销售收入	857	7143	8800
开发成本	5888	4873	6900
其他税费	56	464	1196
净现金流量	−5087	1806	9350

表6.14 不确定性因素的变化范围及其概率

因素 \ 概率 \ 变幅	−20%	0	20%
销售收入	0.2	0.6	0.2
开发成本	0.1	0.3	0.6

(3)(寿命期为共同的不确定性因素)某产品有两种生产方案，方案A初始投资为70万元，预期年净收益15万元；方案B初始投资170万元，预期年净收益35万元。该项目产品的市场寿命具有较大的不确定性，如果给定基准折现率为15%，不考虑期末资产残值，试就项目寿命期分析两方案的临界点。

(4)某企业为了扩大某产品的生产，拟建设新厂。据市场预测，产品销路好的概率为0.7，销路差的概率为0.3。有三种方案可供企业选择：

方案1，新建大厂，需投资300万元。据初步估计，销路好时，每年可获利100万元；销路差时，每年亏损20万元，服务期为10年。

方案2，新建小厂，需投资140万元。销路好时，每年可获利40万元。销路差时，每年仍可获利30万元，服务期为10年。

方案3，先建小厂，3年后销路好时再扩建，需追加投资200万元，服务期为7年，估计每年获利95万元。

问：选择哪种方案最好？

7 设备更新经济分析

内容简介：本章主要介绍设备磨损的类型及补偿方式，设备更新分析的特点，设备经济寿命的概念和计算方法，设备更新和大修理经济分析方法以及设备租赁与购置方案经济比选方法等。

教学要求：掌握设备磨损的类型及补偿方式，设备经济寿命的概念和计算方法以及设备更新经济分析方法。

知识链接：结合财务管理中的相关知识进行学习。

7.1 设备更新经济分析概述

7.1.1 设备更新的意义

设备是现代企业生产的重要物质和技术基础。各种机器设备的质量、技术水平和效率是衡量一个国家工业化水平的重要标志，是判断一个企业技术创新能力、产品开发能力的重要标准，也是影响企业和国民经济各项经济技术指标的重要因素。

随着新工艺、新技术、新机具、新材料的不断涌现，工程施工在更大的深度和广度上实现了机械化，施工机械设备已成为施工企业生产力不可缺少的重要组成部分。因此，如何使企业的技术结构合理化，如何使企业设备利用率、机械效率和设备运营成本等指标保持在良好状态是建筑施工企业都要面临的问题。

研究设备更新，对于提升企业技术创新能力和产品开发能力，促进节能减排，增强企业市场竞争能力等均具有重要的现实意义。

7.1.2 设备磨损

7.1.2.1 设备的磨损

设备是企业生产的重要物质条件，企业为了进行生产，必须花费一定的投资，用以购置各种机器设备。设备购置后，无论是使用还是闲置，都会发生磨损。设备磨损分为三大类、四种形式。

(1)设备的有形磨损

第Ⅰ种有形磨损是设备在使用过程中，在机械外力(如摩擦、碰撞或交变应力等)的作用下实体发生的磨损、变形和疲劳损坏。如设备零部件尺寸、精度的改变，直至损坏。

第Ⅱ种有形磨损是设备在闲置过程中在自然力(如日照、潮湿和腐蚀性气体等)的作用下实体发生的锈蚀、损伤和老化。如设备锈蚀、零部件内部损伤、橡胶和塑料老化。

上述两种有形磨损都造成设备的性能、精度等的降低，使得设备的运行费用和维修费用增加，效率低下，导致了设备使用价值的降低。

(2)设备的无形磨损

设备的无形磨损是指由于科学技术进步，设备的价值相对降低。无形磨损不产生设备实体外形和内在性能的变化，难以从直观上看出来，是无形的。无形磨损的形成亦可分两种情况：

第Ⅰ种无形磨损是指设备的技术结构和性能并没有变化，但由于技术进步，设备制造工艺不断改进，社会劳动生产率水平的提高和材料节省等导致社会必要劳动时间减少，同类设备的再生产价值降低，致使原设备相对贬值。

第Ⅱ种无形磨损是指由于科学技术的进步，不断创新出结构更先进、性能更完善、效率更高、耗费原材料和能源更少的新型设备，使原有设备相对陈旧落后，其经济效益相对降低而发生贬值。

有形和无形两种磨损都引起机器设备原始价值的贬值，这一点两者是相同的。不同的是：遭受有形磨损的设备，特别是有形磨损严重的设备，在修理之前，常常不能工作；遭受无形磨损的设备，即使无形磨损很严重，其固定资产物质形态却可能没有磨损，仍然可以使用，只不过继续使用它在经济上是否合算，需要分析研究。

(3)设备的综合磨损

设备的综合磨损是指同时存在有形磨损和无形磨损的损坏和贬值的综合情况。对任何特定的设备来说，这两种磨损必然同时发生和同时互相影响。某些方面的技术要求可能加快设备有形磨损的速度，例如，高强度、高速度、大负荷技术的发展，必然使设备的物理磨损加剧。同时，某些方面的技术进步又可提供耐热、耐磨、耐腐蚀、耐振动、耐冲击的新材料，使设备的有形磨损减缓，但使其无形磨损加快。

7.1.3 设备磨损的补偿

有形磨损和无形磨损导致的设备使用价值的绝对降低或相对降低，需要及时、合理地予以补偿，以恢复设备的使用价值。

设备磨损的类型、形式不同，磨损补偿的方式也不相同。补偿分局部补偿和完全补偿。

设备有形磨损的局部补偿是修理。修理是指更换设备部分已磨损的零部件和调整设备，以恢复设备的生产功能和效率为主的补偿方式。

设备无形磨损的局部补偿是现代化改造。现代化改造是对设备的结构作局部改进和技术上的革新(如增添新的、必需的零部件)，以增加设备的生产功能和效率为主的补偿方式。

有形磨损和无形磨损的完全补偿是设备更新，分为原型设备更新和新型设备更新。原型设备更新是简单更新，就是用结构相同的新设备去更换有形磨损严重而不能继续使用的旧设备，这种更新主要是解决设备的损坏问题，不具有更新技术的性质；新型设备更新是以结构更先进、技术更完善、效率更高、性能更好、能源和原材料消耗更少的新型设备来替换那些技术上陈旧、经济上不宜继续使用的旧设备。

当设备发生有形磨损时，如磨损具有可消除性，既可以通过设备修理进行局部补偿，也可以通过原型设备更新予以完全补偿；如有形磨损属于不可消除性有形磨损，则只能进行原型设备更新。当设备出现无形磨损，如属于第Ⅰ种无形磨损，只是现有设备原始价值部分贬值，设备本身的技术特性和功能即使用价值并未发生变化，故不影响现有设备的使用，因此不会产生提前更换设备的问题。如属于第Ⅱ种无形磨损，则不仅使原有设备价值降低，而且技术上更先进的新设备使原有设备的使用价值局部或完全丧失，因此，根据具体情况一方面可以通过对设备进行现代化技术改造,使设备磨损得到局部补偿;另一方面,也可以通过新型设备更新,彻底实现设备的完全补偿。设备磨损形式与其补偿方式的相互关系如图 7.1 所示。

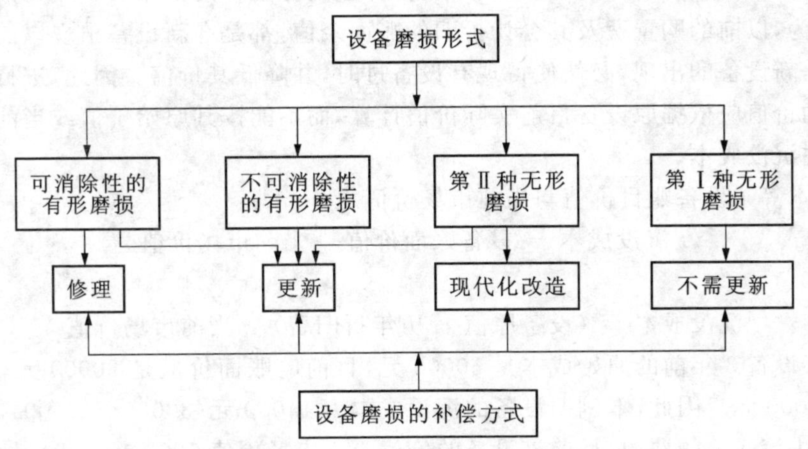

图 7.1 设备磨损形式及其补偿方式

由于设备总是同时遭受到有形磨损和无形磨损,因此,对其综合磨损后的补偿形式应进行更深入的研究,以确定恰当的补偿方式。

7.1.4 设备更新经济分析的特点和原则

设备更新就实物形态而言,是用新的设备替换陈旧落后的设备;就价值形态而言,是重新补偿设备在运动中消耗掉的价值。设备更新是消除设备有形磨损和无形磨损的重要手段,目的是为了提高企业生产的现代化水平,尽快形成新的生产能力。设备更新分析是企业生产发展和技术进步的客观需要,对企业的经济效益有着重要的影响。过早的设备更新,将造成资金的浪费,失去其他的收益机会;过迟的设备更新,将造成生产成本的迅速上升,失去竞争的优势。因此,设备是否更新、何时更新、选用何种设备更新,既要考虑技术发展的需要,又要考虑经济方面的效益。由于设备更新的特殊性,设备更新经济分析具有其自身的原则。

(1)常采用年度费用进行比较

在比较设备更新方案时,通常假定设备产生的收益是相同的,因此,只对它们的费用进行比较。对于寿命期不同的互斥型方案,用年度费用进行比较可以大大减少工作量。

(2)站在客观的立场分析问题

进行设备更新的要点是站在客观的立场上,而不是站在旧设备的立场上考虑问题。站在客观立场上意味着站在咨询师的立场上分析问题,咨询师并不拥有任何资产,故若要保留旧资产,首先要付出相当于旧资产当前市场价值的现金,才能取得旧资产的使用权。这是设备更新分析的重要概念。

(3)不考虑沉没成本

沉没成本是企业过去投资决策发生的、非现在决策能改变(或不受现在决策影响)的、已经计入过去投资费用回收计划的费用。由于沉没成本是已经发生的费用,不管企业生产什么和生产多少,这项费用都不可避免地要发生,因此,现在决策对它不起作用。在设备更新分析中，对现有设备要注意的一个重要的问题，就是现有设备的最初购置费以及会计账面余值。从经济分析的角度来看，它们属于沉没成本，将不予考虑，只考虑现有设备的现行市场价值，即现有的已使用若干年的设备的转让价格，或购置这样的使用若干年的同样设备的价格。这是因为，以前的购置费及其会计折旧的账面余值，都是在新设备出现以前所确定的现有设备价值，新设备的出现，必然使得现有设备过时，并降低其价值。因此，进行设备更新分析时，设备的价值应依据原设备目前实际价值计算，而不能按其原始价值或当前账面价值计算，即不考虑沉没成本。

沉没成本等于设备账目价值与当前市场价值之差。即：

$$沉没成本 = 设备账面价值 - 当前市场价值 \tag{7.1}$$

或

$$沉没成本 = (设备原值 - 历年折旧费) - 当前市场价值 \tag{7.2}$$

例如，某设备 3 年前的原始成本是 60000 元，目前的账面价值是 30000 元，现在的市场价值仅为 16000 元。因此，本例旧设备的沉没成本为 14000 元(30000－16000)，是过去发生的而与现在决策无关的费用，目前该设备的价值等于市场价值 16000 元。

(4)逐年滚动比较

该原则是指在确定最佳更新时机时，应首先计算比较现有设备的剩余经济寿命和新设备的经济寿命，然后利用逐年滚动计算方法进行比较。

7.1.5 设备寿命

研究设备更新离不开对设备寿命的探析。从不同的研究角度，设备具有不同的寿命形态，内涵和意义也各不相同。

(1)设备的自然寿命

设备的自然寿命又称物质寿命。它是指设备从投入使用开始，直到因物质磨损严重而不能继续使用、报废为止所经历的全部时间。它主要是由设备的有形磨损所决定的。做好设备维修和保养可延长设备的物质寿命，但不能从根本上避免设备的磨损，任何一台设备磨损到一定程度时，都必须进行更新。因为随着设备使用时间的延长，设备不断老化，维修所支出的费用也逐渐增加，从而出现恶性使用阶段，即经济上不合理的使用阶段。因此，设备的自然寿命不能成为设备更新的估算依据。

(2)设备的技术寿命

由于科学技术迅速发展，一方面，对产品的质量和精度的要求越来越高；另一方面，也不断涌现出技术上更先进、性能更完善的机械设备，这就使得原有设备虽还能继续使用，但因不能保证产品的精度、质量和技术要求而被淘汰。因此，设备的技术寿命就是指设备从投入使用到因技术落后而被淘汰所延续的时间，即指设备在市场上维持其价值的时间，故又称有效寿命。例如一个手机，即使完全没有使用过，它也会被功能更为完善、技术更为先进的手机所取代，这时它的技术寿命可以认为等于零。由此可见，技术寿命主要是由设备的无形磨损所决定的，它一般比自然寿命要短，而且科学技术进步越快，技术寿命越短。所以，在估算设备寿命时，必须考虑设备技术寿命期限的变化特点及其使用过程中受到的制约或影响。

(3)设备的折旧寿命

设备的折旧寿命是指按现行会计制度规定的折旧原则和方法，将设备的原值通过折旧的形式转入产品成本，直到提取的折旧费累计额达到设备原值与预计净残值间差额所经历的全部时间。折旧寿命的确定除考虑设备自然寿命、技术寿命因素外，还应考虑国家技术政策、产业政策，以及财政税收状况。折旧寿命一般短于设备的自然寿命和技术寿命。

(4)设备的经济寿命

设备的经济寿命是指设备从投入使用开始，到继续使用在经济上不合理而被更新所经历的时间。它是由设备维护费用的提高和使用价值的降低决定的。设备使用年限越长，所分摊的各年资产消耗成本越少。但是随着设备使用年限的增加，一方面需要更多的维修费维持原有功能；另一方面机器设备的操作成本及原材料、能源耗费也会增加，年运行时间、生产效率、质量将下降。因此，年资产消耗成本的降低，会被年度运行成本的增加或收益的下降所抵消。在整个变化过程中存在着某一年份，设备年平均使用成本最低，经济效益最好。如图7.2所示，在 N_0 年时，设备年平均使用成本达到最低值。我们称设备从开始使用到其年平均使用成本最小(或年盈利最高)的使用年限 N_0 为设备的经济寿命。

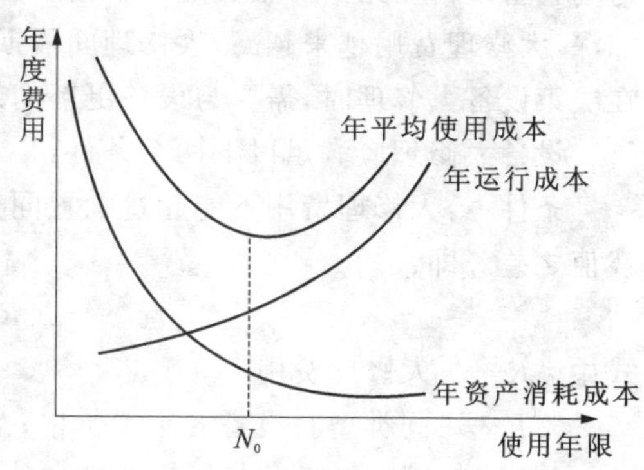

图7.2 设备年度费用曲线

7.2 设备修理经济分析

7.2.1 设备修理概述

在实践中，通常把为保持设备在平均寿命期限内的完好使用状态而进行的局部更换或修复工作叫作维修或修理。按其经济内容来讲，这种必要的维修工作可分为日常维护、小修理、中修理和大修理等几种形式。

日常维护是指与拆除和更换设备中被磨损的零部件无关的一些维修内容，诸如设备的润滑与保洁，定期检验与调整，消除部分零部件的磨损等。

小修理是工作量最小的计划修理，指设备使用过程中为保证设备工作能力而进行的调整、修复或更换个别零部件的修理工作。

中修理是进行设备部分解体的计划修理，其内容有：更换或修复部分不能用到下次计划修理期的磨损零件，通过修理、调整，使规定修理部分基本恢复到出厂时的功能水平以满足工艺要求，修理后应保证设备在一个中修间隔期内能正常使用。

大修理是最大的一种计划修理，它是在原有实物形态上的一种局部更新。它是通过对设备全部解体，修理耐久的部分，更换全部损坏的零部件，修复所有不符合要求的零部件，全面消除缺陷，以使设备在大修理之后，无论在生产率、精确度、速度等方面达到或基本达到原设备的出厂标准。大修理是设备修理工作中规模最大、花费最高的修理，因此，设备磨损后要大修还是更新，应该进行经济分析。

7.2.2 设备大修理的经济分析

设备大修理能够利用现有设备大部分零部件，并在一定程度上恢复设备的效能水平，这与购置新设备相比具有很大的优越性。但随着设备大修理次数的增多，设备劣化程度逐次加深，大修理费用越来越高，大修理间隔期也越来越短，大修理的经济性也越来越差。因此，在决策设备大修理时，需要与设备更新的效果进行比较。

设备大修理应满足以下两个条件：

条件一：大修理费用不能超过购置同类型新设备的重置价格与现有设备被替换后的净残值之差。即：

$$R \leqslant P - L \tag{7.3}$$

式中 R——大修理费用；

P——同类型新设备的重置价格；

L——现有设备被替换后的净残值。

这是因为大修理费用 R 如超过购置同类型新设备的重置价格与现有设备净残值之差，就不如直接利用大修理费用和现有设备净残值之和购置新设备。上式成立的前提是设备在大修理后的效能水平与同类型新设备相同，但实际上大修理后的设备效能水平大都有所下降。因此，$R \leqslant P-L$ 仅是设备大修理的必要条件。

条件二：现有设备大修理后的单位产品生产成本 C_p 不能高于同类型新设备的单位产品生产成本 C_n。即：

$$C_p \leqslant C_n \tag{7.4}$$

其中

$$C_p = \frac{(R+\Delta V_p)(A/P,i,T_p)}{Q_{Ap}} + C_{op}$$

$$C_n = \frac{\Delta V_n(A/P,i,T_n)}{Q_{An}} + C_{on}$$

式中 C_p——现有设备大修理后的单位产品生产成本；

C_n——同类型新设备的单位产品生产成本；

ΔV_p、ΔV_n——现有设备大修理后、同类型新设备运行到下一次大修理期间的价值损耗现值；

T_p、T_n——现有设备大修理后、同类型新设备运行到下一次大修理期的间隔年数；

Q_{Ap}、Q_{An}——现有设备大修理后、同类型新设备运行到到下一次大修理期间的年均产量；

C_{op}、C_{on}——现有设备大修理后、同类型新设备运行到下一次大修理期间的产品单位经营成本。

【例 7.1】 某企业一台设备已使用 6 年，现市场价值 3000 元，需要进行第一次大修理，预计大修理费用为 5000 元，大修理后设备增值为 6400 元，平均每年加工产品 45t，年平均运行成本费用 2530 元。设备经大修理后可继续使用 4 年，届时设备市场价值为 2000 元。现市场新设备价值 32000 元，平均每年加工产品 63t，年平均运行成本费用 2260 元。预计使用 5 年进行第一次大修理，大修理时设备价值 7500 元。基准收益率为 10%，请为该企业设备大修理决策进行经济分析。

【解】 (1)由题可知，现有设备大修理费：$R=5000$ 元；

新设备更换所需净费用：$P - L = 32000 - 3000 = 29000$ 元；

$$R < P - L$$

即大修理费用 R 小于新设备更换所需净费用$(P - L)$，满足大修理条件一。

(2)由已知条件，有：

$$C_p = \frac{[5000 + 3000 - 2000(P/F,10\%,4)](A/P,10\%,4) + 2530}{45} = 102.73 \text{ 元}$$

$$C_n = \frac{[32000 - 7500(P/F,10\%,5)](A/P,10\%,5) + 2260}{63} = 150.37 \text{ 元}$$

$C_p < C_n$

即现有设备大修理后的单位产品生产成本费用 C_p 小于同类型新设备的单位产品生产成本费用 C_n，满足大修理条件二。

所以，该企业应选择对设备进行大修理。

7.3 设备更新经济分析

7.3.1 原型设备更新经济分析

原型设备更新就是用结构相同的新设备去更换有形磨损严重而不能继续使用的旧设备。即在现有设备使用期内还没有出现功能更完善、性能更优越的先进设备，现设备与替换设备类型完全相同，具有完全相同的经济属性(如设备年平均成本费用)，当该设备使用到经济寿命期进行更新时，花费的年平均成本费用最小。若提前更新或延迟更新，都将花费更高的年平均成本费用，经济上均不合算。因此，原型设备更新的最佳时机就是设备的经济寿命期。原型设备更新经济分析即设备的经济寿命的确定。

按照是否考虑资金时间价值，设备经济寿命的确定可以分为经济寿命的静态计算和动态计算。

(1)经济寿命的静态计算

静态模式下设备经济寿命的确定方法就是在不考虑资金时间价值的基础上计算设备年平均使用成本 $\overline{C}_N$。使 $\overline{C}_N$ 为最小的 N_0 就是设备的经济寿命。

$$\overline{C}_N = \frac{P - L_N}{N} + \frac{1}{N}\sum_{t=1}^{N} C_t \tag{7.5}$$

式中 $\overline{C}_N$——N 年内设备的年平均使用成本；

P——设备目前实际价值；

C_t——第 t 年的设备运行成本；

L_N——第 N 年末的设备净残值。

其中，$\frac{P - L_N}{N}$为设备的平均年度资产消耗成本，而 $\frac{1}{N}\sum_{t=1}^{N} C_t$ 为设备的平均年度运行成本。

【例 7.2】 某设备目前实际价值为 30000 元，有关统计资料见表 7.1，求其经济寿命。

【解】 由统计资料可知，该设备在不同使用年限时的年平均成本如表 7.2 所示。由计算结果可以看出，该设备在使用 5 年时，其平均使用成本 13500 元为最低。因此，该设备的经济寿命为 5 年。

表 7.1　设备有关统计资料

单位:元

继续使用年限	1	2	3	4	5	6	7
年运行成本	5000	6000	7000	9000	11500	14000	17000
年末残值	15000	7500	3750	1875	1000	1000	1000

表 7.2　设备在不同使用年限时的静态年平均成本

单位:元

使用年限 (1)	资产消耗成本 $(P-L_N)$ (2)	平均资产消耗成本 (3)=(2)/(1)	年度运行成本 C_t (4)	运行成本累计 $\sum C_t$ (5)	平均年度运行成本 (6)=(5)/(1)	年平均使用成本 $\bar{C}_N$ (7)=(3)+(6)
1	15000	15000	5000	5000	5000	20000
2	22500	11250	6000	11000	5500	16750
3	26250	8750	7000	18000	6000	14750
4	28125	7031	9000	27000	6750	13781
5	29000	5800	11500	38500	7700	13500
6	29000	4833	14000	52500	8750	13583
7	29000	4143	17000	69500	9929	14072

由于设备使用时间越长,设备的有形磨损和无形磨损越加剧,从而导致设备的维护修理费用逐渐增加,这种逐年递增的费用 ΔC_t 称为设备的低劣化。用低劣化数值表示设备损耗的方法称为低劣化数值法。如果每年设备的劣化增量是均等的($\Delta C_t=\lambda$),即每年劣化呈线性增长。假设评价基准年(即评价第一年)设备的运行成本为 C_1,则平均每年的设备使用成本 $\bar{C}_N$ 可用下式表示:

$$
\begin{aligned}
C_N &= \frac{P-L_N}{N}+\frac{1}{N}\sum_{t=1}^{N}C_t \\
&= \frac{P-L_N}{N}+C_1+\frac{1}{N}[\lambda+2\lambda+3\lambda+\cdots+(N-1)\lambda] \\
&= \frac{P-L_N}{N}+C_1+\frac{1}{2N}[N(N-1)\lambda] \\
&= \frac{P-L_N}{N}+C_1+\frac{1}{2}[(N-1)\lambda]
\end{aligned}
$$

要使 $\bar{C}_N$ 为最小,对上式的 N 进行一阶求导,并令其导数为零,据此,可以简化经济寿命的计算,即:

$$
N_0=\sqrt{\frac{2(P-L_N)}{\lambda}} \tag{7.6}
$$

式中　N_0——设备的经济寿命;

λ——设备的低劣化值。

【例 7.3】　设有一台设备,目前实际价值 $P=8000$ 元,预计残值 $L_N=800$ 元,第一年的

设备运行成本 C_1＝600 元，每年设备的劣化增量是均等的，年劣化值 λ＝300 元，求该设备的经济寿命。

【解】 根据式(7.6)，有：

$$N_0 = \sqrt{\frac{2 \times (8000 - 800)}{300}} \approx 7\ 年$$

设备的经济寿命为 7 年，用列表的形式，将各年的计算结果列于表 7.3 中，进行比较后，也可得到同样的结果。

表 7.3 用低劣化数值法计算设备最优更新期

单位：元

使用年限 N (1)	平均年资产消耗成本 $(P-L_N)/N$ (2)	年度运行成本 C_t (3)	运行成本 $\sum C_t$ (4)	平均年度 运行成本 (5)＝(4)/(1)	年平均使用 成本 $\bar{C}_N$ (6)＝(2)＋(5)
1	7200	600	600	600	7800
2	3600	900	1500	750	4350
3	2400	1200	2700	900	3300
4	1800	1500	4200	1050	2850
5	1440	1800	6000	1200	2640
6	1200	2100	8100	1350	2550
7	1029	2400	10500	1500	2529
8	900	2700	13200	1650	2550
9	800	3000	16200	1800	2600

(2)经济寿命的动态计算

动态模式下设备经济寿命的确定方法就是在考虑资金的时间价值的情况下计算设备的净年值 NAV 或年成本 AC，通过比较年平均效益或年平均费用来确定设备的经济寿命 N_0，其计算式见式(7.7)和式(7.8)，即：

$$NAV(N) = \sum_{t=0}^{N} (CI - CO)_t (P/F, i_c, t)(A/P, i_c, N) \tag{7.7}$$

或

$$AC(N) = \sum_{t=0}^{N} CO_t (P/F, i_c, t)(A/P, i_c, N) \tag{7.8}$$

在上式中，如果使用年限 N 为变量，则当 $N_0(0 < N_0 \leqslant N)$ 为经济寿命时，应满足

$NAV(N_0)$→最大(max)

$AC(N_0)$→最小(min)

如果目前设备实际价值为 P，使用年限为 N 年，设备第 N 年的净残值为 L_N，第 t 年的运行成本为 C_t，基准折现率为 i_c，其经济寿命为年成本 AC 最小时所对应的 N_0，即

$$AC_{min} = P(A/P, i_c, N_0) - L_{N_0}(A/F, i_c, N_0) + \sum_{t=0}^{N_0} C_t (P/F, i_c, t)(A/P, i_c, N_0) \tag{7.9}$$

或

$$AC_{\min}=(P-L_{N_0})(A/P,i_c,N_0)+L_{N_0}i_c+\sum_{t=0}^{N_0}C_t(P/F,i_c,t)(A/P,i_c,N_0) \quad (7.10)$$

由式(7.7)、式(7.8)、式(7.9)、式(7.10)可以看出,用净年值或年成本估算设备的经济寿命的过程是:在已知设备现金流量和折现率的情况下,逐年计算出从第 1 年到第 N 年全部使用期的年等效值,从中找出平均年成本的最小值(仅考虑项目支出时),或是平均年盈利的最大值(全面考虑项目收支时)及其所对应的年份,从而确定设备的经济寿命。

【例 7.4】 假设折现率为 6%,计算例 7.2 中设备的经济寿命。

【解】 计算设备不同使用年限的年成本 AC,见表 7.4。可以看出,考虑资金时间价值时,该设备使用到第 6 年时,等值年费用为 14405.2 元,即最低。使用年限大于 6 年或小于 6 年时,其等值年费用均大于 14405.2 元,故该设备动态经济寿命为 6 年。

表 7.4 设备在不同使用年限时的动态年平均成本

单位:元

使用年限 N (1)	$P-L_N$ (2)	$(A/P,6\%,t)$ (3)	$L_N\times 6\%$ (4)	(2)×(3)+(4) (5)	C_t (6)	$(P/F,6\%,t)$ (7)	$[\sum(6)\times(7)]\times(3)$ (8)	AC=(5)+(8) (9)
1	15000	1.0600	900	16800.0	5000	0.9434	5000.0	21800.0
2	22500	0.5454	450	12721.5	6000	0.8900	5485.1	18206.6
3	26250	0.3741	225	10045.1	7000	0.8396	5961.0	16006.1
4	28125	0.2886	112.5	8229.4	9000	0.7921	6656.0	14885.4
5	29000	0.2374	60	6944.6	11500	0.7473	7515.4	14460.0
6	29000	0.2034	60	2958.6	14000	0.7050	8446.6	14405.2
7	29000	0.1791	60	5253.9	17000	0.6651	9462.5	14716.4

在实际应用时,如果根据经验即可大致估计出经济寿命的范围,则只需计算在此年限范围内各年的等值年费用,然后加以比较。例如,估计该设备的经济寿命可能在 5~7 年,则只需计算 5、6、7 这三个年份的等值年费用,找出等值年费用最小值所在的年份,就可以确定设备的经济寿命,这样可减少数值计算的工作量。

7.3.2 新型设备更新经济分析

新型设备更新是以结构更先进、技术更完善、效率更高、性能更好、能源和原材料消耗更少的新型设备来替换那些技术上陈旧、经济上不宜继续使用的旧设备。在技术不断进步的条件下,由于无形磨损的作用,很可能在设备尚未使用到其经济寿命期,就已出现了重置价格很低的同型设备或工作效率更高和经济效益更好的新型的同类设备。新型设备更新经济分析就是对新设备方案与旧设备方案进行比较分析,从而决定是现在马上购置新设备、淘汰旧设备,还是至少保留使用旧设备一段时间,再用新设备替换旧设备。新设备原始费用高,营运费和维修费低;旧设备目前净残值低,营运费和维修费高。设备更新的关键是新设备与现有设备相比的节约额是否比新设备投入的购置费用的价值要大,因此,必须进行权衡判断,才能做出正确的选择,一般情况下还要进行逐年比较。

由于新设备方案与旧设备方案的寿命在大多数情况下是不等的,各方案在各自的计算期内的净现值不具有可比性。因此,新型设备更新主要是用净年值或年成本进行分析。

在进行设备更新方案比选时，可按如下步骤进行：

(1)按表 7.4(或表 7.2)计算新旧设备方案在不同使用年限时的动态(或静态)年平均成本和经济寿命。

(2)确定设备更新时机。设备更新即便在经济上是有利的，却也未必应该立即更新。换言之，设备更新分析还包括所谓的更新时机选择问题。现有已用过一段时间的旧设备究竟在什么时机更新最经济？

①如果旧设备继续使用 1 年的年成本低于新设备的年成本，即：

$$AC_{旧} < AC_{新}$$

此时，不更新旧设备，继续使用旧设备 1 年。

②当新旧设备方案出现：

$$AC_{旧} > AC_{新}$$

此时，应更新现有设备，这即是设备更新的时机。

总之，以经济寿命为依据的新型设备更新的原则是使设备使用到最有利的年限再进行更新。

【例 7.5】 某单位 3 年前用 40 万元购买了一台磨床，它一直运行正常。但现在又有了一种改进的新型号，售价为 35 万元，并且其运营费用低于现有磨床。现有磨床和新型磨床各年的残值及运营费用见表 7.5。旧磨床目前的转让价格为 12 万元，磨床还可使用 4 年，新磨床的经济寿命为 6 年。基准收益率为 15%，分析是否需要更新。

表 7.5　磨床相关统计资料

单位:元

年份	现有磨床		新型磨床	
	运营费	残值	运营费	残值
1	34000	70000	2000	300000
2	39000	40000	10000	270000
3	46000	25000	12000	240000
4	56000	10000	15000	200000
5			20000	170000
6			26000	150000

【解】 因为磨床还可使用 4 年，所以对于新磨床来说，只需考虑前 4 年的情况。如前面设备更新经济分析应遵循的原则所述，设备更新分析时设备的价值应依据原设备目前实际价值计算，不考虑沉没成本，所以现有设备价值按 12 万元的现行市场价格计算。

$AC_{旧} = [120000 + 34000(P/F,15\%,1) + 39000(P/F,15\%,2) + 46000(P/F,15\%,3) + 56000(P/F,15\%,4) - 10000(P/F,15\%,4)] \times (A/P,15\%,4) = 82531$ 元

$AC_{新} = (350000 - 200000)(A/P,15\%,4) + 200000 \times 15\% + [2000(P/F,15\%,1) + 10000(P/F,15\%,2) + 12000(P/F,15\%,3) + 15000(P/F,15\%,4)](A/P,15\%,4) = 91571$ 元

$AC_{旧} < AC_{新}$

即新型磨床的年费用高于现有磨床，所以现在不应进行更新。

【例 7.6】 某单位的一台旧机器，目前可以转让，价格为 25000 元，下一年将贬值 10000 元，以后每年贬值 5000 元。由于性能退化，它今年的使用费为 80000 元，预计今后每年将增加 10000 元。它将在 4 年后报废，残值为 0。现有一台新型的同类设备，它可以完成与现在设备相同的工作，购置费为 160000 元，年平均使用费为 60000 元，经济寿命为 7 年，期末残值为 15000 元，并预计该设备在 7 年内不会有大的改进。基准收益率为 12%，问是否需要更新现有设备？如果需要，应该在什么时候更新？

【解】 确定新设备的年平均费用：

$AC_{新}=(160000-15000)(A/P,12\%,7)+15000\times12\%+60000=93572$ 元

确定旧设备持续使用 4 年的年平均费用：

$AC=25000(A/P,12\%,4)+80000+10000(A/P,12\%,4)=101819$ 元

显然，旧设备的年费用高于新设备的年费用，那么旧设备需要更新。但如果做出马上就应更新的决策，可能是错误的。这需要进一步分析。

如果旧设备再保留使用一年，则年费用为：

$AC_{旧1}=(25000-15000)(A/P,12\%,1)+15000\times12\%+80000=93000$ 元

$AC_{旧1}<AC_{新}$，所以旧设备在第一年应该继续保留使用。

如果旧设备再保留使用到第二年，则第二年的年费用为：

$AC_{旧2}=(15000-10000)(A/P,12\%,1)+10000\times12\%+90000=96800$ 元

显然，如果保留使用到第二年，第二年的年费用高于新设备的年平均费用，则旧设备在第二年使用之前就应该更新。

因此，现有设备应该再保留使用一年，一年后更新为新设备。

7.4 设备租赁与购置经济分析

7.4.1 设备租赁概述

设备租赁是设备承租人（使用人）按照合同规定按期向设备出租人（所有人）支付一定费用而取得设备使用权的一种经济活动。设备租赁一般有融资租赁和经营租赁两种方式。

融资租赁一般租赁期较长，租赁双方承担确定时期的租让和付费义务，不得任意中止和取消租约。该方式常适用于技术更新快，临时或短期使用的车辆、设备和仪器。

经营租赁一般租赁期较短，租赁双方的任何一方可以随时以一定的方式在通知对方后的规定期限内取消或中止租约。该方式常用于资金不足的企业租赁生产经营长期需要的贵重和大型设备。

对于承租人来说，设备租赁与设备购买相比的优点在于：

(1)在资金短缺的情况下，既可用较少的资金获得生产急需的设备，也可以引进先进设备，加速技术进步的步伐；

(2)可获得良好的技术服务；

(3)可以保持资金的流动状态，防止呆滞，也不会使企业资产负债状况恶化；

(4)可避免通货膨胀和利率波动的冲击，减少投资风险；

(5)设备租金可在所得税前扣除，能享受税费上的利益。

设备租赁与设备购买相比的不足之处在于：

(1)在租赁期间承租人对租用设备无所有权，只有使用权，故承租人无权随意对设备进行改造，不能处置设备，也不能用于担保、抵押贷款；

(2)承租人在租赁期间所交的租金总额一般比直接购置设备的费用要高；

(3)长年支付租金，形成长期负债；

(4)融资租赁合同规定严格，毁约要赔偿损失、罚款较多等。

融资租赁是企业应对资金不足、确保生产经营需要的一个融资手段，不是企业自主经营的结果。因此，本节不考虑设备融资租赁与设备购置的经济分析。

7.4.2 设备经营租赁与购置方案经济比选

对于承租人来说，选择购置设备或是租赁设备应取决于这两种方案在经济上的比较，比较的原则和方法与一般的互斥投资方案的比选方法相同。进行设备经营租赁与购置方案的经济比选时，必须详细地分析各方案寿命期内各年的现金流量情况，据此分析各方案的经济效益并进行比较，从而确定以何种方式投资才能获得最佳收益。

7.4.2.1 设备经营租赁方案的净现金流量

采用设备经营租赁的方案，租赁费可以直接计入成本，其每期净现金流量为：

第 t 年净现金流量 = 营业收入 − 经营成本 − 租赁费用 − 与营业相关的税金 − 所得税税率 ×(营业收入 − 经营成本 − 租赁费用 − 与营业相关的税金)　　(7.11)

式中，租赁费用主要包括租赁保证金、担保费和租金。

(1)租赁保证金

为了确认租赁合同并保证其执行，承租人必须先交纳租赁保证金。当租赁合同结束时，租赁保证金将被退还给承租人或在偿还最后一期租金时加以抵消。租赁保证金一般按合同金额的一定比例计，或是某一基期数的金额(如一个月的租金额)。

(2)担保费

出租人一般要求承租人请担保人对租赁交易进行担保，当承租人由于财务危机付不起租金时，由担保人代为支付租金。一般情况下，承租人需要付给担保人一定数目的担保费。

(3)租金

租金是签订租赁合同的一项重要内容，直接关系到出租人与承租人双方的经济利益。出租人要从取得的租金中得到出租资产的补偿和收益，即要收回租赁资产的购进原价、贷款利息、营业费用和一定的利润；承租人则要根据租金核算成本。影响租金的因素很多，如设备的价格、融资的利息及费用、各种税金、租赁保证金、运费、租赁利差、各种费用的支付时间，以及租金采用的计算公式等。租金的计算主要有附加率法和年金法。

①附加率法

附加率法是指在租赁资产的设备货价或概算成本上再加上一个特定的比率来计算租金。特定比率是指在租赁购置成本上，附加一项特定的附加利率，取值大小由营业费用和预期利润来确定，通常是出租人的纳税税率。

每期租金 R 的表达式为：

$$R = P\frac{(1+N\times i)}{N} + P\times r \qquad (7.12)$$

式中　R——每期期末租金；

P——租赁资产的价格；

N——租赁期数，可按月、季、半年、年计；

i——与租赁期数相对应的利率；

r——附加率。

附加率法计算租金一般在经营性租赁中或使用特殊的租赁物件时才采用，原因是经营性租赁与融资租赁的税制不同，租赁公司在取得某种租赁物件时提供了一些额外的服务，为此要增加费用，因此，租金收益要提高一些。

【例 7.7】　某施工企业拟租赁一台施工机械，已知该施工机械的价格为 72 万元，租期为 7 年，每年年末支付租金，租金按附加率法计算，折现率为 10%，附加率为 4%，问每年租金为多少？

【解】　$R = P\dfrac{(1+N\times i)}{N} + P\times r = 72\times\dfrac{(1+7\times 10\%)}{7} + 72\times 4\% = 20.37$ 万元

②年金法

年金法是将一项租赁资产价值按相同比率分摊到未来各租赁期间内的租金计算方法。年金法计算有期末支付和期初支付之分。

a. 期末支付方式是在每期期末等额支付租金。每期租金 R 的表达式为：

$$R = P\frac{i(1+i)^N}{(1+i)^N - 1} = P(A/P,i,n) \qquad (7.13)$$

b. 期初支付方式是在每期期初等额支付租金。每期租金 R 的表达式为：

$$R = P\frac{i(1+i)^{N-1}}{(1+i)^N - 1} = P(A/P,i,n)/(1+i) \qquad (7.14)$$

年金法计算租金适用范围广，目前我国大部分租赁公司采用年金法计算租金。

【例 7.8】　各种数据与例 7.7 相同，试分别按每年年末、每年年初支付方式计算租金。

【解】　按年末支付方式：

$$R = P\frac{i(1+i)^N}{(1+i)^N - 1} = 72\times\frac{10\%(1+10\%)^7}{(1+10\%)^7 - 1} = 14.79 \text{ 万元}$$

按年初支付方式：

$$R = P\frac{i(1+i)^{N-1}}{(1+i)^N - 1} = 72\times\frac{10\%(1+10\%)^{7-1}}{(1+10\%)^7 - 1} = 13.44 \text{ 万元}$$

7.4.2.2　设备购置方案的净现金流量

与设备经营租赁相同条件下的设备购置方案的每期净现金流量为：

第 t 年净现金流量 = 营业收入 − 经营成本 − 设备购置费 − 贷款利息 − 与营业相关的税金 + 设备净残值 − 所得税税率 ×（营业收入 − 经营成本 − 折旧 − 贷款利息 − 与营业相关的税金）　(7.15)

应该注意，式(7.11)和式(7.15)中各项现金流量有的发生在第 0 年（设备寿命期初），如设备购置费；有的可能发生在设备使用期中每年的年初，如设备租赁费；有的发生在设备使用期中每年的年末，如营业收入、营业税金及附加、经营成本和所得税；有的发生在设备使用期期末，如设备残值回收。应根据实际情况，在经济分析中具体加以考虑。

7.4.2.3　增量现金流量

由于设备购置与租赁方案选择的经济比选属于寿命期相同的互斥方案比选，所以可以采用净现值法或年值法进行比较，选择收益效果较大(或成本较少)的方案。为了简化计算，只需比较它们之间的差额部分。假设租赁与购置设备方案营业收入相同，则净现金流量中与营业相关的税金、经营成本和所得税税率数额及发生时间均完全相同，从式(7.11)和式(7.15)两式可以看出，只需比较式(7.16)和式(7.17)即可。

设备租赁＝所得税税率×租赁费－租赁费　(7.16)

设备购置＝所得税税率×(折旧＋贷款利息)－设备购置费
－贷款利息＋设备净残值　(7.17)

则设备购置对于设备租赁方案的增量现金流量为：

第 t 年增量现金流量＝设备购置净现金流量－设备租赁净现金流量
＝所得税税率×(折旧＋贷款利息－租赁费)－设备购置费
－贷款利息＋租赁费＋设备净残值　(7.18)

根据互斥方案增量分析法，如果设备购置与设备租赁方案的增量现金流量的现值大于或等于零，则说明设备购置方案增加投资财务上是可行的，应选择设备购置；否则，则说明增加投资不值得，应选择设备租赁。

【例 7.9】　某建筑企业因施工需要塔吊设备，如购买塔吊设备需购置费 20 万元，可利用 50% 的银行贷款，贷款期限 3 年、按利率 8% 等额支付本利和；如租赁该设备每年年末租赁费 56 万元。设备采用直线法折旧，使用期为 5 年，期末残值 5000 元，企业所得税税率 25%，行业基准收益率 10%。请为企业进行方案选择。

【解】　(1)计算年折旧费

年折旧费＝(200000－5000)/5＝39000 元

(2)计算年借款利息

各年支付的本利和按下式计算，则各年的还本付息如表 7.6 所示。

年等额还本付息＝200000×50%×$(A/P,8\%,3)$＝38803 元

表 7.6　各年支付的本息

单位：元

年份	期初剩余本金(1)	本期应计本息(2)＝(1)×8%	本期还款金额(3)	其中本期支付本金(4)＝(3)－(2)	其中本期支付利息(5)
1	100000	8000	38803	30803	8000
2	69197	5536	38803	33267	5536
3	35930	2874	38803	35929	2874

(3)计算增量现金流量

第 t 年增量净现金流量＝租赁费＋所得税税率×(折旧＋贷款利息－租赁费)＋设备净残值－设备购置费－贷款利息

各年增量现金流量如表 7.7 所示。

表 7.7　各年增量现金流量

单位:元

现金流量项目		0	1	2	3	4	5
设备购置费	(1)	200000					
折旧费	(2)		39000	39000	39000	39000	39000
贷款利息	(3)		8000	5536	2874		
租赁费	(4)		56000	56000	56000	56000	56000
折旧＋利息－租赁费	(5)＝(2)＋(3)－(4)		－9000	－11464	－14126	－17000	－17000
(折旧＋利息－租赁费)×税率	(6)＝(5)×25％		－2250	－2866	－3531.5	－4250	－4250
设备残值回收	(7)						5000
净现金流量	(8)＝(4)＋(6)＋(7)－(1)－(3)	－200000	45750	47598	49594.50	51750	56750

(4)计算增量现金流量的现值

$$\begin{aligned}\Delta NPV_{购置-租赁} &= -200000 + 45750(P/F,10\%,1) + 47598(P/F,10\%,2) \\ &\quad + 49594.50(P/F,10\%,3) + 51750(P/F,10\%,4) \\ &\quad + 56750(P/F,10\%,5) \\ &= -11232.01\text{元} < 0\end{aligned}$$

说明增加投资的内部收益率小于基准收益率，所以增加投资不可行，应选择投资较小的租赁施工机械方案，可取得较好的经济效益。

本章小结

设备是企业生产的重要物质条件，企业为了进行生产，必须花费一定的投资用以购置各种机器设备。设备购置后，无论是使用还是闲置，都会发生磨损。设备磨损分为两大类、四种形式，即设备的有形磨损和设备的无形磨损两大类，四种形式为：

(1)第Ⅰ种有形磨损是设备在使用过程中，在机械外力(如摩擦、碰撞或交变应力等)的作用下实体发生的磨损、变形和疲劳损坏。如设备零部件尺寸、精度的改变，直至损坏。

(2)第Ⅱ种有形磨损是设备在闲置过程中在自然力(如日照、潮湿和腐蚀性气体等)的作用下实体发生的锈蚀、损伤和老化。如设备锈蚀、零部件内部损伤、橡胶和塑料老化。

(3)第Ⅰ种无形磨损是指设备的技术结构和性能并没有变化，但由于技术进步，设备制造工艺不断改进，社会劳动生产率水平的提高和材料节省等导致社会必要劳动时间减少，同类设备的再生产价值降低，致使原设备相对贬值。

(4)第Ⅱ种无形磨损是指由于科学技术的进步，不断创新出结构更先进、性能更完善、效率更高、耗费原材料和能源更少的新型设备，使原有设备相对陈旧落后，其经济效益相对降低而发生贬值。

设备发生磨损后，需要进行补偿，以恢复设备的生产能力。设备磨损的类型、形式不同，磨损补偿的方式也不同。补偿分局部补偿和完全补偿。设备有形磨损的局部补偿是修理；

设备无形磨损的局部补偿是现代化改造;有形磨损和无形磨损的完全补偿是设备更新。设备更新可分为原型设备更新和新型设备更新。

设备维修工作可分为日常维护、小修理、中修理和大修理等几种形式。大修理是设备修理工作中规模最大、花费最高的修理,因此,设备磨损后是应该大修理还是更新,需要进行经济分析。设备大修理应满足以下两个条件:大修理费用 R 不能超过购置同类型新设备的重置价格 P 与现有设备被替换后的净残值 L 之差;现有设备大修理后的单位产品生产成本 C_p 不能高于同类型新设备的单位产品生产成本 C_n。

原型设备更新经济分析即设备的经济寿命的确定。设备的经济寿命是指设备从投入使用开始,到继续使用在经济上不合理而被更新所经历的时间。确定设备经济寿命的方法可以分为静态模式和动态模式两种。由于新设备方案与旧设备方案的寿命在大多数情况下是不等的,各方案在各自的计算期内的净现值不具有可比性,因此,新型设备更新仍然是用净年值或年成本进行分析。

企业在决定进行设备投资之前,必须进行多方面考虑。因为决定企业租赁或购买设备的关键在于能否为企业节约尽可能多的支出费用,实现最好的经济效益。对于承租人来说,采用购置设备或是采用租赁设备应取决于这两种方案在经济上的比较,比较的原则和方法与一般的互斥型投资方案的比选方法相同。进行设备经营租赁与购置方案的经济比选时,必须详细地分析各方案寿命期内各年的现金流量情况,据此分析各方案的经济效益并进行比较,从而确定以何种方式投资才能获得最佳收益。

习　题

7.1　思考题

(1)设备更新经济分析应遵循哪些原则?

(2)简述设备的自然寿命、技术寿命、折旧寿命和经济寿命。

(3)什么是设备的有形磨损和无形磨损?设备的有形磨损和无形磨损如何补偿?

(4)对于承租人来说,设备租赁与设备购买相比,有哪些优点和不足?

7.2　练习题

(1)设备经济寿命是指设备从投入使用开始,到(　　)而被更新所经历的时间。

A. 加工精度下降导致产品质量不稳定　　B. 运行经济效益开始下降

C. 继续使用在经济上不合理　　D. 因磨损严重而无法正常运行

(2)某企业 1995 年初买了一台设备,购买后即开始使用,使用 4 年后大修理一次,累计使用 7 年后虽出现了技术更先进、性能更完美的设备,但原设备再次修理后又使用了 5 年,此后再也无法使用,只能报废。该设备的自然寿命为(　　)年。

A. 4　　B. 7　　C. 12　　D. 5

(3)某设备 4 年前的原始取得成本是 10000 元,目前的账面价值是 4000 元,可变现净值为 1500 元,在进行设备更新分析时,该设备沉没成本的价值应视为(　　)元。

A. 2500　　B. 8500　　C. 10000　　D. 1500

(4)在进行设备更新方案比选时,常采用(　　)。

A. 年收益法　　B. 年折旧法　　C. 年费用法　　D. 投资法

(5)3 年前花 10000 元购买的设备,目前实际价值是 4000 元,预计净残值为 400 元,设备的运行成本为 300 元,并保持不变,设备还能使用 5 年,5 年的平均使用成本为(　　)元。

A. 1020　　B. 2220　　C. 2300　　D. 1100

(6)下列关于设备寿命概念的描述中,正确的是(　　)。

A. 设备使用年限越长,设备的经济性越好

B. 设备的经济寿命是由技术进步决定的

C. 搞好设备的维修和保养可避免设备的有形磨损

D. 设备的技术寿命主要是由设备的无形磨损决定的

(7)下列关于设备更新作用的描述中,错误的是(　　)。

A. 设备更新是对设备磨损的局部补偿

B. 设备更新可以对设备无形磨损进行补偿

C. 设备更新可以对设备有形磨损进行补偿

D. 设备更新是对设备在运行中消耗掉的价值的重新补偿

(8)下列属于经营租赁的特点的是(　　)。

A. 不得随意中止租约　　B. 不得随意取消租约

C. 适用于临时设备租赁　　D. 适用于贵重设备租赁

(9)某施工企业拟租赁一施工设备,租金按附加率法计算,每年年末支付。已知设备的价格为95万元,租期为6年,折现率为8%,附加率为5%,则该施工企业每年年末应付租金为(　　)万元。

A. 17.89　　B. 20.58　　C. 23.43　　D. 28.18

(10)采用设备经营租赁方案,年销售收入1000万元,年经营成本600万元,年租赁费用70万元,与销售相关的税金30万元(每年),所得税税率33%,则设备租赁的年净现金流量为(　　)万元。

A. 400　　B. 300　　C. 201　　D. 100

(11)某设备年租赁费用为30万元,若购买该设备,其购买费用年值为20万元,贷款利息每年支付5万元,设备年折旧费用为15万元,所得税税率为33%,那么用净年值表示的设备租赁与设备购买费用之差为(　　)。

A. −1.7万元　　B. 0　　C. 1.7万元　　D. 38.2万元

7.3　计算题

(1)现有一台设备,目前实际价值为1000元,预计残值为100元,第一年的设备总成本费用为80元,每年设备的劣化增量一样,年低劣化值为50元,求该设备的经济寿命。

(2)某施工企业拟租赁一施工设备,已知设备的价格为68万元,租期为5年,折现率为12%,附加率为4%。

①租金按附加率法计算,每年年末支付,该施工企业每年应付租金为多少?

②租金按年金法计算,每年年初和每年年末支付,该施工企业每年应付租金分别为多少?

(3)某设备原值16000元,其各年残值及使用费资料如表7.8所示。试求在不考虑时间因素的情况下,该设备的经济寿命。

表7.8　设备有关统计资料

单位:元

继续使用年限	1	2	3	4	5	6	7
年运行成本	2000	2500	3500	4500	5500	7000	9000
年末残值	10000	6000	4500	3500	2500	1500	1000

(4)某公司用旧设备A加工某产品的关键零件,设备A是8年前买的,当时的购置及安装费为8万元,设备A目前市场价值为18000元,估计设备A可再使用2年,退役时残值为2750元。目前市场上出现了一种新的设备B,设备B的购置及安装费为12万元,使用寿命为10年,残值为原值的10%。旧设备A和新设备B加工100个零件所需时间分别为5.24h和4.2h,该公司预计今后每年平均能销售44000件该产

品。该公司人工费为18.7元/h。旧设备动力费为4.7元/h,新设备动力费为4.9元/h。基准折现率为10%,试分析是否应采用新设备B更新旧设备A。

(5)某企业需要某种设备,其购置费为100万元,可贷款70万元,贷款利率为8%,在贷款期3年内每年年末等额还本付息。设备使用期为5年,期末设备残值为5000元。这种设备也可以租赁到,每年年末租赁费为280000元。企业所得税税率为25%,采用直线法折旧,基准折现率为10%,试为企业选择方案。

8 价值工程

内容简介:价值工程是将技术与经济相结合的工程技术理论,可以达到有效降低资源消耗、获取最佳综合效益的目的。本章主要介绍价值工程的起源、内涵,价值工程对象的选择,信息的收集,功能分析以及方案的创造及评价,最后通过典型案例分析价值工程在实际工程中的应用。

教学要求:了解价值工程的产生、发展和应用领域;掌握应用价值工程方法解决问题的工作程序;掌握价值工程分析对象的选择方法;熟悉功能分析及功能评价的常用方法;掌握方案优选及方案改进的原理及方法。

知识链接:方案选择评价方法。

8.1 价值工程概述

8.1.1 价值工程的概念

价值工程(Value Engineering,VE)也称价值分析(Value Analysis,VA),是一门工程技术理论,是指以研究对象的功能分析为核心,以提高研究对象的价值为目的,力求以最低寿命周期成本来可靠地实现研究对象所要求功能的技术与经济相结合的学科。运用价值工程的原理和方法,对建设项目进行技术经济分析评价,可以达到有效降低资源消耗、获取最佳综合效益的目的。

价值工程中的"工程":为实现提高产品价值的目标所进行的一系列分析研究活动。

价值工程的对象:为了获取功能而发生费用的事物,如服务、产品、工程、工艺等。

价值工程的核心:对研究对象进行功能分析。

价值工程涉及功能、寿命周期成本和价值三个基本要素。

8.1.1.1 功能(function)

(1)功能的含义

功能即效用,指产品或服务满足用户需求的属性。任何产品都具有功能,如道路的功能是提供交通便利,建筑物的功能是提供生活、学习、工作等活动场所。就建筑产品而言,功能是某一建筑产品区别于另一建筑产品的主要划分标准,是建筑产品的内在本质表现。就用户而言,表面上用户需求某种产品,实际上是需求它所提供的某种功能。不同的建筑产品有不同的使用功能。例如,人们买住宅,是购买住宅"能提供居住空间"的功能,建造工业厂房是为满足工业生产、加工、储存、运输等工艺流程需要,从这个意义上分析,生产厂家所生产的实际上是功能,用户所购买的实际上也是功能。

具有同样功能的不同建筑产品,给用户带来的满足程度是不同的。同样功能的不同产品的这种差别是功能水平的差别。功能水平由一系列的技术经济指标和综合特性指标表示。例如,住宅建筑常常使用平面空间布局、建筑面积、使用面积、采光、通风、能耗、安全性能等指标来测定其功能水平的高低。工业厂房要满足生产一定工业产品的要求，不仅要考虑设备的布置、安装的场地和条件，还要考虑必需的空调、采暖、照明、给排水等功能，以便提供适宜的生产环境。

(2)功能的分类

产品的功能多种多样，其性质、重要程度差别很大。功能分析的目的是在满足用户基本使用功能的基础上，尽可能增加产品的必要功能、减少不必要的功能。因此，有必要进行功能的分类，以便在下面的价值工程中确保必要功能，剔除不必要功能。

从功能性质进行分类，可将功能分为使用功能与品味功能。使用功能从功能的内涵上反映其使用属性，是对象所具有的与技术经济用途直接相关的一种动态功能；品味功能是与使用者的主观意识、精神感觉有关的功能，如美学功能、欣赏功能等，是一种静态的外观功能。

按功能的重要程度分类，可将功能分为基本功能和辅助功能。基本功能是与对象的主要目的直接有关的功能，是实现该对象用途必不可少的功能，即主要功能。如住宅的主要功能是提供居住空间、学校的主要功能是提供学习场所和环境等。确定基本功能应该从用户需要的功能出发，主要考虑三个方面：一是作用是否是必需的；二是主要用途是否是主要的；三是其作用改变后是否会使性质全部改变。辅助功能是指基本功能以外的附加功能，也叫二次功能。如室内隔墙的基本功能是分割空间，同时也具有隔声、保温等辅助功能。辅助功能可以根据用户需求而改变。

按用户需求分类，可将功能分为必要功能与不必要功能。必要功能是为满足用户要求而必须具备的功能，如使用功能、美学功能、基本功能、辅助功能等均为必要功能；不必要功能是对象所具有的、不符合用户要求的功能，又包括三类：多余功能、重复功能和过剩功能。功能分析的目的是在满足用户基本使用功能的基础上，尽可能增加产品的必要功能、减少不必要功能。

按功能的标准分类，可将功能分为过剩功能与不足功能。这是从定量角度对功能进行的分类，过剩功能是指某些功能虽属必要，但满足需要有余，在数量上超过了用户要求或标准功能水平。不足功能是相对于过剩功能而言的，表现为产品整体功能或零部件功能水平在数量上低于标准功能水平，不能完全满足用户需要。例如建筑物的条形基础，若采用刚性材料砌筑，则需要符合刚性角的要求。若砌筑成矩形，那么基础的功能就有一部分是过剩功能。

8.1.1.2　全寿命周期成本(life cycle cost)

(1)全寿命周期

工程项目全寿命周期起源于英国人 A. Gordon 在 1964 年提出的“全寿命周期成本管理”理论。事物从产生、发展到其结束为止的整个过程即为事物的全寿命周期。建筑产品全寿命周期是指一个建设项目从前期决策、勘察设计、施工、使用维修乃至报废淘汰即项目完全失去效益的整个过程所需要的时间。

(2)全寿命周期成本

产品在整个寿命周期内所发生的从研究、形成到退出使用所需要的全部费用称为全寿命周期成本。它包括生产成本和使用成本两部分。生产成本是指产品从研究开发到流通到用户手中为止的全部费用。使用成本是指用户在使用过程中发生的各种费用，包括维修费用、能源消耗费用、管理费用等。对建筑产品来说，全寿命周期成本包括建设成本和使用成本，建设成本是指建筑产品从筹建到竣工验收为止所投入的全部成本费用，包括勘察设计费、施工建造费等。使用成本则指建筑产品在使用过程中发生的各种费用，包括各种能耗成本、维护成本和管理成本等。

因此，对于用户而言，建筑产品全寿命周期费用＝建设成本＋使用成本，即 $C=C_1+C_2$。图 8.1 为全寿命周期成本构成图。

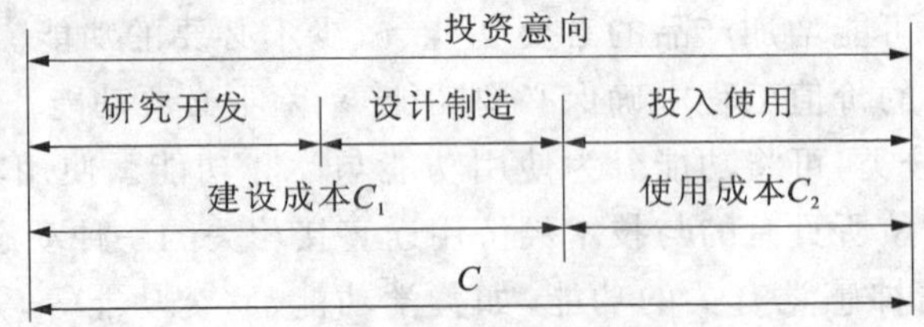

图 8.1　全寿命周期成本构成图

产品的全寿命周期费用与产品的功能有关。随着建筑产品功能水平的提高，建筑产品的使用费用下降，但建设费用增高；反之，使用费用增高，建设费用降低。一座精心设计的商用大楼，如果质量得到有力保证，使用中发生的维修费用就会比较低；如果设计粗糙且在施工中偷工减料，产品质量低劣，使用过程中的维修费用就会较高。这种使用成本、建设成本与功能水平的变化规律决定了全寿命周期成本与功能水平呈马鞍形变化。建设费用 C_1 曲线和使用费用 C_2 曲线的交点对应的全寿命周期费用最低。最低全寿命周期费用 C_0 所对应的功能水平 F_0 是从费用方面考虑最为适宜的功能水平。价值工程的目的就在于使全寿命周期成本趋近于最低点 C_0，而使产品的功能趋近于最佳功能 F_0。图 8.2 中原产品的全寿命周期成本为 C_1、C_2，则图中 C_1C_0 为全寿命周期成本下降的潜力。

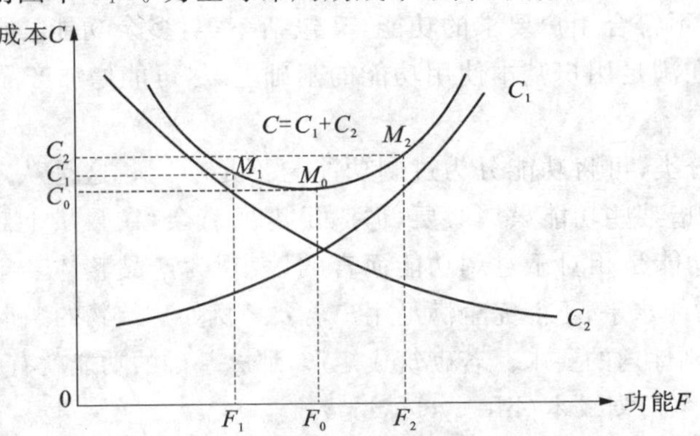

图 8.2　全寿命周期成本与功能的关系

8.1.1.3　价值(Value)

价值工程中的“价值”是个相对的概念，是指研究对象所具有的功能与获得该功能的全部费用的比值。即价值工程不是指对象的使用价值或交换价值，而是对象的比较价值，即性能价格比。价值定义式为：

$$V=\frac{F}{C} \tag{8.1}$$

式中　V——价值；

F——功能；

C——全寿命周期成本。

8.1.2 提高产品价值的途径

从价值定义式分析可知，价值的提高取决于功能和成本两个要素，因此，要提高某一产品的价值，必须从功能和成本两方面来考虑，科学处理好功能和成本的关系，价值才能增加。

将提高产品价值的途径总结如下(表 8.1)。

表 8.1 提高产品价值分析表

提高价值的类型	提高价值途径	表达公式	备 注
双向型	功能提高，成本降低	$F\uparrow/C\downarrow=V\uparrow$大	最理想的途径
节约型	功能不变，成本下降	$F\rightarrow/C\downarrow=V\uparrow$	
投资型	功能提高幅度较大，产品成本略有增加	$F\uparrow$大$/C\uparrow$小$=V\uparrow$	
改进型	成本不变，功能提高	$F\uparrow/C\rightarrow=V\uparrow$	
牺牲型	功能略有下降，成本大幅度下降	$F\downarrow$小$/C\downarrow$大$=V\uparrow$	实际中应持慎重态度

要提高对象的价值水平，就要从表 8.1 所述的五个方面着手。在价值分析中，要明确价值分析的目的是分析产品成本与功能之间的数量关系，从中发现薄弱环节，识别并消除非必要的费用。消除非必要费用的途径是：修改设计，改变原材料品种、规格和供应来源，采用代用材料或者少用材料，采用更合理的工艺流程、生产组织形式及管理方法等，从而有效地降低加工费用。

例如，某设计院对一拦河坝的设计进行了严密的分析，从功能和成本两个角度综合考虑，提出了新的改进设计方案。他们把溢水道闸门的高度增大，使闸门的数量从 17 扇减为 12 扇，同时改进了闸门施工用的沉箱结构，在不影响水坝功能和可靠性的情况下，节约了筑坝费用约 1.5 亿元，而用于请人进行价值工程分析的费用只花了 1032 万元。

8.1.3 价值工程的特点

价值工程是一种现代化管理技术和分析方法，具有以下特点：

(1)价值工程是以用户的功能需求为出发点。

(2)价值工程是一项致力于提高对象价值的创造性活动。价值工程将产品价值、功能和成本作为一个整体同时考虑。价值工程中对价值、功能、成本的考虑，是在产品功能的基础上综合考虑生产成本和使用成本，兼顾生产者和使用者的利益，创造出总体价值最高的产品，是致力于提高价值的创造性活动。

(3)价值工程以功能分析为核心。通过系统研究功能与成本的关系，可以在改进方案中去掉不必要的功能，消减过剩功能，补充不足功能，使产品的功能结构更加合理，以达到保证功能、降低成本、满足用户要求、提高产品竞争能力的目的。

(4)价值工程的活动领域涉及整个全寿命周期，是以集体的智慧开展的有计划、有组织的管理活动。价值工程的目标是以最低的全寿命周期成本使产品具备它所必须具备的功能。在产品全寿命周期中，生产成本一般随功能水平(技术性能)的提高有所增长，而使用成本则往往朝相反的方向变化。价值工程的基本思想就是有效地利用资源，尽量用最少的资源满足用户对功能的要求，并使得所形成的全寿命周期成本最低，有时虽然生产成本提高了一点，但使用成本会有所下降，同样是对社会资源的节约。因此，通过降低成本提高价值的活动应贯穿生产和使用的全过程。

(5)价值工程可以量化计算。价值工程要求将功能定量化，即将功能转化为能够与成本直接相比较的量化值。

8.1.4 价值工程的工作步骤

价值工程是一个发现问题、分析问题和解决问题的过程，它的实施步骤可分为准备阶段、分析阶段、创新阶段与方案实施评价四个阶段(具体如表8.2所示)。由于价值工程的应用范围广泛，其活动形式也不尽相同，因此，在实际应用中可参照这个工作程序，根据对象的具体情况，应用价值工程的基本原理和思想方法，考虑具体的实施措施和方法步骤。但是对象选择、功能分析、功能评价和方案创新与评价是价值工程工作程序的关键内容，体现了价值工程的基本原理和思想，是不可缺少的。

表8.2 价值工程的工作步骤

工作阶段	设计程序	基本步骤	详细步骤	解决的问题	说　明
准备阶段	制订工作计划	确定目标	1.对象选择 2.资料收集	1.价值工程的研究对象是什么	1.应明确目标、约束条件和分析范围； 2.一般由项目负责人、专业技术人员以及熟悉价值工程的人员进行； 3.具体的执行人、执行日期、工作目标
分析阶段	规定评价(功能要求事项实现程度)的标准	功能分析	3.功能定义 4.功能整理	2.它的功能有哪些	4.贯穿价值工程的全过程 5.明确功能特征要求，绘制功能系统图 6.明确目标成本，确定功能改进区
		功能评价	5.功能成本分析	3.它的成本是多少	
			6.功能评价 7.确定改进对象范围	4.它的价值是多少	
创新阶段	初步设计	制定改进方案	8.方案创造	5.还有其他途径能实现这一功能吗	7.提出各种不同的实施方案 8.从技术、经济、社会等方面综合评价各方案的可行性 9.将优选出的方案及有关资料编制成册
	评价各设计方案，改进优化方案		9.概略评价 10.调整完善 11.详细评价	6.新方案的成本是多少	
	方案书面化		12.提出方案	7.新方案能满足功能要求吗	
方案实施评价	检查实施情况并评价活动结果	方案实施与成果评价	13.方案审批 14.方案实施与检查 15.成果评价	8.新方案偏离目标了吗	10.主管部门进行方案的审批 11.制订实施计划，组织实施并跟踪检查 12.对实施后取得的技术经济成果进行鉴定

8.2 价值工程对象选择

价值工程是就某个具体对象开展的有针对性的分析评价和改进，有了对象才有分析的具体内容和目标。对任何组织来讲，凡是为了获取功能而发生费用的事物，如服务、产品、工程、工艺等，都可以作为价值工程的研究对象。但组织不可能对所有的子项目、产品零部件或工序、作业等都进行分析、研究，而必须分清主次轻重，有重点、有顺序地选择每次价值活动的对象。价值工程对象选择的过程就是逐步缩小研究范围、寻找目标、确定主攻方向的过程。

8.2.1 选择对象的原则

价值工程一般选择在经营上迫切需要改进的产品、功能改进和成本降低的潜力比较大的产品。

(1)从产品构造方面看，一般选择复杂、笨重、材料贵而性能差的产品。因为结构复杂的工程和构配件有简化的可能性；体积与重量大的工程和构配件是节约原材料和改进施工(生产)工艺的重点。

(2)从制造方面看，一般选择产量大、消耗高、工艺复杂、成品率低以及占用关键设备多的产品。因为数量大、应用面广的构配件(如外墙、楼板、防水材料、人工地基等)，降低成本的潜力大；对产品功能提高起关键作用的构配件，改进后提高功能效果显著。

(3)从成本方面看，一般选择占成本比重大和单位成本高的产品。因为成本高的工程和构配件，施工(生产)难度大；消耗材料和工时多的工程和构配件，其改进的潜力大，对产品的价值影响大。

(4)从销售方面看，一是选择用户意见大、竞争能力差、利润低的产品；二是选择畅销产品，以保持优势，提高竞争力。

(5)从产品发展方面看，一般选择正在研制将要投放市场的产品。选择可利用新材料、新设备、新工艺、新结构及在科研上已有先进成果的工程和构配件，这样可有效节约成本，提高产品价值。

总之，应选择可提高功能或可降低成本，或有利于价值提高的那些对象。防止忽视价值水平而单独考虑提高功能或单独考虑降低成本，而导致价值降低的倾向。

8.2.2 选择对象的方法

选择对象的方法很多，下面着重介绍四种方法，即经验分析法、ABC 分析法、百分比分析法和功能重要性分析法。

8.2.2.1 经验分析法

经验分析法也称因素分析法，是一种简单易行的定性分析方法，它是对照有关标准、法规、检查表或依靠有丰富实践经验的专业人员和管理人员的观察分析能力，对设计、加工、制造、销售和成本等方面存在的问题进行综合分析，找出关键因素，并把存在这些关键问题的产品或零部件作为研究对象的方法。经验分析法是辨识中常用的方法。

该方法的优点是简便、易行，其缺点是缺乏定量分析，受辨识人员知识、经验和占有资料的限制。为弥补个人判断的不足，常要求发挥集体智慧，采取专家会议等方式来相互启发、交换意见、集思广益，使选择对象更加合理。

8.2.2.2 ABC分析法

ABC分析法又称排列图法或帕莱托分析法，是一种寻找主要因素的方法，源于19世纪意大利经济学家帕莱托对资本主义财富的分析。他发现财富分配不均匀，80%的财富集中在20%的人手里。现本定律在各种管理活动中已经得到广泛应用。其基本原理是分清主次、轻重，区别关键的少数和次要的多数，将关键的少数作为价值工程的研究对象。具体做法是将某产品的全部部件按成本比重从高到低排列，分成A、B、C三类，找出少数数量不多而占总成本比重相当大的部件作为分析的主要对象。ABC分类的参考标准如表8.3所示。

表8.3 ABC分析法分类的参考标准

类别	累计成本比重(%)	数量比重(%)
A	70	10
B	20	20
C	10	70

价值工程对象选择时按A、B、C的顺序依次选择。在进行价值分析时，A类作为价值工程活动的重点分析对象，B类只作为一般分析，C类可以不加分析(图8.3)。通过ABC分析法，产品构配件数量与成本之间关系一目了然，价值工程分析的重点在A类，属“关键的少数”。ABC分析法的优点是抓住重点，突出主要矛盾，价值工程分析可结合一定的时间要求和资源条件，略去“次要的多数”，抓住“关键的少数”，卓有成效地开展工作。

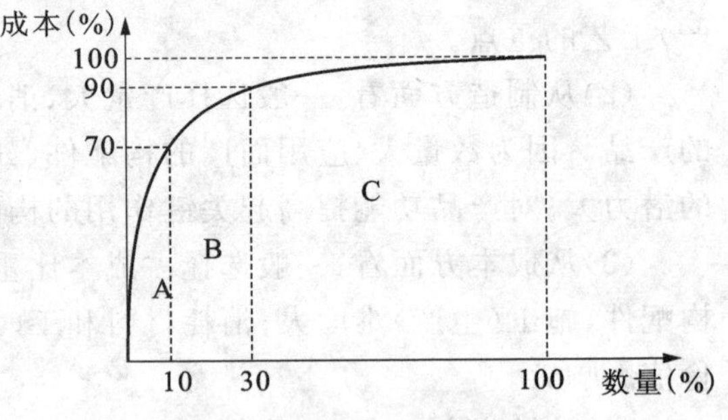

图8.3 ABC分析曲线图

ABC分析法确定关键对象的步骤：

(1)计算每一对象的成本。

(2)计算每一对象的成本与总成本的百分比(即成本比重)，并按大小顺序排列制表。

(3)按顺序累计研究对象的成本比重，当成本比重累积到70%左右视为A类；成本比重累积介于70%～90%之间时，除掉A类以后的为B类，其余则为C类。

8.2.2.3 百分比分析法

百分比分析法是通过分析某种费用或资源对企业的某个技术经济指标的影响程度(百分比)来选择价值工程对象的方法。

【例8.1】 某单位生产多种产品，其生产所耗用的动力远远超越同行业一般水平。经过分析，各产品动力消耗比重及各产品产值比重见表8.4。

表8.4 例8.1相关数据分析表

产品	动力消耗比重(%)	产值比重(%)	VE对象选择(%)
A	40	21	√
B	20	35	

续表 8.4

产品	动力消耗比重(%)	产值比重(%)	VE 对象选择(%)
C	12	32	
D	28	12	√
合计	100	100	

【解】 从表中数据可知,A、D 两个产品动力消耗的比重大于产值的比重,可以确定 A、D 两个产品为价值工程的研究对象,需要研究如何降低其动力消耗成本。

8.2.2.4 功能重要性分析法

所谓功能重要性分析法,是采用分析评分法将产品的零部件、工序等进行功能评价,给出其功能重要性系统,按重要性系数大小进行排列,优先选择功能重要的作为价值工程的研究对象的方法。

此方法从功能的角度突出了重点对象,但对于那些功能并不重要,而成本分配较高的对象,往往不会重视。求解重要性系数有多种方法,如强制确定法、04 评分法、DARE 法和因素分析法等。

(1)强制确定法

强制确定法是价值工程应用的技术方法之一,亦称"零件功能重要度对比法""价值指数法""FD 法"。这种方法抓住每一事物的评价特性,然后把这些因素组合起来进行强制评价。这种方法在功能评价和方案评价中也有应用。它的基本思想是:产品的每一个零部件成本应该与该零部件功能的重要性相匹配,以功能重要程度作为选择价值工程对象的决策指标。强制确定法兼顾功能与成本,具体做法是先求出分析对象的成本系数、功能系数,得出价值指数,揭示出分析对象的功能与花费的成本是否相符,不相符、价值低的被选为价值工程的研究对象。

①强制确定法的评价规则

a. 由对产品性能熟悉的人员参加评价;

b. 评价人数为 5~15 人;

c. 评价人员在评价时各自计分,互不通气;

d. 评价两个功能的重要性时,采用一比一的方法,功能重要的得 1 分,相对不重要的得 0 分,不能同时得 1 分,也不能同时得 0 分。

②强制确定法的计算及评价

a. 计算功能指数 F_i

计算功能指数。首先把构成产品的零件排列起来,按其功能重要程度,进行一对一的比较,重要的得 1 分,次要的得 0 分。然后把各零件的得分进行累计,为防止功能得分为零的情况发生,用各加 1 分的方法予以修正;然后用修正得分除以总修正得分即为功能指数。功能指数定量的说明每一个零部件在全部零部件中的功能重要程度。计算公式为:

$$\text{某零部件功能指数} = \frac{\text{某零部件功能修正得分值}}{\text{全部零部件功能修正得分合计}} \tag{8.2}$$

功能指数大则功能重要,功能指数小则功能不太重要。

b. 计算成本指数 C_i

首先查出各零部件的目前成本，然后将各零部件的目前成本相加得出总成本，最后将各零部件的目前成本除以总成本，即得出各零部件的成本指数。计算公式为：

$$某零部件成本指数 = \frac{某零部件目前成本}{全部零部件目前成本合计} \tag{8.3}$$

c. 计算价值指数 V_i

功能指数与成本指数之比为价值指数，即：

$$V_i = \frac{F_i}{C_i} \tag{8.4}$$

d. 根据价值指数的大小确定价值工程的研究对象

运用强制确定法时，价值指数 V_i 的计算结果有三种情况：

第一，$V_i>1$，说明产品或部件重要程度大而成本低，可作为研究对象。具体分析，一是评价对象在经济、技术方面存在某些特殊性，在满足功能的同时成本较低，可不作为价值工程改进对象；二是对象目前具有不必要的功能，即过剩功能，应列为价值工程改进对象，改进方向是降低功能水平；三是目前功能不足，不能满足对象实现应有功能的要求，应列为价值工程改进对象，改进方向是提高功能。

第二，$V_i<1$，说明产品或部件重要程度小而成本高，应作为研究对象。功能不足则应提高功能，成本过高则应着重从各方面降低成本，使成本与功能比例趋于合理。

第三，$V_i=1$，说明产品或部件重要程度和成本相当，该零部件功能与成本匹配，不作为价值工程活动的选择对象。

从以上分析可以看出，对产品零部件进行价值分析，就是使每个零部件的价值指数尽可能趋近于1。在应用该法选择价值工程对象时，应当综合考虑价值指数偏离1的程度和改善幅度，优先选择 V_i 小于1且改进幅度大的产品或零部件。

【例8.2】 已知组成某一建筑产品的构配件为A、B、C、D、E。其成本费用分别为1.8万元、0.8万元、0.8万元、1.1万元、2.5万元，总成本为7万元，现组织甲、乙、丙、丁、戊共5人参加评选，试确定价值工程分析对象。

【解】 ①计算功能指数

首先把构成产品成本或总成本的构配件排列起来，专家甲采用强制确定法对A、B、C、D、E部件的重要性进行评判，甲认为：A与B相比A重要，A与C相比C重要，A与D相比A重要，A与E相比A重要，见表8.5。

表8.5 零部件重要性评价表(甲)

构件名称	一对一比较结果					实际得分	修正得分
	A	B	C	D	E		
A	×	1	0	1	1	3	4
B	0	×	0	1	1	2	3
C	1	1	×	1	1	4	5
D	0	0	0	×	0	0	1
E	0	0	0	1	×	1	2
合计						10	15

用同样的方法可得出5位专家的评分结果，详见表8.6。零部件功能指数见表8.7。

表 8.6 零部件平均得分

构件名称	甲	乙	丙	丁	戊	合计	平均得分
A	4	4	3	5	5	21	4.2
B	3	5	2	4	2	16	3.2
C	5	3	5	2	4	19	3.8
D	1	1	1	3	1	7	1.4
E	2	2	4	1	3	12	2.4
合计							15

表 8.7 零部件功能指数

	A	B	C	D	E	合计
功能均分	4.2	3.2	3.8	1.4	2.4	15
功能指数	0.280	0.213	0.253	0.094	0.160	1.0

②计算成本指数

根据式(8.3)计算各构配件的成本指数如表 8.8 之(3)栏所示。

③计算价值指数

各构配件的价值指数见表 8.8 之(4)栏所示。

表 8.8 价值指数计算表

构件名称	功能指数	现实成本(万)	成本指数	价值指数	分析对象
	(1)	(2)	(3)=(2)/7	(4)=(1)/(3)	
A	0.280	1.8	0.26	1.077	
B	0.213	0.8	0.11	1.936	
C	0.253	0.8	0.11	2.30	
D	0.094	1.1	0.16	0.588	√
E	0.160	2.5	0.36	0.444	√
合计	1.00	7	1.00		

④根据价值指数选择价值工程对象

根据表 8.8 中所列的价值指数偏离 1 的程度可以确定 VE 研究对象首选 E 和 D。其他研究对象是否需要分析，根据实际情况判定。

强制确定法从功能和成本两方面综合考虑，运用较简便，不仅能明确揭示出价值工程的研究对象，而且具有数量概念。但是这种方法是人为打分，只有 0、1 两种评价标准，不能准确反映功能差距的大小，只能适用于零部件间功能差别不太大且比较均匀的对象，而且一次分析的零部件数目也不能太多，以不超过 10 个为宜。在零部件很多时，可以先用 ABC 法、经验分析法选出重点零部件，再用强制确定法细选；也可以用逐层分析法，从零部件选起，然后在重点部件中选出重点零部件。

由于用强制确定法选择优先研究对象会产生许多不足，为了克服这些不足，已经出现了很多新方法，如 04 评分法、倍比法(DARE 法)、因素分析法等。

(2)04 评分法

04 评分法与强制确定评分法相似，但其评分标准不同，假设非常重要的一方是 4 分，另一方则为 0 分；比较重要一方为 3 分，另一方则为 1 分；两者同等重要，则各得 2 分；自身对比不得分。根据两两对比的重要程度对功能重要性进行赋值，计算功能指数。

【例 8.3】 各种功能的重要性关系为：F_3 相对于 F_4 很重要，F_3 相对于 F_1 较重要，F_2 和 F_5 同样重要，F_4 和 F_5 同样重要。用 04 评分法计算各功能的权重，并列表。

【解】 根据 04 评分法的规则，F_3 相对于 F_4 很重要，则 F_3 赋值为 4，F_4 赋值为 0；F_3 相对于 F_1 较重要，则 F_3 赋值为 3，F_1 赋值为 1；F_2 和 F_5 同样重要，则 F_2 和 F_5 皆赋值为 2；F_4 和 F_5 同样重要，则 F_4 和 F_5 皆赋值为 2；同时，该条件隐含 F_2、F_4 和 F_5 同样重要，其对应赋值应该一样。根据分析填列表 8.9。

表 8.9　例 8.3 功能指数计算表

功能	F_1	F_2	F_3	F_4	F_5	得分	功能指数
F_1	×	3	1	3	3	10	0.25
F_2	1	×	0	2	2	5	0.125
F_3	3	4	×	4	4	15	0.375
F_4	1	2	0	×	2	5	0.125
F_5	1	2	0	2	×	5	0.125
$\sum$			—			40	1.000

(3)倍比法(DARE 法)

倍比法也叫 DARE 法，DARE(Decision Alternative Ratio Evaluation)法是由克里(A. J. Klee)提出的，该方法不但可以用于价值工程的对象选择，而且也可用于功能评价与方案评价。利用评价对象之间的相关性进行比较来定出功能指数，其具体步骤如下：

①根据各评价对象各功能重要性程度，按上高下低的原则排序。

②从上至下按倍数比较相邻两个评价对象。

③令最后一个评分对象得 1 分，按上述各对象之间的相比值计算其他对象的得分。

④计算各功能评价对象的功能评价指数。

(4)因素分析法

因素分析法是指根据价值工程对象选择应考虑的各种因素，凭借人员经验集体研究确定选择对象的一种方法。

8.3　信息资料的收集

价值工程工作的全部过程就是分析问题与解决问题的过程。从对象选择开始到最佳方案确定的全过程，都必须以全面可靠的信息资料为基础。从某种意义上说，价值工程工作的成败、效果的大小，都取决于信息资料的质量与数量能否满足要求。

8.3.1　收集信息资料的原则

在价值工程工作中，为了有效收集全面、可靠的信息资料，必须遵循以下原则。

(1)目的性原则。收集信息资料时，首先要明确目的。为了提高产品价值，应该明确产品功能，测定其价值，然后找出更好的方法来实现产品的功能。只有明确了这一目的后，才能明确该知道什么，应该收集哪些信息资料。

(2)可靠性原则。要明确信息资料应该收集到何种程度，对可用信息资料的质量和数量进行衡量。信息资料的质量说明信息资料的水平、精度及可靠性等。信息资料质量要求的高低对信息资料收集所用时间与经费的影响很大。要收集高质量的信息资料所用时间要长,投入经费要多。因此,要根据价值工程工作需要,确定收集信息资料的合适的质量要求。既要防止收集的信息资料质量不高,影响价值工程工作,也要防止收集的信息资料质量过高,造成时间和费用的浪费。

信息资料的数量对价值工程工作影响也较大,数量不足容易遗漏好创意和好方案;数量过多又可能造成收集信息资料的时间和经费的浪费。因此,也要根据价值工程工作需要,确定收集信息资料的合理数量。

(3)系统性原则。系统地收集与掌握各种资料是提高产品价值的先决条件。应对产品的技术经济资料进行系统收集,力争全面、完整。对于相同的信息资料,它可来自不同的情报源,我们要从多个情报源中选择最好的情报源,从那里获取全面可靠的信息资料。收集信息资料时可按其项目列出情报源一览表,便于在收集信息资料时选择。

(4)时效性原则。收集信息资料要按时完成,应在有效的时间内,收集到需要的全面可靠的信息资料,这样对价值工程工作才有帮助。因此,必须明确信息资料收集的时间限制,根据时间限制安排收集信息资料的工作计划。

8.3.2 信息资料收集范围

8.3.2.1 销售及使用方面的信息资料

这方面的信息资料就是用户对产品的要求,具体有:

(1)对产品功能、可靠性、服务、维护、安全、操作及美观方面的要求;

(2)对产品规格、空间条件、环境条件的要求;

(3)对全寿命周期的要求;

(4)有关产品使用的实际情况:产品、零部件的实际使用寿命,零部件更换的原因和状况,购买价格及维护费用,使用上的问题及应改进的地方;

(5)一年内市场对产品的总需求量及企业产品的市场占用率;

(6)竞争企业的产品价格、质量、产量、市场占有率、经营策略等。

8.3.2.2 设计技术方面的信息资料

设计技术方面的信息资料是指与产品功能有关的信息资料,主要包括:

(1)产品设计应达到的技术要求;

(2)这些技术的演变过程;

(3)现在的设计及部件结构的图纸、说明书,各种技术规范、标准、技术专利、装备等;

(4)要求的质量特性,物理与化学等质量要求;

(5)现在设计上存在的问题及应改进的地方。

这些设计技术方面的信息资料是正确认识对象产品功能细节的基础。如果这些信息资料不够充分,就不可能对产品功能下正确的定义,必将影响以后的价值工程工作。

8.3.2.3 制造和供应方面的信息资料

(1)产品的加工工艺、作业方法、产量、合格率、不良品率等;

(2)使用的设备、工器具、模型及附件等;

(3)生产标准时间及实际时间;

(4)生产成本,包括原材料费、人工费、管理费等;

(5)供应者、供应方法及相关费用等。

8.3.2.4 本企业的基本信息

(1)企业的经营概况,包括企业的经营思想、方针、目标、发展规划;企业的经营业务以及产量、质量情况;企业的技术经济指标在同类企业中所处的地位。

(2)企业综合能力,包括企业的开发、设计、研究能力;技术经济的总体水平;施工生产能力;施工机械等技术装备情况;保证产品质量能力;按时交货能力及应变能力等。

(3)有关部门法规、条例等信息。法规、条例等信息包括国家的经济政策、技术政策、能源政策、优惠政策以及贸易、技术引进、环保等方面的法规等。

通过收集与分析上述信息资料,就会逐步熟悉价值工程对象,为以后价值工程工作顺利进行奠定基础。

8.3.3 信息资料的分析与鉴定

对收集的所有信息资料都应加以分析与鉴定,去伪存真,把真实可靠、价值高的信息资料选出来,作为分析问题、解决问题的依据。在分析与鉴别信息资料时,要实事求是,避免主观臆测。

8.4 功能分析

产品的功能就是指产品的用途。功能分析是价值工程活动的核心,可以解决对象提出的"它是干什么用的"这一问题,准确掌握用户的功能要求,并决定着价值工程活动的有效程度。通过产品的功能分析、成本的定性和定量分析,可以去掉不合理的功能,科学地确定产品的必要功能,合理分配成本,为创造和改善方案提供依据。功能分析包括功能定义和功能整理两方面的内容。

8.4.1 功能定义

功能定义就是用简单明确的语言对价值工程对象及其组成部分的作用或效用进行表述。通过功能定义,可以准确地掌握用户的功能要求,抓住问题的本质,扩大思考范围,开拓设计思路,深化对功能的理解,为功能评价和创造改进方案奠定基础。

功能定义的语言应简明准确,通常用一个动词加一个名词表述。如梁的功能是传递荷载;隔墙的功能是分隔空间;灯的功能是发光等。

8.4.2 功能整理

功能整理是按照一定的逻辑顺序,把各个功能之间的相互关系加以系统化,形成一个有机整体。其目的是确认真正要求的功能,发现不必要的功能,确认功能定义的准确性,明确功能领域。

产品的各个功能之间是相互配合、相互联系的,为实现产品的整体功能发挥各自的作用。各个功能之间存在着并列关系或者上下位关系,要通过功能整理予以确定。进行功能整理的步骤是:明确基本功能、辅助功能和最基本功能;明确各功能之间的相互关系。

8.4.2.1　分析出产品的基本功能和辅助功能

依据用户对产品的功能需求，挑出基本功能，并把其中最基本的排出来，它就是最上位功能，基本功能一般总是上位功能，它通常可以通过回答以下几个问题进行判别：取消了这个功能，产品本身是不是没有存在的必要了？对于功能的主要目的而言，它的作用是否必不可少？这个功能改变以后，是否会引起其他一连串的工艺和构配件的改变？如果回答是肯定的，则这个功能就是基本功能。除了基本功能，剩下来的功能就是辅助功能了。

8.4.2.2　明确功能的上下位关系和并列关系

在一个系统中，功能的上下位关系，就是指功能之间的从属关系，我们把目的功能称为"上位功能"，把手段功能称为"下位功能"（上位功能、下位功能在后面有介绍）。例如，住宅的最基本功能是居住，为实现该项功能，住宅必须具有遮风避雨、御寒防暑、采光、通风、隔声、防潮等功能，这些功能之间是并列关系，都是实现居住功能的手段，因而居住是上位功能，上述所列的并列功能是居住的下位功能，即上位功能是目的，下位功能是手段。

但上下位关系是相对的。如为达到居住的目的必须通风，则居住是目的，是上位功能，通风是手段，是下位功能；为达到通风的目的，必须组织自然通风，则通风又是目的，是上位功能，组织自然通风是手段，是下位功能；为达到自然通风的目的，必须提供进出风口，则组织自然通风又是目的，是上位功能，提供进出风口是手段，是下位功能，等等。

并列关系是指一个上位功能之后，有几个手段功能并列存在，它们是实现同一功能的手段，但是彼此之间相互独立，没有从属关系。如平屋顶为了遮盖室内空间，有遮盖顶部、防水、保温隔热等三条遮盖途径，这三个功能较之"遮盖室内空间"来说是下位功能，但是这三个功能之间属于并列关系。

8.4.2.3　排列功能系统图

将上述各功能按并列和上下位功能关系以一定的顺序排列出来，即形成功能系统图。功能系统图是产品应有的功能结构图，绘制时上位功能在左，下位功能在右，依此排列，整个图形呈属性由左向右扩展、延伸，功能系统图基本形式如图 8.4 所示。

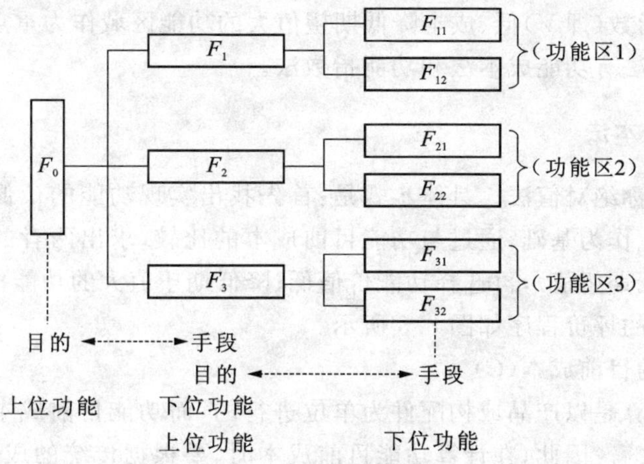

图 8.4　功能系统图的基本形式

图中，F_0是研究对象的整体功能，是用户的直接要求，是功能系统最终要达到的目标。

除整体功能以外，其他目的功能以及为实现这些目的功能的手段功能所组成的功能范围是功能区域，它是相对于整个功能系统存在的子功能系统。从左到右分别为一级功能、二级功能和三级功能。F_1是F_{11}、F_{12}的上位功能，F_{11}、F_{12}是F_1的下位功能。由于F_{11}、F_{12}共有F_1这个上位功能，所以F_{11}、F_{12}是同位功能。同位功能属于同级功能，但是同级功能未必是同位功能。图中F_{11}、F_{21}是第三级功能，但却不是同位功能，因为F_{11}的上位功能是F_1，而F_{21}的上位功能却是F_2。

通过绘制功能系统图，可以清楚地看出每个功能在全部功能中的作用和地位，使各功能之间的关系系统化，便于发现不必要功能，为功能评价、方案创造奠定基础。

8.5 功能评价

功能评价就是对各功能区域的价值进行定量分析，确定某个功能的价值大小，由此可以进一步找出影响功能和成本匹配的症结，有效提示方案创新的着手点。通过将功能目标成本与实现该功能的现实成本（或称目前成本）相比较，求得两者的比值即为功能价值；两者差值即为成本改善期望值，即成本降低幅度。功能评价的目的是确定功能目标成本，评定现实功能的价值，预测功能改善效果，进一步选准价值工程的对象。

功能评价的内容包括价值评价和成本评价。价值评价是通过计算和分析对象的价值，以及分析成本功能的合理匹配程度，排列出改进对象的优先次序。功能价值的一般计算公式与价值工程的基本公式相同。成本评价是通过核算和确定对象的目前成本和目标成本，分析、测算成本降低期望值，从而排列出改进对象的优先次序。成本评价的计算公式为：

$$\text{成本降低期望值} = \text{对象的目前成本} - \text{对象的目标成本} \tag{8.5}$$

功能评价的基本程序如下：

(1)计算功能的现实成本C(目前成本)；

(2)确定功能的评价值F(目标成本)；

(3)计算功能的价值V(价值指数)；

(4)计算成本降低期望值ΔC；

(5)选择价值指数(即V)低、成本降低期望值大的功能区域作为重点改进对象。

功能评价的方法有功能成本法和功能指数法。

8.5.1 功能成本法

功能成本法又称绝对值法。具体步骤是：首先找出实现功能的最低费用并将其作为功能的目标成本，以此作为基础，通过与功能目前成本的比较，求出两者的比值（功能价值）和两者的差异值（降低期望值），再选择功能价值低、降低期望值大的功能作为价值工程的重点对象。功能成本法的评价程序如图8.5所示。

(1)计算对象的目前成本(C)

传统的成本核算是以产品或构配件为单位进行的，而功能目前成本的计算则是以对象的功能为单位进行的。因此，在计算功能目前成本时，要根据传统的成本核算资料，将产品或构配件的目前成本换算成功能的目前成本，即现实成本。

①当一个构配件只实现一项功能，且这项功能只由这个构配件实现时，构配件的成本就是功能的现实成本。

②当一项功能由多个构配件实现，且这多个构配件只为实现这项功能服务时，这多个构

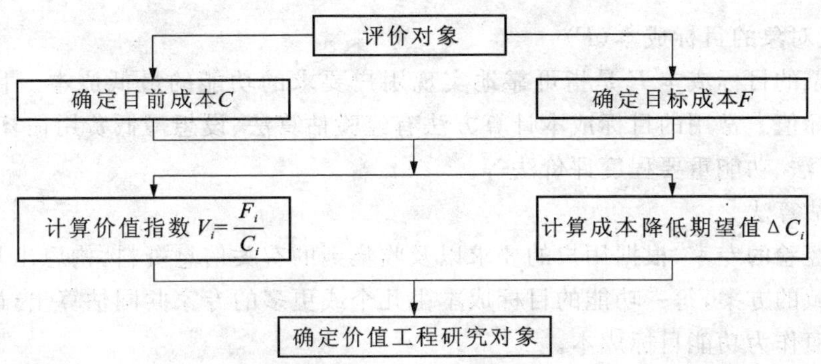

图 8.5　功能成本法评价程序

配件的成本之和就是该功能的现实成本。

③当一个构配件实现多项功能，且这多项功能只由这个构配件实现时，则按该构配件实现各功能所起作用的比重将成本分配到各项功能上去，即为各项功能的现实成本。

④当在产品中构配件与功能之间呈现出一种相互交叉的复杂情况时，即一个构配件往往具有几种功能，而一种功能往往通过多个构配件才能实现，则计算各功能的现实成本可通过填表进行。首先将各构配件成本按该构配件对实现各功能所起作用的比重分配到各项功能上去，然后将各项功能从有关构配件分配到的成本相加，便可得出各功能的现实成本。

因此，计算功能现实成本就是采用适当的方法将构配件成本转移分配到功能中去。在分摊过程中，常用的方法有三种，一是凭经验或统计资料估算分摊比例；二是根据零部件在各项功能中发挥作用的大小进行分摊；三是按实现功能的困难程度（技术、经济条件等）进行分摊。

【例 8.4】　某产品具有 $F_1 \sim F_5$ 共五项功能，由四种构配件实现，功能现实成本计算如表 8.10 所示。

【解】　在表 8.10 中，构配件 A 对实现 F_2、F_4 两项功能所起的作用分别为 66.6% 和 33.4%，故功能 F_2 分配成本为 66.6%×150≈100 元，F_4 分配成本为 33.4%×150≈50 元。按此方法将所有构配件成本分配到有关功能中去，再按功能相加，即可得出 $F_1 \sim F_5$ 五种功能的现实成本。

表 8.10　功能现实成本计算表

构配件			功能或功能区域				
序号	名称	成本（元）	F_1	F_2	F_3	F_4	F_5
			比重成本（元）	比重成本（元）	比重成本（元）	比重成本（元）	比重成本（元）
1	A	150		66.6% 100		33.4% 50	
2	B	250	20% 50		60% 150		20% 50
3	C	500	50% 250	10% 50	40% 200		
4	D	100			100% 100		
功能现实成本		C_0	C_{01}	C_{02}	C_{03}	C_{04}	C_{05}
合计		1000	300	150	250	250	50

(2)确定对象的目标成本(F)

评价对象的目标成本 F 是指可靠地实现用户要求的功能的最低成本。目标成本是理想的成本目标值。常用的目标成本计算方法有经验估算法、设想最低费用估算法、实际调查法、理论计算法、功能重要程度评价法等。

①经验估算法

邀请有经验的专家，根据用户的要求以及收集到的有关信息资料，构思出几个实现各功能或功能区域的方案，每一功能的目标成本由几个或更多的专家共同估算出，最后取专家们估算的平均值作为功能目标成本。

这种方法不一定准确，但是简便易行，只要按要求运用得当，就可收到很好的效果。

②设想最低费用估算法

设想最低费用估算法是指在对将要实现的必要功能所设想的可能采用的方案或手段的基础上对各种方案的总费用进行测算、比较，从中选出成本最低的作为功能目标成本的方法。此方法简单易行，而且在没有同类产品资料参考的条件下也能进行测算；费用测算与方案设想相联系，方案易实现。但对评价人员的经验和测算能力要求较高。

③实际调查法

这种方法是通过广泛的调查，收集具有同样功能产品的成本，从中选择功能水平相同而成本最低的产品，以这个产品的成本作为功能评价值。由于该法确定的功能评价值 F 是现实存在的，比较可靠。

④理论计算法

运用自然科学的计算公式和某些费用标准，可以求得实现某种产品功能所需要的最低成本，把它作为功能评价值。例如，根据力学计算公式和材料费用资料，可以计算实现传递一定力矩和弯矩这一功能所需的最低费用。

运用理论计算法，数据的确定有理论根据和公认标准，计算简便。但功能成本中有些费用无法用理论公式和定额标准计算，需采用其他方法确定。

⑤功能重要程度评价法

本类方法在 8.2.2 节选择价值工程对象的方法中有介绍，此处不再赘述。

(3)计算功能的价值指数(V)

某评价对象的价值指数等于其功能目标成本与目前成本之比，计算公式如下：

$$V_i = \frac{F_i}{C_i}$$

式中 V_i——第 i 个评价对象的价值指数；

F_i——第 i 个评价对象的功能目标成本；

C_i——第 i 个评价对象的目前成本。

$V_i=1$，说明评价对象的功能目标成本等于功能实现成本，即现实成本与实现该功能所需要的期望成本相当，功能和成本匹配，是理想状态，不需要改进。

$V_i<1$，说明评价对象的功能目标成本小于功能实现成本，即现实成本大于实现该功能的期望成本。存在两种可能：一种可能是实现功能的条件或方法不佳，使实现该功能的成本较高；另一种可能是由于功能过剩，附加了过多的不必要功能或剩余功能。这是价值工程活动的重点对象。

$V_i>1$，表示功能目标成本大于功能实现成本。这种情况从理论上讲不该发生，一般与数据搜集处理不当有关。如果发生，原因可能有三个：一是评价对象在经济、技术方面存在某些特殊性，在满足功能的前提下，成本较低，可不作为价值工程改进对象；二是对象目前具有过剩功能，应列为价值工程改进对象，改进方向是降低功能水平；三是目前成本偏低，不能满足评价对象实现应有的功能要求，应列为价值工程改进对象，改进方向是提高功能。

(4)计算评价对象成本降低期望值(ΔC)

某个评价对象的成本降低期望值等于其目前成本减去其目标成本，即：

$$\Delta C_i = C_i - F_i \tag{8.6}$$

式中 ΔC_i——第 i 个评价对象的成本降低期望值；

C_i——第 i 个评价对象的目前成本；

F_i——第 i 个评价对象的功能目标成本。

成本降低期望值主要反映评价对象成本的可能降低幅度，也是确定价值工程重点研究对象的重要指标。可以根据成本降低期望值绝对值大小来确定各评价对象的重点改善次序。

$\Delta C_i>0$，说明功能的目前成本大于目标成本；

$\Delta C_i=0$，说明功能的目前成本等于目标成本；

$\Delta C_i<0$，说明功能的目前成本小于目标成本。

实际工作中，应选择具体目标，借鉴成本降低期望值指标来选择价值工程重点研究对象，具体应根据实际情况分析。如果企业某时期工作重点是增收节支，则选择 ΔC_i 正数值大的作为重点改善对象。如果企业的工作重点是提高产品质量，则选择 ΔC_i 负数值大的作为重点改善对象。

【例 8.5】 某工程有 A、B、C、D、E 五个分部工程，根据设计概算可知各分部工程目前的设计成本分别为 63.2 万元、17.5 万元、11.4 万元、9.2 万元、8 万元。经实际调查和测算分析发现目前的设计方案中，有的部分工程设计成本偏高，存在过剩功能；而有的设计成本偏低，存在严重的功能不足。重新调整后得到甲、乙、丙三个设计方案，各方案概算的设计成本数据见表 8.11。试根据资料确定各分部工程目标成本；计算各分部工程价值指数并进行一般性分析；计算成本降低期望值并确定各分部工程的改进次序。

表 8.11 新方案设计成本

	工程总成本	分部工程成本				
		A	B	C	D	E
甲方案设计成本(万元)	130.6	65.6	18.2	23.6	13.4	9.8
乙方案设计成本(万元)	118.8	58.9	22.7	19.8	8.9	8.5
丙方案设计成本(万元)	111.3	59.6	16.7	19.8	7.3	7.9

【解】 (1)从表 8.11 可知，丙方案的总设计成本最低，依据设想最低费用估算法，可作为本工程的目标成本，因此，A、B、C、D、E 分部工程的目标成本分别为 59.6 万元、16.7 万元、19.8 万元、7.3 万元、7.9 万元。

(2)计算各分部工程价值指数、成本降低期望值，见表 8.12。

表 8.12 各分部工程价值指数及成本降低期望值计算表

序号	分部工程	目标成本(万元)	目前成本(万元)	价值指数	成本降低期望值
1	A	59.6	63.2	0.94	3.6
2	B	16.7	17.5	0.95	0.8
3	C	19.8	11.4	1.74	−8.4
4	D	7.3	9.2	0.79	1.9
5	E	7.9	8	0.99	0.1
合计		111.3	109.3		−2

(3)根据计算和实际调查结果所进行的一般性分析及各部分工程的改进顺序见表8.13。

表 8.13 各部分工程一般性分析及改进次序表

序号	分部工程	目标成本(万元)	目前成本(万元)	价值指数	一般性分析	成本降低期望值	改进次序
1	A	59.6	63.2	0.94	成本偏高,功能可能过剩	3.6	2
2	B	16.7	17.5	0.95	成本偏高,功能可能过剩	0.8	4
3	C	19.8	11.4	1.74	成本偏低,功能严重不足	−8.4	1
4	D	7.3	9.2	0.79	成本偏高,功能可能过剩	1.9	3
5	E	7.9	8	0.99	功能与成本基本匹配	0.1	5
合计		111.3	109.3			−2	

仅从价值指数的计算结果看,改进顺序为 D—A—B—C—E;仅从成本节约的角度看,改进顺序为 A—D—B—E—C。但是,价值工程的实质是追求功能与成本的合理匹配,既不一味追求评价对象的价值高,也不一味追求成本的降低。只要功能不能满足客户的要求,就必须改善,所以经过统筹考虑价值指数、成本降低期望值的数值以及实际调查结果,最终选择的改进顺序是 C—A—D—B—E。

8.5.2 功能指数法

功能指数法又称相对法,是在功能的目标成本不能用货币金额表示时所采用的一种功能评价方法。

功能指数又称功能评价指数,是指某一功能单元在总体功能中所占的比例,并以此来表示某个功能单元的重要程度。功能指数可以用小数或百分数表示,同一产品的各项功能指数之和为 1 或 100%。目前成本也不用金额表示,而是用成本指数表示。成本指数是某项功能的目前成本占总成本的比例或百分数。

功能指数与成本指数之间的比值关系,称为价值指数,其表达式为:

$$V_i = \frac{F_i}{C_i}$$

功能指数法的评价程序如图 8.6 所示。

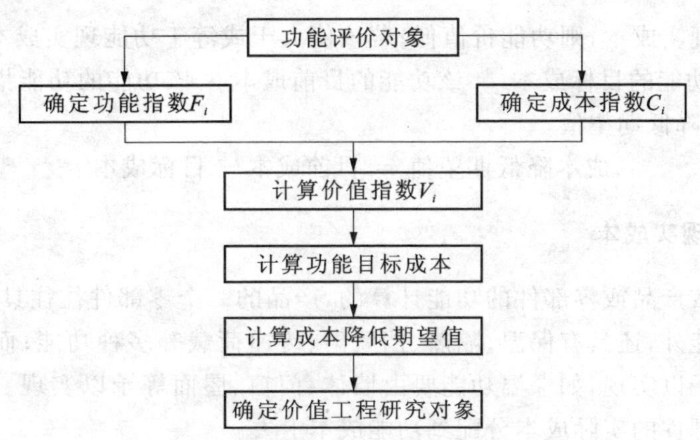

图 8.6　功能指数法的评价程序

(1)功能指数的确定

功能指数是指某一功能单元在总体功能中所占的比例,多用评分的方法来确定。常用的评分方法有强制确定法(01 评分法)、多比例评分法、环比评分法等。

(2)成本指数的确定

首先计算各对象的目前成本,再将各对象的目前成本相加得出总成本,然后再将各对象的目前成本除以总成本,即得出各对象的成本指数。计算公式为:

$$\text{某零部件成本指数} = \frac{\text{某零部件目前成本}}{\text{全部零部件目前成本合计}}$$

【例 8.6】 某产品的 6 种功能是由 5 种零部件实现的,则功能现实成本的计算步骤是:先将与功能相对应的零部件名称及现实成本填入表中(表 8.14);然后再将功能领域填入表中;将各零部件的现实成本逐一按其为实现多功能提供的成本分配至各功能领域,例如,C 部件提供了三种功能,则将 C 部件现实成本 2500 元按上述思想分配到 3 种功能中。

表 8.14　零部件功能现实成本计算表

单位:元

零部件			功能或功能领域					
序号	名称	成本	F1	F2	F3	F4	F5	F6
1	A	3000	1000		1000		1000	
2	B	2000		500		1500		
3	C	2500	500		500			1500
4	D	1500		1000		500		
5	E	1000			400		600	
		10000	1500	1500	1900	2000	1600	1500

最后将每项功能分配的成本相加,即可得功能的现实成本。

(3)计算价值指数

见前 8.2.2.4 节中所述。

(4)计算功能的目标成本

功能的目标成本又称功能评价值,是实现该功能的最低费用,是功能价值的衡量标准。

若该值小于功能现实成本，则功能价值低；若该值大于或等于功能现实成本，则功能价值高。

$$某功能的目标成本 = 该功能的目前成本 \times 该功能的功能指数 \tag{8.7}$$

(5)计算成本降低期望值

$$成本降低期望值 = 目前成本 - 目标成本 \tag{8.8}$$

8.5.3 功能现实成本

功能成本是按产品或零部件的功能计算的，产品的一个零部件往往具有多种功能，如墙体除具有围护功能外，还具有保温、隔热、挡风雨、传递荷载等多种功能；而一种功能往往要通过多个零部件予以实现，如保温功能要由墙体、门窗、屋面等予以实现。功能的现实成本就是将产品或零部件的实际成本分配到功能成本上去。

8.6 方案创造与评价

8.6.1 方案创造

方案的创造过程是从提高对象的功能价值出发，在正确的功能评价基础上，针对应该改进的具体目标，通过创造性的思维活动，提出能够可靠地实现必要功能的最佳代替方案的过程。创造可以理解为“组织人们通过对过去经验和知识的分析与综合以实现新的功能”。价值工程活动成功与否，关键是功能分析评价之后能否构思出可行的方案。这是一个创造、突破、精制的过程，常采用以下方法。

8.6.1.1 德尔斐法(Delphi)

这种方法不采用开会的形式，而是由主管人员或部门把已构思好的方案采用背对背的通信方式分发给有关的专业人员，征询他们的意见，然后将意见汇总，统计和整理之后再分发下去，再次补充修改，经过几轮征询，把原来比较分散的意见集中成统一的集体结论，作为新的代替方案。德尔斐法又名专家意见法，是依据系统的程序，采用匿名发表意见的方式收集意见，即团队成员之间不得互相讨论，不发生横向联系，只能与调查人员发生关系。其缺点是花费时间较长，缺乏面对面的交谈和商议。

8.6.1.2 头脑风暴法(Brain Storming，简称BS法)

与德尔斐法相反，这种方法是以小组开会方式进行，会议参加人数一般为5～10人，最好由不同专业或不同岗位者组成。其具体做法是事先通知议题，主持人扼要地介绍有待解决的问题，介绍时须简洁、明确，不可过分周全，否则，过多的信息会限制人的思维，干扰思维创新；要求应邀参加会议的各方面专业人员在会上自由联想和讨论，提出尽可能多的方案，但不评价别人的方案，并且希望与会者在别人建议方案的基础上进行改进，提出新的方案。

8.6.1.3 模糊目标法(Gordon，亦称哥顿法)

这是美国人哥顿于1964年提出的决策方法。该方法与头脑风暴法类似，先由会议主持人把决策问题向会议成员作笼统的介绍，然后由会议成员(即专家成员)讨论解决方案；当会议进行到适当时机，决策者将需要决策的具体问题展示给小组成员，使小组成员的讨论进一步深化，最后由决策者吸收讨论结果，进行决策。其特点是与会人员会前不知道议题，在开会讨论时也只是抽象地讨论，不接触具体的实质性问题，以免束缚与会人员的思想。待讨论到一定程度以后才把要研究的对象提出来，以做进一步研究。

8.6.2 方案评价

方案评价是在方案创造的基础上对新构思方案的技术、经济和社会效果等几方面进行的评估，以便于选择最佳方案。按其做法分为概略评价和详细评价。

8.6.2.1 概略评价

概略评价是对已创造出来的方案从技术、经济和社会三个方面进行初步研究。其目的是从众多的方案中进行粗略的筛选，减少详细评价的工作量，使精力集中于优秀方案的评价，为详细评价做准备。

8.6.2.2 详细评价

方案的详细评价就是在掌握大量数据资料的基础上，对概略评价获得的少数方案进行详尽的技术评价、经济评价、社会评价和综合评价，为提案的编写和审批提供依据，详细评价是多目标决策问题，常用的方法有评分法、功能加权法等。

在详细评价阶段，对产品的成本究竟是多少，能否可靠地实现必要的功能，都必须得到准确的解答，总之，要证明方案在技术和经济方面是可行的，而且价值必须得到真正的提高。

技术评价是对方案功能的必要性、必要程度（如性能、质量、寿命等）及实施的可能性进行分析评价。

经济评价是对方案实施的经济效果（如成本、利润、节约额等）的大小进行分析评价。

社会评价是对方案给国家和社会带来的影响（如环境污染、生态平衡、国民经济效益等）进行分析评价。

综合评价是在技术评价、经济评价和社会评价基础上所进行的总体性评价，目的是从中选择技术、经济和社会效果三方面都比较均衡协调的方案。综合评价的方法有优缺点列举法、价值指数法等。其中价值指数法较为常用。

(1)价值指数法的含义

分别确定出各备选方案的功能指数、成本指数，进而确定各方案的价值指数。价值指数最大的方案为最优方案。

(2)价值指数法评价步骤

①计算各方案的功能指数

$$\text{某方案的功能指数} = \frac{\text{该方案功能评定总分}}{\text{各方案功能评定总分之和}}$$

其中，该方案功能评定总分 $= \sum$（各功能重要性系数×该方案对各功能的满足程度得分）

②计算各方案的成本指数

$$\text{某方案的成本指数} = \frac{\text{该方案成本}}{\text{各方案成本之和}}$$

③计算各方案的价值指数

$$\text{某方案的价值指数} = \frac{\text{该方案的功能指数}}{\text{该方案的成本指数}}$$

④方案选择

选择价值指数最高的方案为最佳方案。

【例 8.7】 某工程师针对某住宅楼提出 A、B、C 三个方案，A 的单方造价为 1325 元/m^2，B 的单方造价为 1118 元/m^2，C 的单方造价为 1226 元/m^2。进行技术分析和专家调整后的数据见表 8.15。

表 8.15 例 8.7 方案功能得分计算表

方案功能	方案功能得分			方案功能重要程度
	A	B	C	
F_1	9	9	8	0.25
F_2	8	10	10	0.35
F_3	10	7	9	0.25
F_4	9	10	9	0.10
F_5	8	8	6	0.05

问题：计算方案成本指数、功能指数、价值指数，并确定最优方案。

【解】 (1)计算功能得分

A 功能得分 $=9\times0.25+8\times0.35+10\times0.25+9\times0.10+8\times0.05=8.85$

同理：B $=8.90$ C $=8.95$

(2)功能总得分 $8.85+8.90+8.95=26.7$

(3)功能指数

$F_A=8.85/26.7=0.331$

同理 $F_B=0.333$；$F_C=0.335$

(4)成本指数

$C_A=1325/3669=0.361$ 同理 $C_B=0.305$ $C_C=0.334$

(5)价值指数

$V_A=F_A/C_A=0.331/0.361=0.92$ 同理 $V_B=1.09$ $V_C=1.00$

计算结果见表 8.16。

表 8.16 例 8.7 的计算结果

方案	单方造价(元/m^2)	成本指数	功能指数	价值指数	最优方案
A	1325	0.361	0.331	0.92	
B	1118	0.305	0.333	1.09	B
C	1226	0.334	0.335	1.00	
合计	3669	1.000	1.000		

因为方案 B 的价值指数最大，所以选择方案 B。

8.6.3 方案的试验研究和提案审批

通过对方案的评价，就可以选择出能够提高价值的新方案，在新的方案中如果对某些环节或因素无把握达到预期要求时，还必须进一步进行必要的试验，以验证其是否可行。

试验通过后，即可着手制定正式的实施方案，提交有关部门审批，获批后便可付诸实施，按计划做出具体安排。在实施过程中，从事价值工程工作的人员应深入实际，随时了解执行情况，并协助解决实施中出现的问题。

8.6.4 价值工程活动成果的评价

开展价值工程活动的目的在于提高产品价值，取得较好的经济效益。通过功能分析、方案创造和实施等一系列活动，实际取得的技术经济效果如何，必须认真进行总结和评价。

价值工程活动成果评价就是将改进方案的各项技术经济指标与原设计进行比较，以考查方案(活动)所取得的综合效益。

价值工程活动评价工作是在保证质量、性能，即在保证产品功能的前提下，计算如下几个指标：

$$\text{成本节约率} = \frac{\text{原方案成本} - \text{改进后新方案的成本}}{\text{原方案成本}} \times 100\%$$

$$\text{全年节约额} = (\text{原来成本} - \text{改进后成本}) \times \text{全年产量} - \text{价值工程投资费用}$$

$$\text{投资效率} = \frac{\text{全年节约额}}{\text{价值工程年投资费用}} \times 100\%$$

$$\text{达到目标比率} = \frac{\text{改进后成本}}{\text{节约目标额}} \times 100\%$$

8.7 价值工程在建设项目方案选择中的应用案例

【例 8.8】 某市高新技术开发区有两幢科研楼和一幢综合楼，其设计方案对比项目如下：

A 楼方案：结构方案为大柱网框架轻墙体系，采用预应力大跨度叠合楼板，墙体材料采用多孔砖及移动式可拆装式分室隔墙，窗户采用单框双玻璃钢塑窗，面积利用系数为 93%，单方造价为 1438 元/m^2；

B 楼方案：结构方案同 A 方案，墙体采用内浇外砌，窗户采用单框双玻璃空腹钢窗，面积利用系数为 87%，单方造价为 1108 元/m^2；

C 楼方案：结构方案采用砖混结构体系，采用多孔预应力板，墙体材料采用标准黏土砖，窗户采用单玻璃空腹钢窗，面积利用系数为 79%，单方造价为 1082 元/m^2。

方案各功能的权重及各方案的功能得分见表 8.17。

表 8.17 各功能的权重及各方案功能得分

方案功能	功能权重	方案功能得分		
		A	B	C
结构体系	0.25	10	10	8
模板类型	0.05	10	10	9
墙体材料	0.25	8	9	7
面积系数	0.35	9	8	7
窗户类型	0.10	9	7	8

问题：

(1)试应用价值工程方法选择最优设计方案。

(2)为控制工程造价和进一步降低费用，拟针对所选的最优设计方案的土建工程部分，以工程材料费为对象开展价值工程分析。将土建工程划分为四个功能项目,各功能项目评分值及其目前成本见表8.18。按限额设计要求,目标成本额应控制为12170万元。

表8.18 各功能项目评分值及其目前成本

功能项目	功能项目评分值	目前成本(万元)
A. 桩基围护工程	10	1520
B. 地下室工程	11	1482
C. 主体结构工程	35	4705
D. 装饰工程	38	5105
合计	94	12812

试分析各功能项目的目标成本及其可能降低的额度,并确定功能改进顺序。

【解】 问题(1):

分别计算各方案的功能指数、成本指数和价值指数,并根据价值指数选择最优方案。

①计算各方案的功能指数,见表8.19。

表8.19 功能指数计算表

方案功能	功能权重	A	B	C
结构体系	0.25	10×0.25=2.50	10×0.25=2.50	8×0.25=2.00
模板类型	0.05	10×0.05=0.50	10×0.05=0.50	9×0.05=0.45
墙体材料	0.25	8×0.25=2.00	9×0.25=2.25	7×0.25=1.75
面积系数	0.35	9×0.35=3.15	8×0.35=2.80	7×0.35=2.45
窗户类型	0.10	9×0.10=0.90	7×0.10=0.70	8×0.10=0.80
合计		9.05	8.75	7.45
功能指数		9.05/25.25=0.358	8.75/25.25=0.347	7.45/25.25=0.295

注:表8.19中各方案功能加权得分之和为:9.05+8.75+7.45=25.25。

②计算各方案的成本指数,见表8.20。

表8.20 各方案成本指数

方案	A	B	C	合计
单方造价(元/m^2)	1438	1108	1082	3628
成本指数	0.396	0.305	0.298	0.999

③计算各方案的价值指数,见表8.21。

表8.21 各方案价值指数

方案	A	B	C
功能指数	0.358	0.347	0.295
成本指数	0.396	0.305	0.298
价值指数	0.904	1.138	0.990

由表8.21的计算结果可知,方案B的价值指数最高,为最优方案。

问题(2)：

根据表 8.17 所列数据，分别计算桩基围护工程、地下室工程、主体结构工程和装饰工程的功能指数、成本指数和价值指数；再根据给定的总目标成本额，计算各工程内容的目标成本额，从而确定其成本降低额度。具体计算结果汇总见表 8.22。

表 8.22　计算结果汇总表

功能项目	功能评分	功能指数	目前成本(万元)	成本指数	价值指数	目标成本(万元)	成本降低额(万元)
桩基围护工程	10	0.1064	1520	0.1186	0.8971	1295	225
地下室工程	11	0.1170	1482	0.1157	1.0112	1424	58
主体结构工程	35	0.3723	4705	0.3672	1.0139	4531	174
装饰工程	38	0.4043	5105	0.3985	1.0146	4920	185
合计	94	1.0000	12812	1.0000		12170	642

由表 8.22 的计算结果可知，桩基围护工程、地下室工程、主体结构工程和装饰工程均应通过适当方式降低成本。根据成本降低额大小，功能改进顺序依次为：桩基围护工程、装饰工程、主体结构工程、地下室工程。

本章小结

价值工程主要研究如何用最低的全寿命周期成本实现产品、作业或服务的必要功能，推广应用价值工程能够促使社会资源得到合理有效的利用。本章重点阐述价值工程的基本原理以及功能分析和功能评价的方法。

1. 价值指数公式

$$V_i = \frac{F_i}{C_i}$$

2. 价值工程的工作程序和方法

价值工程包括以下工作程序：对象选择；资料收集；功能定义；功能整理分析；功能评价；方案创造与评价。

(1)对象选择方法：经验分析法、ABC 分析法、百分比分析法、功能重要性分析法。

(2)资料收集：含本企业、用户、市场、技术、成本、供应、法规等信息。

(3)功能定义：明确产品或服务能够满足用户需求的属性。

(4)功能整理分析：进行功能分类(基本功能和辅助功能；必要功能与不必要功能；使用功能和美学功能等)，绘制功能系统图。

(5)功能评价。

功能成本法：确定目前成本、目标成本、价值指数以及成本降低期望值；根据价值指数以及成本降低期望值的情况分析出应重点改善的对象。

功能指数法：确定功能指数、成本指数、价值指数以及成本降低期望值；根据价值指数以及成本降低期望值的情况分析出应重点改进的对象。

(6)方案创造与评价。

方案创造方法：德尔斐法；头脑风暴法；模糊目标法。

方案评价方法：概略评价（技术评价、经济评价、社会评价、综合评价）和详细评价。

3. 价值工程的应用

建设项目方案的评价和综合评价（最优方案选择，方案功能的改进）。

习　题

8.1　思考题

(1)价值工程的原理是什么？提高价值的途径有哪些？

(2)价值工程的特点有哪些？

(3)功能评价的基本程序是什么？功能评价的方法有哪些？

(4)价值工程对象的选择方法有哪些？

(5)价值工程所需信息资料的主要内容有哪些？

(6)什么是功能？功能怎么分类？

(7)什么是功能评价？简述其步骤。

(8)方案创造的方法有哪些？

8.2　练习题

(1)某建设项目有四个备选方案，其评价指标值为：甲功能评价总分为 16.0，成本指数 0.36；乙功能评价总分为 11.0，成本指数 0.21；丙功能评价总分为 14.5，成本指数 0.32；丁功能评价总分为 13.0，成本指数 0.27，根据价值工程原理确定最佳方案。

(2)某工程有三个方案。方案一的功能评价指数 0.61，成本评价指数 0.55；方案二的功能评价指数 0.63，成本评价指数 0.6；方案三的功能评价指数 0.69，成本评价指数 0.5。试根据价值工程原理确定最优方案。

8.3　案例分析

(1)某业主邀请若干厂家对某商务楼的设计方案进行评价，经专家讨论确定的主要评价指标分别为：功能适用性(F_1)、经济合理性(F_2)、结构可靠性(F_3)、外形美观性(F_4)、与环境协调性(F_5)五项评价指标，各功能之间的重要性关系为：F_3 比 F_4 重要得多，F_3 比 F_1 重要，F_1 和 F_2 同等重要，F_4 和 F_5 同等重要，经过筛选后，最终对 A、B、C 三个设计方案进行评价，三个设计方案评价指标的评价得分结果和估算总造价见表 8.23。

表 8.23　各方案评价指标的评价结果和估算总造价表

功能	方案 A	方案 B	方案 C
功能适用性(F_1)	9	8	10
经济合理性(F_2)	8	10	8
结构可靠性(F_3)	10	9	8
外形美观性(F_4)	7	8	9
与环境协调性(F_5)	8	9	8
估算总造价(万元)	6500	6600	6650

问题：

①用 04 评分法计算各功能的权重(以表格方式计算)。

②用价值指数法选择最佳设计方案(以表格方式计算)。

③若 A、B、C 三个方案的年度使用费用分别为 340 万元、300 万元、350 万元，设计使用年限均为 50 年，基准折现率为 10%，用全寿命周期年费用法选择最佳设计方案(以表格方式计算，表中数据保留 3 位小数、其余计算结果均保留两位小数)。

(2)某施工单位承接了某项工程的总包施工任务，该工程由 A、B、C、D 四项工作组成，施工场地狭小。为了进行成本控制，项目经理部对各项工作进行了分析，其结果见表 8.24。

表 8.24　功能成本分析表

工作	功能评分	预算成本(万元)
A	15	650
B	35	1200
C	30	1030
D	20	720
合计	100	3600

问题：

①计算表 8.25 中 A、B、C、D 四项工作的功能指数、成本指数和价值指数(计算结果保留小数点后两位)。

表 8.25　相关指数表

指数 工作	功能指数	成本指数	价值指数
A			
B			
C			
D			
合计			

②在 A、B、C、D 四项工作中，施工单位应首选哪项工作作为降低成本的对象？试说明理由。

(3)某产品各零部件功能重要程度采用 04 评分法，评分的结果见表 8.26。

表 8.26　某产品各零部件功能重要程度采用 04 评分法评分结果

零部件	F_1	F_2	F_3	F_4	F_5
F_1	×				
F_2		×			
F_3		3	×		
F_4	0	1	2	×	
F_5	4	3	0	1	×

则在不修正各功能累计得分的前提下，零部件 F_4 的功能重要性系数是多少？

(4)造价工程师在某开发公司的某幢公寓建设工程中，采用价值工程的方法对该工程的设计方案和编制的施工方案进行了全面的技术经济评价，取得了良好的经济效益和社会效益。有四个设计方案 A、B、C、D，经有关专家对上述方案根据评价指标 $F_1 \sim F_5$ 进行技术经济分析和论证，已知 A 的单方造价为 1420 元/m^2，B 的单方造价为 1230 元/m^2，C 的单方造价为 1150 元/m^2，D 的单方造价为 1360 元/m^2。得出如下资料(表 8.27 和表 8.28)。

表 8.27　功能重要性评分表

方案功能	F_1	F_2	F_3	F_4	F_5
F_1	×	4	2	3	0
F_2	0	×	1	0	1
F_3	2	3	×	3	2
F_4	1	4	1	×	3
F_5	3	7	1	3	×

表 8.28　方案功能评分及单方造价

方案功能	方案功能得分			
	A	B	C	D
F_1	9	10	9	8
F_2	10	10	8	9
F_3	9	9	10	9
F_4	8	8	8	7
F_5	9	7	9	6

问题：

①计算功能重要性系数。

②计算功能指数、成本指数、价值指数，并选择最优设计方案。

(5)某开发公司在某住宅建设中采用价值工程的方法对施工方案进行了分析。现有 A、B、C 三个方案，A 的单方造价为 1420 元/m^2，B 的单方造价为 1230 元/m^2，C 的单方造价为 1150 元/m^2，经专家论证分析得到信息见表 8.29。

表 8.29　三个方案论证分析表

方案功能	重要性系数	得分		
		A	B	C
F_1	0.227	9	10	9
F_2	0.295	10	10	8
F_3	0.159	9	9	10
F_4	0.205	8	8	8
F_5	0.114	9	7	9

试计算各方案的价值指数，并进行方案选择。

9 建设项目可行性研究

内容简介: 可行性研究是项目投资前期阶段中的一项重要工作,是研究和控制的重点。本章主要介绍可行性研究的含义及作用,可行性研究工作阶段,可行性研究报告的框架及编制要求,同时介绍可行性研究阶段采用的主要方法——市场调查与市场预测方法及内容,最后介绍社会评价和环境影响评价的相关内容。

教学要求: 了解建设项目可行性研究的含义与作用;掌握可行性研究工作阶段的具体步骤;掌握可行性报告的框架及编制要求;熟悉市场调查与市场预测方法与内容;了解社会评价及环境影响评价的内容。

知识链接: 可行性研究中的市场调查与市场预测方法及内容。

9.1 建设项目可行性研究概述

工程项目建设一般要经历投资前期、建设期和生产经营期三个时期,其全过程如图 9.1 所示。

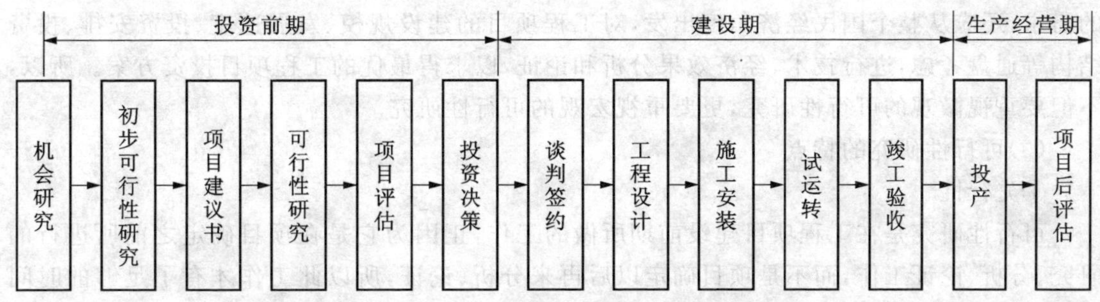

图 9.1 项目投资决策和建设、生产经营全过程示意图

可行性研究属于投资前期工作,投资前期是决定工程效果的关键时期,是研究和控制的重点。如果项目实施中才发现工程费用过高、投资不足或产品不适销对路等问题,将会给投资者造成巨大的损失。因此,无论是发达国家还是发展中国家,都把可行性研究视为工程建设的首要环节。投资者为了排除盲目性,减少风险,在竞争中取得最大利润,宁肯在投资前花费一定的代价,也要进行投资项目的可行性研究,以提高投资获利的可靠程度。

9.1.1 可行性研究的含义与作用

9.1.1.1 可行性研究的含义

(1)可行性研究的含义

所谓的可行性研究(Feasibility Study),是运用多种科学手段(包括技术科学、社会学、经济学以及系统工程学等)对一项工程项目的必要性、可行性、合理性进行技术经济论证的综合科学。其基本任务是通过广泛的调查研究,综合论证一个工程项目在技术上是否先进、实用和可靠,在经济上是否合理,在财务上是否盈利,为投资决策提供科学的依据。同时,可行性研究还能为银行贷款、合作者签约、工程设计等提供依据和基础资料，它是决策科学化的必要步骤和手段。

工程项目可行性研究是在投资决策前对与拟建项目有关的社会、经济、技术等各方面进行深入细致的调查研究，对各种可能拟订的技术方案和建设方案进行认真的技术经济分析和比较论证，对项目建成后的经济效益进行科学的预测和评价。

(2)可行性研究的必要性

可行性研究的目的是对提出的投资建议、工程项目建设方案或研究课题建议的所有方面，进行尽可能详细的调查研究和作出鉴定，并对下一阶段是否终止或继续进行研究提出必要的论证。或者说它的目的是针对新建或改建工程项目的主要问题，从技术、经济两个方面进行全面、系统的研究分析，并对投产后的经济效果进行预测，以判断它是"行"还是"不行"。需要说明的是可行性并非最优而是可行，只有在可行的基础上才能进一步找出最优方案。

要使工程项目建设达到预期的经济效果，做好工程项目建设的前期工作是极其重要的。所谓前期工作，实际上就是调查研究分析工作，它是指根据确凿的资料，对有关问题进行详尽的分析，如产品是否适销对路，是否符合发展方向，建设的各种条件是否具备，技术上、工艺上是否先进、适用；投资和回收期的正确估计，利润的计算等。前期工作实质上是进行工程建设必须进行的一项科学研究工作，这就是可行性研究。它为正确地做出投资决策提供重要依据。所以，工程项目建设必须首先做好可行性研究。

在我国社会主义市场经济体制下，可行性研究不但应按各个工程项目进行，要考虑市场的需求，还应从整个国民经济角度出发，对工程项目的建设规模、发展速度、投资安排、投资结构等通盘考虑，进行技术、经济效果分析和论证，以求得最优的工程项目投资方案。所以，不但要重视微观的可行性研究，更要重视宏观的可行性研究。

(3)可行性研究的特点

①先行性

可行性研究是在工程项目建设前期所做的工作，正因为它是在项目确定之前所进行的研究、分析、论证工作，而不是项目确定以后再来分析、论证，所以此工作才有了足够的时间保证，使之得以深入的、全面的进行研究、分析。

②不定性

可行性研究的结果包含可行或者不可行两种可能，这就使可行性研究工作得以客观地进行。不论其结果为可行或不可行，都是有意义的。可行，为项目的确定提供了科学的依据；不可行，则避免了投资的浪费和不必要的损失。

③预测性

可行性研究是对尚未实施的投资方案或工程项目建设所进行的研究，由于是对未来事物做出分析、论证，必然会有一定的误差。为此，对可行性研究结果的精准程度，要予以客观地对待。同时，对可行性研究必须慎重，尽可能将各种因素考虑周到，以避免产生较大的误差。

④决策性

可行性研究可以为决策提供科学的依据。因此，必须严肃认真，实事求是。事实上，可行性研究过程本身就是一个决策过程。

9.1.1.2　可行性研究的作用

可行性研究的主要作用表现在：

(1)可为工程项目投资决策提供科学的依据

投资者决定是否实施一个项目，主要依据是可行性研究提出的研究结论。为避免投资决策的盲目性，就必须对拟建项目进行综合分析与论证，明确其在技术上是否先进、经济上是否合理、财务上是否盈利、建设上是否可行等，并以此作为开发项目投资决策的依据。这也是开发企业针对项目进行可行性研究的主要作用，是可行性研究的主要任务。凡是没有经过可行性研究的开发建设项目，设计任务书不能获得批准，不能进行设计，也不能列入年度建设计划。

(2)可为筹集建设资金提供依据

银行通常都把项目的可行性研究报告作为建设项目申请贷款的先决条件。银行对可行性研究报告进行全面、细致的分析评估之后，才能确定是否给予贷款及贷款额度。同样，其他途径的主要资金来源方，在投放资金前，也必须对项目的可行性报告进行审查。此外，当开发项目的所需资金来源于多种途径时，应进行可行性分析，确定最佳的资金筹措方式，以减少资金利息和开发项目的总投资。

(3)可作为工程项目建设有关部门或单位之间签订协议或合同的依据

项目所需的建筑材料、协作条件以及供电、供热、通信、交通等很多方面，在可行性研究中都有论证和估算，相应的供应合同、协作合同都要根据这些估算和论证进行签订。为了保证开发项目顺利进行，明确双方的权利和义务，并使其受到法律的约束和监督，在可行性研究中，对诸如土地征用、拆迁方案、主要材料供应、设备选型、开发项目的总造价等有关问题都作了论证和估算，因而为同有关部门签订协议或合同提供了依据。

(4)可作为下阶段设计的依据

在可行性研究报告中对项目的规模、地址、建筑设计方案的构想、单项工程结构形式、配套设施的种类等都做了分析和论证。这些资料为编制设计文件和规划设计提供了依据。

(5)可作为以下工程建设工作的依据

①建设阶段基础资料集的依据，包括工程地质、水文、气象、勘测资料等；

②科研、试验、设备选择的依据；

③企业组织管理、机构设置、职工培训等工作安排的依据。

(6)重大项目可行性研究文件可作为编制国民经济计划的依据

9.1.1.3　可行性研究的质量要求

可行性研究工作对于整个项目建设过程乃至整个国民经济都有非常重要的意义，为了保证可行性研究工作的科学性、客观性和公正性，有效地防止错误和遗漏，在可行性研究中：

(1)首先必须站在客观公正的立场进行调查研究，做好基础资料的收集工作。

对于收集的基础资料，要按照客观实际情况进行论证评价，如实地反映客观经济规律，从客观数据出发，通过科学分析得出项目是否可行的结论。

(2)可行性研究报告的内容深度必须达到国家规定的标准，基本内容要完整，应尽可能多地占有数据资料，避免粗制滥造，搞形式主义。

在做法上要掌握好以下四个要点：

①先论证，后决策。

②处理好项目建议书、可行性研究、评估这三个阶段的关系，哪一个阶段发现不可行都应当停止研究。

③要将调查研究贯彻始终。一定要掌握切实可靠的资料，以保证资料选取的全面性、重要性、客观性和连续性。

④多方案比较，择优选取。对于涉外项目，可行性研究的内容及深度还应尽可能与国际接轨。

(3)为保证可行性研究的工作质量，应保证咨询设计单位有足够的工作周期，防止因各种原因的不负责任草率行事。

9.1.1.4 可行性研究的基本工作程序

可行性研究的基本工作程序大致可以概括为：①签订委托协议；②组建工作小组；③制订工作计划；④市场调查与预测；⑤方案研制与优化；⑥项目评价；⑦编写可行性研究报告，与委托单位交换意见，并提交可行性研究报告，如图 9.2 所示。

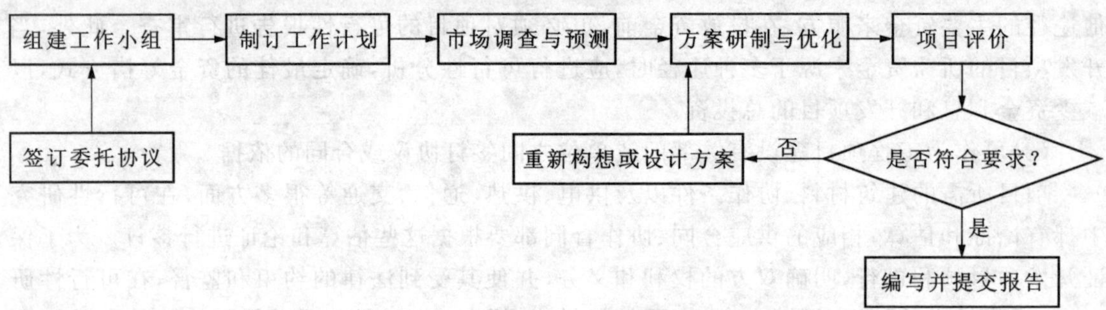

图 9.2 可行性研究的基本工作程序

(1)签订委托协议

可行性研究报告编制单位与委托单位应就项目可行性研究的工作范围、内容、重点、深度要求、完成时间、经费预算和质量要求交换意见，并签订委托协议，据以开展可行性研究各阶段的工作。具备条件和能力的建设单位也可以在机构内部委托职能部门开展可行性研究工作。研究任务的委托是通过书面形式提出的。

在项目可行性研究委托书中应明确注明如下信息和要求：

①关于项目建设背景的有关材料；

②关于项目前期策划其他阶段的成果材料；

③关于项目可行性研究的经费；

④关于项目可行性研究的时间要求；

⑤关于项目可行性研究的界限、范围、内容要求和评价指标、评价标准；

⑥关于项目可行性研究的其他要求或规定。

(2)组建工作小组

根据委托项目可行性研究的范围、内容、技术难度、工作量、时间要求等组建项目可行性研究工作小组。一般工业项目和交通运输项目可分为市场组、工艺技术组、设备组、工程组、总图运输及公用工程组、环保组、技术经济组等专业组。各专业组的工作一般应由项目负责人统筹协调。

(3)制订工作计划

其内容包括各项研究工作开展的步骤、方式、进度安排、人员配备、工作保证条件、工作质量评价标准和费用预算，并与委托单位交换意见。

(4)资料收集及市场调查与预测

资料收集及市场调查包括收集各类有关资料和进行现场实际调查。收集的资料主要有政府的方针、政策，城市规划资料，各类资源资料，有关社会经济发展、交通、地质、气象等方面的技术资料以及房地产市场分析的资料等。现场实际调查主要包括投资现场的自然条件、经济、技术现状等的调查，如居民人数、户数及结构现状调查，市政基础设施状况调查，地上地下障碍物调查，非居民户生产经营状况调查等。市场预测主要是利用市场调查所获得的信息资料，对项目产品未来市场的供应和需求信息进行定性与定量分析。

(5)方案研制与优化

在调查研究、收集资料的基础上，针对项目的建设规模、产品规格、场址、工艺、设备、总图、运输、原材料供应、环境保护、公用工程和辅助工程、组织机构设置、实施进度等，提出不同的开发方案。每一种开发方案都有各自的特点，实施不同的开发方案会得到不同的经济收益和社会效益。进行方案论证、比选优化后，提出推荐方案。

(6)项目评价

对推荐方案进行财务评价、国民经济评价、环境评价及风险分析等，以判别项目的环境可行性、经济合理性和抗风险能力。当有关评价指标结论不足以支持项目方案成立时，应重新构想方案或对原设计方案进行调整，有时甚至完全否定该项目。

(7)编写并提交可行性研究报告

项目可行性研究各专业方案经过技术经济论证和优化之后，由各专业组分工编写可行性研究报告。经项目负责人衔接协调综合汇总，提出可行性研究报告初稿。与委托单位交换意见，修改完善后，向委托方提交正式的可行性研究报告。

9.1.2 建设项目可行性研究工作阶段

工程项目可行性研究最早开始于20世纪30年代的美国，第二次世界大战以后，由于科学技术的发展和经济技术的需要，可行性研究在大型工程项目中得到了广泛的应用，成为投资项目决策前的一个重要阶段。我国从1979年开始，在学习了西方国家运用可行性研究的经验后，经过反复酝酿，逐步将可行性研究纳入建设程序中。

在我国，可行性研究一般分为机会研究、初步可行性研究、详细可行性研究和评价与决策四个阶段，可行性研究各工作阶段的要求见表9.1。

表9.1 可行性研究各工作阶段的要求

工作阶段	研究性质	各阶段研究内容和研究成果	基础数据估算精度	研究费用占总投资的比例	需要时间(月)
机会研究	项目设想	(1)在若干个可能的投资机会中进行鉴别和筛选； (2)编制初步可行性研究报告	±30%	0.2%～1.0%	1～3

续表 9.1

工作阶段	研究性质	各阶段研究内容和研究成果	基础数据估算精度	研究费用占总投资的比例	需要时间(月)
初步可行性研究	项目初选	(1)对选定的投资项目进行市场分析和初步技术经济评价,确定是否需要进行更深入的研究; (2)编制初步可行性研究报告	±20%	0.25%~1.25%	4~6
详细可行性研究	项目准备	(1)对需要进行更深入可行性研究的项目进行更为细致的分析,减少项目的不确定性,对可能出现的风险制定防范的措施; (2)编制可行性研究报告	±10%	小项目 0.8%~1% 大项目 1%~3%	8~12
评价与决策	项目评估	(1)综合分析各种效益,对可行性研究报告进行评估和审核,分析判断项目可行性研究的可靠性和真实性,对项目做出最终决策; (2)提出项目评估报告	±10%	—	—

(1)机会研究

其目的在于通过对各种建设项目和投资机会作出鉴定,为建设项目的投资方向提出建议,即在一定的地区和部门内,以自然资源和市场的调查预测为基础,寻找最有利的投资机会,并确定有无必要做进一步研究。机会研究所占有的资料往往是粗略的估计,如投资费用的估算,一般通过与类似工程项目的比较得出,其投资估算的误差一般要求在 30%以内。建设项目的投资方向经机会研究认可以后,便可以进入下一个阶段。

(2)初步可行性研究

在投资机会研究的基础上进一步对项目建设的可能性与潜在效益进行论证分析。此项研究不是可行性研究的必不可少的阶段,只有当机会研究对工程项目上马后的效益仍有怀疑时才进行,其主要任务是对机会研究的结论进行分析,在较详细数据资料的基础上论证投资是否确有机会,是否能获得较大的利益,是否有必要进行详细可行性研究,有哪些关键性的问题需要进行辅助性专题研究。在初步可行性研究中,应提出初步选用方案和工程项目概算。其投资估算的误差一般要求在 20%以内。

(3)详细可行性研究

简称可行性研究,是投资前期对工程项目进行全面研究的最后阶段,其主要任务是对市场、选址、建设方案进行深入的研究,经过技术上的先进性、经济上的合理性和财务上的盈利性论证之后,对工程项目做出投资决策。其投资估算的误差一般要求在 10%以内。详细可行性研究的成果为可行性研究报告。

(4)评价与决策

评价与决策是在可行性研究报告的基础上进行的,其主要任务是对可行性研究报告进行核查,核实研究依据,分析计算是否正确,从管理、经营、技术、财务、环境及社会经济方面对项目研究进行全面的综合评价。判断工程项目是否可行,提出评估意见,最后写出项目评估报告。政府计划管理部门在对项目进行审批前,会委托有资格的咨询评估机构对项目可行性研究报告进行评估论证,分析该可行性研究的可靠性和真实性,判断项目是否可行,再根据评估结果,决定是否同意项目建设。一般而言,大中型项目、限额以上的项目和重要的小型项目,都需要进行评估;否则,任何单位不准审批,更不准组织建设。

9.2 建设项目可行性研究报告的编制

可行性研究过程形成的工作成果一般通过可行性研究报告固定下来,构成下一步研究工作的基础。可行性研究不必将所有工作过程都展示出来,只需详细说明最优方案,而简述其他备选方案的情况。

9.2.1 可行性研究报告的框架

9.2.1.1 可行性研究报告的作用

(1)作为经济主体投资决策的依据

可行性研究对与建设项目有关的各个方面都进行了调查研究和分析,并以大量数据论证了项目的必要性、可实现性以及实现后的结果,项目投资者或政府主管部门根据项目可行性研究的评价结果,并结合国家财政经济条件和国民经济长远发展的需要,才能做出是否应该投资和如何进行投资的决定。

(2)作为筹集资金和向银行申请贷款的依据

银行通过审查项目的可行性研究报告,确认项目的经济效益水平、偿债能力和风险状况后,才能做出是否同意贷款的决定。

(3)作为编制科研试验计划和新技术、新设备需用计划以及大型专用设备生产与安排计划的依据

项目拟采用的重大新技术、新设备必须经过周密慎重的技术经济论证,确认可行的,方能拟订研究和制造计划。

(4)作为从国外引进技术、设备以及与国外厂商谈判签约的依据

利用外资项目,不论是申请国外银行贷款,还是与合资、合作方进行技术谈判和商务谈判,编制可行性研究报告都是一项至关重要的基础工作,甚至决定了谈判的成功与否。

(5)作为与项目协作单位签订经济合同的依据

根据批准的可行性研究报告,项目法人可以与有关协作单位签订原材料、燃料、动力、运输、土建工程、安装工程、设备购置等方面的合同或协议。

(6)作为向当地政府、规划部门、环境保护部门申请有关建设许可文件的依据

可行性研究报告经审查,符合市政当局的规定或经济立法,对污染处理得当,不造成环境污染时,方能取得有关部门的许可。

(7)作为该项目工程建设的基础资料

建设项目的可行性研究报告是项目工程建设的重要基础资料,项目建设过程中的任何技术性和经济性的更改,都可以在原可行性研究报告的基础上通过认真分析得出项目经济效益指标变动程度的信息。

(8)作为项目科研试验、机构设置、职工培训、生产组织的依据

根据批准的可行性研究报告进行与建设项目有关的生产组织工作,包括合理设置组织机构、进行职工培训、合理地组织生产等。

(9)作为对项目考核和后评价的依据

工程项目竣工、正式投产后的生产考核,应以可行性研究所制定的生产纲领、技术标准以及经济效果指标作为考核标准。

9.2.1.2 可行性研究报告的编制依据

一个拟建项目的可行性研究必须在国家有关的规划、政策、法规的指导下完成,同时,还必须要有相应的各种技术资料。进行可行性研究工作的主要依据包括:

(1)国家经济和社会发展的长期规划,部门与地区规划,经济建设的指导方针、任务、产业政策、投资政策和技术经济政策以及国家和地方法规等

国家和地方的国民经济和社会发展规划是一个时期国民经济发展的纲领性文件,对项目建设具有指导作用。另外,产业发展规划也同样可作为项目建设的依据。例如,国家关于一定时期内优先发展产业的相关政策,国家为缩小地区差别确立的地区开发战略,以及国家为加强民族团结而确定的地区发展规划。

(2)经过批准的项目建议书和在项目建议书批准后签订的意向性协议等

项目建议书是工程项目投资决策前的总体设想,主要论证项目的必要性,同时初步分析项目建设的可能性,它是进行各项投资准备工作的主要依据。基础性项目和公益性项目只有经国家主管部门核准,并列入建设前期工作计划后,方可开展可行性研究的各项工作。可行性研究确定的项目规模和标准原则上不应突破项目建议书相应的指标。

(3)委托方的意图

可行性研究的承担单位应充分了解委托方建设项目的背景、意图、设想,认真听取委托方对市场行情、资金来源、协作单位、建设工期以及工作范围等情况的说明。

(4)拟建厂址的自然、经济、社会等基础条件的资料

进行场址选择、工程设计、技术经济分析需要可靠的自然、地理、气象、水文、地质、经济、社会等基础条件的资料和数据。对于基础条件资料不全的,还应进行地形勘测、地质勘探、工业试验等补充工作。

(5)有关国家、地区和行业的工程技术、经济方面的法令、法规、规范、标准、定额资料等

例如,钢铁联合企业单位生产能力投资指标、饭店单位客房投资指标等,都是进行技术经济分析的重要依据。

(6)有关经济评价的基本参数和指标

由国家颁布的建设项目可行性研究及经济评价的有关规定,例如,基准收益率、社会折现率、基准投资回收期、汇率等,这些参数和指标都是对工程项目经济评价结果进行衡量的重要依据。

(7)其他相关资料

如由国家批准的资源报告、国土开发整治规划、区域规划和工业基地规划等。对于交通运输项目建设要有有关的江河流域规划与路网规划等。

9.2.1.3 可行性研究报告的组成

各类投资项目可行性研究的内容及侧重点因行业特点不同而差异很大,但一般应包括以下几个部分:

(1)投资必要性

主要根据市场调查及预测的结果,以及有关的产业政策等因素,论证项目投资建设的必

要性。在投资必要性的论证中，一是要做好投资环境的分析，对构成投资环境的各种要素进行全面的分析论证；二是要做好市场研究，包括市场供求预测、竞争力分析、价格分析、市场细分、定位及营销策略论证。

(2)技术可行性

主要从项目实施的技术角度，合理设计技术方案，并进行比选和评价。各行业不同项目技术可行性的研究内容及深度差别很大。对于工业项目，可行性研究的技术论证应达到能够比较明确地提出设备清单的深度；对于各种非工业项目，技术方案的论证也应达到目前工程方案初步设计的深度，以便与国际惯例接轨。

(3)财务可行性

主要从项目及投资者的角度，设计合理的财务方案，从企业理财的角度进行资本预算，评价项目的财务盈利能力，进行投资决策，并从融资主体(企业)的角度评价股东投资收益、现金流量计划及债务清偿能力。

(4)组织可行性

制订合理的项目实施进度计划、设计合理的组织机构、选择经验丰富的管理人员、建立良好的协作关系、制订合适的培训计划等，保证项目顺利执行。

(5)经济可行性

主要从资源配置的角度衡量项目的价值，评价项目在实现区域经济发展目标、有效配置经济资源、增加供应、创造就业机会、改善环境、提高人民生活等方面的效益。

(6)社会可行性

主要分析项目对社会的影响，包括政治体制、方针政策、经济结构、法律道德、宗教民族、妇女儿童及社会稳定性等。

(7)风险因素及对策

主要对项目的市场风险、技术风险、财务风险、组织风险、法律风险、经济及社会风险等风险因素进行评价，制定规避风险的对策，为项目全过程的风险管理提供依据。

一般项目可行性研究的内容均应设专章论述投资必要性、技术可行性、财务可行性、组织可行性和风险分析的内容。对于工业项目，应设多个章节对原材料供应方案、厂址选择、工艺方案、设备选型、土建工程、总图布置、辅助工程、安全生产、节能措施等技术可行性的各方面内容进行研究。对于非工业项目，应重视项目的经济和社会评价，重点评价项目的可持续性和对经济社会环境的影响。

9.2.1.4 可行性研究报告的内容

(1)可行性研究报告的编制步骤(图 9.3)

可行性研究报告的基本工作程序包括以下三个步骤：

①建设单位提交项目建议书和初步可行性研究报告；

②项目业主、承办单位委托有相应资质的咨询单位进行可行性研究；

③设计或咨询单位进行可行性研究工作，编制完整的可行性研究报告。

(2)可行性研究报告的内容

工程项目的重要特点之一是它的不重复性，因而，每个工程项目应根据自身的技术经济特点确定可行性研究的工作要点，以及相应的可行性研究报告的内容。根据国家发展和改革委员会的有关规定，一般工业项目可行性研究报告可按以下内容编写：

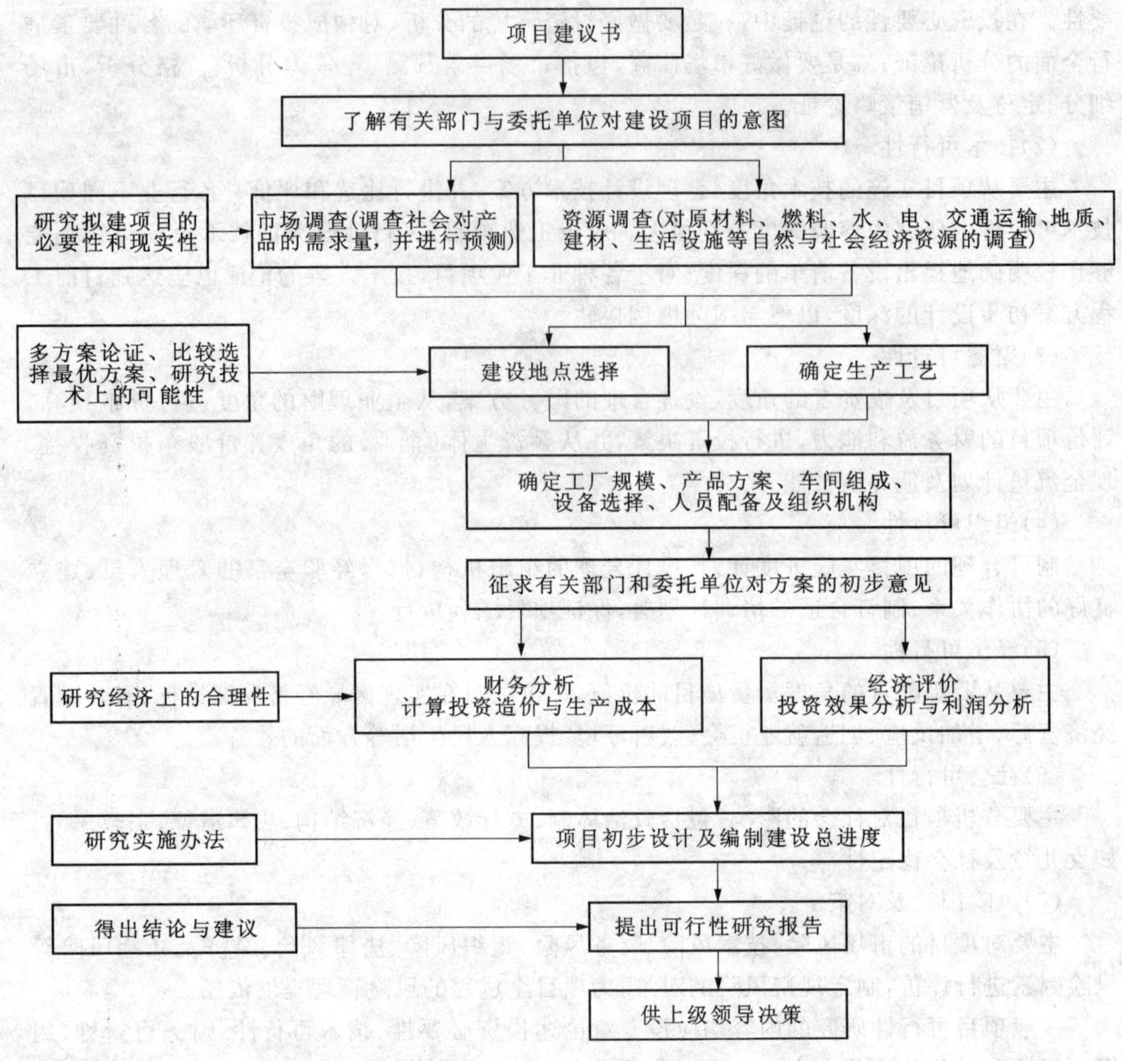

图 9.3 可行性研究报告的编制步骤

①总论

主要内容为：项目提出的背景、项目概况以及主要问题与建议。

②市场预测

主要内容为：市场现状调查；产品供需预测；价格预测；竞争力分析；市场风险分析。

③资源条件评价

主要内容为：资源可利用量；资源品质情况；资源赋存条件；资源开发价值。

④建设规模与产品方案

主要内容为：建设规模与产品方案的构成；建设规模与产品方案的比选；推荐的建设规模与产品方案；技术改造项目与原有设施利用情况等。

⑤场址选择

主要内容为：场址现状；场址方案比选；推荐的场址方案；技术改造项目当前场址的利用情况。

⑥技术方案、设备方案和工程方案

主要内容为:技术方案选择;主要设备方案选择;工程方案选择;技术改造项目改造前后的比较。

⑦主要原材料、燃料供应及节能、节水措施

主要内容为:主要原材料供应方案;燃料供应方案;节能措施;节水措施。

⑧总图、运输与公用辅助工程方案

主要内容为:总图布置方案;场内外运输方案;公用工程与辅助工程方案;技术改造项目现有公用辅助设施利用情况。

⑨环境影响评价

主要内容为:环境条件调查;影响环境因素分析;环境保护措施。

⑩劳动安全、卫生与消防

主要内容为:危险因素和危害程度分析;安全防范措施;卫生保健措施;消防设施。

⑪组织机构与人力资源配置

主要内容为:组织机构设置及其适应性分析;人力资源配置;员工培训。

⑫项目实施进度

主要内容为:建设工期;实施进度安排;技术改造项目建设与生产的衔接。

⑬投资估算与融资方案

主要内容为:建设投资和流动资金估算;资本金和债务资金筹措;融资方案分析。

⑭财务评价

主要内容为:财务评价基础数据与参数选取;营业收入与成本费用估算;财务评价报表;盈利能力分析;偿债能力分析;风险与不确定性分析;财务评价结论。

⑮国民经济评价

主要内容为:影子价格及评价参数选取;效益费用范围与数值调整;国民经济评价报表;国民经济评价指标;国民经济评价结论。

⑯社会评价

主要内容为:项目对社会的影响分析;项目与所在地互适性分析;社会风险分析。

⑰风险与不确定性分析

主要内容为:项目盈亏平衡分析;敏感性分析;项目主要风险识别;风险程度分析;防范风险对策。

⑱研究结论与建议

主要内容为:推荐方案总体描述;推荐方案优缺点描述;主要对比方案;结论与建议。

可行性研究根据建设项目性质和条件的不同,其研究的重点应有所区别,但基本内容大致相同。企业投资建设项目可行性研究的基本任务是进行方案的规划、技术论证和经济评价,只有不遗漏所规定范围内的任何基本内容,对效益、费用的估算才能比较准确,才能为项目决策提供可靠的依据。因此,正确的规定可行性研究报告的内容是十分重要的。

总之,可行性研究报告的基本内容可概括为三部分:市场研究、技术研究和经济评价。这三部分构成了可行性研究的三大支柱。

a.市场研究,包括产品的市场调查与预测研究,这是建设项目成立的重要前提,其主要任务是要解决工程项目建设的“必要性”问题。市场调查与预测内容详见9.3节与9.4节。

b.技术研究,即技术方案和建设条件研究,从资源投入、场址、技术、设备和生产组织等问题入手，对工程项目的技术方案和建设条件进行研究，这是可行性研究的技术基础，它要解决建设项目在技术上的“可行性”问题。

c. 效益研究，即经济评价，这是决定项目投资命运的关键，是项目可行性研究的核心部分，它要解决工程项目在经济上的“合理性”问题。项目经济评价是对工程项目的经济合理性进行分析、论证，并提出结论性意见的全过程，是工程项目可行性研究工作的一项重要内容，也是考察项目是否可行的有机组成部分，是项目科学决策的重要手段之一。其目的是根据国民经济长远规划和地区、部门（或行业）规划的要求，结合产品需求预测和工程技术研究，通过计算、分析、论证和多方案比较，提出全面的评价报告，为方案决策和编制设计任务书提供可靠的依据。工程项目的经济评价包括企业经济评价和国民经济评价。前者是从企业的角度进行企业盈利分析；后者是从整个国民经济的角度进行国家盈利分析，根据项目对企业和国家的贡献情况，确定项目的可行性，即在合理配置国家资源的前提下，从国家整体与全社会的角度出发，分析计算项目对国民经济的净贡献。对涉及整个国民经济的重大项目和严重影响国计民生的项目，对稀缺资源开发和利用的项目，对涉及产品及原料、燃料进出口或代替进出口的项目，以及产品和原料价格明显不合理的项目等，除进行企业经济评价外，必须进行详细的国民经济评价。当两者有矛盾时，项目的取舍将取决于国民经济评价。

9.2.2 可行性研究报告的编制要求

9.2.2.1 可行性研究报告的编制要求

(1)实事求是；

(2)由有相应资质的单位编制；

(3)研究内容完整且应达到一定的深度；

(4)严格签证和审批。

9.2.2.2 可行性研究报告的深度要求

可行性研究报告的深度应满足以下几方面的要求：

(1)可行性研究报告应能充分反映项目可行性研究工作的成果，内容齐全，结论明确，数据准确，论据充分，满足决策者确定方案和项目决策的要求。

(2)可行性研究报告选用主要设备的规格、参数应能满足预订货的要求。引进技术设备的资料应能满足合同谈判的要求。

(3)可行性研究报告中的重大技术、经济方案，应有两个以上方案的比选。

(4)可行性研究报告中确定的主要工程技术数据，应能满足项目初步设计的要求。

(5)可行性研究报告中构建的融资方案，应能满足银行等金融部门信贷决策的需要。

(6)可行性研究报告中应反映可行性研究过程中出现的关于某些方案的重大分歧，即未被采纳的理由，以供委托单位或投资者权衡利弊进行决策。

(7)可行性研究报告应附有评估、决策（审批）所必需的合同、协议、意向书、政府批件等。

9.2.2.3 可行性研究报告编制单位资质及人员素质要求

可行性研究报告的质量取决于编制单位的资质和编写人员的素质。承担可行性研究报告编写的单位和人员，应符合下列要求：

(1)编制单位应具有经国家有关部门审批登记的资质等级证明。

(2)编制单位应具有承担编制可行性研究报告的能力和经验。

(3)可行性研究人员应具有所从事专业的中级以上专业职称，并具有相关的知识、技能和工作经历。

(4)编制单位及人员应坚持独立、公正、科学、可靠的原则，实事求是，对提供的可行性研究报告质量负完全责任。

9.2.2.4 可行性研究报告文本格式

(1)文本排序

①封面。项目名称、研究阶段、编制单位、出版年月并加盖编制单位印章。

②封一。编制单位资格证书，如工程咨询资质证书、工程设计证书。

③封二。编制单位的项目负责人、技术管理负责人、法人代表名单。

④封三。编制人、校核人、审核人、审定人名单。

⑤目录。

⑥正文。

⑦附图、附表、附件。

(2)文本的外形尺寸

统一为 A4(210mm×297mm)。

9.3 市场调查

市场研究是可行性研究最基础、最重要的环节，通过市场调查、市场预测，可以掌握项目产品销路的市场信息，了解项目所需的原材料、能源、设备、技术等市场供应情况，这是确定工程项目规模的依据。

市场研究一般通过产品市场调查和市场预测完成。

在可行性研究中，市场调查的过程实际上就是寻找投资机会的过程，机会找准了，项目就有了成功的前提。因此，项目能否成功，很大程度上取决于投资者能否通过市场调查，找到并利用有效的投资机会。

市场调查就是运用适当的方法，有目的、系统地收集整理市场信息资料，分析市场的客观实际情况。市场调查是市场预测的基础，是工程项目可行性研究的起点。

9.3.1 市场调查的方法

9.3.1.1 间接收集信息法

间接收集信息法是指调研人员通过各种媒体，对现成信息资料进行收集、分析、研究和利用的方法。间接收集信息法一般包括查找、索讨、购买、交换、接收等手段。

(1)间接收集信息法应遵循的原则

①先易后难的原则。应先收集那些比较容易得到的历史资料和公开发表的公益性信息资料，而对那些商业性信息和内部保密信息，只有在现成资料不足时才做进一步收集。

②由近至远的原则。收集信息应从最新的近期资料着手，然后采取追踪的办法逐步向远期查找。

③先内部后外部的原则。在间接收集信息时，先从本企业、本行业或与本单位有业务往来关系的贸易伙伴着手，然后再到有关的单位与行业收集有关的信息资料。

(2)间接收集信息法的作用

①为直接收集信息提供指导。在实地调查之前，应制订调查计划，明确调查目的，才能做到心中有数、有的放矢，而这些工作都必须根据已有的信息资料来推断。

②对直接调查法起弥补修正作用。在市场经济条件下，直接调查一般很难获取竞争对手的商业信息，但通过间接信息的统计推断可以对市场的整体情况进行估计和把握，甚至这些经过处理的信息还能替代实地调查的资料。

③鉴定、证明直接调查法所获资料的可信度。直接调查所取得的信息资料，由于受多种因素的影响，在收集过程中容易出现某些差错。因而，分析人员可以通过与间接获得的信息进行对比，鉴定、证明实地调查资料的可靠程度，并纠正其中明显的错误。

(3)间接收集信息法的特点

间接收集信息法的优点是获取资料速度快、费用省，并能举一反三。缺点是针对性较差、深度不够、准确性不高，需要采用适当的方法进行二次处理和验证。

9.3.1.2　直接访问法

直接访问法就是将所调查的事项，以面谈、电话或书面形式向被调查者提问，以获得所需资料信息的调查方法。

按访问的具体形式的不同可分为面谈调查、电话调查、问卷调查、街头访问调查等。

(1)面谈调查

面谈调查包括将专家请进来的座谈会调查和调查人员走出去的个人访谈。

面谈调查法的优点是当面听取被调查者的意见，可以全方位观察其本身的状况和对问题的反应；信息回收率高；谈话可逐步深入，获得意想不到的信息。

面谈调查法的缺点是调查成本高，调查结果受专家水平及调查人员本身素质影响较大。

面谈调查法中应注意的事项：

①调查人员不应对问题的含义发表过多的主观见解，以免限制被调查者的思路；

②访问的时间不宜太长；

③问话应尽量清楚而简短。

(2)电话调查

由调查人员根据抽样规定或样本范围，通过电话询问对方意见。

电话调查法的优点是可在短时间内调查较多样本，成本较低。

电话调查法的缺点是不易获得对方的合作，不能询问较为复杂的问题。

(3)问卷调查

问卷调查是一种应用较广泛的直接调查方式，它是通过设计调查问卷将调查意图清晰展现给被调查者的调查方式。

问卷调查的优点：调查成本低；能在短时间内使被调查者了解调查意图；由于问卷对每一问题往往设置选择项，节省了被调查者思考的时间；消除由于调查人员本身素质的差异造成的调查结果的误差；加强了调查工作的计划性和条理性。

问卷调查的缺点：有时回收率低；有时被调查人员不配合，影响调查人员的工作情绪。

设计问卷时应注意的问题：

①问卷的内容不宜太多，问题应具有代表性。

②问句应词义清楚，不能模棱两可。

③每个问句后，最好有选择项供被调查人员选择。

④问题要引起被调查者的兴趣，使其愿意回答问题。

9.3.1.3　直接观察法

直接观察法的特点是被调查者尚未察觉时，调查工作已经完成。因为这是调查人员在调查现场，从旁观察其行动的一种调查方法。

直接观察法按观察对象可分为交通量观察、售房量观察和商场观察等。

(1)交通量观察

为研究某城市区域的商业价值或改善交通秩序，常需要调查某一街道的车流量以及人流量和方向，其方法是调查人员亲临现场或用仪器记录该街道在一定时间内所通行车辆及行人的数量、种类、方向。

(2)售房量观察

例如，为研究受消费者青睐的住宅户型，房地产开发企业的调查人员可作为普通消费者，到楼盘发售现场观察墙上标示的各种户型的销售进度。销售较快的房型必然是较受消费者欢迎的房型。

(3)商场观察

在商场可以观察到什么品牌、种类、式样、颜色的商品销售速度较快。

观察法的优点是被调查者没有意识到自己正在接受调查，一切状况均保持自然，故准确性较高。缺点是观察不到内在因素，有时需要长时间的观察才能求得结果。

9.3.2　市场调查的一般原则

市场调查是一项复杂而细致的工作，在市场调查过程中建立一套系统科学的程序，是市场调查工作顺利进行、提高工作效率和品质的重要保证。市场调查的步骤应按照调查内容的繁简、精确程度，调查的时间、地点、预算手段以及调查人员的学识经验等条件具体的来确定。但不论市场调查的规模大小、内容多少，都应该遵循下面陈述的基本原则，即调查资料的准确性和时效性，针对调查主题的全面性和针对性，以及调查的创造性。

(1)准确性原则

调查资料必须真实、准确地反映客观实际。科学的决策建立在准确的预测的基础上，而准确的预测又应依据真实的市场调查资料。只有在准确的市场调查的基础上尊重客观事实，实事求是地进行分析，才能瞄准市场，看清问题，做出正确的决策。

(2)时效性原则

一份好的调查资料应该是最新的。因为只有最新的调查资料，才能反映市场的现实状况，并成为企业制定市场营销策略的客观依据。在市场调查工作开始以后，要充分利用有限的时间，尽可能在较短的时间里搜索更多的所需资料和信息，避免调查工作的拖延。否则，不但会增加费用支出，而且会使决策滞后，贻误时机。因此，市场调查应该顺应瞬息万变的市场形势，及时反馈信息，以满足各方面的需要。

(3)全面性原则

这一原则是指根据调查目的，全面系统地收集有关市场的经济信息资料。市场环境的影响因素很多，既有人的因素，也有经济因素、社会因素、政治因素等，有时甚至国际大气候对市场环境也有较大影响。由于各因素之间的变动是互为因果的，如果单纯就事论事地调查，而不考虑周围环境等因素的影响，就不能把握事物发生、发展甚至变化的本质，就难以抓住关键因素得出正确的结论。这一点，在房地产市场调研方面体现得尤为突出。房地产开发不可能离开一个城市的社会、经济发展状况，因此，一个完整全面的市场调查应该包括宏观的背景情况，如社会政治经济环境、自然环境、区域因素以及整个市场的物业开发量、吸纳量、总体价格水平、空置率等内容，还应包括对消费者的调查、对竞争对手与竞争楼盘的调查等内容。

(4)针对性原则

对于特定项目的市场调查，还应遵循"针对性"原则。比如在房地产市场调查中，不同物业的目标客户群体是不同的。不同客户群体对房屋的偏好各异，比如中等收入家庭购房时则会更注重环境与景观等。市场调查的目的就是要准确把握不同客户群体间方方面面显著或是细微的差别，最终抓住目标客户群。这也是房产销售成功的关键之一。

(5)创造性原则

市场调查是一个动态的过程，虽然有科学的程序化的步骤，但任何环节都需要创意的帮助。市场调查的创造性思维，不能仅仅在调查开始前的头脑风暴会议上绽现，而应该贯穿整个调查设计和实施过程。有创意的调查人员总是能十分敏锐地捕捉那些有价值的信息，不让它们与自己失之交臂，抓住它们，并深入地挖掘它们。创造性调查的特点之一，是根据调查中发现的有价值的信息，提出一个很有创意的假设，然后运用各种调查方法进一步去证明这种假设是否确实存在；创造性调查的特点之二，是抛开那些传统的、先入为主的思维方式，采用准确、直接的调查新手段、新方法。

9.3.3 市场调查程序

市场调查的程序是指从调查准备到调查结束全过程的先后顺序。在市场调查中，建立一套系统的科学程序，有助于提高调查工作的效率和质量。通常，一项正式调查的全过程一般可分为调查准备、调查实施以及分析总结三个阶段，每一个阶段又可分为若干具体步骤。

9.3.3.1 调查准备阶段

市场调查准备阶段是调查工作的开端。该阶段重点要解决调查的目的、要求，调查的范围和规模，调查力量的组织等问题，并在此基础上，制定一个切实可行的调查方案和调查工作计划。这个阶段的具体工作步骤如下：

(1)提出问题，明确目标

市场调查的任务是为决策者提供信息，帮助他们发现并解决问题。所以调查人员必须牢记调查是为决策服务的，其目的是发现问题并解决问题，任何偏离主题的调查都不能成为有效的调查。因此，在每次起草调查提案之前，调查人员首先要知道自己要干什么，明确调查目的与目标。

(2)初步情况分析和非正式调查

调查人员对初步提出来需要调查的课题，要收集有关资料做进一步分析研究，必要时还可以组织非正式的探测性调查，以判明问题的症结所在，弄清究竟应当调查什么。探测性研究资料的收集具有较大的灵活性。已出版的材料、个别访谈、反面佐证案例等，都是行之有效的资料来源。如果研究的问题能够准确、清晰地得到定义，就可以直接做描述性或因果关系研究。同时，要根据调查的目的，考虑调查的范围和规模多大才合适，调查的力量、时间和费用负担是否有保证。如果原来提出的课题涉及面太宽或者不切实际，使得调查范围和规模过大，内容过多，无法在限定时间内完成，就应当实事求是地加以调整。

(3)制订调查方案和工作计划，拟订调研计划书

对市场调查课题经过上述分析研究之后，如果决定要进行正式调查，就应制订调查方案和工作计划，即拟订调研计划书。

市场调查方案是对某项调查本身的设计，目的是使调查有秩序、有目的地进行，它是指导调查实施的依据，对于大型的市场调查显得更为重要。调查方案设计的内容如下：

①为完成调查的课题需要收集哪些信息资料？

②怎样运用数据分析问题？

③明确获得答案及证实答案的做法。

④信息资料从哪里取得，用什么方法取得？

⑤评价方案设计的可行性及核算费用的说明。

⑥方案进一步实施的准备工作。

市场调查工作计划是指在某项调查之前，对组织领导、人员配备、考核、工作进度、完成时间和费用预算等做出安排，使调查工作能够有计划、有秩序地进行，以保证调查方案的实施。

总之，市场调查计划书必须具有可操作性，对调查对象、调查范围、调查内容、调查方法、调查经费预算、调查日程安排等都应给出明确的要求。

9.3.3.2 调查实施阶段

市场调查方案和调查计划经论证确定后，就进入了调查实施阶段。这个阶段的主要任务是组织调查人员深入实际，按照调查方案或调查提纲的要求，系统地收集各种资料和数据，听取被调查者的意见。这一阶段的具体步骤如下：

(1)建立调查组织

市场调查部门应当根据调查任务和调查规模的大小，配备好调查人员，建立市场调查组织。调查人员确定后，需要集中进行学习，对于临时吸收的调查人员，更需要进行短期培训。

(2)收集第二手资料

市场调查所需的资料可分为第一手资料和第二手资料两大类。第一手资料是指需要通过实地调查才能取得的资料。取得这种资料所需的时间较长，花费较大。第二手资料是指企业内部记录或已出版的外部记录。取得这部分资料比较容易，花费较少。在实际调查中，应根据调查方案提出的内容尽可能组织调查人员收集第二手资料。收集第二手资料，必须保证资料的时效性、准确性和可靠性。对于统计资料，应该弄清指标的含义和计算的口径，使之符合调查项目的要求。对于某些估计性的数据，要了解其估算方法和依据以及可靠程度。对于某些保密的资料，应当根据有关保密的规定，由专人负责收集、保管。

(3)收集第一手资料

经常遇到的情况是，为解决问题所需的资料并不能完全从内部记录或已出版的外部记录中获得，即不能仅从第二手资料中获得，而必须收集第一手资料。第一手资料是专门为项目研究而收集的。收集第一手资料常要回答下面几个问题：是通过观察实验还是询问来获得资料？问卷采取封闭式还是开放式结构？是将研究的目的直截了当地告诉被采访者还是对他们隐瞒研究的目的？此外还有许多问题是在研究过程中必须回答的基本问题。在收集

第一手资料的过程中，还必然伴随着对调查样本的设计和样本的采集。在市场调查中，广泛采用的是抽样调查法。

9.3.3.3　分析和总结阶段

市场调查资料的分析和总结阶段，是得出调查结果的阶段。它是调查全过程的最后一环，也是调查能否发挥作用的关键环节。这一阶段有以下几个具体步骤：

(1)数据分析与解释

数据分析包括对采用的抽样方法进行统计检查，以及对数据的编辑、编码和制表。编辑就是对问卷表进行纵览的过程，以保证问卷的完整、连续；编码就是对问题加以编号，以使资料更好地发挥分析作用；制表就是根据某种指示对观察得到的数据进行分类和交叉分类。

在大多数研究中，都要涉及编辑、编码和制表程序。而统计检验作为一种独特的抽样过程和数据收集方式，往往仅应用于某些特殊的研究。在可能的情况下，统计检验一般都在数据收集和分析之前就进行了，以保证所得到的数据与意欲研究的问题紧密相关。

(2)编写调查报告

调查研究报告主要归纳研究结果并得出结论，提交给管理人员供决策时使用。很多主管人员十分关心这一报告，并将它作为评价研究成果好坏的标准。因此，研究报告必须写得十分清楚、准确。无论你的研究做得多么透彻、高明，如果没有一份好的研究报告，都将会前功尽弃。

调查报告的主要内容包括：

①调查目的、方法、步骤、时间等说明；

②调查对象的基本情况；

③所调查问题的实际材料与分析说明；

④对调查对象的基本认识，做出结论；

⑤提出建设性的意见和建议；

⑥统计资料、图表等必要附件。

市场调查报告的结构多种多样，没有固定的格式，一般由导言、主体、建议与附件组成。导言部分介绍调查课题的基本情况，介绍调查目的、方法及其必要性，对调查结果进行分析并进行详细说明；附件部分是用来论证、说明主体部分有关情况的资料，如资料汇总统计表、原始材料来源等。

(3)总结反馈

市场调查全过程结束后，要认真回顾和检查各个阶段的工作，做好总结和反馈，以便改进今后的调查工作。总结的内容主要有以下几个方面：

①调查方案的制定和调查表的设计是否切合实际；

②调查方式、方法和调查技术的实践结果，有哪些经验可以推广，有哪些教训应当吸取；

③实地调查中还有哪些问题没有真正搞清，需要继续组织追踪调查；

④对参加调查工作的人员做出绩效考核，以促进调查队伍的建设，提高调查水平和工作效率。

值得注意的是，在上述市场调查的程序中，除了提出问题这一步骤之外，其他研究步骤并不能完全依照设想的程序进行。并且这些步骤也不是僵化不变的。实际运用时，可视调查内容、环境条件及要求的轻重缓急，灵活运用。有的程序可以省去，有的可以强化，有的可以重复。例如，在制定某项研究方案时，我们也许会发现要研究的问题并没有很好地定义，这样，研究人员也许需要重新回到第一步，对需要研究的问题再做仔细的界定；再如，进入收集数据阶段时，可能会发现原计划的方法成本太高，这时为了保持预算平衡，就可能需要对原来的研究设计进行改变，减少资料规模，或用其他资料来代替(也许依靠第二手资料)。但当资料收集得差不多时，研究人员再要对研究方案做改动的话，所花的代价就非常大，这将影响研究的进行。因此，在进行资料收集之前，就应认真考虑研究方案，以免造成不必要的损失。

9.4 市场预测

在技术经济工作中，经常要对各种技术方案在实践之前进行分析和评价，而分析和评价时采用的数据许多都来自于预测。因此，可以说预测是连接未来的桥梁，是探索未来的窗口，是决定未来发展的指南。近些年来，许多预测者把计量经济学、数理统计学、现代管理学、计算机技术，以及系统工程学、信息论、控制论、未来学等学科的思想、理论和方法引进预测领域，建立和完善了一系列定性和定量的预测方法，形成了一门综合性的独立学科。

市场预测是在市场调查的基础上，通过对市场资料的分析研究，运用科学的方法和手段推测市场未来的前景。

9.4.1 预测的分类

按预测的时间和长短，预测可分为：

(1)近期预测：多以周或日计；

(2)短期预测：1～5 年；

(3)中期预测：5～15 年；

(4)长期预测：15～30 年。

对不同的预测方案，其划分的标准不是固定的，也可以根据具体情况而另作规定。

9.4.2 预测的基本原则

(1)惯性原则

过去的行为不仅会影响到现在，还会影响到未来。任何事物的发展都有一定的延续性。这种延续性被称为“惯性”。惯性越大表明对未来的影响越大，则研究过去所得的信息对研究未来越有帮助；惯性越小则表明过去对未来的影响越小。

(2)类推原则

许多事物相互之间在发展变化上常有类似之处，利用某事物与其他事物的发展变化在时间上有前后不同，但在表现形式上有相似之处，有可能把先出现的事物的表现过程类推到后出现的事物上去，从而对后出现的事物做出预测。

利用类推原则进行预测，首要条件是两事物之间的发展变化具有类似性，否则就不能进行类推。类似并不等于相同，再加上时间、地点、范围以及其他许多条件的不同，常常会使两事物的发展变化产生较大的差距，因此，在类推时要十分注意那些不同的因素。当用局部去类推整体时，应注意这个局部的特征能否反映整体的特征，是否具有代表性，绝不能用不具有代表性的局部去类推整体。

(3)相关原则

任何事物的发展变化都是与其他某些事物的发展变化相互联系、相互影响、相互制约的，我们可以通过这种相关性对某事物进行预测。

相关性有多种表现形式，其中最常用的是因果关系。任何一个事物的发展变化都是有原因的，是原因作用的结果。因果关系是事物之间普遍联系和相互作用的形式之一。它的特点是原因在前结果在后，并且原因和结果之间常常具有类似函数关系的密切联系，这就为利用因果关系建立模型进行预测提供了方便。

(4)概率推断原则

由于各种因素的干扰，常常使一些预测对象呈现随机变化的形式，随机变化的不确定性给预测工作带来很大的困难，然而为了给决策工作提供依据，需要预测工作者对具有不确定性结果的预测对象提出比较可靠的结论，这就需要应用概率推算的原则。所谓概率推算原则，就是当推断预测结果能以比较大的概率出现时，就认为这一结果是成立的，是可用的。在实际应用中，概率应伴随预测结果同时给出。在定量预测中的置信区间的置信度，表示的就是事物出现的数量落在该区间的概率。在进行定性和定量预测时，一般要对多种可能的结果分别给出其发生的概率。

9.4.3 市场预测的方法

市场预测的方法很多，如图 9.4 所示。

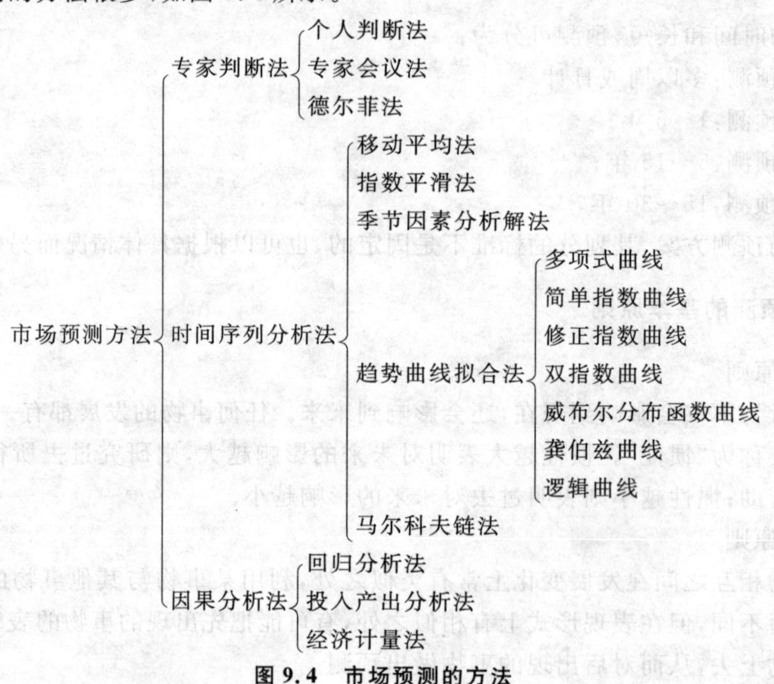

图 9.4 市场预测的方法

9.4.3.1 定性预测法

对于事物未来状况的预测，凡是能够进行定量预测的，当然都应力争做到，问题是常常会遇到困难。首先，各种定量预测方法都要以历史上的客观数据为依据，然而我们可能对某些事物的情况了解甚少，或者无从了解。在这样的情况下，就需要进行定性预测。

定性预测主要是依靠个人的经验、专业知识和分析能力，参照已有的资料，通过主观判断对事物未来的状况进行预测。定性预测系统地规定了必须遵循的步骤，以便使这些预测方法可以重复利用，并可对不同的预测对象给出适当的预测范围。

由于并不是对所有的预测对象都能获得可供定量预测使用的足够和适当的数据，另外，数据的发展也有可能脱离基本模式而突然出现较大变化，因而定性预测有其相当重要的作用，对于长期预测来说更是如此。

定性预测法常用的有三种：市场调查法、历史类比法和德尔菲法。其中，德尔菲法是应用较为广泛的定性预测法。该方法采取背靠背地发表意见的方式，以便把心理因素的影响降低到最低限度，然后再将各个专家的不同意见进行分析处理，并反复征求意见，最后形成比较客观的预测结果。

德尔菲法的实质是通过收集和整理分析专家意见做出预测。对于情况比较复杂而对其又了解不多的预测对象，只靠个人判断比较容易带有片面性，应该由专家小组来预测。这里所说的专家，是指对预测对象所涉及的领域有丰富的专业知识和实践经验的人。依靠专家小组预测，固然可以采取如开专家会议的形式，但德尔菲法的创立者认为集体讨论容易被个别人或大多数人的意见所左右，常有正确的意见不能发表的弊病。因而他们建议通过一个中间机构分别向有关专家函询，专家匿名发表意见，经过多次反复，使专家意见逐渐趋于一致以取得预测结果。

(1)专家的选择

这是运用德尔菲法预测非常关键的一步。因为预测的结果来自专家意见的综合，参与预测的专家选择恰当与否，会影响预测结果的质量。选择专家的原则应视预测的任务而定。如果预测对象只涉及本部门的问题，只需选择对本部门的历史和现状了解比较深入的专家；如果预测的对象具有综合性，则应在较为广泛的范围选择专家。即应包括知名的和有代表性的专家，更应包括最全面掌握该特定领域的知识与技能的专家。

(2)制定意见征询表

意见征询表是运用德尔菲法预测的重要手段，是信息的主要来源。

在意见征询表中，有些问题要求做出定量的回答，例如，要求回答在未来某个时间某种材料的使用占同类材料的百分比的估计。而有些问题则只要求做出一定的说明。例如，在几种技术措施中选择本人认为最有效的措施，并陈述其理由。

(3)函询调查、多次反馈

中间机构把意见征询表集中后，经过综合整理，把结果反馈给有关专家，同时发出下一份根据需要内容有所变动的征询表，如此多次反复，使意见逐渐趋于一致。

9.4.3.2 定量预测法

定量预测的基本思想是根据过去和现在的有关客观历史数据，从中鉴别出它们发展的基本模式，并假定其不变，由此建立数学模型，用以预测事物未来的状况或发展趋势。

定量预测法本身又大体上可以分为两类。一类是利用因果关系分析法进行预测的方法。它包括回归分析法、投入产出法和计量经济分析法。这种方法适用于在有足够的历史数据可以利用，可找出预测对象与有关的影响因素的相关关系时，通过表达它们之间的因果关系的数学模型，对事物的未来状况进行预测。另一类是利用时间序列分析法进行预测的方法。它包括移动平均法、指数平滑法和趋势曲线拟合法等。这种方法认为，仅从过去按时间顺序排列的客观数据中，即可找出预测对象随时间推移而发展变化的基本规律，并用此来预测事物的未来状况。

定量预测适用于近期、短期或中期的预测。在这两类定量预测的方法中，较为常用的有回归分析法、移动平均法和指数平滑法。

定量预测是指根据历史数据和资料，应用数理统计方法来预测事物的未来，或利用事物发展的因果关系来预测事物的未来。凡利用历史数据来推算事物发展趋势的，称为外推法，如时间序列法。凡利用事物发展的因果关系来推测事物发展趋势的，称为因果分析法，如回归分析法、计量经济分析法、投入产出法等。

(1)回归分析预测法

回归分析预测法就是指从各种经济现象之间的相互关系出发，通过对与预测对象有联系的现象变动趋势的分析，推算预测对象未来状态数量表现的一种预测方法。

回归分析预测法中的自变量与时间序列预测法中的自变量不相同。后者的自变量是时间本身，而前者的自变量是反映市场现象的其他变量。

回归分析预测法是一种重要的市场预测方法。多数市场预测者在对市场现象进行预测时，如果能将影响市场预测对象的主要因素找到，并且能够取得其数量资料，当然就可以采用相关回归预测法进行预测。它是一种具体的、行之有效的、实用价值很高的市场预测方法。当应用相关回归分析预测法条件不充分时，才考虑采用时间序列法等其他预测方法。

①回归分析预测法的种类

应用回归模型进行市场预测有许多种类，根据不同的条件可作不同的分类。主要的分类有：

a. 按自变量个数的多少划分，可以分为一元回归分析预测法和多元回归分析预测法。

b. 按回归模型是否为线性划分，可分为线性回归分析预测法和非线性回归分析预测法。所谓线性回归模型，就是指因变量和自变量之间的关系是直线型的。

c. 按回归模型的自变量是否带虚拟变量划分，可以分为普通回归模型和虚拟回归模型。普通回归模型的自变量都是数量变量，而虚拟回归模型的自变量既有数量变量也有品质变量。

②回归分析预测法的程序

应用回归分析法进行市场预测，应遵循一定的程序。

a. 根据预测目标，筛选自变量

一般来说，明确预测的具体目标，也就确定了因变量。筛选自变量，首先应分析各自变量与因变量之间的相关关系，观察其相关关系的表现形式及密切程度。选用那些与因变量关系最为密切的自变量。

b. 确定回归方程，建立预测模型

根据理论分析和相关分析，如果有几个重要因素同时对预测对象有影响作用而且关系密切，可以确定用多元回归方程式进行预测；如果其中某一个是基本的，起决定作用，而其他因素影响作用并不大或相关关系不密切，则可以确定用一元回归方程式进行预测。如果自变量和因变量之间的资料分布是线性趋势，可以确定用直线回归方程进行预测；如果是曲线趋势，则可以确定用曲线回归方程进行预测。

c. 检验回归预测模型，计算预测误差

回归预测模型是否可用于实际预测，取决于对回归预测模型的检验和对预测误差测定的结果。回归方程只有通过各种检验，且预测误差在研究问题所允许的范围内，才能将回归方程作为预测模型进行实际预测。否则，盲目用回归模型进行预测，其结果是不可靠的。

d.利用回归模型确定预测值，并对预测值做出置信区间的估计

用回归方程计算出来的预测值，是一个具体的数，称为点估计。点估计值是一个平均数，实际值可能高于或低于它，因此，还必须用一定的概率保证其置信区间的范围。区间预测值能更好地反映预测值的实际含义，更具实用价值。

(2)移动平均法

移动平均法是通过时间序列分析进行预测的一种简便方法。按时间顺序排列起来的历史数据，叫作时间序列。例如某个地区历史上按年度排列的某种材料的需求量。时间序列由于受各种因素影响起伏不定，发展趋势往往不容易看清楚。时间序列分析就是用一定的分析方法将影响预测对象的各种偶然因素排除，从而使预测对象的总趋势显现出来。时间序列分析的基本假设是过去发展趋势将延续到未来。

我们对历史数据进行统计时，常常采用算数平均法。这种简单平均的方法，由于对不同时期的数据没有区别对待，反映不出数据演变过程的发展趋势。移动平均法是在算术平均法的基础上发展起来的。这种方法以近期实际数据为依据，每次将最近的 N 个周期的数据进行算术平均，逐期向前移动，每移动一次，增加一个最新周期的数据，同时舍去原来一个最旧周期的数据，再进行算数平均，并以最新的算数平均值作为下一个周期的预测值，因此，被称为移动平均法。

①一次移动平均值的计算

设实际预测对象的时间序列数据为 $y_t(t=1,2,\cdots,n)$，一次移动平均值的计算公式为：

$$M_{t-1}^{[1]}=\frac{1}{n}(y_{t-1}+y_{t-2}+\cdots+y_{t-n})$$

$$M_t^{[1]}=\frac{1}{n}(y_t+y_{t-1}+\cdots+y_{t-n+1})=M_{t-1}^{[1]}+\frac{1}{n}(y_t+y_{t-n}) \tag{9.1}$$

式中 $M_{t-1}^{[1]}$——第 $t-1$ 期一次移动平均值；

$M_t^{[1]}$——第 t 期一次移动平均值；

n——在计算移动平均值时所使用的历史数据的数目，即移动时段的长度。

②二次移动平均值的计算

二次移动平均值的计算要在一次移动平均值序列的基础上进行。定义式为：

$$M_t^{[2]}=\frac{1}{n}(M_t^{[1]}+M_{t-1}^{[1]}+\cdots+M_{t-n+1}^{[1]})=M_{t-1}^{[2]}+\frac{1}{n}(M_t^{[1]}-M_{t-n}^{[1]}) \tag{9.2}$$

式中 $M_t^{[2]}$——第 t 期二次移动平均值；

$M_{t-n}^{[1]}$——第 $t-n$ 期一次移动平均值；

其余符号同前。

③利用移动平均值序列作预测

$$\hat{y}_{t+T}=a_t+b_tT$$

$$a_t=2M_t^{[1]}-M_t^{[2]}b_t=\frac{2}{n-1}(M_t^{[1]}-M_t^{[2]}) \tag{9.3}$$

式中 $\hat{y}_{t+T}$——第 $t+T$ 期的预测值；

T——预测超前期数。

(3)指数平滑法

指数平滑法是指根据定出的平滑系数计算出指数平滑值进行市场预测的方法。指数平滑值实质上是全部历史数据的加权平均数，一般用于观察期具有长期趋势变动和周期性变动的预测。

指数平滑法包括一次指数平滑法、二次指数平滑法和多次(三次以上)指数平滑法。一次指数平滑法适用于水平型变动的时间序列预测；二次指数平滑法适用于线性趋势变动的时间序列预测；多次指数平滑法适用于非线性趋势变动的时间序列预测。

①一次指数平滑法

一次指数平滑法是以计算出来的最后一个一次指数平滑值为基础，确定预测值的方法。一次指数平滑值的计算公式为：

$$S_{t+1}^{(1)} = \alpha x_t + (1-\alpha) S_t^{(1)} \tag{9.4}$$

式中　α——平滑系数；

x_t——历史数据序列 x 在 t 时的观测值；

$S_t^{(1)}$ 和 $S_{t+1}^{(1)}$——t 时和 $t+1$ 时的一次指数平滑值。

应用一次指数平滑法进行预测，平滑系数 α 的选择很关键，α 的取值不同，预测结果就不同。一般有三个原则：

a. 对于趋势变动较明显的时间序列，平滑系数 α 应取较大值，即 $\alpha > 0.6$，主要是为了突出近期数据对预测值的影响。

b. 对水平型的时间序列，平滑系数 α 应取较小值，即 $\alpha < 0.3$。因为水平型的数据变动趋势不明显，随机因素多，因此，α 应取较小值。

c. 对于介于上述两者之间的时间序列，平滑系数 α 应取中间值，即 $0.3 \leqslant \alpha \leqslant 0.6$。

初始值的确定：

一般情况下，当时间序列的数据资料较多时，如 $n \geqslant 10$，这时初始值对以后预测值的影响甚小，可直接选用第一期实际观察值作为初始值；反之，如果时间序列的数据资料较少，如 $n < 10$，则因初始值对以后预测值的影响较大，这时一般采用最初几期的实际值的算术平均数作为初始值。

②二次指数平滑法

二次指数平滑法是指在一次指数平滑的基础上再做一次指数平滑，运用二次指数平滑值建立的数学模型进行预测的方法。

二次指数平滑值的计算公式为：

$$S_t^{(2)} = \alpha S_t^{(1)} + (1-\alpha) S_{t-1}^{(2)} \tag{9.5}$$

其中，$S_t^{(2)}$ 和 $S_{t-1}^{(2)}$ 是 t 时和 $t-1$ 时的二次指数平滑值。

二次指数平滑法预测的数学模型为：

$$Y_{t+T} = a_t + b_t T \tag{9.6}$$

$$a_t = 2S_t^{(1)} - S_t^{(2)} \tag{9.7}$$

$$b_t = \frac{d}{1-d}(S_t^{(1)} - S_t^{(2)})$$

式中　Y_{t+T}——第 $t+T$ 期的预测值；

T——预测超前期数。

多次指数平滑法略。

9.4.3.3 综合预测

综合预测是指综合利用两种以上不同的预测方法进行预测。任何一种预测方法都有一定的局限性，往往需要采用多种预测方法，互相加以验证，然后再进行综合预测。综合预测可以是定性方法和定量方法的综合，也可以是定量方法和定量方法的综合。

9.5 社会评价

社会评价是项目评价方法体系的重要组成部分。它是分析拟建项目对当地(或波及其他地区，乃至全社会)社会的影响和社会条件对项目的适应性和可接受程度，评价项目的社会可行性，通过识别、监测和评估投资项目的各种社会影响，促进利益相关者对项目投资活动的有效参与，优化项目建设实施方案，规避投资项目社会风险的重要工具和手段，在国际组织援助项目及市场经济国家公共投资项目的投资决策、方案规划和项目实施中得到广泛应用。

社会评价主要应用社会学、人类学的一些理论和方法，通过系统地调查、收集与项目相关的各种社会因素和社会数据，分析项目实施过程中可能出现的各种社会问题，提出尽量减少或避免项目产生负面社会影响的建议和措施，以保证项目顺利实施并使项目效果持续发挥。

社会评价是项目设计中用以分析社会问题和构建利益相关者参与框架的一种评价方法。社会评价作为一种分析工具，提供了一个研究框架，将社会问题分析和利益相关者参与结合到项目设计中。社会评价试图解决不可“货币化”的问题，体现了“以人为中心”的可持续发展理念。

9.5.1 社会评价的主要特征

作为项目评价方法体系的重要组成部分，社会评价与投资项目的财务分析、经济分析、环境影响分析等相比，存在较大差别。其主要特征有：

(1)目标的多元性

财务分析的目标是评价项目的盈利能力及债务清偿能力等，经济分析的目标是资源优化配置及社会成员福利最大化，评价目标均比较单一，而社会评价由于涉及的社会因素复杂，目标多元化，没有共同度量的标准。

(2)评价工作的周期长

社会评价贯穿项目周期的各个环节和过程，而且要关注近期和远期与项目运行有关的各种社会发展目标，持续时间相对较长。

(3)定量分析困难

社会评价一般以定性分析为主，从而要求社会评价专业人员必须有丰富的经验，对各种社会问题具有高度的敏感性，否则将难以胜任社会评价工作。

(4)行业定向，项目定向

社会评价没有通用的方法，各行业部门、不同类型项目社会评价的内容、方法差异很大，从而增加了社会评价的难度。

(5)间接效益与间接影响多

由于社会系统的复杂性及相互关联性,有关社会问题的波及效应比较明显。

9.5.2 社会评价的目的和任务

(1)社会评价的主要目的

投资项目的社会评价究竟应该包括哪些内容,与对“社会”这个概念的理解息息相关。与财务分析、经济分析和环境影响评价不同,社会评价强调从社会学的角度对投资项目进行评价。

社会评价的主要目的是消除或尽量减少因项目的实施所产生的社会负面影响,使项目的内容和设计符合项目所在地区的宏观发展目标、实际情况和目标人口的具体发展需要,为项目地区的人口提供更广阔的发展机遇,提高项目实施的效果,并使项目能为项目地区的区域社会发展目标(如减轻或消除贫困、促进社会性别平等、维护社会稳定等)做出贡献,促进经济与社会的协调发展。

(2)社会评价的任务

投资项目社会评价需要考察、分析与项目的设计和实施方案有关的社会发展目标取向、潜在的社会负面影响和其他社会因素,如受益人的参与、贫困、社会性别平等、少数民族发展,以及征地拆迁的社会风险等。社会评价要求采用参与的方式收集有关项目地区的社会经济数据、利益相关者的人口统计特征,以及在当地社会生活中对项目具有潜在影响的传统文化、风俗习惯、宗教信仰、社会组织和社会网络等方面的信息,分析影响项目实施效果的社会因素,以及项目实施可能带来的社会风险和社会后果,并提出优化项目设计方案、减少或避免负面社会影响、降低社会风险、提高项目的实施效果的具体措施和建议。

发展项目社会评价的主要任务可以概括如下:

①识别关键利益相关者,包括项目影响群体和项目目标群体,制定适当的框架机制使他们参与项目的方案选择、设计、实施、监测和评估,尤其要为贫困和弱势群体的参与制定恰当的机制;

②确保目标受益人群能够接受项目的目标及项目实施所带来的社会变化,使项目的内容和方案设计能够考虑到性别、民族及其他社会差异问题;

③评估投资项目的社会影响,并在确认有负面影响的情况下,提出减轻由项目活动产生的负面影响的行动方案,并使行动方案的实施措施和手段符合当地的社会习俗;

④加强目标群体在社区参与、解决冲突和提供服务等方面的能力。

9.5.3 社会评价的原则与项目范围

社会评价应遵循以人为本、追求社会公平、促进社会稳定与发展、公众广泛参与、评价指标具有可比性与可操作性、实事求是、客观公正等原则。

任何投资项目都与人和社会有着密切的联系,因而从理论上讲,投资项目的社会评价适合于各类投资项目的评价。然而,项目的社会评价难度大、要求高,并且需要一定的资金和时间投入,因此,也不是任何项目都有必要进行社会评价。一般而言,主要是针对当地居民受益较大的社会公益性项目、对人民生活影响较大的基础性项目、容易引起社会动荡的项目、国家或地区的大中型骨干项目和扶贫项目进行评价。

就社会评价的时间跨度而言，社会评价应贯穿项目周期的全过程。在项目周期的不同阶段，社会评价的任务和内容有所不同。在项目的鉴别阶段（建议书阶段）应进行初步社会筛选；在项目准备阶段（可行性研究阶段）应进行详细社会分析；在项目实施阶段应进行社会监测与评估。

由于不同的项目其目标、内容和所在地区的社会经济环境不同，项目影响群体和目标群体不同，项目的社会影响和社会风险不同，因此，社会评价的内容也有所差异。

就项目的范围而言，不一定对所有的项目都进行上述三个阶段的全部评价。只有对于那些社会因素复杂、社会影响久远（具有重大的负面社会影响或显著的社会效益）、社会矛盾突出或社会风险较大和社会问题较多的发展项目，才应当进行全面的社会评价。这些项目一般包括：引发大规模移民征地的项目，如交通、供水、采矿和油田项目；具有明确的社会发展目标的项目，即扶贫项目、区域性发展项目和社会服务项目（如教育、文化和公共卫生项目等）。

对于其他项目应当首先进行初步社会筛选，然后根据社会筛选的结果，决定是否需要进行详细的社会分析。需要进一步进行详细社会分析的项目一般具有以下特征：

(1)项目地区的人口无法从以往的发展项目中受益或历来处于不利地位；

(2)项目地区存在比较严重的社会问题；

(3)项目地区面临大规模企业结构调整，可能引发大规模的失业；

(4)可以预见到项目会产生重大的负面影响，如非自愿移民、文物古迹的严重破坏；

(5)项目活动会改变当地人口的现行行为方式和价值观念；

(6)社区参与对项目效果的可持续性和项目的成功实施十分重要；

(7)项目设计人员对项目影响群体和目标群体的需求及项目地区发展的制约因素缺乏足够的了解。

9.5.4 社会评价的重点内容

总体上看，社会评价应该重点包括三个方面的内容：

(1)对与投资项目相关的利益相关者的评价

项目的社会评价，首先要检验项目方案是否考虑了社会文化及人口统计特征——项目地区的人口规模及社会结构、人口密度及社会分层模式（包括少数民族、部落和阶层的构成）。这对影响特定目标群体（如少数民族、迁移人口和妇女）的项目构成是非常重要的，有利于对项目效益的分配做出合理的安排。在评价中必须调查与项目存在利害关系的人们的意见，调查他们能否在项目的实施、维护、运营和监督过程中继续或扩大他们的参与活动，并制定帮助受益者自我组织完成项目功能的策略。

(2)对项目地区人口生产活动及社会组织的评价

具体评价内容如下：

①项目地区所流行的居民模式和家庭体系特点、劳动力的可获得性和所有制的形式。

②小型生产者是否能合理利用市场、能否获得地区经济的有关信息。

③土地所有制度和使用权。

④项目地区可获得的自然资源和其他生产性资源的利用方式。要充分评估这些因素在

项目实施后的变化，保证项目地区的社会组织能适应所引入的技术条件的变化。

(3)对项目的文化可接受性及其预期受益者需求的一致性的评价

投资项目必须考虑项目地区的价值观、风俗习惯、信仰和感知需要。项目必须是文化上可以接受的，必须被当地的社会活动者以及他们的机构和组织所理解，并能运行和维护。例如，对一个在牧业用地和农业用地结合地带的牧人与耕作者的合作项目来说，如果忽视这两个群体之间原有的历史关系，这个项目就可能很难实施。

9.5.5 社会评价的主要方法

9.5.5.1 社会评价资料的调查和收集方法

(1)文献法，又称一手资料法；

(2)问卷法；

(3)专家讨论会法；

(4)访问法；

(5)观察法。

9.5.5.2 定性评价方法

社会评价的主体内容要以定性的方法开展。常用的主要有以下几种方法：

(1)公众参与法

通过利益相关群体的民主协商，通过群众积极参与决策过程和专家的辅助作用，使利益相关群体中的普通群众真正拥有自我发展的选择权、参与决策权和受益权，建立合理有效的参与机制，实现资源公平、合理的配置和有效的管理，最终实现项目的可持续发展。

(2)利益相关者分析法

根据项目单位的要求和项目的主要目标，确定项目涉及的主要利益群体，考察不同群体与项目间的关系，分析不同利益群体的相互关系，并且使各利益群体参与项目。

利益相关者是指与项目或发展规划有利害关系的人、群体或机构。利益相关者包括以下几类：主要利益相关者，是指发展项目的直接受益者或直接受到损害的人；次要利益相关者，是指与项目的方案规划设计、具体实施等相关的人员或机构，如银行机构、政府部门、非政府组织等。社会评价重点关注关键利益相关者，他们既可以是主要利益相关者，也可以是次要利益相关者。利益相关者分析在社会评价中用于辨认项目利益相关群体，并分析他们对项目的实施及实现目标的影响。

(3)利益相关者参与机制评价

恰当的参与机制有助于确保贫困人口以及其他利益相关者适当地参与项目规划和实施的全部过程。制定参与机制的目的在于提高项目建设的透明度、确保项目的成功以及项目的可持续性，并有利于避免工程延期或管理方面的冲突。每个项目的建设条件各不相同，因此，各个项目的参与机制也各有不同。制定参与机制必须权衡短期目标和长期目标，考虑资源和时间的限制。如果利益相关者感到在决策过程中没有受到足够的重视，还要考虑到项目进度可能延期或者遭到投诉等的消极影响及其应对策略。

(4)框架分析法

框架分析法是指通过清楚地描述项目的建设理由，可能影响项目的社会、文化、经济及物质等因素，项目的活动与其目标的关系，分析事物的因果关系，根据项目的目标与实现目标的手段来分析项目，从而制订项目计划。

9.5.5.3 定量评价方法

社会评价中的定量评价是对定性评价的一种补充，主要用在项目比选阶段，它具有直观、操作性强的特点。常用的定量评价方法有：层次分析法（简称 AHP 法）、模糊评价法及矩阵分析法等。

(1)层次分析法(AHP 法)

将定性指标数量化及各项指标的无量纲化，从而反映各项社会指标对项目的相对重要程度。根据项目目标，将各种复杂的社会问题分解为一个有次序的递阶层次指标结构，通过两两比较及计算判断矩阵的最大特征根，确定各指标的权重，从而进行项目各方案的比较。

(2)模糊评价法

利用模糊集理论在综合考虑社会评价项目的各项评价指标以及各方面因素的基础上，将各项指标进行量化处理，并根据不同指标对评判对象影响程度的大小分配以适当的权系数，从而对各评判对象给出一个定量的宏观的综合评价指标，再通过对综合评价指标的比较选出最佳方案。

(3)矩阵分析法

将社会评价的各种定量与定性分析指标列成一矩阵表，再将各项定量与定性分析的各项评价结果按评价人员研究决定的各项指标的权重排列顺序列于矩阵表中。由评价人员对此表进行分析，阐明各指标的分析结果及其对项目社会可行性的影响程度，从而提出社会评价的结论。

9.5.6 社会评价报告的撰写

社会评价的结果应形成社会评价报告，报告内容应能够满足进一步明确项目社会目标的要求，并可作为针对这些目标制定项目方案的依据。具体而言，社会评价报告至少应该包括以下内容：

(1)项目背景的社会信息以及相关社会层面的项目受益人群范围的界定。

(2)阐述在所有选定范畴和条件下进行社会评价工作的过程和作用，包括为它们选用的战略和方法。

(3)确认主要利益相关者的需求、支持项目的意愿、目标人群对项目内容的认可和接受程度等。

(4)阐明需要由拟建中的项目活动解决的社会问题及解决方法，在需要时制定缓解影响的方案。

(5)为增强不同利益相关者参与项目的能力提出具体方案；为提高项目透明度和制定社会平等战略、减轻贫困和降低社会风险提供具体方案；制定必要的利益相关者参与方案；在少数民族群体将会受到负面影响时，按国际惯例制定符合少数民族特殊需求的方案。

(6)提出获得最佳项目收益和实现项目目标的建议，并提出使项目机构继续自我发展且符合当地可持续性发展目标的战略。

(7)对监测和评估机制提出建议，从而通过把重点放在符合项目社会发展目标的投入、过程、产出和结果上，对项目的监测和评估系统做出贡献。

9.6 环境影响评价

环境影响评价简称环评，英文缩写 EIA，即 Environmental Impact Assessment，是指对拟议中的建设项目、区域开发计划和国家政策实施后可能对环境产生的影响(后果)进行的系统性识别、预测和评估，提出预防或者减轻不良环境影响的对策和措施，进行跟踪监测的方法与制度。通俗地说就是分析项目建成投产后可能对环境产生的影响，并提出防止污染的对策和措施。进行环境影响评价的根本目的是鼓励在规划和决策中考虑环境因素，最终使项目更具环境相容性。

9.6.1 环境影响评价的条件与层次

一种理想的环境影响评价过程应该满足以下条件：

(1)基本上适应所有可能对环境造成显著影响的项目，并能够对所有可能的显著影响做出识别和评估；

(2)对各种替代方案(包括项目不建设或地区不开发的情况)、管理技术、减缓措施进行比较；

(3)生成清楚的环境影响报告书，以使专家和非专家都能了解可能产生影响的情况及其重要性；

(4)包括广泛的公众参与和严格的行政审查程序；

(5)提出及时、清晰的结论，以便为决策提供信息。

环境影响评价鼓励在规划和决策中考虑环境因素，最终使项目更具环境相容性。环境影响评价主要分为三个层次：

(1)现状环境影响评价。在项目已经建设、稳定运行一段时间后，产生的各类污染物达标排放，与周围环境已经形成稳定系统，根据各类污染物监测结果来评价该建设项目建设后对该地域环境是否产生影响，是否在环境可接受范围内。

(2)环境预测与评价。根据地区发展规划对拟建立的项目进行环境影响分析，预测该项目建设后产生的各类污染物对环境产生的影响，并做出评价。

(3)跟踪评价。主要是指针对大型建设项目和环评规划，在建设过程中或者项目实施过程中进行跟踪评价，当项目出现了与预定结果的较大差异时必须改进的一种评价制度。跟踪评价是现阶段环境管理的重要手段之一。

9.6.2 环境影响评价的分类

环境影响评价一般分为环境质量评价、环境影响预测与评价、环境影响后评价。但按照不同的标准也有不同的分类方法。例如，按照评价时间分类，可分为环境质量回顾评价、环境质量现状评价、环境影响评价；根据评价内容分类，可分为环境影响经济评价、环境政策评价、战略环境评价；按环境要素分类，可分为大气环境评价、水环境评价、声学环境评价、土壤环境评价、生物环境评价、生态环境评价、经济学环境评价、美学环境评价；按照对象不同，可分为建设项目环境影响评价、规划环境影响评价、战略环境影响评价；按照环境要素不同，可分为大气环境影响评价、水环境影响评价、噪声环境影响评价、固体废物环境影响评价等；按照时间不同，可分为环境质量现状评价、环境影响预测评价、环境影响后评价等。

9.6.3 环境影响评价可采用的技术方法

我国将建设项目纳入环境影响评价制度管理主要是从工业建设项目（污染类）开始的，然后逐步扩大到生态方面的建设项目。对于污染型项目工程，目前可供选用的方法有类比法、物料衡算法和资料复用法。

(1)类比法

类比法是用于对与拟建项目类型相同的现有项目的设计资料或实测数据进行工程分析的一种常用方法。

(2)物料衡算法

物料衡算法是用于计算污染物排放量的常规的、最基本的方法。是指在具体建设项目产品方案、工艺路线、生产规模、原材料和能源消耗及治理措施确定的情况下，运用质量守恒定律核算污染物排放量，即在生产过程中投入系统的物料总量必须等于产品数量和物料流失量之和。

(3)资料复用法

资料复用法是利用同类工程已有的环境影响评价资料或可行性研究报告等资料进行工程分析的方法。此方法虽然较为简便，但所得数据的准确性很难保证，所以只能在评价工作等级较低的建设项目工程分析中使用。

本章小结

(1)可行性研究属于投资前期工作，是通过广泛的调查研究，综合论证一个工程项目在技术上是否先进、实用和可靠，在经济上是否合理，在财务上是否盈利，为投资决策提供科学的依据。同时，可行性研究还能为银行贷款、合作者签约、工程设计等提供依据和基础资料，它是决策科学化的必要步骤和手段。

(2)可行性研究的特点：①先行性；②不定性；③预测性；④决策性。

(3)可行性研究的基本工作程序：①签订委托协议；②组建工作小组；③制订工作计划；④市场调查与预测；⑤方案研制与优化；⑥项目评价；⑦编写可行性研究报告，与委托单位交换意见，并提交可行性研究报告。

(4)建设项目可行性研究报告的编制内容与要求。

(5)市场调查的方法：间接收集信息法、直接访问法、直接观察法。

(6)市场预测是在市场调查的基础上，通过对市场资料的分析研究，运用科学的方法和手段推测市场未来的前景。市场预测的方法有德尔菲法、移动平均法、指数平滑法和回归分析法。

(7)社会评价的主要方法包括定性评价方法及定量评价方法。

(8)对于污染型项目工程，目前可供选用的环境影响评价技术方法有类比法、物料衡算法和资料复用法。

习　题

(1)简述可行性研究的含义与作用。

(2)简述可行性研究的基本工作程序。

(3)简述可行性研究的工作阶段。

(4)可行性研究的编制依据有哪些?

(5)简述可行性研究报告的编制深度要求。

(6)可行性研究的基本内容是什么?

(7)市场研究在可行性研究中的地位如何?

(8)市场调查的方法有哪些?

(9)市场预测的方法有哪些?

(10)简述社会评价的研究内容。

(11)投资项目社会评价的方法有哪些?

(12)污染型环境影响评价技术方法有哪些?

10 建设项目财务分析

内容简介:本章主要介绍建设项目财务分析的概念、基本步骤,财务分析报表的类型和内容;财务费用与效益估算的内容、方法和相关辅助报表;建设项目盈利能力分析;建设项目偿债能力分析;建设项目财务生存能力分析。

教学要求:要求掌握财务分析的内容、步骤和财务费用与效益估算之间的关系。

知识链接:工程经济分析分析要素及基本方法。

10.1 建设项目财务分析概述

建设项目财务分析也叫建设项目财务评价,它是工程项目经济分析(包含财务分析和国民经济分析)的内容之一,是建设项目建议书和可行性研究报告的重要组成部分,也是项目决策科学化的重要手段。

10.1.1 建设项目财务分析的概念

建设项目财务分析(或财务评价),是在国家现行财税制度和价格体系的前提下,从项目的角度出发,估算项目范围内的财务费用和效益,编制财务报表,计算财务评价指标,考察和分析项目盈利能力、偿债能力和财务生存能力,判别项目的财务可行性,为投融资决策以及银行审贷提供依据。

建设项目财务分析应针对不同的项目类型,进行相应的财务分析内容的选择:对于经营性项目,应按本章内容进行全面的财务分析。对于旨在实现社会目标和环境目标的非经营性项目,财务分析主要分析项目的财务生存能力。

10.1.2 财务分析的作用

财务分析对项目的投资主体、项目法人、债权人以及国家有关管理机构等都具有十分重要的作用,主要表现如下:

(1)从企业或项目角度出发,财务分析是分析经营性项目的投资效果及偿债能力的依据。

企业投资的经营性项目由企业承担决策风险,因此进行投资决策时,要充分分析项目的财务盈利能力、投资主体的预期收益、债务的清偿能力等,以判断项目实施的可行性。财务盈利能力的分析也是金融机构向企业提供建设贷款的前提条件,是估算项目的贷款偿还能力的重要依据。

(2)财务分析是制定项目资金规划的依据。

确定项目所需的投资资金规模、来源、用款计划和筹资方案是财务评价的重要内容,也是制定项目资金规划的重要依据。

(3)财务分析为协调企业利益和国家利益提供依据。

对于基础性项目和公益性项目,企业自身财务上的生存能力有限,难以进行投资建设和维持运营,这时需要进行国民经济分析,看其是否可行,若国民经济分析可行,则需要政府采取财政补贴或多种经济优惠措施使项目具有财务可行性,此时,财务评价可以为权衡补贴及优惠的内容、方式和幅度提供依据。

(4)财务分析为合营项目谈判签约提供依据。

项目的财务可行性是中外双方合作的基础。中外合作、合资项目进行合作的前提是签订合同条款,合同条款签订的前提是进行财务分析,明确各方的责、权、利关系,尤其是在经济上的责任分担与利益分享。对外方而言,项目的财务评价是做出投资决策的唯一依据;对中方而言,则应考虑审批机关的要求,必要时还要进行国民经济评价。

10.1.3 财务分析的主要内容和步骤

10.1.3.1 财务分析的主要内容

财务分析的主要内容包括盈利能力分析、偿债能力分析、财务生存能力分析和不确定性分析。本章中只介绍盈利能力分析、偿债能力分析、财务生存能力分析,不确定性分析在第6章中已经介绍。财务分析可分为融资前分析和融资后分析,一般先进行融资前分析。

(1)融资前分析

融资前分析不考虑具体债务融资条件,而是从项目投资总获利能力的角度,进行盈利能力分析,考察项目方案设计的合理性。在项目建议书阶段,可只进行融资前分析,融资前分析以动态分析为主,静态分析为辅。

融资前分析的现金流量应与融资方案无关。从该原则出发,融资前分析的内容包括:

①估算营业收入、建设投资、流动资金、经营成本、营业税金及附加和所得税。

②编制项目投资现金流量表,利用资金时间价值的原理进行折现,计算项目投资内部收益率、净现值和项目静态投资回收期(P_t)等指标。

③根据计算指标进行方案的评判取舍。如果分析结果表明方案可行,再进行融资后分析;如果分析结果不能满足要求,可进行方案的修改完善,必要时甚至可以放弃方案。

(2)融资后分析

融资后分析应以融资前分析和初步的融资方案为基础,考察项目在拟定融资条件下的财务分析,主要分析考察项目在融资条件下的盈利能力、偿债能力和财务生存能力,判断项目方案在融资条件下的可行性。融资后分析用于比选融资方案,帮助投资者做出融资决策。

融资后分析的内容包括:

①在融资前分析结论满足要求的情况下,初步设定融资方案。

②在财务分析辅助报表的基础上,编制项目总投资计划、资金筹措表和建设期利息估算表。

③进行项目资本金现金流量分析。编制项目资本金现金流量表,计算项目资本金财务内部收益率指标,考察项目资本金可获得的收益水平。

④进行投资各方现金流量分析。编制投资各方的财务内部收益率指标,考察投资各方可获得的收益水平。

根据2006年国家发展改革委员会、原建设部发布的《建设项目经济评价方法与参数(第三版)》中所给出的建设项目财务分析的内容与评价指标,编制财务分析内容与评价指标体系一览表，如表 10.1 所示。

表 10.1　财务分析内容与评价指标体系一览表

财务分析内容		分析报表	财务评价指标	
			静态指标	动态指标
融资前分析	盈利能力分析	项目投资现金流量表	静态投资回收期	财务内部收益率； 财务净现值； 动态投资回收期
融资后分析	盈利能力分析	资本金现金流量表	资本金静态投资回收期	资本金财务内部收益率； 资本金财务净现值； 资本金动态投资回收期
		投资各方现金流量表		投资各方财务内部收益率
		利润及利润分配表	投资利润率； 投资利税率； 资本金利润率	
	偿债能力分析	借款还本付息计划表	偿债备付率； 利息备付率	
		资产负债表	资产负债率； 借款偿还期； 速动比率； 流动比率	
	财务生存能力分析	财务计划现金流量表 利润与利润分配表		
	不确定性分析	盈亏平衡分析	盈亏平衡点； 生产能力利用率	
		敏感性分析		敏感度系数； 财务内部收益率； 财务净现值
	风险分析	风险识别； 风险估计； 风险评价； 风险应对		财务净现值与期望值； 财务内部收益率大于或等于基准收益率的累计概率； 财务净现值大于或等于零的累计概率
	其他		价值指标或实物指标	

在财务分析过程中，建筑工程经济分析人员可以根据项目的具体情况和委托方的要求对评价指标进行取舍。

10.1.3.2　财务分析的步骤

财务分析大致可分为以下 5 个步骤：

(1)选取财务基础数据，编制财务评价的辅助报表。

通过项目的市场调查预测分析、技术与投资方案分析，确定产品方案和合理的生产规模，选择生产工艺方案、设备类型、工程技术方案、建设地点和投资方案，拟定项目实施进度计划等，据此进行财务预测，获得项目投资、生产成本、销售收入和利润等一系列财务基础数据。在对这些财务基础数据进行分析、审查、鉴定和评估的基础上,完成财务评价辅助报表的编制工作。

(2)编制和评估财务评价基本报表。

将上述辅助报表中的基础数据进行汇总,编制出现金流量表(包括全部投资现金流量表和自有资金现金流量表)、利润与利润分配表、资金来源与运用表、资产负债表、财务外汇平衡表等主要财务评价基本报表,并对这些报表进行分析评估。一是要审查基本报表的格式是否符合规范要求,二是要审查所填列的数据是否准确。为了保证辅助报表与基本报表的一致性和联动性,可使用专门的制表工具(Excel),完成表格间的数据链接。

(3)计算财务评价指标,分析工程项目的财务可行性。

利用各基本报表,可直接计算出一系列财务评价指标,包括反映工程项目的盈利能力、偿债能力和外汇平衡能力等的静态和动态指标。将这些指标与国家有关部门规定的基准值进行对比,就可以得出工程项目在财务上是否可行的评价结论。

(4)提出财务评价的分析结论。

(5)进行不确定性分析。

根据财务评价的基本结论,利用盈亏平衡分析、敏感性分析和概率分析等方法,对项目适应市场变化的能力和抗风险能力进行分析。

财务分析的步骤如图 10.1 所示。

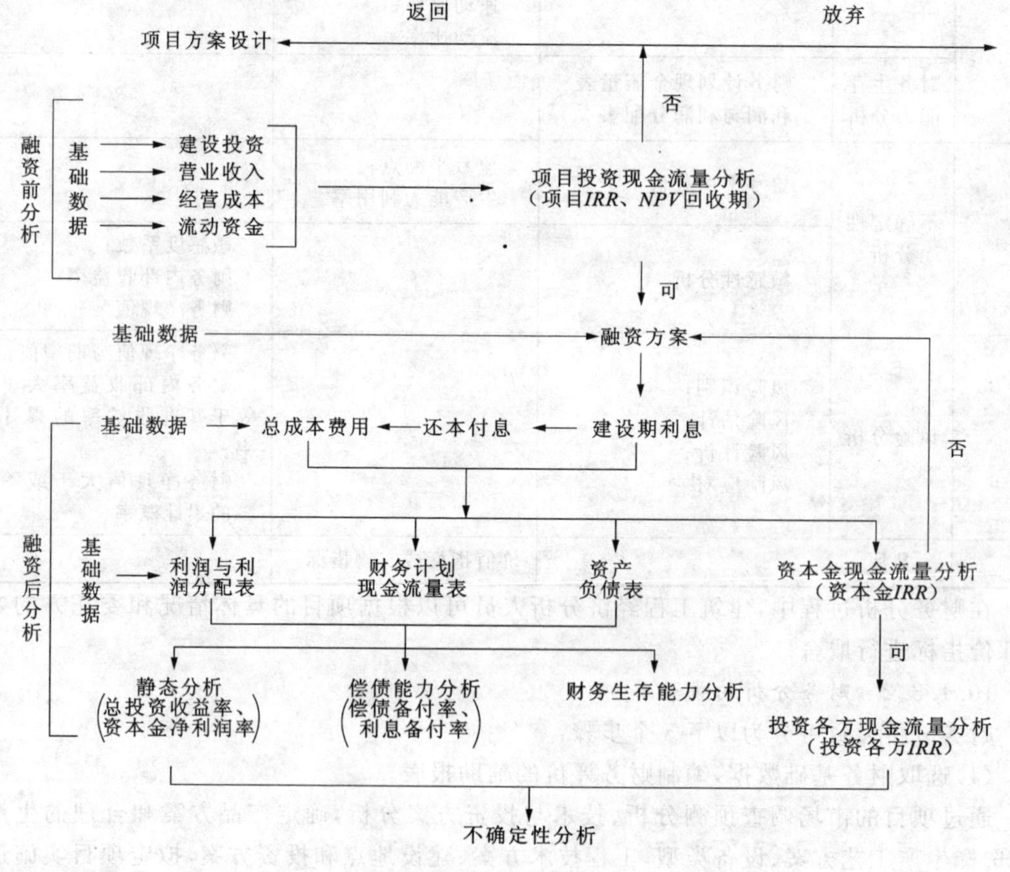

图 10.1 财务分析的步骤

10.1.4 财务分析报表

财务分析报表分基本报表及辅助报表两类。

10.1.4.1 基本报表

财务分析中的基本报表有现金流量表(包括全部投资现金流量表和自有资金现金流量表)、损益表、资金来源与运用表、资产负债表、财务外汇平衡表。

10.1.4.2 辅助报表

财务分析中的辅助报表有固定资产投资估算表、流动资金估算表、投资计划与资金筹措表、固定资产折旧费估算表、无形与递延资产摊销估算表、单位产品生产成本估算表、借款还本付息计算表、总成本费用估算表、产品销售(营业)收入和销售税金及附加估算表、主要产出物与投入物使用价格依据表。

10.1.5 建设项目财务分析指标

10.1.5.1 建设项目财务分析指标体系

建设项目在财务上的盈利能力和债务清偿能力是财务分析的主要内容,而盈利能力和债务清偿能力的水平是通过相应的指标来体现的。

建设项目财务分析指标体系根据不同的标准,可作不同的分类形式。

①根据是否考虑资金时间价值分类。

②根据指标的性质分类,如表10.2所示。

表10.2 财务分析指标体系按性质分类

时间性评价指标	价值性评价指标	比率性评价指标
投资回收期	财务净现值	财务内部收益率
借款偿还期		投资利润率
		投资利税率
		资本金利润率
		资产负债率
		流动比率
		速动比率

10.1.5.2 建设项目财务分析指标计算

(1)财务盈利能力分析指标

财务盈利能力分析主要是考察投资的盈利水平。

①财务净现值($FNPV$) 财务净现值是指按行业的基准收益率或设定的折现率(i_c),将项目计算期内各年净现金流量折现到建设期初的现值之和。它是考察项目在计算期内盈利能力的动态评价指标。计算公式为:

$$FNPV = \sum_{t=1}^{n}(CI - CO)_t(1 + i_c)^{-t} \tag{10.1}$$

式中 CI——现金流入量;

CO——现金流出量;

$(CI-CO)_t$——第 t 年的净现金流量；

n——计算期；

i_c——基准收益率或设定的折现率。

财务净现值表示建设项目的收益水平超过基准收益的额外收益。在进行投资方案的经济评价时，财务净现值越大，说明企业的经济效益越好。

若 $FNPV \geqslant 0$，表示项目方案实施后的投资收益率不仅能够达到基准收益率的水平，而且还能得到超额现值收益，方案可取。

若 $FNPV < 0$，表示项目方案实施后的投资收益率不能够达到基准收益率的水平，方案不可取。

②财务内部收益率（FIRR） 财务内部收益率是指项目在整个计算期内各年净现金流量现值累计等于零时的折现率，它反映项目所占用资金的盈利率，是考察项目盈利能力的主要动态评价指标。计算公式为：

$$\sum_{t=1}^{n}(CI-CO)_t(1+FIRR)^{-t}=0 \tag{10.2}$$

式中 $FIRR$——项目内部收益率；

$(CI-CO)_t$——第 t 年的净现金流量；

n——项目的寿命期。

财务内部收益率可根据财务现金流量表中的净现金流量用插值法计算求得。在财务评价中，将求出的全部投资或自有资金的财务内部收益率（FIRR）与行业的基准收益率或设定的折现率（i_c）进行比较，当 $FIRR \geqslant i_c$ 时，即认为其盈利能力已满足最低要求，在财务上是可以考虑接受的；当 $FIRR < i_c$ 时，则项目在经济上不可行。

行业基准收益率和设定的折现率的本质是指投资者投资该项目所期望的最低投资收益率。它是由投资决策部门决定的重要决策参数，主要考虑三个方面因素而确定：一是资本成本；二是目标利润；三是投资风险。行业基准收益率，包括行业基准投资回收期、行业平均投资利润率和行业平均投资利税率等，是由各行业部门统一测算的本行业各类项目的评价参数。

建设项目财务分析指标除财务净现值、财务内部收益率外，还有投资回收期、投资利润率、投资利税率、资本金利润率等，其计算过程及评价方法见 4.3 节的内容。

(2)偿债能力分析指标

投资项目的资金构成一般可分为借入资金和自有资金。自有资金可长期使用，而借入资金须按期偿还。项目偿债能力分析主要是考察计算期内各年的财务状况及偿债能力，包括资产负债率、偿债备付率、固定资产投资借款偿还期、流动比率、速动比率等指标，其计算过程及评价方法见 4.3 节的内容。

涉及外汇收支的项目，应根据外汇平衡表进行外汇平衡分析，考察各年外汇余缺程度。对外汇不能平衡的项目应提出具体的解决办法。

此外，在建设项目财务评价中，还经常采用盈亏平衡分析及概率分析，详见第 6 章建设项目风险与不确定性分析内容。

10.2 财务费用与效益估算

建设项目财务费用与效益估算属于财务基础数据的估算，为项目的财务分析奠定基础，其估算的准确性与可靠程度直接影响财务分析结论，因此应高度重视。

10.2.1 财务费用与效益估算的含义

财务费用与效益估算是指在项目市场、资源、技术条件分析评价的基础上，从项目（或企业）的角度出发，依据现行的法律法规、价格政策、税收政策和其他有关规定，对一系列有关的财务效益与费用数据进行调查、收集、整理和测算，并编制有关的财务效益与费用估算表格的工作。

项目财务费用指项目建设中及投产以后，为生产、销售产品或提供劳务等支付的费用，主要包括投资、成本费用和税金等。

项目财务效益是指项目实施后，由于销售产品或提供劳务等所获得的营业收入。市场化运作的经营性项目的目标是通过销售产品或提供劳务实现盈利，其财务效益主要指所获得的营业收入。如果是适用增值税的国家鼓励发展的经营性项目，可以获得增值税的优惠，除了营业收入外，先征后返的增值税应作为补贴收入计入财务效益。不考虑"征"和"返"的时间差。

对于提供公共产品或以保护环境等为目标的非经营性项目，需要政府提供补贴才能维持正常运转，财务效益应包括可能获得的各种补贴收入。

10.2.2 财务费用与效益估算的内容

财务费用与效益估算是建设项目决策的基础和重要依据，它是在经过项目建设必要性审查、生产建设条件评估和技术可行性评估之后，在市场需求调查、销售规划、技术方案和规模经济分析论证的基础上，从项目分析的要求出发，按现行的财务制度的规定，对项目有关的成本收益等财务基础数据进行收集、测算，并编制财务基础数据测算表等的一系列工作。财务费用与效益估算的内容具体包括以下几个方面：

(1)产品品种及生产规模。

(2)投资估算额、分年投资计划及资金来源（包括借款利率、外汇利率、借款偿还条件等）。

(3)项目的计算期（包括建设期、投资期和达产期）。

(4)产品售价、销售收入、销售税金及附加的预测值。

(5)成本费用分项估算值。

(6)利润分配方案及偿还借款资金来源。

(7)基准收益率、基准投资回收期等财务分析参数。

(8)其他财务分析的基础资料。

10.2.3 财务费用与效益识别的原则

(1)财务费用与效益总体上与会计准则和会计以及税收制度相适应。由于财务费用与效益的识别和估算是对未来情况的预测，因此经济分析中允许做有别于财会制度的处理，但要求在总体上与会计准则和会计以及税收制度相适应。

(2)财务费用与效益估算应遵守"有无对比"原则。所谓"有项目"是指实施项目后的将来状况，"无项目"指不实施项目时的将来状况。在识别项目的效益和费用时，需注意只有"有无对比"的差额部分才是项目建设增加的效益和费用。采用有无对比法，是为了识别真正应该算做项目效益的部分，即增量效益，排除那些由于其他原因产生的效益；同时找出与增量效益相对应的增量费用，只有这样才能真正体现项目投资的净效益。

(3)财务费用与效益估算范围应体现费用和效益对应一致的原则。即在合理确定的项目范围内，对等的估算财务主体的直接效益以及相应的直接费用，避免高估或低估项目的净收益。

(4)财务费用与效益估算应以项目为界。费用和效益是针对特定目标而言的，凡对目标有贡献的就是效益；凡削弱目标的则是费用，财务费用与效益的估算应根据项目性质、类别和行业特点，明确相关的政策和其他依据，选取适宜的方法，进行文字说明，并编制相关表格。财务费用与效益估算应反映行业特点，符合依据明确、价格合理、方法适宜和表格清晰的要求。

10.2.4 财务费用与效益的估算步骤

财务费用与效益的估算步骤应该与财务分析的步骤一致，也分为融资前分析和融资后分析，具体步骤如图 10.2 所示。

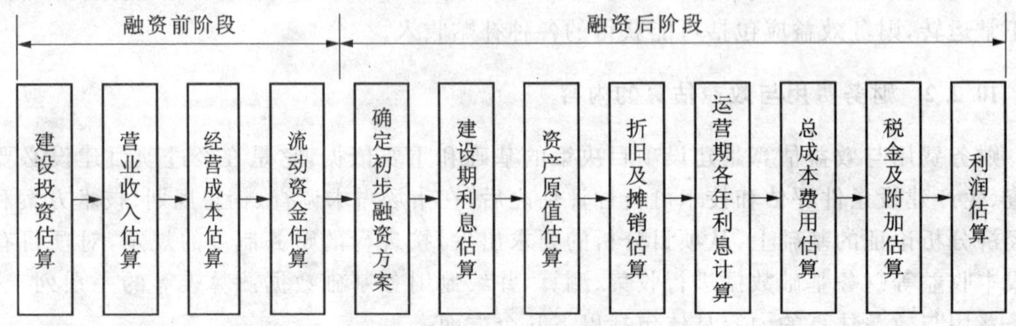

图 10.2 财务费用与效益的估算步骤

注：连线表示对应关系，箭头表示估算流程

上述估算步骤只是体现了融资前分析和融资后分析对费用和效益数据的要求，实践中不一定完全遵循此顺序。

在进行财务费用与效益估算时，应该在熟悉项目概况的前提下，制定财务费用与效益估算工作计划，收集资料，对财务费用与效益进行估算，主要包括建设投资估算、建设期利息估算、流动资金估算、项目总投资使用计划与资金筹措估算、营业收入税金估算以及总成本费用估算。在此基础上编制对应的估算表，即建设投资估算表，建设期利息估算表，流动资金估算表，项目总投资使用计划与资金筹措表，营业收入、营业税金及附加和增值税估算表，总成本费用估算表。

10.2.5 建设投资估算

10.2.5.1 建设投资构成

建设项目分析中总投资是指项目建设和投入运营所需要的全部投资，包括建设投资、建设期利息和流动资金。建设投资是项目部总投资的重要组成部分，是财务分析中重要的基础数据，建设投资构成与项目总投资的关系如图10.3所示。

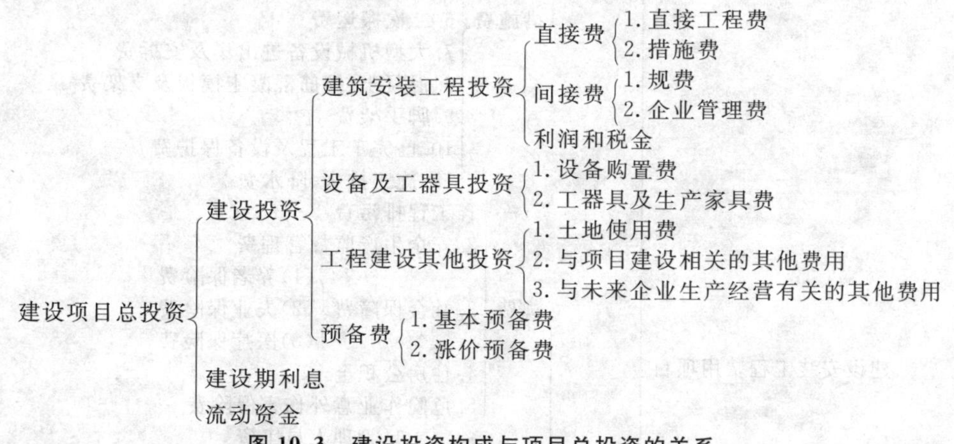

图10.3 建设投资构成与项目总投资的关系

(1)建筑安装工程投资

建筑安装工程投资是指修建建筑物或构筑物、对需要安装设备的装配、单机试运转以及附属于安装设备的工作台、梯子、栏杆和管线的铺设等工程所需要的费用，由建筑工程费用和安装工程费用两部分组成。建筑安装工程费用具体包括直接费、间接费、利润和税金四大部分。具体组成如图10.4所示。

①直接费是指建筑安装施工中，直接与工程成本有关的各项生产性费用，它由直接工程费和措施费组成。

②间接费是施工企业为组织施工和进行经营管理而发生的非生产性开支的费用。间接费由规费和企业管理费组成。

③利润和税金是施工企业完成所承包工程获得的盈利部分。它是建筑安装企业职工从事社会劳动所创造的价值的货币体现，是总建筑安装工程费用扣除成本后的余额。利润是指施工企业完成所承包工程获得的盈利，计价程序不同，利润的形成也不同。为了给建筑施工企业创造公平竞争的环境，同国际惯例接轨，在编制概算和预算时，依据不同投资来源、工程类别实行差别利润率。在投标报价时，企业可以根据工程的难易程度、市场竞争情况和自身的经营管理水平自行确定合理的利润率。建筑安装工程税金是指国家税法规定的应计入建筑安装工程造价内的营业税、城市维护建设税及教育费附加等。

(2)设备及工器具投资

设备及工器具投资是由设备购置费和工器具购置费组成的，它是固定资产投资中的重要部分。设备购置费是指为建设项目购置或自制的达到固定资产标准的各种国产或进口设备、工具、器具的购置费用。它由设备原价和设备运杂费构成，如图10.5所示的生产性项目中，设备及工器具投资是“积极投资”，它在投资项目中所占比重的提高，标志着技术的进步和生产部门有机构成水平的提高。

- 建设安装工程费用项目
  - 直接费
    - 直接工程费
      - 1.人工费
      - 2.材料费
      - 3.施工机械使用费
    - 措施费
      - 1.环境保护费
      - 2.文明施工费
      - 3.安全施工费
      - 4.临时施工费
      - 5.夜间施工费
      - 6.二次搬运费
      - 7.大型机械设备进出场及安拆费
      - 8.混凝土、钢筋混凝土模板及支架费
      - 9.脚手架费
      - 10.已完工工程及设备保护费
      - 11.施工排水、降水费
  - 间接费
    - 规费
      - 1.工程排污费
      - 2.安全生产监督管理费
      - 3.社会保障费
        - (1)养老保险费
        - (2)失业保险费
        - (3)医疗保险费
      - 4.住房公积金
      - 5.危险作业意外伤害保险费
    - 企业管理费
      - 1.管理人员工资
      - 2.办公费
      - 3.差旅交通费
      - 4.固定资产使用费
      - 5.工具用具使用费
      - 6.劳动保险费
      - 7.工会经费
      - 8.职工教育经费
      - 9.财产保险费
      - 10.财务费
      - 11.税金
      - 12.其他
  - 利润和税金

图 10.4　建筑安装工程费用项目的组成

- 设备及工器具投资
  - 设备购置费
    - 设备原价
      - 国产标准设备原价
        - 国产标准成套设备合同价
        - 国产标准单体设备出厂价
      - 国产非标准设备原价
      - 进口设备抵岸价
    - 设备运杂费
      - 包装和包装材料费
      - 运输费
      - 装卸费
      - 采购及仓库保管费
  - 工器具购置费

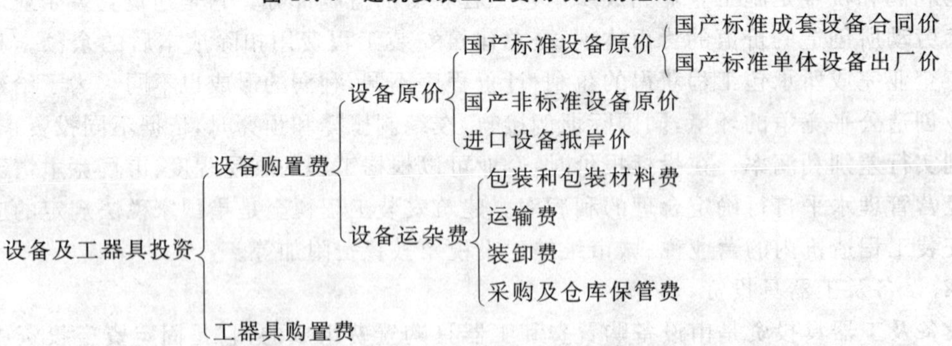

图 10.5　设备及工器具投资费用的构成

(3)工程建设其他投资

工程建设其他投资是指未纳入以上两项的由项目投资支付的为保证工程顺利进行而发生的各项费用总和。它主要包括:建设单位管理费、可行性研究费、勘察设计费、场地准备及临时设施费、引进技术及引进设备其他费、工程保险费、联合试运转费、土地使用费、特殊设备安全监督检验费以及市政工程公用设施建设及绿化费等。

(4)预备费

预备费又称不可预见费,包括基本预备费和涨价预备费。基本预备费是指在项目实施过程中可能发生的难以预料的工程费用,主要指设计变更及施工过程中可能增加的工程量的费用。涨价预备费是指考虑到建设项目在建设期内由于价格等因素的变化引起工程造价变化的预测预留费用。

10.2.5.2 建设投资估算

建设投资估算包括静态投资估算和动态投资估算。静态投资估算主要指建筑安装工程费以及设备、工器具购置费和基本预备费的估算。动态投资估算主要指涨价预备费的估算。如若有涉外项目,投资中有外币投资额,汇率变化也会影响涉外项目的投资额,需要根据汇率变化进行动态投资估算。

(1)建筑工程造价估算方法

①单位生产能力估算法

单位生产能力估算法是指工业产品单位生产能力、民用建筑功能或营业能力指标法。这种方法适用于从整体性匡算一个项目的全部投资额。其计算公式为:

$$C_2 = \left(\frac{Q_2}{Q_1}\right) \cdot C_1 \cdot f \tag{10.3}$$

式中 C_1、C_2——已建类似项目和拟建项目的投资额;

Q_1、Q_2——已建类似项目和拟建项目的生产能力;

f——不同时期、不同地点的定额、单价、费用变更等的综合调整系数。

【例 10.1】 某项目拟新建一幢 400 间客房的中等旅馆,已建类似工程的技术经济(造价)指标为 25 万元/间,则其全部投资约为:400 间×25 万元/间=10000 万元。

这种估算法把项目的建设投资与其生产能力的关系视作简单的线性关系,估算结果太粗,精确度较差,仅达 70%。但在条件不太具体,拟建项目的生产能力和已建类似项目具有可比性时,可以粗线条地估出全部概略投资,并可与采用较细的估算方法估算的投资进行核对。

②生产能力指数法

生产能力指数法是指根据已建成的、性质类似的建设项目或生产装置的投资额和生产能力及拟建项目或生产装置的生产能力估算项目的投资额。其计算公式为:

$$C_2 = \left(\frac{Q_2}{Q_1}\right)^n \cdot C_1 \cdot f \tag{10.4}$$

式中 C_1、C_2——已建类似项目或生产装置和拟建项目或生产装置的投资额;

Q_1、Q_2——已建类似项目或生产装置和拟建项目或生产装置的生产能力;

f——不同时期、不同地点的定额、单价、费用变更等的综合调整系数;

n——生产能力指数,$0 \leqslant n \leqslant 1$。

上式表明,造价与规模(或容量)呈非线性关系,且单位造价随工程规模(或容量)的增大而减小。$0 \leqslant n$ 表示若生产能力增长,投资额不会减少。$n \leqslant 1$ 表示投资额增长幅度不会超过生产能力的增长幅度。

若已建类似项目或生产装置的规模和拟建项目或生产装置的规模相差不大，生产规模比值在0.5～2之间，则指数 n 的取值近似为1。若已建类似项目或生产装置与拟建项目或生产装置的规模相差不大于50倍，且拟建项目扩大仅靠增大设备规格来达到时，则 n 的取值约在0.6～0.7之间；若是靠增加相同规格设备的数量达到时，n 的取值在0.8～0.9之间。

采用这种方法，不需要详细的工程设计资料，只需要知道规模就可以，计算简单，速度快，比单位生产能力估算法精确度高80%以上。在总承包工程报价时，作为估价的旁证，承包商大多采用这种方法估价。但要求类似工程的资料可靠，条件基本相同，否则误差就会增大。

③估算指标法

估算指标法也称单位指标估算法，用于估算每一单位的投资，如：每 $1m^2$ 建筑面积的土建工程、照明工程、给排水工程等的投资；每1kVA电容量的变电工程的投资；每1kWh耗热量采暖工程等的投资。其算法是：每一个单位指标，乘以所需的容量或面积，即为该单位工程的投资。

④近似(匡算)工程量估算法

这种方法基本上与编制概预算方法相同，即采用匡算工程量后，配上概预算定额的单价和取费标准，即为所需的造价。这种方法适用于室外道路、围墙、管线等无规律性指标可套的单位工程，也可供换算或调整局部不合适的构配件之用。

⑤主要工程量计算法

许多指标中列有主要工程量及工程内容归并表，可以根据各地现行定额、取费标准及相应的规定套用类似项目的工程量进行测算。

(2)系数估算法

在项目规划和可行性研究中，根据经验，辅助生产设备、服务设施的装备所需费用与主体设备购置费用之间存在一定比例，因此，不必分项详细计算，可采用比例估算的办法估算投资。

①设备系数法　以拟建项目的设备费为基数，根据已建成的同类项目的建筑安装工程费和其他费用等占设备价值的百分比，求出相应的建筑安装及其他有关费用，其总和即为项目的投资。其计算公式为：

$$C = E(1 + P_1 f_1 + P_2 f_2 + P_3 f_3 + \cdots) + I \tag{10.5}$$

式中　C——拟建项目的投资额；

E——根据拟建项目的设备清单按当地价格计算的设备费(包括运杂费)的总和；

P_1, P_2, P_3——已建项目中建筑、安装及其他工程费用占设备费百分比；

f_1, f_2, f_3——由于时间因素引起的定额、价格、费用标准等变化的综合调整系数；

I——拟建项目的其他费用。

②主体专业系数法　以拟建项目中最主要、投资比重较大并与生产能力直接相关的工艺设备的投资(包括运杂费及安装费)为基数，根据同类型的已建项目的统计资料，计算出拟建项目的各专业工程(总图、土建、采购、给排水、管道、电气及电信、自控及其他费用等)占工艺设备投资的百分比，据以求出各专业的投资，然后把各部分投资费用(包括工艺设备费)相加求和，即为项目的总费用。其表达式为：

$$C = E(1 + f_1 P_1 + f_2 P_2 + f_3 P_3 + \cdots) + I \tag{10.6}$$

式中 P_1、P_2、P_3——各专业工程费用占设备费的百分比；

其余符号同前。

(3)基本预备费的估算方法

在项目规划或可行性研究中，如对设备系统已有明确选型，可以采用市场询价加运杂费、安装费的方法估算投资。

基本预备费的计算公式为：

$$\begin{matrix}\text{基 本}\\\text{预备费}\end{matrix} = \left(\begin{matrix}\text{建筑安装}\\\text{工程费}\end{matrix} + \begin{matrix}\text{设备工器}\\\text{具购置费}\end{matrix} + \begin{matrix}\text{工程建设}\\\text{其他费用}\end{matrix}\right) \times \begin{matrix}\text{基本预}\\\text{备费率}\end{matrix} \tag{10.7}$$

(4)涨价预备费估算

建设投资动态部分，主要包括价格变动可能增加的投资额，即一般根据国家规定的投资指数，以估算年份价格水平的投资计划额为基数，采用复利方法计算。如果从建设期开始计算涨价预备费，其计算公式为：

$$PF = \sum_{t=1}^{n} I_t [(1 + f)^t - 1] \tag{10.8}$$

式中 PF——涨价预备费估算额；

I_t——第 t 年的投资计划额；

n——建设期年份数；

f——年平均价格预计上涨率。

【例 10.2】 某工程项目的静态投资为 10000 万元，按项目实施进度计划，建设期为 3 年，3 年的投资分年使用比例为第一年 20%，第二年 50%，第三年 30%，建设期内年平均价格上涨率预测为 6%。计算项目建设期的涨价预备费。

【解】 项目建设期的涨价预备费计算如下：

第一年的年度投资使用计划额

$I_1 = 10000 \times 20\% = 2000$ 万元

第一年的涨价预备费

$PF_1 = 2000 \times [(1 + 6\%) - 1] = 120$ 万元

第二年的年度投资使用计划额

$I_2 = 10000 \times 50\% = 5000$ 万元

第二年的涨价预备费

$PF_2 = 5000 \times [(1 + 6\%)^2 - 1] = 618$ 万元

第三年的年度投资使用计划额

$I_3 = 10000 \times 20\% = 2000$ 万元

第三年的涨价预备费

$PF_3 = 2000 \times [(1 + 6\%)^3 - 1] = 382.03$ 万元

建设期的涨价预备费 $= PF_1 + PF_2 + PF_3 = 120 + 618 + 382.03 = 1120.03$ 万元

10.2.5.3 流动资金估算

这里讲的流动资金是指生产经营性项目建成投产后，为保证正常生产运营所必需的周转资金(如购买原材料、燃料的费用，支付工资的费用及其他经营费用)。其构成如图 10.6

所示。按照惯例,流动资金可分为定额流动资金和非定额流动资金两部分。定额流动资金是企业流动资金的主要部分,包括储备资金、生产资金和成品资金,应实行较严格的定额管理。非定额流动资金包括结算资金和货币资金,这部分资金的需要量受多种因素影响,且影响因素变化较大,故占用额不稳定。

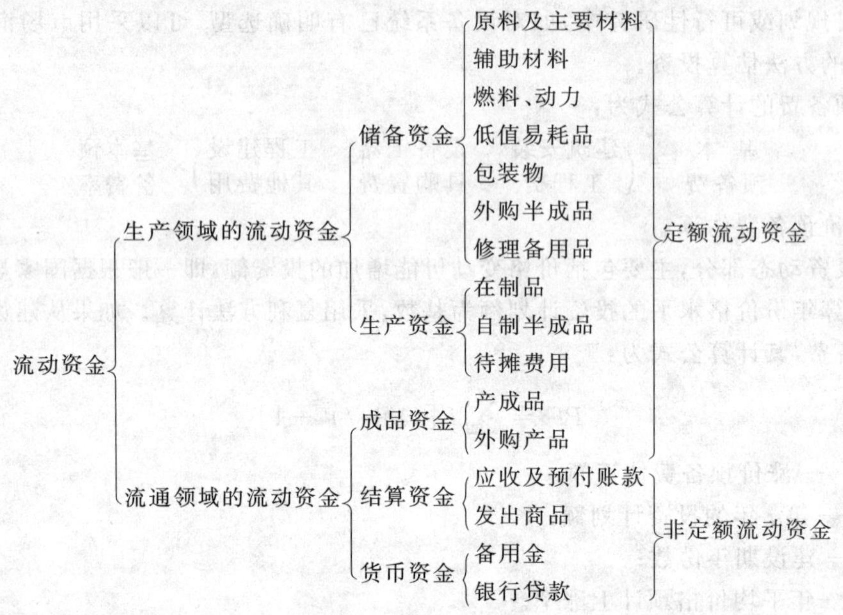

图 10.6 流动资金的构成

常用的流动资金估算方法有两种,一种是扩大指标估算法,另一种是分项详细估算法。

(1)扩大指标估算法

一般可以参照同类生产企业流动资金占销售收入、经营成本、固定资产投资的比率,以及单位产量占用流动资金的比率来确定。扩大指标估算法简便易行,但准确度不高,适于项目建议书阶段的估算。扩大指标估算法的公式为:

$$\text{年流动资金额} = \text{年费用基数} \times \text{各类流动资金率} \tag{10.9}$$

$$\text{年流动资金额} = \text{年产量} \times \text{单位产品产量占用流动资金额} \tag{10.10}$$

流动资金一般在投产前开始筹措,在投产第一年开始按生产负荷进行安排,其借款部分按全年计息。流动资金利息应计入财务费用。项目计算期末回收全部流动资金。

(2)分项详细估算法

在可行性研究中,为简化计算,仅对存货、现金、应收账款、预付账款等流动资产和应付账款、预收账款等流动负债进行估算,计算公式如下:

$$\text{流动资金} = \text{流动资产} - \text{流动负债} \tag{10.11}$$

其中:

$$\text{流动资产} = \text{应收账款} + \text{预付账款} + \text{存货} + \text{现金} \tag{10.12}$$

$$\text{流动负债} = \text{应付账款} + \text{预收账款} \tag{10.13}$$

$$\text{流动资金本年增加额} = \text{本年流动资金} - \text{上年流动资金} \tag{10.14}$$

故对流动资金的估算可转化为对流动资产和流动负债的估算。

①流动资产估算

a. 应收账款估算

应收账款指企业对外赊销商品、劳务而占用的资金。其计算公式为：

$$应收账款 = \frac{年经营成本}{应收账款周转次数} \tag{10.15}$$

其中：

$$应收账款周转次数 = \frac{360}{最低周转天数} \tag{10.16}$$

这里最低周转天数按实际情况并考虑保险系数分项确定。

b. 预付账款估算

预付账款指买卖双方协议商定，由购货方预先支付一部分货款给供应方而发生的一项债权。施工企业的预付账款主要包括预付工程款、预付备料款等。

$$预付账款 = \frac{外购商品或服务年费用金额}{预付账款周转次数} \tag{10.17}$$

c. 存货估算

存货是企业为生产耗用或销售而储备的各种物资，包括原材料、辅助材料、燃料、维修备件、低值易耗品、包装物、在产品和产成品等。其计算公式为：

$$存货 = 外购原材料、燃料 + 其他材料 + 在产品 + 产成品 \tag{10.18}$$

其中：

$$外购原材料、燃料 = \frac{年外购原材料、燃料}{按种类分项周转次数} \tag{10.19}$$

$$在产品 = \frac{年外购原材料、燃料及动力费 + 年工资及福利费 + 年修理费 + 年其他制造费}{在产品周转次数} \tag{10.20}$$

$$产成品 = \frac{年经营成本}{产成品周转次数} \tag{10.21}$$

d. 现金需要量估算

现金指企业生产运营活动中停留于货币形态的资金，如银行存款、库存现金。其计算公式为：

$$现金 = \frac{年工资及福利费 + 年其他费用}{现金周转次数} \tag{10.22}$$

其中：

$$\begin{matrix}年其他\\费用\end{matrix} = \begin{matrix}制造\\费用\end{matrix} + \begin{matrix}管理\\费用\end{matrix} + \begin{matrix}财务\\费用\end{matrix} + \begin{matrix}销售\\费用\end{matrix} - \begin{matrix}以上费用中所包含的工资及福利费、折旧\\费、维简费、摊销费、修理费、利息支出\end{matrix} \tag{10.23}$$

②流动负债估算

流动负债是指在一年或超过一年的一个营业周期内需偿还的各种债务。为简化核算，在可行性研究中，流动负债的估算只考虑应付账款、预收账款。其计算公式为：

$$应付账款 = \frac{年外购原材料、燃料及动力费}{应付账款周转次数} \tag{10.24}$$

$$预收账款 = \frac{预收的营业收入年金额}{预收账款周转次数} \tag{10.25}$$

在分项计算出应收账款、存货、现金和应付账款等以后，根据式(10.11)可估算出项目所需的流动资金。流动资金估算表见表10.3。

表10.3　流动资金估算表

单位：万元

序号	项　　目	最低周转天数	周转次数	投产期		达产期			
				3	4	5	6	…	n
1	流动资产								
1.1	应收账款								
1.2	存货								
1.2.1	原材料								
1.2.2	燃料								
1.2.3	在产品								
1.2.4	产成品								
1.3	现金								
2	流动负债								
2.1	应付账款								
3	流动资金(1－2)								
4	流动资金本年增加额								

【例10.3】　某建设项目达到设计生产能力后，全厂定员为1100人，工资和福利费按照每人每年7200元估算。每年其他费用为860万元(其中：其他制造费用为660万元)。年外购原材料、燃料、动力费估算为19200万元。年经营成本为21000万元，年修理费占年经营成本的10%。各项流动资金最低周转天数分别为：应收账款30天，现金40天，应付账款30天，存货40天。用分项详细估算法估算拟建项目的流动资金。

【解】　① 应收账款＝年经营成本÷应收账款年周转次数

＝21000÷(360÷30)

＝1750万元

② 现金＝(年工资及福利费＋年其他费用)÷现金年周转次数

＝(1100×0.72＋860)÷(360÷40)

＝183.56万元

③ 存货：

外购原材料、燃料＝年外购原材料、燃料及动力费÷按种类分项年周转次数

＝19200÷(360÷40)

＝2133.33万元

在产品＝(年工资及福利费＋年其他制造费＋年外购原材料、燃料及动力费＋年修理费)÷在产品年周转次数

＝(1100×0.72＋860＋19200＋21000×10%)÷(360÷40)

＝2550.22万元

产成品 = 年经营成本 ÷ 产成品年周转次数

= 21000 ÷ (360 ÷ 40)

= 2333.33 万元

存货 = 2133.33 + 2550.22 + 2333.33

= 7016.88 万元

④ 流动资产 = 应收账款 + 现金 + 存货

= 1750 + 183.56 + 7016.88

= 8950.44 万元

⑤ 应付账款 = 年外购原材料、燃料及动力费 ÷ 应付账款年周转次数

= 19200 ÷ (360 ÷ 30)

= 1600 万元

⑥ 流动负债 = 应付账款 = 1600 万元

⑦ 流动资金 = 流动资产 − 流动负债

= 8950.44 − 1600

= 7350.44 万元

10.2.5.4 建设期利息的估算

(1)建设期利息的构成

建设期利息是指项目在建设期内因使用债务资金而支付的利息。在偿还债务资金时，这部分利息一般要资本化为建设期的借款本金，按规定允许在投产后计入固定资产原值，是资本化利息，除非建设期利息是用自有资金按期支付的。建设期利息包括银行借款和其他债务资金的利息，以及其他融入债务资金时发生的手续费、承诺费、管理费、信贷保险费等融资费用。这些费用应按该债务资金债权人的要求单独计算，并计入建设期利息。项目建议书阶段，可简化作粗略估算，计入建设投资；可行性研究阶段，不涉及国外贷款的项目，也可简化作粗略估计后计入建设投资。

在项目评价中，对于分期建成投产的项目，应按各期投产时间分别停止借款费用的资本化，即投产后继续发生的借款费用不作为建设期利息计入固定资产原值，而是作为运营期利息计入总成本费用。

(2)建设期利息的估算

估算建设期利息，应根据不同情况选择名义年利率或有效年利率，当建设期用自有资金按期支付利息时，可不必进行换算，直接采用名义年利率计算建设期利息。采用自有资金付息时，按单利计算：

$$\text{各年应计利息} = (\text{年初借款本金累计} + \frac{\text{本年借款}}{2}) \times \text{名义年利率} \tag{10.26}$$

采用复利方式计算建设期利息时，为了简化计算，通常假定均在每年的年中支用借款，当年按半年计息，年初欠款按全年计息，计算公式为：

$$q_j = (P_{j-1} + \frac{1}{2}A_j) \times i \tag{10.27}$$

式中 q_j——建设期第 j 年应计利息；

P_{j-1}——建设期第$(j-1)$年末贷款累计金额与利息累计金额之和；

A_j——建设期第 j 年贷款金额；

i——有效年利率。

对于有多种借款资金来源，每笔借款的年利率各不相同的项目，既可分别计算每笔借款的利息，也可先计算出各笔借款加权平均的年利率，并以加权平均年利率计算全部借款的利息。

【例 10.4】 某项目建设期为 3 年，分年均衡进行贷款，第一年贷款 100 万元，第二年贷款 200 万元，第三年贷款 400 万元，年利率为 10%，试计算建设期贷款利息。

【解】 在建设期，各年利息计算如下：

第一年 $q_1 = \frac{1}{2}A_1 \times i = \frac{1}{2} \times 100 \times 10\% = 5$ 万元

第二年 $q_2 = (P_1 + \frac{1}{2}A_2) \times i = (100 + 5 + \frac{1}{2} \times 200) \times 10\% = 20.5$ 万元

第三年 $q_3 = (P_2 + \frac{1}{2}A_3) \times i = (100 + 5 + 200 + 20.5 + \frac{1}{2} \times 400) \times 10\% = 52.55$ 万元

所以，建设期贷款利息 $q = q_1 + q_2 + q_3 = 5 + 20.5 + 52.55 = 78.05$ 万元

10.2.5.5 经营成本估算

经营成本涉及产品生产及销售、企业管理过程中的物料、人力和资源的投入费用，反映企业的生产和管理水平。经营成本是财务评价中所使用的特定概念，是项目现金流量表中运营期现金流出的主体部分，其构成和估算用下式表达：

$$经营成本 = 外购材料、燃料及动力费 + 工资及福利费 + 修理费 + 其他费用 \quad (10.28)$$

其他费用是指从制造费用、管理费用和营业费用中扣除了折旧费、摊销费、修理费、工资及福利以后的其余部分。

经营成本与会计学中的总成本费用不同，总成本费用指运营期内为生产产品、提供服务所发生的全部费用，等于经营成本与折旧费、摊销费和财务费用之和。因此，经营成本是从总成本中扣除折旧费、摊销费、财务费用和维简费以后的成本。

$$\begin{matrix}经营\\成本\end{matrix} = \begin{matrix}总成本\\费用\end{matrix} - 折旧费 - 摊销费 - \begin{matrix}财务费用\\(利息支出)\end{matrix} - 维简费 \quad (10.29)$$

计算经营成本之所以要从总成本中扣除折旧费、摊销费、财务费用（利息支出）和维简费，主要原因如下：

(1)现金流量表反映项目在计算期内逐年发生的现金流入和流出。与常规会计方法不同，现金收支何时发生，就在何时计算，不做分摊。由于投资已按其发生的时间作为一次性支出被计入现金流出，所以不能再以折旧费和摊销费的方式记为现金流出。否则会发生重复计算。因此，作为经常性支出的经营成本中不包括折旧费和摊销费。

(2)因为融资前财务分析的项目投资现金流量表以全部投资作为计算基础，部分投资资金来源、利息支出不作为现金流出；而融资后财务分析的项目资本金现金流量表和投资各方现金流量表中已将利息支出单列，因此经营成本中也不包括利息支出。经营成本与融资方案无关，是融资前后财务分析的重要依据。

10.2.5.6 总成本费用估算

总成本费用是指在运营期内为生产产品或提供服务所发生的全部费用，等于经营成本与折旧费、摊销费、维简费和财务费用之和。总成本费用可以按下面两种方法估算。

(1)生产成本加期间费用估算法

$$总成本费用 = 产品生产成本 + 期间费用 \tag{10.30}$$

$$\begin{matrix}产品生\\产成本\end{matrix} = \begin{matrix}直接材\\料费\end{matrix} + \begin{matrix}直接燃料\\和动力费\end{matrix} + \begin{matrix}直接工资及\\福利费\end{matrix} + \begin{matrix}其他直\\接支出\end{matrix} + \begin{matrix}制造\\费用\end{matrix} \tag{10.31}$$

$$期间费用 = 管理费用 + 营业费用 + 财务费用 \tag{10.32}$$

其中：

$$直接材料(燃料和动力)费 = 直接材料(燃料和动力)消耗量 \times 单价 \tag{10.33}$$

$$\begin{matrix}直接工资\\及福利费\end{matrix} = \begin{matrix}直接从事产品\\生产的人员数量\end{matrix} \times \begin{matrix}人均年工资\\及福利费\end{matrix} \tag{10.34}$$

制造费用指企业为生产产品和提供劳务而发生的各项间接费用：

$$制造费用 = 折旧费 + 维简费 + 工资及福利费 + 其他制造费用 \tag{10.35}$$

$$折旧费 = \frac{固定资产原值 - 残值}{折旧年限} = 固定资产原值 \times 年综合折旧率 \tag{10.36}$$

我国允许的固定资产折旧方法有年限平均法、工作量法、双倍余额递减法和年数总和法四种，为简化计算，这里采用年限平均法。

$$维简费 = 产品产量 \times 定额费用 \tag{10.37}$$

$$工资及福利费 = 车间管理人员工资 \times (1 + 14\%) \tag{10.38}$$

$$其他制造费用 = 上述各项费用之和 \times 一定百分比 \tag{10.39}$$

管理费用是指企业行政管理部门为管理和组织经营活动发生的各项费用。除折旧费、摊销费外可按照一定的标准估算，也可按管理费用中各项费用内容详细计算。

营业费用是指企业在销售产品、自制半成品和提供劳务过程中发生的各项费用以及专设销售机构的各项费用。营业费用除折旧费外可按照一定的标准估算，也可按销售费用中各项费用内容详细计算。

财务费用是指企业为筹集资金而发生的各项费用。财务费用应分别计算长期借款利息和短期借款利息。

$$\begin{matrix}财务\\费用\end{matrix} = \begin{matrix}借款利息\\净支出\end{matrix} + \begin{matrix}汇兑净\\损失\end{matrix} + \begin{matrix}金融机构\\手续费\end{matrix} + \begin{matrix}在筹资过程中发生\\的其他费用\end{matrix} \tag{10.40}$$

(2)费用要素估算法

这种方法是按成本费用中各项费用性质分别计算以下各项费用：①外购原材料、燃料及动力费；②工资及福利费；③折旧费；④摊销费；⑤修理费；⑥维简费；⑦利息支出；⑧其他费用。

最终得出总成本费用为以上 8 项费用之和。

10.2.5.7 销售收入、销售税金及附加的估算

(1)销售收入的估算步骤

①明确产品销售市场，根据项目的市场调查和预测分析结果，测算出产品的销量。

②确定产品的销售价格。产品销售价格一般采用出厂价。

③确定销售收入。

$$销售收入 = 销售量 \times 销售单价$$

(2)销售税金及附加的估算

销售税金及附加的估算依据是项目的销售收入。在计算时为简化计算，有时给出综合的销售税金及附加税率，用销售收入乘以销售税金及附加税率，即得相应的销售税金及附加。

10.2.5.8 利润的估算

利润是企业经济目标的集中体现。项目运营后所获得的营业收入扣除总成本费用后的盈余部分即为盈利，其中一部分由国家以税收的方式无偿征收，作为国家的财政收入；另一部分留给企业作为企业公积金、投资者利润、未分配利润。

根据分析需要，企业利润可分为营业利润、利润总额和税后利润三个层次。

$$营业利润 = 营业收入 - 总成本费用 - 营业税金及附加 \quad (10.41)$$

$$利润总额 = 营业利润 + 投资净收益 + 营业外收支净额 \quad (10.42)$$

$$税后利润 = 实现利润 - 所得税 \quad (10.43)$$

营业收入、成本和税金之间的关系如图 10.7 所示。

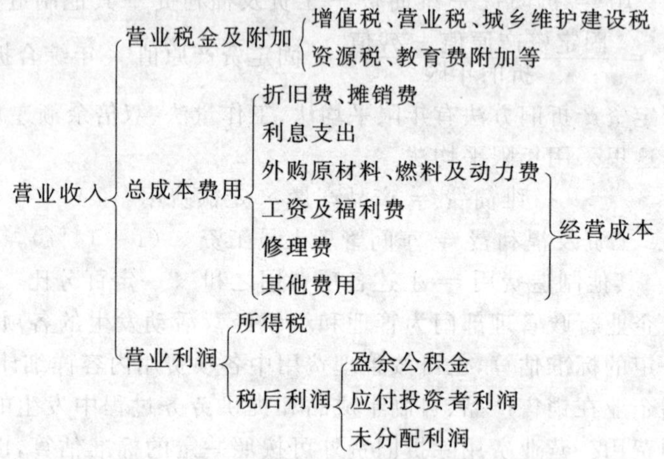

图 10.7 营业收入、成本和税金的关系图

10.2.5.9 财务费用与效益估算辅助报表

进行财务费用与效益估算，需要编制下列财务分析辅助报表：

(1)建设投资估算表。

(2)建设期利息估算表。

(3)流动资金估算表。

(4)项目总投资使用计划与资金筹措表。

(5)营业收入、营业税金及附加和增值税估算表。

(6)总成本费用估算表。若用生产要素法编制总成本费用估算表，还应编制下列基础报表：

①外购原材料费估算表；

②外购燃料和动力费估算表；

③固定资产折旧费估算表；

④无形资产和其他资产摊销估算表；

⑤工资及福利费估算表。

上述估算表可归纳为三大类：

第一类，预测项目建设期间的资金流动状况的报表：如投资使用计划与资金筹措表、固定资产投资估算表。

第二类，预测项目投产后的资金流动状况的报表：如流动资金估算表、总成本费用估算表、销售收入和税金及附加估算表、损益表等。为编制生产总成本费用估算表，还附设了材料、能源成本预测，固定资产折旧和无形资产与递延资产摊销费三张估算表。

第三类，预测项目投产后用规定的资金来源归还固定资产借款本息的报表，即为借款还本付息表，它反映项目建设期和生产期内的资金流动情况和项目投资偿还能力与速度。

财务基础数据估算的五个方面内容是连贯的，其中心是将投资成本（包括固定资产投资和流动资金）、产品成本与销售收入的预测数据进行对比，求得项目的销售利润，并在此基础上测算贷款的还本付息情况。因此，编制上述三类估算表应按一定程序使其相互衔接起来。第一类估算表是根据项目可行性研究报告以及调查收集到的补充资料，经过项目概况的审查、市场和规模分析及技术可行性研究，加以判别调查、计算后编制的，并在编制投资使用计划与资金筹措表之前，首先预测固定资产投资和流动资金；第二类生产总成本费用估算表所需的三张附表，只要能满足财务和国民经济评价对基本数据的需要即可，有的附表也可合并列入生产总成本费用估算表之中，或作简单的文字说明，而后根据生产成本费用表和销售收入与税金估算表的数据，综合测算出项目销售利润，列入损益表；第三类估算表是把前两类表中的主要数据进行综合计算，按照国家现行规定，综合编制成项目固定资产投资贷款还本付息表。

各财务基础数据估算表之间的关系如图10.8所示。

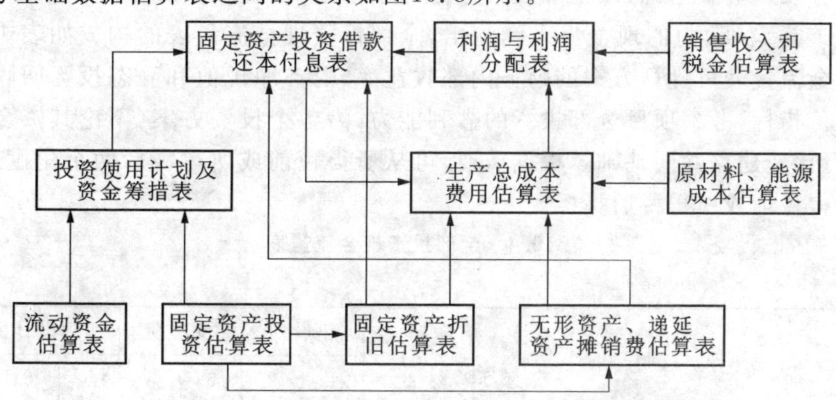

图 10.8　各类财务基础数据估算表之间的关系图

10.3　建设项目盈利能力分析

10.3.1　项目盈利能力分析概述

盈利能力分析，主要是考察工程项目投资的盈利水平，它直接关系到项目投产后能否生存和发展。它是评价工程项目在财务上可行性程度的基本标志。盈利能力的大小是业主进行工程项目投资活动的原动力，也是业主进行投资决策时应考虑的首要因素。一般应从两方面进行评价：一方面分析工程项目达到设计生产能力的正常生产年份可能获得的盈利水平，即主要通过计算投资利润率、投资利税率、资本金利润率等静态指标，考察项目在正常生产年份年度投资的盈利能力，以及判别项目是否达到行业的平均水平；另一方面分析工程项目整个寿命期间内的盈利水平，即主要通过计算财务净现值、财务内部收益率、财务净现值率、投资回收期等动态和静态指标，考察项目在整个计算期内的盈利能力及投资回收能力，判别工程项目投资的可行性。

10.3.2 盈利能力分析报表的编制

10.3.2.1 现金流量表

建设项目的效益和费用可以抽象为现金流量系统。现金流量系统将项目计算期内各年的现金流入与现金流出按照各自发生的时点顺序排列，表达为具有确定时间概念的现金流量系统。从财务评价角度看，某一时点上项目流出的资金称为现金流出，是负现金流量，记为 CO；项目流入的资金称为现金流入，是正现金流量，记为 CI。现金流入与现金流出统称为现金流量。同一时点上的现金流入量与现金流出量的代数和($CI-CO$)称为净现金流量，记为 NCF。

现金流量表是对建设项目现金流量系统的表格式反映。现金流量表内部结构主要有现金流入、现金流出、净现金流三项内容。按照计算基础的不同，现金流量表分为全部投资现金流量表、资本金现金流量表、投资各方现金流量表。

(1)全部投资现金流量表

该表不分投资资金来源，以全部投资作为计算基础，反映投资方案在整个计算期(包括建设期和生产运营期)内的现金流入和流出，全部投资现金流量表的构成如表 10.4 所示。通过投资现金流量表可计算方案的财务内部收益率、财务净现值和静态投资回收期等全部经济效果评价指标，考察项目全部投资的盈利能力，为各个投资方案(不论其资金来源及利息多少)进行比较建立共同基础。根据需要，可从所得税前或所得税后两个角度进行考察，选择计算所得税前或所得税后指标。

表 10.4 全部投资现金流量表

单位：万元

序号	项　目	合计	建设期		投产期		达到设计能力生产期			
			1	2	3	4	5	6	…	n
	生产负荷(%)									
1	现金流入									
1.1	产品销售收入									
1.2	回收固定资产余值									
1.3	回收流动资金									
1.4	其他收入									
2	现金流出									
2.1	建设投资									
2.2	流动资金									
2.3	经营成本									
2.4	销售税金及附加									

续表 10.4

序号	项　目	合计	建设期		投产期		达到设计能力生产期			
			1	2	3	4	5	6	…	n
2.5	维持运营投资									
3	所得税前净现金流量(1－2)									
4	累计所得税前净现金流量									
5	调整所得税									
6	所得税后净现金流量(3－5)									
7	累计所得税后净现金流量									

计算指标:所得税前　　　　　　　　　　所得税后
财务内部收益率($FIRR$)＝　　　　　　财务内部收益率($FIRR$)＝
财务净现值($FNPV$)＝　　　　　　　　财务净现值($FNPV$)＝
投资回收期(P_t)＝　　　　　　　　　投资回收期(P_t)＝

①现金流入是产品销售(营业)收入、回收固定资产余值、回收流动资金、其他收入四项之和。其中,产品销售收入等于产品销售量与销售单价的乘积。固定资产余值和流动资金的回收均在计算期最后一年。固定资产余值回收额为固定资产折旧费估算表中最后一年的固定资产期末净值,流动资金回收额为项目正常生产年份流动资金的占用额。

②现金流出包括建设投资、流动资金、经营成本、销售税金及附加、维持运营投资。其中,建设投资包含固定资产投资方向调节税,不包含建设期利息。流动资金投资为各年流动资金增加额。经营成本源于总成本费用估算表。销售税金及附加包含营业税、消费税、资源税、城乡维护建设税和教育费附加,所得税的数据来源于利润与利润分配表。

③项目计算期各年的净现金流量为各年现金流入量减对应年份的现金流出量,各年累计净现金流量为本年及以前各年净现金流量之和。

④所得税前净现金流量为上述净现金流量加所得税之和,即在现金流出中不计入所得税时的净现金流量。

⑤调整所得税是根据息税前利润(计算时原则上不受融资方案变动的影响,即不受利息多少的影响)乘以所得税计算得到的。这与“利润与利润分配表”“资本金现金流量表”和“财务计划现金流量表”中的所得税有所区别。

(2)资本金现金流量表(表 10.5)

表 10.5　资本金现金流量表

单位:万元

序号	项　目	合计	建设期		投产期		达到设计能力生产期			
			1	2	3	4	5	6	…	n
	生产负荷(%)									
1	现金流入									
1.1	产品销售收入									
1.2	回收固定资产余值									

续表 10.5

序号	项　　目	合计	建设期		投产期		达到设计能力生产期			
			1	2	3	4	5	6	…	n
1.3	回收流动资金									
1.4	其他收入									
2	现金流出									
2.1	方案资本金									
2.2	借款本金偿还									
2.3	借款利息支出									
2.4	经营成本									
2.5	销售税金及附加									
2.6	所得税									
2.7	维持运营投资									
3	净现金流量(1—2)									

计算指标：资本金财务内部收益率($FIRR$)＝

资本金财务净现值($FNPV$)＝

该表从投资者(即项目法人)角度出发，以投资者的出资额作为计算基础，把借款本金偿还和利息支付作为现金流出，用以计算资本金相关评价指标，考察在一定融资方案下投资者权益投资的盈利能力，用以比选融资方案，为投资者的投资决策、融资决策提供依据。

①资本金包括用于建设投资、建设期利息和流动资金的资金。

②现金流入各项数据来源与全部投资现金流量表相同。

③现金流出包括：自有资金、借款本金偿还、借款利息支出、经营成本、销售税金及附加所得税、维持运营投资。其中借款本金偿还由两部分组成：一部分为借款还本付息计算表中本年还本额；另一部分为流动资金借款本金偿还，一般发生在计算期最后一年。借款利息支付数额来自总成本费用估算表中的利息支出项。

④项目计算期各年的净现金流量为各年现金流入量减对应年份的现金流出量。

(3)投资各方现金流量表

投资各方现金流量表是分别从方案各个投资者的角度出发，以投资者的出资额作为计算的基础，用以计算方案投资各方的财务内部收益率。投资各方现金流量表构成如表 10.6 所示。一般情况下，投资各方的利益一般均等，方案投资各方按股本比例分配利润、分担亏损及风险，不需要计算投资各方的财务内部收益率。但是如若方案投资者中各方有股权之外的不对等的利益分配时，投资各方的收益率会有差异，此时需要计算投资各方的财务内部收益率，以看出各方收益是否均衡，或者非均衡性是否在一个合理的水平，促成技术方案投资各方在合作谈判时达成平等互利的协议。

表 10.6　投资各方现金流量表

单位:万元

序号	项　　目	合计	建设期		投产期		达到设计能力生产期			
			1	2	3	4	5	6	…	n
	生产负荷(%)									
1	现金流入									
1.1	实分利润									
1.2	资产处置收益分配									
1.3	租赁费收入									
1.4	技术转让或使用收入									
1.5	其他现金流入									
2	现金流出									
2.1	实缴资本									
2.2	租赁资产支出									
2.3	其他现金流出									
3	净现金流量(1−2)									

计算指标:投资各方财务内部收益率(*FIRR*)=

①投资各方现金流量表可按不同投资方(内资或外资;合资或合作等)分别编制。

②现金流入是指出资方因该技术方案的实施将实际获得的各种收入。

③现金流出是指出资方因该技术方案的实施将实际投入的各种支出。表中科目可根据具体情况调整。

④实分利润是指投资者由方案获取的利润。

⑤资产处置收益分配是指对有明确的合营期限或合资期限的方案,在期满时对资产余值按股比或约定比例的分配。

⑥租赁费收入是指出资方将自己的资产租赁给方案使用所获得的收入,此时应将资产价值作为现金流出,列为租赁资产支出科目。

⑦技术转让或使用收入是指出资方将专利或专有技术转让或允许该方案使用所获得的收入。

10.3.2.2　利润与利润分配表

利润与利润分配表反映项目计算期内各年的利润总额、所得税及税后利润的分配情况,用以计算投资利润率、投资利税率和资本金利润率等指标。其构成如表 10.7 所示。

表 10.7　利润与利润分配表

单位:万元

序号	项　目	投产期		达到设计能力生产期			
		3	4	5	6	…	n
	生产负荷(%)						
1	产品销售(营业)收入						
2	销售税金及附加						
3	产品总成本费用						
4	利润总额(1－2－3)						
5	弥补以前年度亏损						
6	应纳税所得额(4－5)						
7	所得税						
8	税后利润(4－7)						
9	盈余公积金						
10	公益金						
11	应付利润						
12	未分配利润						
13	累计未分配利润						

①产品销售收入、销售税金及附加、总成本费用的各年度数据分别取自相应的辅助报表。

②利润总额＝产品销售收入－总成本费用－销售税金及附加。

③所得税＝应纳税所得额×所得税税率。

④税后利润＝利润总额－所得税。

⑤弥补损失主要是指支付被没收的财物损失,支付各项税收的滞纳金及罚款,弥补以前年度亏损。

⑥税后利润按法定盈余公积金、公益金、应付利润及未分配利润等项进行分配。

10.3.3　项目财务盈利能力评价

盈利能力分析的主要指标有项目投资财务内部收益率、项目投资财务净现值、项目资本金财务内部收益率等动态指标和投资回收期、总投资收益率、项目资本金净利润率等静态指标。在进行项目的财务评价时,可根据项目的特点及财务分析的目的、要求等进行选用。

10.4　建设项目偿债能力分析

10.4.1　偿债能力分析概述

偿债能力分析主要是考察工程项目的财务状况和按期偿还债务的能力,它直接关系到企业面临的财务风险和企业的财务信用程度。偿债能力的大小是企业进行筹资决策的重要依据。应从两方面进行评价:一方面考察项目偿还固定资产投资国内外借款所需要的时间,即通过计算借款偿还期，考察项目的还款能力，判别项目是否能满足贷款机构的要求；另一方面考察项目资金的流动性水平，即通过计算流动比率、速动比率、资产负债率等各种财务比率指标，对项目投产后的资金流动情况进行比较分析，用以反映项目寿命期内各年的盈亏、资产和负债、资金来源和运用、资金的流动和债务管理运用等财务状况及资产结构的合理性，考察项目的风险程度和偿还流动负债的能力与速度。

10.4.2 偿债能力分析报表的编制

10.4.2.1 资产负债表

资产负债表综合反映项目计算期内各年末资产、负债和所有者权益的增减变化及对应关系，以考察项目资产、负债、所有者权益的结构是否合理，用以计算资产负债率、流动比率及速动比率，进行清偿能力分析。资产负债表的编制依据是"资产＝负债＋所有者权益"。资产负债表的基本结构见表10.8。

表10.8 资产负债表

单位：万元

序号	项　目	建设期		投产期		达到设计能力生产期			
		1	2	3	4	5	6	…	n
1	资产								
1.1	流动资产								
1.1.1	应收账款								
1.1.2	存货								
1.1.3	现金								
1.1.4	累计盈余资金								
1.1.5	其他流动资产								
1.2	在建工程								
1.3	固定资产								
1.3.1	原值								
1.3.2	累计折旧								
1.3.3	净值								
1.4	无形及递延资产净值								
2	负债及所有者权益								
2.1	流动负债总额								
2.1.1	应付账款								
2.1.2	其他短期借款								
2.1.3	其他流动负债								
2.2	中长期借款								

续表 10.8

序号	项　　目	建设期		投产期		达到设计能力生产期			
		1	2	3	4	5	6	…	n
2.2.1	中期借款(流动资金)								
2.2.2	长期借款								
	负债小计								
2.3	所有者权益								
2.3.1	资本金								
2.3.2	资本公积金								
2.3.3	累计盈余公积金								
2.3.4	累计未分配利润								
	清偿能力分析 资产负债率(%) 流动比率(%) 速动比率(%)								

(1)资产由流动资产、在建工程、固定资产净值、无形及递延资产净值组成。

其中：

$$流动资产总额 = 应收账款 + 存货 + 现金 + 累计盈余资金 \tag{10.44}$$

在建工程指投资计划与资金筹措表中的年固定资产投资额,包括固定资产投资方向调节税和建设期利息。

(2)负债包括流动负债和中长期负债。中长期负债及其他短期借款余额的计算公式为：

$$第\ T\ 年的借款余额 = 借款 - 已偿还本金 \tag{10.45}$$

(3)所有者权益包括资本金、资本公积金、累计盈余公积金及累计未分配利润。

10.4.2.2　借款还本付息估算表

借款还本付息估算表反映项目计算期内各年借款本金偿还和利息支付情况,用于计算偿债备付率和利息备付率指标。固定资产投资贷款还本付息估算主要是测算还款期的利息和偿还贷款的时间,从而观察借款项目的偿还能力和收益,为财务效益评价和项目决策提供依据。

还本付息的资金来源主要有以下几个部分：

(1)可用于归还借款的利润,一般是提取了盈余公积金、公益金后的未分配利润。

(2)固定资产折旧。所有被用于归还贷款的折旧基金,应由为分配利润归还贷款后的余额垫回,以保证折旧基金从总体上不被挪作他用。

(3)无形资产与递延资产的摊销费。

(4)其他还款资金是指按有关规定可用减免的销售税金来偿还贷款的资金来源。

借款还本付息计划表的基本结构见表 10.9。

表 10.9　借款还本付息计划表

单位:万元

序号	项目 \ 年份	利率	建设期		投产期		达到设计生产能力生产期			
			1	2	3	4	5	6	…	N
1	借款及还本付息									
1.1	年初借款本息累计									
1.1.1	本金									
1.1.2	建设期利息									
1.2	本年借款									
1.3	本年应计利息									
1.4	本年还本									
1.5	本年付息									
2	偿还借款本金的资金来源									
2.1	利润									
2.2	折旧									
2.3	摊销									
2.4	其他资金									
2.5	合计(2.1+2.2+2.3+2.4)									

【例 10.5】　某拟建项目固定资产投资总额为 3600 万元,其中预计形成固定资产 3060 万元(含建设期贷款利息),无形资产 540 万元。固定资产使用年限为 10 年,残值率为 4%,该项目建设期为 2 年,运营期为 6 年。项目的资金投入、收益、成本等基础数据见表 10.10。

表 10.10　某建设项目的资金投入、收益及成本表

单位:万元

序号	项目 \ 年份	1	2	3	4	5~8
1	建设投资:自有资金部分	1200	340			
	贷款部分(不含贷款利息)		2000			
2	流动资金:自有资金部分			300		
	贷款部分			100	400	
3	年销售量(万件)			60	90	120
4	年经营成本			1682	2360	3230

固定资产贷款的还款方式为,投产后 4 年等额本金偿还,贷款利率为 6%(按年计息);流动资金贷款利率为 4%(按年计息),无形资产在运营期 6 年中采用直线法均匀摊入成本;流动资金为 800 万元,于运营期末全部收回。要求编制还本付息表、总成本费用表。

【解】　①根据贷款利息公式,列出还本付息表中的费用名称,计算各年度的贷款利息,见表 10.11。

表 10.11　某项目还本付息表

单位：万元

序号	项目＼年份	1	2	3	4	5	6
1	年初累计借款	0	0	2060	1545.00	1030.00	515.00
2	本年新增借款	0	2000	0	0	0	0
3	本年应计利息	0	60	123.60	92.70	61.80	30.90
4	本年应还本金	0	0	515.00	515.00	515.00	515.00
5	本年应还利息	0	0	123.60	92.70	61.80	30.90

其中，第 2 年应计利息 $= (0 + 2000/2) \times 6\% = 60$ 万元；

第 3 年应计利息 $= (2000 + 60) \times 6\% = 123.60$ 万元；

第 4 年应计利息 $= (2000 + 60 - 515) \times 6\% = 92.70$ 万元；

第 5 年应计利息 $= (1545 - 515) \times 6\% = 61.80$ 万元；

第 6 年应计利息 $= (1030 - 515) \times 6\% = 30.90$ 万元。

②计算各年度应等额偿还本金。

各年度应等额偿还本金 = 第 3 年初累计借款 ÷ 还款期

$= 2060 \div 4 = 515$ 万元

③根据总成本费用的构成列出总成本费用估算表，见表 10.12。

表 10.12　某项目总成本费用估算表

单位：万元

序号	项目＼年份	3	4	5	6	7	8
1	经营成本	1682.00	2360.00	3230.00	3230.00	3230.00	3230.00
2	折旧费	293.76	293.76	293.76	293.76	293.76	293.76
3	摊销费	90.00	90.00	90.00	90.00	90.00	90.00
4	建设投资贷款利息	123.60	92.70	61.80	30.90	0.00	0.00
5	流动资金贷款利息	4.00	20.00	20.00	20.00	20.00	20.00
6	总成本费用	2193.36	2856.46	3695.56	3664.66	3633.76	3633.76

其中，固定资产折旧费 = 固定资产原值 ×（1 − 残值率）÷ 使用年限

$= 3060 \times (1 - 4\%) \div 10$

$= 293.76$ 万元

摊销费 = 无形资产 ÷ 摊销年限

$= 540 \div 6$

$= 90$ 万元

10.4.3　偿债能力分析方法

偿债能力分析指标包括利息备付率（*ICR*）、偿债备付率（*DSCR*）和资产负债率

(*LOAR*)，其分析方法见 4.3 节。

10.5 建设项目财务生存能力分析

10.5.1 财务生存能力分析概述

财务生存能力分析应在财务分析辅助表和利润与利润分配表的基础上编制财务计划现金流量表，通过合并项目计算期内的投资、融资和经营活动所产生的各项现金流入和流出，计算净现金流量和累计盈余资金，分析项目是否有足够的净现金流量维持正常运营，以实现财务可持续性。

项目财务生存能力的具体判断：一是拥有足够的经营净现金流量是财务可持续性的基本条件；二是各年累计盈余资金不出现负值是财务生存的必要条件。

财务可持续性首先体现在有足够大的经营活动净现金流量，其次体现在各年累计盈余资金不应出现负值。若出现负值，应进行短期借款，同时分析短期借款的年份长短和数额大小，判断财务可持续性是否受到影响。短期借款应体现在财务计划现金流量表中，其利息需计入财务费用。

10.5.2 财务生存能力分析报表的编制

财务计划现金流量表是反映项目计算期内各年的投资、融资及经营活动的现金流入和流出，用于计算净现金流量和累计盈余资金，分析项目是否有足够的净现金流量维持正常运营，实现财务可持续性的一张报表。财务计划现金流量表的基本结构见表 10.13。

表 10.13 财务计划现金流量表

单位：万元

序号	项　　目	合计	计　算　期					
1	经营活动净现金流量(1.1－1.2)							
1.1	现金流入							
1.1.1	营业收入							
1.1.2	增值税销项税额							
1.1.3	补贴收入							
1.1.4	其他流入							
1.2	现金流出							
1.2.1	经营成本							
1.2.2	增值税进项税额							
1.2.3	营业税金及附加							
1.2.4	增值税							

续表 10.13

序号	项　　目	合计	计　算　期					
1.2.5	所得税							
1.2.6	其他流出							
2	投资活动净现金流量(2.1－2.2)							
2.1	现金流入							
2.2	现金流出							
2.2.1	建设投资							
2.2.2	维护运营投资							
2.2.3	流动资金							
2.2.4	其他流出							
3	筹资活动净现金流量(3.1－3.2)							
3.1	现金流入							
3.1.1	项目资本金投入							
3.1.2	建设投资借款							
3.1.3	流动资金借款							
3.1.4	债券							
3.1.5	短期借款							
3.1.6	其他流入							
3.2	现金流出							
3.2.1	各种利息支出							
3.2.2	偿还债务本金							
3.2.3	应付利润(股利分配)							
3.2.4	其他流出							
4	净现金流量(1＋2＋3)							
5	累计盈余资金							

注:(1)对于新设法人项目,本表投资活动的现金流入为零。

(2)对于既有法人项目,可适当增加科目。

(3)必要时,现金流出中可增加应付优先股股利科目。

(4)对于外商投资项目,应将职工奖励与福利基金列入经营活动现金流出。

10.6 财务分析案例

案例 1:某企业拟建设一个生产性项目,以生产国内某种急需的产品。该项目的建设期为 2 年,运营期为 7 年。预计建设期投资 800 万元(含建设期贷款利息 20 万元),并全部形成固定资产。固定资产使用年限 10 年,运营期末残值 50 万元,按照直线法折旧。

该企业于建设期第 1 年投入项目资金 380 万元,建设期第 2 年向当地建设银行贷款 400 万元(不含贷款利息),贷款利率 10%,项目第 3 年投产。投产当年又投入资本金 200 万元,作为流动资金。

运营期,正常年份每年的销售收入为 700 万元,经营成本 300 万元,产品销售税金及附加税率为 6%,所得税税率为 33%,年总成本 400 万元,行业基准收益率 10%。

投产的第 1 年生产能力仅为设计生产能力的 70%,为简化计算,这一年的销售收入、经营成本和总成本费用均按照正常年份的 70% 估算。投产的第 2 年及其以后的各年均达到设计生产能力。参见表 10.14。

表 10.14　某拟建项目的全部投资现金流量数据表(空表)

单位:万元

序号	项　目	建设期		投　产　期						
		1	2	3	4	5	6	7	8	9
	生产负荷			70%	100%	100%	100%	100%	100%	100%
1	现金流入									
1.1	销售收入									
1.2	回收固定资产余值									
1.3	回收流动资金									
2	现金流出									
2.1	固定资产投资									
2.2	流动资金投资									
2.3	经营成本									
2.4	销售税金及附加									
2.5	所得税									
3	净现金流量									
4	折现系数 $i_c=10\%$	0.9091	0.8264	0.7513	0.6830	0.6209	0.5645	0.5132	0.4665	0.4241
5	折现净现金流量									
6	累计折现净现金流量									

问题:

(1)计算销售税金及附加和所得税

(2)依照表 10.14 的格式,编制全部投资现金流量表。

(3)计算项目的动态投资回收期和财务净现值。

(4)计算项目的财务内部收益率。

(5)从财务评价的角度,分析说明拟建项目的可行性。

【解】 (1)计算销售税金及附加和所得税:

①运营期销售税金及附加

销售税金及附加＝销售收入×销售税金及附加税率

第 3 年销售税金及附加＝700×70％×6％＝29.40 万元

第 4～9 年销售税金及附加＝700×100％×6％＝42.00 万元

②运营期所得税

所得税＝(销售收入－销售税金及附加－总成本)×所得税税率

第 3 年所得税＝(700×70％－29.40－400×70％)×33％＝59.60 万元

第 4～9 年所得税＝(700－42－400)×33％＝85.14 万元

(2)根据以下计算数据，编制全部投资现金流量表见表 10.15。

①项目的使用年限 10 年，营运期 7 年。所以，固定资产余值按以下公式计算：

年折旧费＝(固定资产原值－残值)÷折旧年限＝(800－50)÷10＝75 万元

固定资产余值＝年折旧费×(固定资产使用年限－营运期)＋残值＝75×(10－7)＋50＝275 万元

②建设期贷款利息计算：建设期第 1 年没有贷款，建设期第 2 年贷款 400 万元。

贷款利息＝(0＋400÷2)×10％＝20 万元

表 10.15　某拟建项目的全部投资现金流量数据表

单位：万元

序号	项　　目	建设期		投　产　期						
		1	2	3	4	5	6	7	8	9
	生产负荷			70％	100％	100％	100％	100％	100％	100％
1	现金流入			490.00	700.00	700.00	700.00	700.00	700.00	1175
1.1	销售收入			490.00	700.00	700.00	700.00	700.00	700.00	700.00
1.2	回收固定资产余值									275.00
1.3	回收流动资金									200.00
2	现金流出	380	400	499.00	427.14	427.14	427.14	427.14	427.14	427.14
2.1	固定资产投资	380	400							
2.2	流动资金投资			200.00						
2.3	经营成本			210.00	300.00	300.00	300.00	300.00	300.00	300.00
2.4	销售税金及附加			29.40	42.00	42.00	42.00	42.00	42.00	42.00
2.5	所得税			59.60	85.14	85.14	85.14	85.14	85.14	85.14
3	净现金流量	－380	－400	－9.00	272.86	272.86	272.86	272.86	272.86	747.86
4	折现系数 i_c＝10％	0.9091	0.8264	0.7513	0.6830	0.6209	0.5645	0.5132	0.4665	0.4241
5	折现净现金流量	－345.46	－330.56	－6.76	186.36	169.42	154.03	140.03	127.29	317.17
6	累计折现净现金流量	－345.46	－676.02	－682.8	－496.4	－327.0	－173.0	－32.94	94.35	411.52

(3)根据表10.15中的数据，按以下公式计算项目的动态投资回收期和财务净现值。

动态投资回收期=(8−1)+(|−32.94|÷127.29)=7.26年

由表10.15可知：项目净现值 $FNPV$=411.52万元

(4)编制现金流量延长表见表10.16。采用试算法求出拟建项目的内部收益率。具体做法和计算过程如下：

表10.16 某拟建项目现金流量延长表

单位：万元

序号	项目	建设期		投产期						
		1	2	3	4	5	6	7	8	9
	生产负荷			70%	100%	100%	100%	100%	100%	100%
1	现金流入			490.00	700.00	700.00	700.00	700.00	700.00	1175
2	现金流出	380	400	499.00	427.14	427.14	427.14	427.14	427.14	427.14
3	净现金流量	−380	−400	−9.00	272.86	272.86	272.86	272.86	272.86	747.86
4	折现系数 i_c=10%	0.9091	0.8264	0.7513	0.6830	0.6209	0.5645	0.5132	0.4665	0.4241
5	折现净现金流量	−345.46	−330.56	−6.76	186.36	169.42	154.03	140.03	127.29	317.17
6	累计折现净现金流量	−345.46	−676.02	−682.8	−496.4	−327.0	−173.0	−32.94	94.35	411.52
7	折现系数 i_1=20%	0.8333	0.6944	0.5787	0.4823	0.4019	0.3349	0.2791	0.2326	0.1938
8	折现净现金流量	−316.65	−277.76	−5.21	131.60	109.66	91.38	76.16	63.47	144.94
9	累计折现净现金流量	−316.65	−594.41	−599.6	−468.0	−358.4	−267.0	−190.8	−127.4	17.59
10	折现系数 i_2=21%	0.8264	0.6830	0.5645	0.4665	0.3855	0.3186	0.2633	0.2176	0.1799
11	折现净现金流量	−314.03	−273.20	−5.08	127.29	105.18	86.93	71.84	59.37	135.54
12	累计折现净现金流量	−314.03	−587.23	−592.3	−465.0	−359.8	−272.9	−201.1	−141.7	−6.16

①首先设定 i_1=20%，以 i_1 作为设定的折现率，计算出各年的折现系数。利用现金流量延长表，计算出各年的折现净现金流量和累计折现净现金流量，从而得到财务净现值 $FNPV_1$，见表10.16。

②再设定 i_2=21%，以 i_2 作为设定的折现率，计算出各年的折现系数。同样；利用现金流量延长表，计算出各年的折现净现金流量和累计折现净现金流量，从而得到财务净现值 $FNPV_2$，见表10.16。

③如果试算结果满足：$FNPV_1>0$，$FNPV_2<0$，且满足精度要求，可采用插值法计算出拟建项目的财务内部收益率 $FIRR$。

由表10.16可知：i_1=20%时，$FNPV_1=17.59$

i_2=21%时，$FNPV_2=-6.16$

可以采用插值法计算拟建项目的内部收益率 $FIRR$。即：

$$FIRR = i_1 + (i_2 - i_1) \times [FNPV_1 \div (|FNPV_1| + |FNPV_2|)]$$
$$= 20\% + (21\% - 20\%) \times [17.59 \div (17.59 + |-6.16|)]$$
$$= 20.74\%$$

(5)从财务评价角度评价该项目的可行性：

根据计算结果，项目净现值＝411.52 万元＞0；内部收益率＝20.74%＞行业基准收益率 10%，超过行业基准收益水平，所以该项目是可行的。

案例 2：某拟建项目财务数据如下：

1. 项目计算期为 10 年，其中建设期 2 年，生产运营期 8 年。第 3 年投产，第 4 年开始达到设计生产能力。

2. 项目建设投资估算 10000 万元(不含贷款利息)。其中 1000 万元为无形资产；300 万元为其他资产；其余投资形成固定资产(贷款额为 5000 万元)。

3. 固定资产在运营期内按直线法折旧，残值(残值率为 10%)在项目计算期末一次性收回。

4. 流动资金为 1000 万元(其中 30%用于不随产量多少变化的固定成本支出，该部分资金采用贷款方式投入，其余流动资金为自有资金投入)，在项目计算期末收回。

5. 无形资产在运营期内，均匀摊入成本。

6. 其他资产在运营期的前 3 年内，均匀摊入成本。

7. 项目的设计生产能力为年产量 1.5 万吨某产品，预计每吨销售价为 6000 元，年销售税金及附加按销售收入的 6%计取，所得税税率为 33%。

8. 项目的资金投入、收益、成本等基础数据见表 10.17。

表 10.17　某建设项目资金投入、收益及成本等基础数据

单位：万元

序号	项目 \ 年份		1	2	3	4	5～10
1	建设投资	自筹资金部分	4000	1000			
		贷款(不含贷款利息)	2000	3000			
2	流动资金	自筹资金部分			600	100	
		贷款			300		
3	年生产、销售量(万吨)				0.95	1.5	1.5
4	年经营成本				4500	5000	5000

9. 还款方式：建设投资贷款在项目生产运营期内按等额本息偿还法偿还，贷款年利率为 6%，按年计息；流动资金贷款本金在项目计算期末一次偿还，贷款年利率为 5%，按年计息。

10. 经营成本中的 20%为不随产量多少变化的固定成本支出。

问题：

(1)列式计算建设期贷款利息，编制借款还本付息计划表。

(2)列式计算每年固定资产折旧费、无形资产和其他资产摊销费。

(3)编制总成本费用估算表。

(4)编制利润与利润分配表。

【解】 问题(1)：

①建设期贷款利息：

第 1 年贷款利息 $= \frac{1}{2} \times 2000 \times 6\% = 60$ 万元

第 2 年贷款利息 $= (2000 + 60 + \frac{1}{2} \times 3000) \times 6\% = 213.6$ 万元

建设期贷款利息合计：$60 + 213.6 = 273.6$ 万元

② 借款还本付息计划表见表 10.18。

第 3 年年初贷款本利和 $= 2000 + 3000 + 273.6 = 5273.6$ 万元

每年还本付息 $= 5273.6 \times \frac{6\% \times (1+6\%)^8}{(1+6\%)^8 - 1} = 849.24$ 万元

表 10.18 借款还本付息计划表

单位：万元

序号	项目 \ 年份	1	2	3	4	5	6	7	8	9	10
1	年初累计借款	0	2060	5273.6	4740.78	4176	3577.32	2942.72	2270.04	1557	801.18
2	本年新增借款	2000	3000	0	0	0	0	0	0	0	0
3	本年应计利息	60	213.6	316.42	284.45	250.56	214.64	176.56	136.20	93.42	48.06
4	本年应还本息	0	0	849.24	849.24	849.24	849.24	849.24	849.24	849.24	849.24
4.1	本年应还本金	0	0	532.82	564.79	598.68	634.6	672.68	713.04	755.82	801.18
4.2	本年应还利息	0	0	316.42	284.45	250.56	214.64	176.56	136.20	93.42	48.06

问题(2)：

每年固定资产折旧费 $= \frac{(10000 + 273.6 - 1000 - 300) \times (1 - 10\%)}{8} = 1009.53$ 万元

每年无形资产摊销费 $= 1000 \div 8 = 125$ 万元

每年其他资产摊销费 $= 300 \div 3 = 100$ 万元

问题(3)：

总成本费用估算表见表 10.19。

表 10.19 总成本费用估算表

单位：万元

序号	项目 \ 年份	3	4	5	6	7	8	9	10
1	经营成本	4500	5000	5000	5000	5000	5000	5000	5000
2	固定资产折旧费	1009.53	1009.53	1009.53	1009.53	1009.53	1009.53	1009.53	1009.53
3	无形资产摊销费	125	125	125	125	125	125	125	125
4	其他资产摊销费	100	100	100					
5	利息支出	331.42	299.45	265.56	229.64	191.56	151.2	108.42	63.06

续表 10.19

序号	年份 项目	3	4	5	6	7	8	9	10
5.1	建设投资贷款利息	316.42	284.45	250.56	214.64	176.56	136.20	93.42	48.06
5.2	流动资金贷款利息	15	15	15	15	15	15	15	15
6	总成本费用	6065.95	6533.98	6500.09	6364.17	6326.09	6285.73	6242.95	6197.59
6.1	固定成本	2465.95	2533.98	2500.09	2364.17	2326.09	2285.73	2242.95	2197.59
6.2	可变成本	3600	4000	4000	4000	4000	4000	4000	4000

问题(4)：

利润与利润分配表见表 10.20。

表 10.20　利润与利润分配表

单位:万元

序号	年份 项目	3	4	5	6	7	8	9	10
1	营业收入	5700	9000	9000	9000	9000	9000	9000	9000
2	总成本费用	6065.95	6533.98	6500.09	6364.17	6326.09	6285.73	6242.95	6197.59
3	营业税金及附加	342	540	540	540	540	540	540	540
4	利润总额	−707.95	1926.02	1959.91	2095.83	2133.91	2174.27	2217.05	2262.41
5	弥补以前年度亏损		707.95						
6	应纳所得税额	0	1218.07	1959.91	2095.83	2133.91	2174.27	2217.05	2262.41
7	所得税	0	401.96	646.77	691.62	704.19	717.51	731.63	746.60
8	净利润	−707.95	1524.06	1313.14	1404.21	1429.72	1456.76	1485.42	1515.81
9	可供分配利润	0	816.11	1313.14	1404.21	1429.72	1456.76	1485.42	1515.81

本章小结

建设项目经济分析的目的在于在完成可行性分析的基础上，对拟建项目各方案的投资和收益进行估算，判断项目的盈利能力、偿债能力和财务生存能力，确保投资决策的正确与客观，避免决策失误。主要包括财务分析、基本财务报表与评价指标的关系；建设投资和流动资金估算的方法；建设期利息和生产经营期利息的计算；建设项目财务评价等内容。

(1)基本财务报表与评价指标的对应关系

通过介绍可以发现，在对项目进行财务评价的过程中，评价项目的类型、评价目标、评价视角决定了所采用的基本报表和财务评价指标。它们之间的对应关系如表 10.21 所示。

表 10.21　项目基本财务报表和财务评价指标

评价内容	基本报表	财务评价指标		融资前	融资后
		静态	动态		
盈利能力分析	项目投资财务现金流量表	投资回收期	财务内部收益率、财务净现值	√	
	项目资本金现金流量表		财务内部收益率		√
	投资各方财务现金流量表		投资各方财务内部收益率		√
	利润与利润分配表	总投资收益率			√
生存能力分析	财务计划现金流量表	净现金流量、累计盈余资金			√
偿债能力分析	资产负债表	资产负债率			√
	借款还本付息计划表	利息备付率、偿债备付率			√

(2)融资前后基本财务报表与分析指标的对应关系如图 10.9 所示。

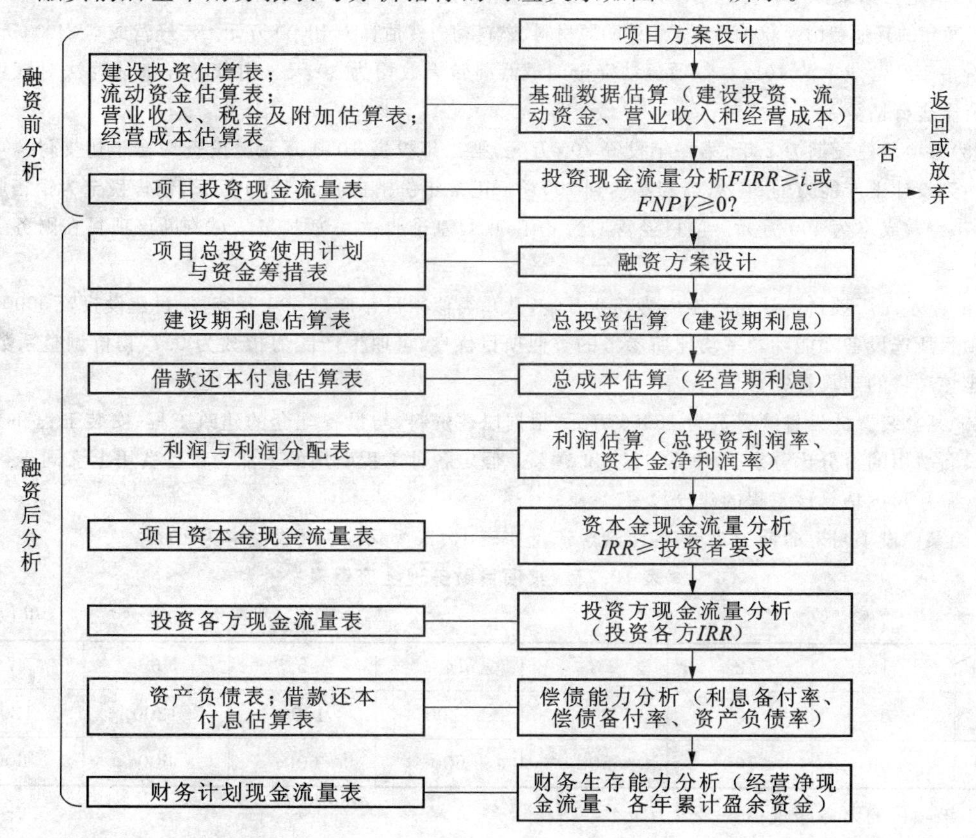

图 10.9　融资前后基本财务报表与分析指标的对应关系

习　题

10.1　思考题

(1)什么是财务分析？财务分析的主要目的是什么？

(2)财务分析的基本步骤有哪些？

(3)财务费用估算的主要内容是什么？财务费用与效益估算的步骤有哪些？

(4)建设项目盈利能力分析的主要指标有哪些？

(5)财务分析的报表主要有哪几类？

(6)偿债能力分析主要包括哪些指标？

(7)为什么项目投资财务现金流量表中的现金流出量是经营成本而不是总成本？

10.2　练习题

(1)某项投资方案的净现金流量如表10.22所示，基准投资回收期为6年。试问，如果采用投资回收期作为评价指标，该方案是否可行。

表10.22　练习题(1)附表

年份	1	2	3	4	5	6
净现金流量(万元)	－275	320	500	550	610	700

(2)假定已知某拟建项目达到设计生产能力后，全场定员500人，工资和福利费按照每人每年1.2万元估算。每年的其他费用为600万元。年外购原材料、燃料动力费估算为18000万元。年经营成本24000万元，年修理费占年经营成本的10%。各项流动资金的最低周转天数均为30天。用分项详细估算法对该项目的流动资金进行估算。

(3)某项目建设期为2年，第一年投资700万元，第二年投资1050万元。投资均在年初支付。项目第三年达到设计生产能力的90%，第四年达到100%。正常年份销售收入1500万元，销售税金为销售收入的12%，年经营成本为400万元。项目经营期为6年，项目基准收益率为10%。试判断该项目在财务上是否可行？

(4)某水泥厂项目设计生产能力为300万吨，已知类似项目年产量200万吨，项目建设投资5000万元，拟建项目所选设备功能和效率均比所参考的类似项目优良，可取生产能力指数为0.7，物价调整系数1.2，试确定该项目的建设投资。

(5)某套装置的设备购置费为15000万元，根据以往资料，与设备配套的建筑工程、安装工程和其他费用占设备费用的百分比分别为43%、18%和10%。假定各种工程费用的上涨与设备费用上涨同步，即f_1，f_2，f_3都为1，试估算该工程的建设投资。

(6)某建设项目寿命期为7年，各年现金流量如表10.23所示，基准收益率为10%。

表10.23　某项目财务现金流量表

单位：万元

年份	1	2	3	4	5	6	7
CI	0	0	900	1200	1200	1200	1200
CO	800	700	500	600	600	600	600

①该项目的财务净现值为多少万元？

②在运用直线内插法计算该项目财务内部收益率过程中，经试算得到：$FNPV(18\%)=45$万元，$FNPV(21\%)=-53$万元，则财务内部收益率为多少？

③若基准收益率为15%,则方案是否可行?

(7)某建设项目固定资产投资为5000万元,流动资金为450万元,项目投产期年利润总额为900万元,达到设计生产能力的正常年份利润总额为1200万元,则该项目正常年份的总投资收益率为多少?

(8)某市一家房地产开发公司以BOT方式,投资11700万元,获得某学校新校区公寓园区的20年经营使用权,20年后返还给学校,预计当公寓在第三年正常运营后,每年的纯收益为2000万元,从第三年起,纯收益每5年增长5%,该公寓园区的建设期为2年,总投资分两年投入:一期为6000万元,二期为5700万元。试计算项目的财务净现值、财务内部收益率和动态投资回收期,并判断项目的财务可行性(假设投资发生在年初,其他收支发生在年末,基准收益率取12%)。

(9)某企业在一个会计期间的营业收入为600万元,期初应收账款为70万元,期末应收账款为130万元,则该企业应收账款周转率为多少?

(10)某技术方案总投资1500万元,其中债务资金700万元,技术方案在正常年份年利润总额400万元,所得税100万元,年折旧费80万元。则该方案的资本金净利润率为多少?

10.3 案例分析

(1)拟建某工业项目,建设期2年,生产期10年,第一年、第二年固定资产投资分别为2100万元、1200万元;第三年、第四年流动资金注入分别为550万元、1200万元,预计正常生产年份的年销售收入为3500万元,经营成本为1800万元,税金及附加为260万元,所得税为3100万元,预计投产的当年达产率为70%,投产后的第二年开始达产率为100%,投产当年的销售收入、经营成本、税金及附加、所得税均按正常生产年份的70%计,固定资产余值回收为600万元,流动资金全部回收,上述数据均假设发生在期末。(1998年造价工程师执业资格考试工程造价案例分析)

问题:

①编制该项目的现金流量表。

②计算动态投资回收期。

(2)某项目建设期2年,运营期6年,建设投资2000万元,预计全部形成固定资产。项目资金来源为自有资金和贷款。建设期内,每年均衡投入自有资金和贷款各500万元,贷款年利率为6%。流动资金全部用项目资本金支付,金额为300万元,于投产当年投入。固定资产使用年限为8年,采用直线法折旧,残值为100万元。项目贷款在运营期的6年间,按照等额还本、利息照付的方法偿还。项目投产第1年的营业收入和经营成本分别为700万元和250万元,第2年的营业收入和经营成本分别为900万元和300万元,以后各年的营业收入和经营成本分别为1000万元和320万元。不考虑项目的维持运营投资及补贴收入。企业所得税税率为25%,营业税及附加税率为6%。(2010年造价工程师考试)

问题:

①列式计算建设期贷款利息。

②计算各年还本、付息额,并编制借款还本付息计划表。

(3)某项目建设投资3000万元,建设期2年,运营期8年。建设贷款本金1800万元,年利率6%,建设期均衡投入,全部形成固定资产,折旧年限8年,直线折旧,残值5%。贷款运营期前4年等额还本付息。运营期第一年投入资本金流动资金300万元。正常年份营业收入1500万元,经营成本680万元,第一年按80%计算。所得税25%,营业税金及附加6%。(2012年造价工程师考试)

问题:

①计算年折旧。

②分别计算运营期第一、二年的还本付息额。

③分别计算运营期第一、二年的总成本费用。

④第一年能否归还贷款,计算并说明。

⑤计算正常年份的总投资收益率。

(4)某企业拟建一个生产市场急需产品的工业项目。建设期1年,运营期6年。项目建成当年投产。

当地政府决定扶持该产品生产的启动经费为 100 万元。其他基本数据如下：

①建设投资 1000 万元。预计全部形成固定资产，固定资产使用年限 10 年，按直线法折旧，期末残值 100 万元。投产当年又投入资本金 200 万元作为运营期的流动资金；

②正常年份年营业收入为 800 万元，经营成本 300 万元，产品营业税及附加税率为 6%，所得税税率为 25%，行业基准收益率为 10%；基准投资回收期 6 年；

③投产第一年仅达到设计生产能力的 80%，预计这一年的营业收入、经营成本和总成本均按正常年份的 80% 计算，以后各年均达到设计生产能力；

④运营 3 年后，预计需花费 20 万元购置新型自动控制设备配件，才能维持以后的正常运营需要，该维持运营投资按当期费用计入年度总成本。（2011 年工程造价案例分析模拟试题）

问题：

①编制拟建项目投资现金流量表。

②计算项目的静态投资回收期。

③计算项目的财务净现值。

④计算项目的财务内部收益率。

⑤从财务角度分析拟建项目的可行性。

11 建设项目国民经济评价

内容简介:本章主要介绍国民经济评价的概念、适用范围和内容、国民经济评价与财务评价的联系与区别;国民经济费用与效益识别的要求、直接效果、外部效果、转移支付;影子价格的概念和确定方法;国民经济评价的基本报表与指标计算等。

教学要求:要求掌握国民经济评价的概念、国民经济评价与财务评价的联系与区别;影子价格的概念和确定方法。

知识链接:结合财务管理中的相关知识进行学习。

11.1 国民经济评价概述

11.1.1 国民经济评价的概念

工程项目的国民经济评价是指按照资源合理配置的原则,从国家整体角度考察项目的费用和效益,使用影子价格、影子工资、影子汇率和社会折现率等经济参数分析、计算项目对国民经济整体的贡献,评价项目的经济合理性。国民经济评价和财务评价共同构成了完整的工程项目的经济评价体系。

在生产实践中,经济收益的获取是以资源消耗为代价的。任何一个国家的资源都是有限的。无论是具有不同知识水平、技术水平和管理能力的人力资源,还是资金、物资、土地和其他自然资源,在分配到各种用途中时,应力求对国家的基本目标贡献最大。由于一种资源用于某一方面,那么其他方面就不得不减少这种资源的使用量,因而国家必须按照一定的准则对资源的配置做出合理的选择。

由于企业、国家是不同的利益主体,因此,费用与效益的识别是有差异的。如长江上游林区地带的企业,砍伐木材、木材加工等项目给相关企业带来经济收益,甚至构成地方经济的主要来源,但是伐木造成的生态环境破坏所导致的洪水灾害却使国民经济付出了沉重的代价。又如一些地方兴建的大批小火电厂、小化工厂、小纸厂、小棉纺厂等,为企业增加了利润,为地方增加了财政收入和就业机会,但重复建设、不具规模、产品质量低、效益不高、环境污染等问题,破坏了社会资源的合理配置,对国民经济整体造成的危害远远大于从项目获得的局部利益。所以,仅就财务评价的结论,不能充分评定项目本身的局部利益的增加给国民经济带来的是整体经济的增长还是降低,对社会总资源的配置是有效利用还是浪费,还需要进行国民经济合理性分析,以促进有限的资源通过项目真正实现国民经济增长,实现资源优化配置。

11.1.2 国民经济评价的适用范围和内容

11.1.2.1 国民经济评价的适用范围

在市场经济充分发达的条件下,依赖市场调节的行业项目,政府不必参与具体的项目决策，而由投资者通过财务评价自行决策，项目的生存与发展，完全由市场竞争机制所决定，因此这类项目不必进行国民经济评价。但是在现行的经济体制下，有些行业不能由市场力量自行调节，需要由政府行政干预，判断这些行业的建设项目是否合理可行，不能仅仅根据财务评价的结果而得出结论，还需要进行国民经济评价。

(1)确定适用范围的原则

①市场自行调节的行业项目一般不必进行国民经济评价。

②市场配置资源失灵的项目需要进行国民经济评价。

市场配置资源的失灵主要体现在以下几类项目中：

a.具有自然垄断特征的项目，例如电力、电信、交通运输等行业的项目；

b.产出具有公共产品特征的项目，即具有“消费的非排他性”和“消费的非竞争性”特征的项目；

c.外部效果显著的项目；

d.涉及国家战略性资源开发和关系国家经济安全的项目；

e.受过度行政干预的项目。

(2)需要进行国民经济评价的具体项目类别

①政府预算内投资用于关系国家安全、国土开发和市场不能有效配置资源的公益性项目，公共基础设施建设项目，保护和改善生态环境项目，以及重大战略性资源开发项目；

②政府各类专项建设基金投资用于交通运输、农林水利等基础设施、基础产业建设的项目；

③利用国际金融组织和外国政府贷款，需要政府主权信用担保的建设项目；

④法律法规规定的其他政府性资金投资的建设项目；

⑤企业投资建设的涉及国家经济安全、影响环境资源和公共利益、可能出现垄断、涉及整体布局等问题，需要政府核准的建设项目。

11.1.2.2 国民经济评价的内容

具体而言，国民经济评价的内容主要包括以下三个方面。

(1)国民经济费用与效益的识别与处理

如前所述，国民经济评价中的费用与效益和财务评价中的相比，其划分范围是不同的。国民经济评价以工程项目耗费国家资源的多少和项目给国民经济带来的收益来界定项目的费用与效益，只要是项目在客观上引起的费用与效益，包括间接产生的费用与效益，无论最终是由谁来支付和获取，都要视为该项目的费用与效益，而不仅仅是考察项目账面上直接显现的收支。因此，在国民经济评价中，需要对这些直接或间接的费用与效益一一加以识别、归类和定量处理(或定性处理)，识别方法一般采取“有无对比”法。

(2)影子价格的确定和基础数据的调整

在绝大多数发展中国家，现行价格体系一般都存在着较严重的扭曲和失真现象，使用现行市场价格是无法进行国民经济评价的。只有采用通过对现行市场价格进行调整计算而获得的，能够反映资源真实经济价值和市场供求关系的影子价格，才能保证国民经济评价的科学性，这是因为与项目有关的各项基础数据都必须以影子价格为基础进行调整，才能正确地计算出项目的各项国民经济费用与效益。

(3)国民经济效果分析

国民经济效果分析是指根据所确定的各项国民经济费用与效益，结合社会折现率等相关经济参数，编制国民经济收益费用流量表、经济外汇流量表等基本报表和一些辅助报表，计算评价指标，分析项目的盈利能力和外汇平衡能力。

11.1.3 国民经济评价的步骤

国民经济评价可以在财务评价的基础上进行，也可以直接进行。

(1)对于一般项目，国民经济评价是在财务评价的基础上进行的，主要步骤如下：

①费用和效益范围的调整。

a.调整转移支付：财务评价中的各项税金、国内借款利息在国民经济评价中应作为转移支付，不再作为项目的支出。

b.识别项目的间接费用和间接效益，通常只计算直接相关的费用和效益，间接相关的费用和效益通常不易把握，可作定性说明。

②费用和效益数值的调整。

费用和效益数值的调整是指对固定资产投资、流动资金、经营费用、销售收入和外汇收入和支出等各项数据进行调整。

a.固定资产投资的调整。剔除属于国民经济内部转移支付的引进设备、材料的关税和增值税，并用影子汇率、影子运费和贸易费用对引进设备价值进行调整；对于国内设备价值则用其影子价格、影子运费和贸易费用进行调整。

根据建筑工程消耗的人工、三材、其他大宗材料、电力等，用影子工资、货物和电力的影子价格调整建筑费用，或通过建筑工程影子价格换算系数直接调整建筑费用。

若安装费中的材料费占很大比重，或有进口安装材料，也应按材料的影子价格调整安装费用。

用土地的影子价格调整占用土地的费用。

税金、建设期利息、涨价预备费作为转移支付从支出中剔除。

b.流动资金的调整。如果财务评价中流动资金是用扩大指标法估算的，国民经济评价中仍按扩大指标法估算，但需要将计算基数调整为以影子价格计算的销售收入和经营费用，再乘以相应的系数进行估算。

如果财务评价中的流动资金是以分项评估法估算的，要用影子价格分项估算。

财务评价中，流动资产和流动负债中有现金、应收款项、应付款项，但这些并不消耗资源，国民经济评价中应将其从流动资金中剔除。

c.经营费用的调整。财务评价中的各项经营费用(主要原材料、燃料、动力费用)需要用影子价格进行调整。

d.销售收入的调整。财务评价的销售收入需要用产出物影子价格进行调整。

e.外汇收入和支出的调整。国民经济评价中涉及外汇收入和支出时均需要用影子汇率计算外汇价值。从国外引入的资金、向国外支付的投资收益、贷款利息等也需要用影子汇率进行调整。

③分析项目的国民经济盈利能力。

编制项目的国民经济效益费用流量表(全部投资)，并据此计算全部投资经济内部收益率和经济净现值指标。对使用国外贷款的项目，还应编制国民经济效益费用流量表(国内投资),并据此计算国内投资经济内部收益率和经济净现值指标。

④分析项目的外汇效果。

对于产出物出口(含部分出口)或替代进口(含部分替代进口)的项目,编制经济外汇流量表和国内资源流量表,计算经济外汇净现值、经济换汇成本或经济节汇成本。

(2)某些项目,如社会公益项目,也可直接进行国民经济评价,其主要步骤如下:

①分析确定国民经济效益、费用的计算范围,包括直接效益、直接费用、间接效益、间接费用。

②用货物的影子价格、土地的影子费用、影子工资、影子汇率、社会折现率等参数直接估算项目的投资。

③估算流动资金。

④根据生产经营的实际消耗,用货物的影子价格、影子工资、影子汇率等参数估算经营费用。

⑤识别项目的间接效益和间接费用,并对其进行定量计算和定性说明。

⑥编制有关报表,计算相应的评价指标。

11.1.4 国民经济评价与财务评价的关系

对工程项目进行财务评价和国民经济评价所得到的结论,是项目决策的主要依据。企业的财务评价注重的是项目的盈利能力和财务生存能力,而国民经济评价注重的则是国家经济资源的合理配置以及项目对整个国民经济的影响。财务评价是国民经济评价的基础,国民经济评价则是对财务评价的深化。两者相辅相成,互为参考和补充,既有联系,又有区别。

11.1.4.1 国民经济评价和财务评价的共同点

(1)评价目的相同

两者都以寻求经济效益最好的项目为目的,都追求以最小的投入获得最大的产出。

(2)评价基础相同

两者都是项目可行性研究的组成部分,都要在完成项目的市场需求预测、工艺技术选择、投资估算和资金筹措等内容的基础上进行。

(3)评价方法相同

两者都使用费用与效益比较的理论方法;遵循费用和效益识别的有无对比原则;根据资金时间价值原理,进行动态分析,计算内部收益率和净现值等指标。

11.1.4.2 国民经济评价与财务评价的区别

(1)评价的角度不同。财务评价是站在企业的立场,从项目或企业的微观角度按照现行的财税制度考察项目的盈利能力、偿债能力和财务生存能力,以判断项目的财务可行性;而国民经济评价则是站在国家整体的立场上,从国民经济综合平衡的宏观角度去分析项目对国民经济发展、国家资源配置等方面的影响,以考察投资行为的经济合理性。

(2)费用和效益的含义及划分范围不同。财务评价中计算费用与效益是依据项目的实际收支,凡是项目的货币支出均计为费用,凡是项目的货币收入均计为效益,如工资、税金、利息都作为项目的费用,财政补贴则作为项目的效益;而国民经济评价中计算费用与效益依据的不是货币,而是社会资源真实的变动量。凡是减少社会资源的项目投入都产生国民经济费用,凡是增加社会资源的项目产出都产生国民经济效益。在财务评价中作为费用或效益的税金、国内借款利息、财政补贴等，在国民经济评价中被视为国民经济内部转移支付，不作为项目的费用或效益；财务评价中只计算项目直接发生的费用或效益，而国民经济评价中对项目引起的外部效果即间接费用和间接效益也要进行分析和计算，如财务评价中不计为费用或效益的环境污染、技术进步等，在国民经济评价中则需计为费用或效益。

(3)采用的主要参数不同。财务评价采用的汇率是官方汇率，折现率是因行业而各异的行业基准收益率；而国民经济评价采用的汇率是影子汇率，折现率是国家统一测定的社会折现率。

(4)使用的价格体系不同。在分析项目的费用与效益时，财务评价使用的是以现行市场价格为基础的预测价格，而我国的市场经济未达到完全竞争状态，从而导致市场价格体系的失真，价格未能正确地反映其实际价值；国民经济评价使用的是对现行市场价格进行调整，能够更确切地反映资源的真实经济价值的影子价格。

(5)评价的组成内容和指标不同。财务评价包括盈利能力分析、清偿能力分析和风险分析三方面的内容；而国民经济评价只包括盈利能力分析和外汇效果分析两方面的内容。财务评价的指标包括财务净现值、财务内部收益率、投资回收期、借款偿还期等；国民经济评价的指标包括经济净现值、经济内部收益率、经济外汇净现值、经济换汇成本等。

(6)计算期可能不同。财务评价计算期可能短于国民经济评价计算期。任何一项重大工程项目的建设，都要进行财务评价和国民经济评价。由于投资主体的立场和利益不完全一致，故决策必须同时考虑项目财务的盈利能力以及项目对国民经济的影响。一般情况下，财务评价与国民经济评价结论是一致的；但当两者的结论不一致时，我国一般以国民经济评价的结论来进行投资决策，国民经济评价起着主导和决定性的作用。具体而言，对一个工程项目，其取舍标准如下：

①财务评价和国民经济评价的结论均认为可行，应予通过；

②财务评价和国民经济评价的结论均认为不可行，应予否定；

③财务评价的结论认为可行，而国民经济评价的结论认为不可行，应予以否定，或者重新设计方案。

④对某些国计民生急需的项目，若财务评价的结论认为不可行，而国民经济评价的结论认为可行，应重新考虑方案，必要时可向国家提出采取经济优惠措施(例如财政补贴、减免税收等)的建议，使项目具有财务上的生存能力。

11.2 国民经济费用与效益识别

11.2.1 费用与效益识别的基本要求

在项目的财务评价中，由于项目可视为一个相对独立的封闭系统，货币在这一系统的流入和流出容易识别，且大都可以从相应的会计核算科目中找到答案，因此，在财务评价中，费用和效益识别的重要性未能充分表现出来。在项目的国民经济评价中，费用和效益的划分与在财务评价中相比已有了质的变化，通常识别起来是比较困难的。比如烟草行业，一方面给政府提供了巨额税收，增加了大量的就业岗位，有时甚至成为一个地区的支柱产业；另一方面，烟草对消费者的健康构成了很大的损害，极大地增加了国家和消费者个人的医疗负担。显然对国民经济整体而言,烟草行业究竟是费用还是效益仅仅从项目的财务收支上进行判别是无法找到答案的。

正确地识别费用与效益是保证国民经济评价正确的前提。费用与效益识别的基本要求为:

(1)对经济费用与效益进行全面的识别

考虑关联效果,对项目涉及的所有社会成员的有关费用和效益进行全面识别。

(2)遵循有无对比的原则

有无对比是国际上项目评价中通用的费用与效益识别的基本原则。是指把"有项目"与"无项目"时的费用与效益进行对比,来衡量项目新增效益的一种方法。该方法把建设这个项目和没有建设这个项目预计的状况进行比较,两者的差额就是由项目投资所产生的净效益。

(3)遵循费用与效益识别和计算口径对应一致的原则

计算口径主要是指计算方法、计量单位。费用与效益识别和计算时,如果计算方法不一致,效益按产品的实物量计算,费用按价值计算;或效益按小时计算,费用按实际工作日计算。这样,费用与效益显然没有可比性,不能正确反应费用与效益的实际价值和关系。

(4)合理确定经济费用与效益识别的时间跨度

项目所产生的全部费用和重要效益,不完全受财务分析计算期的限制。

(5)正确处理"转移支付"

将不新增社会资源和不增加社会资源消耗的财务收入与支出视作社会成员之间的"转移支付",在国民经济评价中不作为经济效益与费用。

(6)遵循以本国社会成员作为分析对象的原则

对于跨越国界的项目,应重点分析项目给本国社会成员带来的费用和效益,项目对国外社会成员所产生的效果应予以单独陈述。

11.2.2 直接效果

11.2.2.1 直接效益

工程项目直接效益是指由项目产出物产生的并在项目范围内计算的经济效益,一般表现为项目为社会生产提供的物质产品、科技文化成果和各种各样的服务所产生的效益。

工程项目直接效益的确定可分为以下几种情况:

(1)项目产出物满足国内新增加的需求时,表现为国内新增需求的支付意愿;

(2)当项目的产出物替代其他厂商的产品或服务时,使被替代者减产或停产,从而使国家有用资源得到节约,这种效益表现为这些资源的节省;

(3)当项目的产出物使得国家增加出口或减少进口时,这种效益表现为外汇收入的增加或支出的减少;

(4)不可能体现在财务分析的营业收入中的特殊效益,例如,交通运输项目产生的体现为时间节约的效果,教育项目、医疗卫生和卫生保健项目等产生的体现为对人力资本、生命延续或疾病预防等方面的影响效果。

11.2.2.2 直接费用

工程项目的直接费用是在项目范围内计算的,项目使用投入物所产生的经济费用,一般表现为投入项目的人工、资金、物料、技术以及自然资源等所带来的社会资源的消耗。

工程项目直接费用的确定也可分为以下几种情况：

(1)社会扩大生产规模用以满足项目对投入物的需求，项目直接费用表现为社会扩大生产规模所增加耗用的社会资源价值；

(2)当社会不能增加供给时，导致其他人被迫放弃使用这些资源来满足项目的需要，项目直接费用表现为社会因其他人被迫放弃使用这些资源而损失的效益；

(3)当项目的投入物导致国家增加进口或减少出口时，项目直接费用表现为国家外汇支出的增加或外汇收入的减少。

11.2.3 外部效果

外部效果是指项目的产出或投入给他人(生产者和消费者之外的第三方)带来了效益或费用，但项目本身却未因此获得收入或付出代价。习惯上也把外部效果分为间接效益和间接费用。

间接效益又称外部效益，是指项目对国民经济做出了贡献，而项目自身并未得益的那部分效益。比如果农栽种果树，客观上使养蜂者得益，这部分效益即为果农生产的间接效益。

间接费用又称外部费用，是指国民经济为项目付出了代价，而项目本身却不必实际支付的那部分费用。比如一耗能巨大的工业项目投产，有可能导致当地其他项目用电紧张，其他项目因此而减少的效益即为该项目的间接费用。

计算外部效果时，必须同时满足两个条件：相关性条件和不计价条件。所谓相关性条件，是指工程项目的经济活动会影响到与本项目没有直接关系的其他生产者和消费者的生产水平或消费质量。所谓不计价条件，是指这种效果不计价或无须补偿。比如烟草公司生产的香烟，使得烟民的健康受到损害，这是一种间接费用；如果烟草公司给烟民以相应的赔偿，那就不再是间接费用了。

外部效果的计算，通常是比较困难的。为了减少计算上的困难，可以适当地扩大计算范围并调整价格，使许多外部效果内部化，扩大项目的范围，将一些相互关联的项目合并在一起作为一个联合体进行评价，从而使一些间接费用和间接效益转化为直接费用和直接效益。在用影子价格计算项目的费用和效益时，已在一定程度上使项目的外部效果在项目内部得到了体现。必须注意的是，在国民经济评价中，既要充分考虑项目的外部效果，也要防止外部效果扩大化。

经过上述处理后，可能还有一些外部效果需要单独考虑和计算。这些外部效果主要包括以下几个方面：

(1)价格外部效果

价格外部效果一般又称为价格连锁效果，分为逆连锁效果和顺连锁效果。

逆连锁效果是项目使用投入物引起的，项目对投入物的使用，可能会使投入物的价格上升，这样，一方面会使这些投入物生产企业的净收入增加；另一方面，会使其他使用这些投入物企业的净收入下降。

顺连锁效果是项目使用产出物引起的。例如，某生产机床的项目投产可能会使机床的价格下降，从而使需求增加。这样，一方面生产机床配件的企业可以因机床需求的增加而提高配件的价格，即使不增产也能使净收入增加；另一方面，其他生产类似机床的企业由于替代效应不得不降低价格以维持产量，从而导致净收入减少。

(2)产业关联效果

例如，建设一个水电站，除具有供水、发电和防洪灌溉等一般功能外，还会带来养殖业和水上运动的发展，以及旅游业的繁荣等间接效益。但同时也会带来一些间接费用，如农田淹没给农牧业带来一定的损失。

(3)环境和生态效果

工程项目对自然环境和生态环境造成的污染和破坏，例如，发电厂排放的烟尘可使附近田园的作物产量减少，质量下降；化工厂排放的污水可使附近江河的鱼类资源骤减。这些都是项目的间接费用。这种间接费用定量计算比较困难，一般可按同类企业所造成的损失或者按恢复环境质量所需的费用来近似估算，若难以定量计算则应作定性说明。此外，某些工程项目，比如环境治理项目，对环境产生的影响是正面的，在国民经济评价中也应估算其相应的间接效益。

(4)乘数效果

乘数效果是指由于项目的投产而使其“上下游企业”的闲置资源得到有效利用，进而产生一系列的连锁反应，带动某一行业、地区或全国的经济发展所带来的外部净效益。比如，当国内钢材生产能力过剩时，国家投资修建铁路干线，需要大量钢材，就会使原来闲置的生产能力得到启用，使钢铁厂的成本下降，效益提高。同时由于钢铁厂的生产扩大，连带使得炼铁、炼焦以及采矿等部门原来剩余的生产能力得以利用，效益增加，由此产生一系列的连锁反应。在进行扶贫工作时，就可以优先选择乘数效果大的项目。

乘数效果发挥作用的条件是：拟建项目的“上下游企业”确实存在生产能力闲置。

(5)技术扩散效果

技术扩散和示范效果是由于建设技术先进的项目会培养和造就大量技术和管理人员。他们除了为本项目服务外，由于人才流动、技术推广和扩散等原因，使得整个社会都将受益。但这类间接效益通常难以识别和定量计算，因此在国民经济评价中一般只作定性说明。

注意：为防止外部效果计算扩大化，项目的外部效果一般只计算一次相关效果，不应连续计算。

11.2.4 转移支付

对于仅仅涉及资源使用权的转移，而没有造成社会最终产品增减的项目，在国民经济评价中，不计入费用与效益，如国家对项目的补贴、项目向国家交纳的税金、国内借贷利息等。这些在财务评价中作为实际收支，但从国民经济整体的角度来看，这些收支并不影响社会最终产品的增减，都未造成资源的实际耗用和增加，而仅仅是资源的使用权在不同的社会实体之间的一种转移，是政府调节分配和调节供求关系的手段。

项目组织与政府、借贷机构之间的这种并不伴随资源增减的纯粹货币性转移，称为项目的转移支付，它有以下几种形式：

(1)税金是财务上的“转移性”支出，由企业从项目的收入中转移到国家。它是企业的支出，计入财务分析的费用；但从国家角度，税金并没有增加国民收入，也未减少国民收入，只是资源的分配使用权从企业转移到政府手中，所以在国民经济评价中，它不是收益，也不形成费用。

(2)补贴是国家为了鼓励使用某些资源或扶植某项建设投资，给予的价格补贴。它使项目的财务支出减少，企业获得了一定的财务收益，资源的使用权从国家转移到企业，但没有增加或减少国民收入，整个社会资源也没有耗费，因此补贴也不计入国民经济评价的费用与效益。

(3)国内贷款利息

国内贷款利息在项目财务评价资本金财务现金流量表中是一项费用。对于国民经济评价来说，它表示项目对国民经济的贡献有一部分转移到了政府或国内贷款机构。项目对国民经济所做贡献的大小，与所支付的国内贷款利息多少无关。因此，在国民经济评价中，它也不是费用或效益。

(4)国外贷款与还本付息

在国民经济评价中，国外贷款和还本付息根据分析的角度不同，有两种不同的处理原则。

①在项目国民经济效益费用流量表中的处理

在项目国民经济效益费用流量表中，把国外贷款也看作国内投资，以项目的全部投资作为计算基础，对拟建项目使用的全部资源的使用效果进行评价。随着国外贷款的发放，国外相应的实际资源的支配权力也同时转移到了国内。这些国外贷款资源与国内资源一样，也存在着合理配置的问题。因此，在项目国民经济效益费用流量表中，国外贷款和还本付息与国内贷款和还本付息一样，既不作为效益，也不作为费用。

②在国内投资国民经济效益费用流量表中的处理

为了考察国内投资对国民经济的实际贡献，应以国内投资作为计算的基础，因此在国内投资国民经济效益费用流量表中，把国外贷款还本付息视为费用。

(5)折旧是会计意义上的生产成本要素

不论折旧费是上缴还是留归企业自用，都不能计入国民经济的收益或费用。因为在计算中已对相应于总投资的资源投入造成的国民收入损失作了充分估价(即把投资作为费用)，不能再把折旧作为费用，否则属于重复计算。

11.3 国民经济评价的价格与参数

国民经济评价参数包括计算、衡量项目的经济费用与效益的各类计算参数和判定项目经济合理性的判据参数，主要包括社会折现率、影子汇率换算系数、贸易费用率、影子工资换算系数、土地影子价格等。这些评价参数分为两类，一类是通用参数，即社会折现率、影子汇率、影子工资等；另一类是各种货物、服务、土地、自然资源等影子价格，需要由项目评价人员根据项目具体情况自行测算。

11.3.1 市场价格

财务评价中追求的目标是货币收入，因此在计算财务费用和财务效益时，采用市场价格体系，价格反映的是项目实际收支的交换价格，即项目与外界进行商品交易的实际价格。在经济学中，产品的市场价格由需求与供给达到均衡时确定。一般来说，消费者需求产品的数量随着产品价格降低而增加，表现为右下斜曲线；而生产厂家提供产品的数量随着产品价格增加而增加，表现为右上斜曲线，两者的交点形成产品的市场均衡价，如图 11.1 所示。

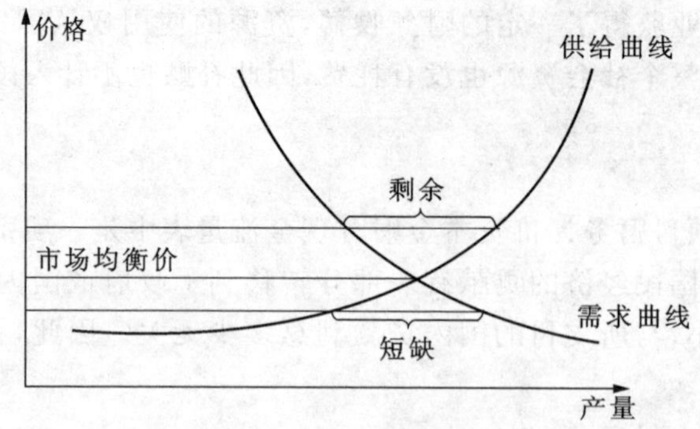

图 11.1　市场均衡价格的确定

需求是消费者愿意且有能力购买的数量，供给是厂商愿意且有能力提供的数量。不论需求还是供给，都有两个要素：意愿与能力。所以市场均衡价格在某种程度上是消费者、供应商意愿的反映，不完全是资源本身经济价值的反映，也不一定代表资源产生的收益增量。西方经济学认为，只有在完全竞争条件下，由市场供需状况调节的价格才能反映其实际经济价值。由于我国的市场经济未达到完全竞争状态，加上经济体制等多种因素的影响，产品（或服务）的市场价格往往不能真实反映产品的实际经济价值、产品与资源的社会成本、供求关系和资源利用情况等，存在价格扭曲或价格失真现象，使得产品的市场价格与产品的真实价值发生较大幅度的偏离，因此在国民经济评价中，需要将市场价格体系调整为影子价格体系，使之客观反映产品（或服务）的真实价值与稀缺性，实现资源优化配置与有效利用。

11.3.2　影子价格

影子价格是 20 世纪 30 年代末 40 年代初由荷兰数理经济学家、计量经济学创始人詹恩·丁伯根和前苏联数学家、经济学家、诺贝尔经济学奖获得者康特罗维奇最先提出的，在西方最初被称为预测价格或计算价格，在前苏联则被称为最优计划价格。后来，美籍荷兰经济学家库普曼主张统一称为影子价格，这一提法为理论界所普遍接受。

影子价格是指资源处于最佳分配状态时，其边际产出价值。也可说是社会经济处于某种最优状态下，能够反映社会劳动消耗、资源稀缺程度和对最终产品需求情况的价格。它的特点之一是考虑资源的供求关系，反映社会平均劳动量的消耗和资源的稀缺程度。如某种资源稀缺，相应的影子价格会上升；又如某种资源不断增长，它的机会成本会不断下降，影子价格也会不断下降；对于数量无限的资源，影子价格为零。特点之二是强调资源的边际性，即反映出增加单位资源产生的国民收入情况。

影子价格的计算在理论上是以线性规划法为基础的，是目标函数对某一约束条件的一阶偏导数，表现为线性规划中的对偶解，非线性规划中的拉格朗日乘数，以及最优控制问题中的哈密尔顿乘数。它是一种用数学方法计算出来的最优价格。但在实际工作中，由于各种条件的限制，一般不可能及时准确地获得建立数学模型所需的各类数据，因此需要采取某些实用方法来确定。当前国际上通常采用的方法主要有联合国工业发展组织推荐的UNIDO法以及经济合作与发展组织和世界银行采用的利特尔-米尔里斯法（L-M 法）。

确定影子价格时，对于投入物和产出物，首先要区分为市场定价货物、政府调控价格货物、特殊投入物和非市场定价货物这四大类别，然后根据投入物和产出物对国民经济的影响分别处理，如图 11.2 所示。

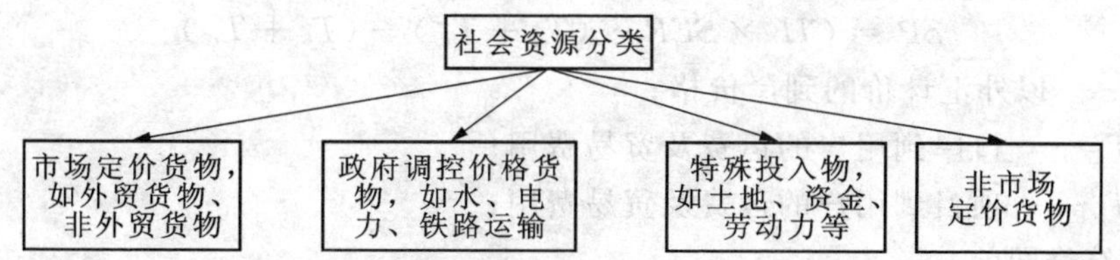

图 11.2 社会资源分类图

11.3.2.1 市场定价货物的影子价格

(1)外贸货物的影子价格

外贸货物影子价格的定价基础是国际市场价格。尽管国际市场价格并非就是完全理想的价格，存在着诸如发达国家有意压低发展中国家初级产品的价格，实现贸易保护主义，限制高技术向发展中国家转移，以维持高技术产品的垄断价格等问题，但在国际市场起主导作用的还是市场机制，各种商品的价格主要由供需规律所决定，多数情况下不受个别国家和集团的控制，一般比较接近物品的真实价值。

外贸货物是指生产和使用会直接或间接影响国家进出口水平的货物。外贸货物中的进口品应满足国内生产成本大于到岸价，否则不应进口；外贸货物中的出口品应满足国内生产成本小于离岸价，否则不应出口。

到岸价格是指进口货物到达本国口岸的价格，由国外购货成本(即国外的离境交货价格)及货物运到本国口岸所需要的运费、保险费等几部分组成，简称 *CIF*。离岸价格是指出口货物的离境交货价格，如为海港交换，则指“船上交货价格”，简称 *FOB*。到岸价格和离岸价格统称口岸价格。原则上，石油、金属材料、金属矿物、木材及可出口的商品煤，一般都划分为外贸货物，这样做主要是出于调价方便的需要，而且考虑到这些货物或者有较大的出口潜力，或者因国内紧缺而需要大量进口。

①产出物的影子价格(项目产出物的出厂价格)

a.直接出口(外销)产品的影子价格

$$SP = FOB \times SER - (T_1 + T_{r1}) \tag{11.1}$$

式中 SP——影子价格；

FOB——以外汇计价的离岸价格；

SER——影子汇率；

T_1——国内运费；

T_{r1}——国内贸易费用。

b.间接出口(内销，替代其他货物使其增加出口)产品的影子价格

$$SP = FOB \times SER - (T_2 + T_{r2}) + (T_3 + T_{r3}) - (T_4 + T_{r4}) \tag{11.2}$$

式中 T_2, T_{r2}——原供应厂到口岸的运费及贸易费用；

T_3, T_{r3}——原供应厂到用户的运费及贸易费用；

T_4, T_{r4}——项目到用户的运费及贸易费用；

其余符号同前。

其中原供应厂是指被替代产品的生产厂家，用户是指使用该产品的国内用户。当原供

应厂和用户难以确定时，可按直接出口考虑。

c. 替代进口（内销，以产顶进，减少进口）产品的影子价格

$$SP = CIF \times SER + (T_5 + T_{r5}) - (T_6 + T_{r6}) \tag{11.3}$$

式中 CIF——以外汇计价的到岸价格；

T_5, T_{r5}——口岸到用户的运费及贸易费用；

T_6, T_{r6}——项目到用户的运费及贸易费用；

其余符号同前。

当用户难以确定时，可按到岸价格考虑。

②投入物的影子价格（项目投入物的到厂价格）

a. 直接进口产品的影子价格

$$SP = CIF \times SER + (T'_1 + T'_{r1}) \tag{11.4}$$

式中 T'_1——国内运费；

T'_{r1}——国内贸易费用；

其余符号同前。

b. 间接进口产品的影子价格

$$SP = CIF \times SER + (T'_2 + T'_{r2}) - (T'_3 + T'_{r3}) + (T'_4 + T'_{r4}) \tag{11.5}$$

式中 T'_2, T'_{r2}——口岸到原用户的运费及贸易费用；

T'_3, T'_{r3}——供应厂到原用户的运费及贸易费用；

T'_4, T'_{r4}——供应厂到项目的运费及贸易费用；

其余符号同前。

当原供应厂和用户难以确定时，可按直接进口考虑。

c. 减少出口产品的影子价格

$$SP = FOB \times SER - (T'_5 + T'_{r5}) + (T'_6 + T'_{r6}) \tag{11.6}$$

式中 T'_5, T'_{r5}——供应厂到口岸的运费及贸易费用；

T'_6, T'_{r6}——供应厂到项目的运费及贸易费用；

其余符号同前。

当供应厂难以确定时，可按离岸价格考虑。

(2)非外贸货物的影子价格

非外贸货物是指生产和使用不影响国家进出口水平的货物。

非外贸货物影子价格的确定原则和方法如下。

①产出物

a. 增加供应数量，满足国内消费的项目产出物。若国内市场供求均衡，应采用市场价格定价；若国内市场供不应求，应参照国内市场价格并考虑价格变化的趋势定价，但不应高于质量相同的同类产品的进口价格；对于无法判断供求情况的，则取以上价格中较低者。

b. 不增加国内市场供应数量，只是替代其他生产企业的产出物，使其减产或停产的项目产出物。若质量与被替代产品相同，应按被替代产品的可变成本分解定价；若产品质量有所提高的，应按被替代产品的可变成本加上因产品质量提高而带来的国民经济效益（可近似地按国际市场价格与被替代产品价格之差来确定）定价，也可按国内市场价格定价。

c. 占国内市场份额较大，项目建成后会导致市场价格下跌的项目产出物。可按照项目

建成前的市场价格和建成后的市场价格的平均值定价。

②投入物

a.能通过原有企业挖潜(无须增加投资)而增加供应的,按分解成本(通常仅分解可变成本)定价。

b.需要通过增加投资扩大生产规模以满足拟建项目需求的,按分解成本(包括固定成本分解和可变成本分解)定价。当难以获得分解成本所需资料时,可参照国内市场价格定价。

c.项目计算期内无法通过扩大生产规模来增加供应量的(减少原用户供应量),取国内市场价格、国家统一价格加补贴、协议价格中较高者定价。

成本分解法是确定主要非外贸货物影子价格的常用方法,其做法简述如下:首先将货物的成本逐一分解,并按成本构成性质进行分类;再分别按照其影子价格的确定方法定价;最后将分解后经重新调整所得的成本汇总,即得该货物的影子价格。

11.3.2.2 政府调控价格货物的影子价格

考虑到效率优先兼顾公平的原则,市场经济条件下有些货物或者服务不能完全由市场机制形成价格,而需由政府调控价格。例如,政府为了帮助城市中低收入家庭解决住房问题,对经济适用房和廉租房制定指导价和最高限价。

政府调控的货物或者服务的价格不能完全反映其真实价值,确定这些货物或者服务的影子价格的原则是:投入物按机会成本分解定价,产出物按对经济增长的边际贡献率或消费者支付意愿定价。下面是政府主要调控的水、电力、铁路运输等作为投入物和产出物时的影子价格的确定方法。

(1)水作为项目投入物时的影子价格,按后备水源的边际成本分解定价,或者按照恢复水功能的成本定价。水作为项目产出物时的影子价格,按消费者支付意愿或者按消费者承受能力加政府补贴计算。

(2)电力作为项目投入物时的影子价格,按成本分解法测定。一般情况下应当按当地的电力供应完全成本口径的分解成本定价。存在阶段性的电力过剩的地区,可以按电力生产的可变成本分解定价。水电的影子价格可按替代的火电分解成本定价。电力作为项目产出物时的影子价格,按照电力对当地经济的边际贡献率测定。无法测定时,可参照火电的分解成本,按高于或等于火电的分解成本定价。

(3)交通运输作为项目投入物时的影子价格,一般按完全成本分解定价,对运能富余的地区,按可变成本分解定价。交通运输作为产出物时的影子价格,采取专门的方法,按替代运输量和正常运输量的时间节约效益、运输成本节约效益、交通事故减少效益、诱增运输量的效益等测算。

11.3.2.3 特殊投入物的影子价格

特殊投入物指项目建设过程中消耗的资金、劳动力、土地等生产要素。项目使用这些特殊投入物发生的经济费用,应分别采用下列方法确定其影子价格。

(1)影子工资(劳动力的影子价格)

劳动力的影子工资是指建设项目使用劳动力,国家和社会为此付出的代价。影子工资由劳动力的机会成本和劳动力就业或转移的新增社会资源消耗两部分组成。在国民经济评价中影子工资作为费用计入经营费用。按下式计算:

$$影子工资 = 劳动力机会成本 + 新增资源消耗 \qquad (11.7)$$

劳动力的机会成本是指项目所用的劳动力如果不用于所评价的项目而在其他生产经营

活动中所能创造的最大效益。它与劳动力的技术熟练程度和供求状况(过剩与稀缺程度)有关,技术熟练程度要求高的、稀缺的劳动力,其机会成本高;反之,则机会成本低。它是影子工资的主要组成部分。而新增资源消耗指劳动力转移和就业增加的社会资源消耗,如交通运输费用、搬迁费、城市管理费等,这些资源消耗并没有提高职工的生活水平。在国民经济评价中,影子工资作为财务费用计入经营成本,为方便起见,可将财务评价中的工资与福利费(合称为名义工资)乘以影子工资换算系数,求得影子工资,即:

$$\text{影子工资} = \text{财务评价中的工资与福利费} \times \text{影子工资换算系数} \tag{11.8}$$

影子工资的确定,应符合下列规定:

①影子工资应根据项目所在地劳动力就业状况、劳动力就业或转移成本测定;

②技术劳动力的工资报酬一般可由市场供求决定,影子工资一般按财务实际支付工资计算,即影子工资换算系数一般取值为1;

③对于非技术劳动力,根据我国非技术劳动力就业状况,其影子工资换算系数一般取为0.25~0.8;具体可根据当地的非技术劳动力供求状况确定,非技术劳动力较为富余的地区可取较低值,不太富余的地区可取较高值,中间状况可取0.5。

④如果建设项目的领导人员、管理人员、技术人员和工人,分别从别的单位调来,原单位工资即为其影子工资;如果有从失业人员中招来的非熟练工人,其影子工资则为零。

⑤涉外项目的影子工资,按实际支付的工资计算。如果工资以外汇支付,则按影子汇率调整为本国货币。

影子工资换算系数是项目的国民经济评价参数,一般由国家根据我国劳动力的状况、结构以及就业水平统一测定发布。建设项目影子工资换算系数取值如下:

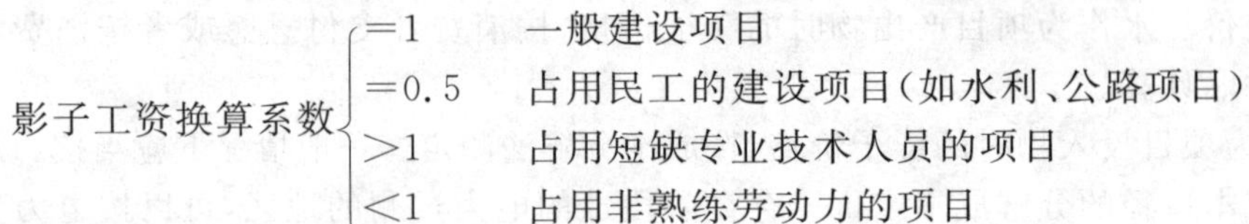

$$\text{影子工资换算系数}\begin{cases} =1 & \text{一般建设项目} \\ =0.5 & \text{占用民工的建设项目(如水利、公路项目)} \\ >1 & \text{占用短缺专业技术人员的项目} \\ <1 & \text{占用非熟练劳动力的项目} \end{cases}$$

(2)土地的影子价格

项目使用了土地,无论是否实际需要支付费用,都应根据机会成本或消费者支付意愿计算土地的影子价格。土地的地理位置对土地的机会成本或消费者支付意愿影响很大,因此土地地块的地理位置是影响土地影子价格的关键因素。土地影子价格应根据项目占用土地所处地理位置、项目情况以及取得方式的不同分别确定。

①非生产性用地的土地影子价格

项目占用住宅区、休闲区等非生产性用地,市场完善的,应根据市场交易价格作为土地影子价格;市场不完善或无市场交易价格的,应按消费者支付意愿确定土地影子价格。

如项目需占用城市土地,要按土地市场交易价格计算土地的影子价格,但具体应符合下列规定:

a.通过政府公开拍卖、招标、挂牌取得土地出让使用权或通过市场交易取得已出让的国有土地使用权的,应按照支付意愿的原则,以土地市场交易价格计算土地的影子价格,主要包括土地出让金、基础设施建设费、拆迁安置补偿费等。

b.通过划拨、双方协议方式取得使用权的土地,应分析价格优惠或扭曲情况,参照公平市场交易价格,对价格进行调整。

c.经济开发区优惠出让使用权的国有土地,其影子价格应参照当地土地市场交易价格类比确定。

d. 当难以用市场交易价格类比方法确定土地影子价格时，可采用收益现值法进行确定。

e. 当采用收益现值法确定土地影子价格时，应以社会折现率对土地的未来收益及费用进行折现。

②生产性用地的土地影子价格

项目占用生产性用地，主要指农业、林业、牧业、渔业及其他生产性用地，应按照这些生产性用地的机会成本及因改变土地用途而发生的新增资源消耗对其影子价格进行计算。其计算公式为：

$$土地影子价格 = 土地机会成本 + 新增资源消耗 \tag{11.9}$$

a. 土地机会成本。土地机会成本按照项目占用土地而使社会成员由此损失的该土地"最佳可行替代用途"的净效益计算。通常该净效益应按影子价格重新计算，并用项目计算期各年净效益的现值表示。土地机会成本的计算过程中应适当考虑净效益的递增速度以及净效益计算基年距项目开工年的年数。

b. 新增资源消耗。新增资源消耗应按照在"有项目"情况下土地的占用造成原有土地上附属物财产的损失及其他资源耗费来计算。土地平整等开发成本通常应计入工程建设投资中，在土地影子费用估算中不再重复计算。

c. 实际征地费用的分解。

土地的影子价格可以从财务分析中土地的征地费用出发，进行调整计算。

如项目需占用农村土地，以土地征用费调整计算土地影子价格。具体应符合下列规定：

ⓐ项目占用农村土地，土地征收补偿费中的土地补偿费及青苗补偿费应视为土地机会成本，选择最可行的2～3种替代用途(包括现行用途)进行比较，以其中效益最大者为计算基础；征地动迁费、地上附着物补偿费及安置补助费应视为新增资源消耗，按照影子价格进行调整；政府征收的税费，如耕地占用税、征地管理费、土地复耕费、土地管理费、新菜地开发建设基金等其他费用应视为转移支付，不列为费用。

ⓑ对于土地补偿费、青苗补偿费、安置补助费的确定，如与农民进行了充分的协商能够充分保证农民的应得利益，土地影子价格可按土地征收补偿费中的相关费用确定。

ⓒ如果存在征地费用优惠，或在征地过程中缺乏充分协商，导致土地征收补偿费低于市场定价，不能充分保证农民利益，土地影子价格应参照当地正常土地征收补偿费标准进行调整。

(3)自然资源的影子价格

自然资源是指自然形成的，在一定的经济、技术条件下可以被开发利用以提高人们生活福利水平和生存能力，并同时具有某种"稀缺性"的实物性资源的总称，包括土地资源、森林资源、矿产资源和水资源等。各种自然资源都是一种特殊的投入物，项目使用的矿产资源、水资源、森林资源等都是对国家资源的占用和消耗。矿产等不可再生资源的影子价格按资源用于其他用途的机会成本计算，水和森林等可再生自然资源的影子价格按资源再生费用计算。

11.3.2.4 非市场定价货物的影子价格

当项目的产出效果不具有市场价格，或市场价格难以真实反映其经济价值时，需要采用如下方法对项目的产品或服务的影子价格进行重新测算。

(1)假设成本法

假设成本法是指通过有关成本费用信息来间接估算环境影响的费用或效益。假设成本法包括替代成本法、置换成本法和机会成本法。

①替代成本法是指为了消除项目对环境的影响，而假设采取其他方案来替代拟建项目方案，其他方案的增量投资则作为项目方案环境影响的经济价值。

②置换成本法是指当项目对其他产业造成生产性资产损失时，假设一个置换方案，通过测算其置换成本(即为恢复其生产能力必须投入的价值)，作为对环境影响进行量化的依据。

③机会成本法是指通过评价因保护某种环境资源而放弃某项目方案而损失的机会成本，来评价该项目方案环境影响的损失。

(2)显示偏好法

显示偏好法是指按照消费者支付意愿，通过其他相关市场价格信号，寻找揭示拟建项目间接产出物的隐含价值。如项目的建设会产生环境生态等外部效果，从而对其他社会群体产生正面或负面影响，在这种情况下，就可以通过预防性支出法、产品替代法这类显示偏好的方法确定项目外部效果。

①预防性支出法是指受影响的社会成员为了避免或减缓拟建项目对环境可能造成的危害所愿意付出的费用。如人们对避免疾病而获得健康生活所愿意付出的代价，以此作为对环境影响的经济价值进行计算的依据。

②产品替代法是指由于人们愿意改善目前的环境质量，而对其他替代项目或产品的价值进行分析，间接测算项目对环境造成的负面影响的方法。如可以通过计算兴建一个绿色环保的高科技产业项目所需的投入，来度量具有某传统技术的钢铁企业对所在城市造成的环境影响。

③陈述偏好法

通过被评估者的直接调查，直接评价调查对象的支付意愿或接受补偿的意愿，从中推断出项目造成的有关外部影响的影子价格。

11.3.3 影子汇率

一般发展中国家都存在着外汇短缺的问题，政府在不同程度上实行外汇管制和外贸管制，外汇不允许自由兑换，在此情形下，官方汇率往往不能真实地反映外汇的价值。因此，在工程项目的国民经济评价中，为了消除用官方汇率度量外汇价值所导致的误差，有必要采用一种更合理的汇率，也就是影子汇率，来使外贸品和非外贸品之间建立一种合理的价格转换关系，使两者具有统一的度量标准。

影子汇率即外汇的影子价格，是指项目在国民经济评价中，将外汇换算为本国货币的系数。它不同于官方汇率或国家外汇牌价，而是反映了从国家角度对外汇真实价值的估量。同时也是经济换汇或节汇成本的判据，是项目国民经济评价的重要通用参数。影子汇率实际上也就是外汇的机会成本，即项目投入或产出所导致的外汇减少或增加给国民经济带来的损失或收益。

影子汇率通过影子汇率换算系数计算，影子汇率换算系数是影子汇率与国家外汇牌价的比值，由国家统一发布和定期调整。根据现阶段外汇供求情况、主要进出口商品的国内外价格的比较、出口换汇成本及进出口关税等因素综合分析，目前的影子汇率换算系数取值为1.08，在项目评价中，其计算公式为：

$$\text{影子汇率} = \text{外汇牌价(官方汇率)} \times \text{影子汇率换算系数} \tag{11.10}$$

作为建设项目国民经济评价中的通用参数，影子汇率取值的高低，直接影响项目(或方案)比选中的进出口抉择，影响对产品进口替代型项目和产品出口型项目的决策。国家可以利用影子汇率作为杠杆，对进出口项目施加影响。影子汇率越高，外汇的影子价格就越高，产品是外贸货物的项目经济效益就越好，项目就容易通过；反之项目就不容易通过。影子价格较高时，引进方案的费用较高，评价的结论将不利于引进项目。

【例 11.1】 已知 2011 年 7 月 28 日国家外汇牌价中人民币对美元的比值为 644.4/100，试求人民币对美元的影子汇率。

【解】 影子汇率 = 影子汇率换算系数 ×（644.4/100）= 1.08 × 644.4/100 = 6.9595

11.3.4 社会折现率

社会折现率是社会对投资项目占有资金所要求达到的最低盈利标准，也是社会可接受的最低投资收益率的限度。它反映了资金占用的费用，其存在的基础是不断增长的扩大再生产。

采用适当的社会折现率进行建设项目国民经济评价，一是有助于合理配置积累与消费的比例。如社会折现率越高，越不利于初始投资大而后期费用节约或收益增大的方案或项目，因为后期的效益折算为现值时其折减率较高，会促进消费减少积累；否则反之。二是有利于调控投资规模。如社会折现率取得过低，可通过的项目就很多，会造成投资总规模膨胀，投资品需求过大，引起通货膨胀；反之，通过项目少，不能充分利用资金，就会导致经济发展迟缓。三是调整投资方向。对于一定的社会折现率，产品供不应求的产业和部门，会有较大的经济净现值，容易获得投资项目的批准从而获得发展机会；否则难于获得。

社会折现率需要根据国家社会经济发展目标、发展战略、发展优先顺序、发展水平、宏观调控意图、社会成员的费用效益时间偏好、社会投资收益水平、资金供应状况、资金机会成本等因素进行综合分析，由国家相关部门统一测定和发布。1987 年原国家计委发布的《建设项目经济评价方法与参数》中规定，社会折现率为 10%。1993 年，由原建设部和原国家计委联合批准发布的《建设项目经济评价方法与参数》（第二版）中规定，社会折现率为 12%。目前《建设项目经济评价方法与参数》（第三版）中规定社会折现率为 8%，但对远期收益率较大的项目，允许采用较低的折现率，但不应低于 6%。

11.3.5 贸易费用率

贸易费用是指商贸部门花费在生产资料流通过程中的除长途运输费用以外的费用，在项目的国民经济评价中用以计量货物在商贸部门的流通费用。它包括货物的经手、储存、再包装、短距离倒运、装卸、保险、检验等所有流通环节上的费用支出，也包括流通过程中的损耗以及按照社会折现率计算的资金回收费用，但不包括长途运输费用。

贸易费用率是国民经济评价中的一个经济参数，是由国家相关部门根据物资流通效率、生产资料价格总水平以及汇率等综合因素统一测定和发布的。目前，贸易费用率取值一般为 6%。

在工程项目的国民经济评价中，可使用下列公式来计算货物的贸易费用。

$$\text{进口货物的贸易费用} = \text{到岸价} \times \text{影子汇率} \times \text{贸易费用率} \tag{11.11}$$

$$\begin{matrix}\text{出口货物的}\\\text{贸易费用}\end{matrix} = \left(\text{离岸价} \times \text{影子汇率} - \begin{matrix}\text{国内长}\\\text{途运费}\end{matrix}\right) \times \frac{\text{贸易费用率}}{1 + \text{贸易费用率}} \tag{11.12}$$

$$\text{外贸货物的贸易费用} = \text{出厂影子价格} \times \text{贸易费用率} \tag{11.13}$$

对于不经过流通部门而由生产厂家直供的货物，则不计算贸易费用。

11.4 国民经济评价报表编制与指标计算

11.4.1 国民经济评价基本报表

国民经济评价的基本报表包括国民经济效益费用流量表(全部投资)和国民经济效益费用流量表(国内投资)。国民经济效益费用流量表(全部投资)以全部投资作为计算基础,用以计算全部投资经济内部收益率、经济净现值等评价指标;国民经济效益费用流量表(国内投资)以国内投资作为计算基础,将国外借款利息和本金的偿付作为费用流出,用以计算国内投资的经济内部收益率、经济净现值等指标。

效益费用流量表记录了收益流量、费用流量与净收益流量,三者之间的关系见图 11.3。该表通过计算期内净收益流量的正负反映项目对国民收入的净贡献。表格的格式及内容见表 11.1 和表 11.2,表中内容可根据实际情况增减。

收益流量(产品销售收入;回收固定资产余值;回收流动资金;项目间接收益) − 费用流量(固定资产投资;流动资金;经营费用;项目间接费用) = 净收益流量

国民经济效益费用流量(全部投资)

收益流量(产品销售收入;回收固定资产余值;回收流动资金;项目间接收益) − 费用流量(固定资产投资中国内资金;流动资金中国内资金;经营费用;流至国外的资金;项目间接费用) = 净收益流量

国民经济效益费用流量(国内投资)

图 11.3 国民经济效益费用流量

表 11.1 国民经济效益费用流量表(全部投资)

<table>
<tr><th rowspan="2">序号</th><th rowspan="2">年份项目</th><th colspan="2">建设期</th><th colspan="2">投产期</th><th colspan="4">达到设计生产能力生产期</th><th rowspan="2">合计</th></tr>
<tr><th>1</th><th>2</th><th>3</th><th>4</th><th>5</th><th>6</th><th>…</th><th>n</th></tr>
<tr><td></td><td>生产负荷(%)</td><td></td><td></td><td></td><td></td><td></td><td></td><td></td><td></td><td></td></tr>
<tr><td>1</td><td>效益流量</td><td></td><td></td><td></td><td></td><td></td><td></td><td></td><td></td><td></td></tr>
<tr><td>1.1</td><td>产品销售收入</td><td></td><td></td><td></td><td></td><td></td><td></td><td></td><td></td><td></td></tr>
<tr><td>1.2</td><td>回收固定资产余值</td><td></td><td></td><td></td><td></td><td></td><td></td><td></td><td></td><td></td></tr>
<tr><td>1.3</td><td>回收流动资金</td><td></td><td></td><td></td><td></td><td></td><td></td><td></td><td></td><td></td></tr>
<tr><td>1.4</td><td>项目间接效益</td><td></td><td></td><td></td><td></td><td></td><td></td><td></td><td></td><td></td></tr>
<tr><td>2</td><td>费用流量</td><td></td><td></td><td></td><td></td><td></td><td></td><td></td><td></td><td></td></tr>
<tr><td>2.1</td><td>固定资产投资</td><td></td><td></td><td></td><td></td><td></td><td></td><td></td><td></td><td></td></tr>
<tr><td>2.2</td><td>流动资金</td><td></td><td></td><td></td><td></td><td></td><td></td><td></td><td></td><td></td></tr>
<tr><td>2.3</td><td>经营费用</td><td></td><td></td><td></td><td></td><td></td><td></td><td></td><td></td><td></td></tr>
<tr><td>2.4</td><td>项目间接费用</td><td></td><td></td><td></td><td></td><td></td><td></td><td></td><td></td><td></td></tr>
<tr><td>3</td><td>净收益流量(1−2)</td><td></td><td></td><td></td><td></td><td></td><td></td><td></td><td></td><td></td></tr>
<tr><td></td><td colspan="10">计算指标:
经济内部收益率 $EIRR$=
经济净现值 $ENPV(i_s)$=</td></tr>
</table>

表 11.2　国民经济效益费用流量表(国内投资)

单位:万元

序号	年份项目	建设期		投产期		达到设计生产能力生产期				合计
		1	2	3	4	5	6	…	n	
	生产负荷(%)									
1	收益流量									
1.1	产品销售收入									
1.2	回收固定资产余值									
1.3	回收流动资金									
1.4	项目间接效益									
2	费用流量									
2.1	固定资产投资中国内资金									
2.2	流动资金中国内资金									
2.3	经营费用									
2.4	流至国外的资金									
2.4.1	国外借款本金偿还									
2.4.2	国外借款利息支付									
2.4.3	其他									
2.5	项目间接费用									
3	净收益流量(1－2)									
	计算指标: 经济内部收益率 $EIRR$＝ 经济净现值 $ENPV(i_s)$＝									

涉及产品出口创汇及替代进口节汇的项目,还应编制经济外汇流量表。经济外汇流量表反映项目计算期内各年外汇收入、支出与平衡情况,表格格式及内容见表 11.3。外汇流入来自产品销售外汇收入、外汇借款、自有外汇资金、其他外汇收入等。其中产品销售外汇收入、产品替代进口收入各年数据取自产品销售(营业)收入基础数据表;外汇借款、自有外汇资金数据取自投资计划与资金筹措表。

表 11.3　经济外汇流量表

单位:万元

序号	年份项目	建设期		投产期		达到设计生产能力生产期				合计
		1	2	3	4	5	6	…	n	
	生产负荷(%)									
1	外汇流入									
1.1	产品销售外汇收入									
1.2	外汇借款									
1.2.1	长期借款									
1.2.2	流动资金借款									
1.3	自有外汇资金									
1.4	其他外汇收入									
2	外汇流出									
2.1	固定资产投资中外汇支出									

续表 11.3

序号	年份项目	建设期		投产期		达到设计生产能力生产期				合计
		1	2	3	4	5	6	…	n	
2.2	进口原材料									
2.3	进口零部件									
2.4	技术转让费									
2.5	偿付外汇借款本息									
2.6	其他外汇支出									
3	净外汇流量(1－2)									
4	产品替代进口收入									
5	净外汇效果(3＋4)									
	计算指标： 经济外汇净现值＝ 经济换汇成本或经济节汇成本＝									

11.4.2 国民经济盈利能力评价指标

反映国民经济盈利能力的评价指标有经济净现值($ENPV$)和经济内部收益率($EIRR$)。

11.4.2.1 经济净现值($ENPV$)

经济净现值反映项目对国民经济的净贡献。它是用社会折现率将项目计算期内各年的净收益流量折算到建设期初的现值之和，考察项目在计算期内的盈利能力。其表达式为：

$$ENPV=\sum_{t=1}^{n}(CI-CO)_t(1+i_s)^{-t} \tag{11.14}$$

式中 i_s——社会折现率；

CI——经济现金流入量；

CO——经济现金流出量。

经济净现值等于零，表示国家为拟建项目付出代价后，可以得到符合社会折现率的社会盈余；经济净现值大于零，表示国家为拟建项目付出代价后，除得到符合社会折现率的社会盈余外，还可以得到以现值计算的超额社会盈余，这时项目的国民经济盈利能力是好的。

11.4.2.2 经济内部收益率($EIRR$)

经济内部收益率反映项目在计算期内各年经济净收益流量的现值累计等于零时的折现率，反映项目占用资金的盈利率。其表达式为：

$$\sum_{t=1}^{n}(CI-CO)_t(1+EIRR)^{-t}=0 \tag{11.15}$$

经济内部收益率($EIRR$)等于或大于社会折现率，表明项目对国民经济的净贡献达到或超过了要求的水平，这时认为项目是可以考虑接受的；否则不可接受。

11.4.2.3 经济效益费用比(R_{BC})

经济效益费用比是指项目在计算期内效益流量的现值与费用流量的现值之比，其表达式为：

$$R_{BC} = \frac{\sum_{t=1}^{n} B_t (1+i_s)^{-t}}{\sum_{t=1}^{n} C_t (1+i_s)^{-t}} \tag{11.16}$$

式中 B_t——第 t 期的经济效益；

C_t——第 t 期的经济费用。

经济效益费用比大于或等于 1，表明项目资源配置的经济效率达到了可以被接受的水平；否则不可接受。

11.4.3 国民经济外汇平衡评价指标

经济外汇平衡评价指标有经济外汇净现值、经济换汇成本、经济节汇成本等。各指标的意义以及计算公式如下：

11.4.3.1 经济外汇净现值($ENPV_F$)

经济外汇净现值反映项目对国家外汇的净贡献(创汇)或净消耗(用汇)，它是按特定的折现率，将项目建设和生产服务年限内各年的外汇净收益流量折算到基年的现值之和，其表达式为：

$$ENPV_F = \sum_{t=1}^{n} (FI - FO)_t (1+i_s)^{-t} \tag{11.17}$$

式中 FI——出口产品的外汇流入量(美元)；

FO——出口产品的外汇流出量(美元)；

$(FI-FO)_t$——第 t 年的净外汇流量(美元)。

当有产品替代进口时，按净外汇效果计算经济外汇净现值。若 $ENPV_F \geqslant 0$，表示项目赚取外汇能力强；若 $ENPV_F < 0$，则表示能力弱。

11.4.3.2 经济换汇成本

经济换汇成本反映出口产品创外汇的能力。当有产品直接出口时，应计算经济换汇成本。它是用生产出口产品投入的国内资源现值(以人民币表示)与生产出口产品的经济外汇净现值(以美元表示)的比值表示。它表示换取 1 美元外汇所需投入的人民币金额，其表达式为：

$$\text{经济换汇成本} = \frac{\sum_{t=1}^{n} DR_t (1+i_s)^{-t}}{\sum_{t=1}^{n} (FI - FO)_t (1+i_s)^{-t}} \tag{11.18}$$

式中 DR_t——项目在第 t 年为出口产品投入的国内资源(包括投资、原材料、工资、其他投入和贸易费用)(人民币)。

11.4.3.3 经济节汇成本

经济节汇成本反映替代进口产品节省国家外汇的能力。当有产品替代进口时，应计算经济节汇成本。它是项目计算期内生产替代进口产品所投入的国内资源现值与生产替代进口产品所投入的经济外汇净现值之比，表示节约 1 美元外汇所需投入的人民币金额，表达式为：

$$经济节汇成本 = \frac{\sum_{t=1}^{n} DR'_t (1+i_s)^{-t}}{\sum_{t=1}^{n} (FI' - FO')_t (1+i_s)^{-t}} \tag{11.19}$$

式中 DR'_t——项目在第 t 年为生产替代进口产品投入的国内资源(包括投资、原材料、工资、其他投入和贸易费用)(人民币)；

FI'——生产替代进口产品节约的外汇(美元)；

FO'——生产替代出口产品节约的外汇(美元)。

经济换汇成本或经济节汇成本(元/美元)小于或等于影子汇率,表明该项目产品出口或替代进口是有利的,可以考虑接受该项目。

本章小结

国民经济评价,是从国民经济整体利益出发,遵循费用与效益统一划分的原则,用影子价格、影子工资、影子汇率和社会折现率计算分析项目给国民经济带来的净增量效益,以此来评价项目的经济合理性和宏观可行性,实现资源的最优利用和合理配置。

国民经济评价参数包括计算、衡量项目的经济费用效益的各类计算参数和判定项目经济合理性的判据参数。主要包括影子工资换算系数、土地影子价格、影子汇率、社会折现率、贸易费用率等。

工程项目国民经济评价中的经济效果,主要反映在国民经济盈利能力上,主要指标有经济净现值、经济内部收益率、经济效益费用比。外汇作为一种重要的经济资源,对国民经济的发展具有特殊的价值,外汇平衡对一个国家的经济形势有着特殊的影响。因此,涉及产品出口创汇及替代进口节汇的项目,应进行外汇效果分析,计算经济外汇净现值、经济换汇成本、经济节汇成本等指标。

习　题

11.1　思考题

(1)什么是建设项目的国民经济评价？它与财务评价有何异同？

(2)什么是影子价格？其经济含义是什么？

(3)什么是转移支付,哪些收支属于转移支付？

(4)在国民经济评价中采用的参数主要有哪些？如何确定这些参数？

(5)国民经济评价的指标主要有哪些？它们的判别标准各是什么？

11.2　练习题

(1)单项选择题

①项目的经济评价主要包括财务评价和国民经济评价,两者考察问题的角度不同,国民经济评价是从(　　)角度考察项目的经济效果和社会效果。

A. 投资项目　　B. 企业　　C. 国家　　D. 地方

②美元的外汇牌价是 8.3 元/美元时,美元的影子汇率是(　　)。

A. 8.96 元/美元　　B. 8.3 元/美元　　C. 14.94 元/美元　　D. 8.37 元/美元

③在国民经济评价中所采用的影子价格反映在投资项目的投入上，它是投入资源的（　　）。

A. 机会成本　　B. 愿付价格　　C. 经营成本　　D. 制造成本

④出口货物（产出物）的影子价格是（　　）乘以汇率再扣掉国内运费和贸易费用。

A. 到岸价格　　B. 离岸价格　　C. 市场价格　　D. 出厂价格

⑤我国目前的社会折现率取值为（　　）。

A. 6%　　B. 8%　　C. 10%　　D. 12%

⑥国民经济评价使用的指标有（　　）。

A. 净现值　　B. 内部收益率　　C. 经济外汇净现值　　D. 经济投资收益率

(2)多项选择题

①国民经济评价使用的通用参数包括（　　）。

A. 社会折现率　　B. 影子汇率　　C. 土地影子价格

D. 影子工资　　E. 基准折现率

②财务评价与国民经济评价的区别有（　　）。

A. 评价角度　　B. 费用与效益的划分　　C. 评价的基础

D. 评价的参数　　E. 价格体系

③常见的转移支付方式有（　　）。

A. 税金　　B. 利息　　C. 补贴

D. 折旧　　E. 工资

(3)计算题

①A项目的投入物H产品由B厂生产，由于A的建成使原用户G由B厂供应的投入物减少，一部分要靠进口。已知：A距B有100千米，B距G有130千米，G距港口有200千米，进口到岸价格为300美元/吨，影子汇率为1美元=6.97元人民币，贸易费用按采购价格的6%计算，国内运费为0.1元/(吨·千米)，求项目A投入物的影子价格。

②某投资项目，正式投产运营时要购置两台机器设备，一台可在国内购得，其国内市场价格为300万元，影子价格与国内市场价格的换算系数为1.3；另一台设备必须进口，其到岸价格为60万美元，影子汇率换算系数为1.08，外汇牌价为6.45元/美元，进口设备的国内运杂费和贸易费用分别为10万元和5万元。试求该种产品进行生产时，两台设备的影子价格和所需设备的总成本。

12 建设项目后评价

内容简介:本章主要介绍建设项目后评价概述,建设项目后评价的内容和方法,建设项目后评价的指标和建设项目后评价报告的编写。

教学要求:熟悉建设项目后评价的基本概念、特点、基本原则,了解建设项目后评价的作用和不同分类,理解建设项目后评价与前评价的区别;掌握建设项目后评价的基本内容和评价方法、指标体系,熟悉建设项目后评价报告的编写程序和内容。

知识链接:结合第4章建设项目经济评价方法,进行对比学习。

12.1 建设项目后评价概述

项目后评价(Post Project Evaluation)是指在项目已经完成并运行一段时间后,对项目的目的、执行过程、效益、作用和影响进行系统的、客观的分析和总结的一种技术经济活动。项目后评价于19世纪30年代产生于美国,直到20世纪70年代,才广泛地被许多国家和世界银行、亚洲银行等双边或多边援助组织用于世界范围的资助活动结果评价中。

12.1.1 建设项目后评价的含义和特点

12.1.1.1 建设项目后评价的含义

建设项目后评价是指对已经完成的建设项目或规划的目的、执行过程、效益、作用和影响所进行的系统的客观的分析。通过对投资活动实践的检查总结,确定投资预期的目标是否达到,项目或规划是否合理有效,项目的主要效益指标是否实现,通过分析评价找出成败的原因,总结经验教训,并通过及时有效的信息反馈,为未来项目的决策和提高完善投资决策管理水平提出建议,同时也为被评价项目实施运营中出现的问题提出改进建议,从而达到提高投资效益的目的。

12.1.1.2 建设项目后评价的特点

与可行性研究和前评价相比,项目后评价的特点有:

(1)合作性

项目可行性研究和项目前评价一般只通过评价单位与投资主体间的合作,由专职的评价人员就可以提出评价报告,而后评价需要更多方面的合作,如专职技术经济人员、项目经理、企业经营管理人员、投资项目主管部门等,各方融洽合作,项目后评价工作才能顺利进行。

(2)全面性

在进行项目后评价时,既要分析其投资过程,又要分析经营过程;不仅要分析项目投资经济效益,而且要分析其经营管理的状况,发掘项目的潜力。

(3)现实性

建设项目后评价分析研究的是项目实际情况,是在项目开始运营后一定时期内,根据企业的实际经营情况以及在此基础上重新预测的数据进行的,而项目可行性研究和前评价分析研究的内容是项目预测情况，依据的是历史和经验资料，具有预测性。

(4)实用性

建设项目后评价报告必须具有可操作性，即较强的实用性，才能使后评价成果对决策产生作用。因此，后评价报告应能满足多方面的要求，报告编写过程中应尽量回避大量专业性太强的用语，同时应突出重点并提出具体的措施和要求。

(5)反馈性

建设项目后评价的最终目标是将后评价的结果反馈到决策部门，作为新项目立项和前评价的基础，以及调整投资规划和政策的依据。因此，反馈性是后评价最主要的特点。

(6)探索性

建设项目后评价要分析项目现状，发现问题，探索未来发展方向，因而要求项目后评价人员具有较高的素质和创造性，把握影响项目效益的主要因素，并提出切实可行的改进措施。

12.1.2 建设项目后评价的作用

项目后评价是项目建设周期中最后一个环节，是全面提高项目决策和项目管理水平的必要和有效手段。其作用可从微观角度(即项目自身)和宏观角度(国家和社会)两个方面进行评价。

12.1.2.1 微观角度

微观角度(即项目自身)而言，建设项目后评价的作用表现在以下几个方面：

(1)后评价是一个学习过程。后评价是在项目投资完成以后，通过对项目目的、执行过程、效益、作用和影响所进行的全面系统的分析，总结正反两方面的经验教训，使项目建设单位学习到更加科学合理的方法和策略，提高今后决策、管理和建设的水平。

(2)后评价是增强投资活动工作者责任心的重要手段。由于后评价具有透明性和公开性的特点，通过对投资活动成绩和失误的主客观原因分析，可以比较公正、客观地确定项目建设单位工作中实际存在的问题，从而进一步提高他们的责任心和工作水平。

(3)后评价主要是为投资决策服务的。后评价对完善已建项目、改进在建项目和指导待建项目有重要的意义，但更重要的是为投资决策服务，即通过后评价建议的反馈，完善和调整企业内部的相关发展方针、政策和管理程序，提高项目建设单位的能力和水平，进而达到提高和改善投资效益的目的。

(4)后评价可促使建设项目运营状态正常化。进行项目后评价时，对于评价时点以前的项目投产初期和达产时期的实际情况要进行分析和研究，比较实际状态与预测目标的偏离程度，分析产生偏差的原因，提出切实可行的改进措施，促使建设项目运营状态正常化，提高建设项目的经济效益和社会效益。

12.1.2.2 宏观角度

宏观角度(国家和社会)而言，建设项目后评价的作用表现在以下几个方面：

(1)为政府制定和调整有关经济政策提供参考。项目后评价总结的经验教训，往往涉及政府宏观经济管理中的某些问题，政府有关部门可根据反馈的信息，合理确定和调整投资规模与投资流向，协调各产业部门之间及其内部的各种比例关系，及时对某些不适合经济发展的宏观经济政策、技术经济政策和已经过时的指标参数进行修正。此外，政府有关部门还可通过建立必要的法规、法令、相关的制度和机构，促进投资管理的良性循环。

(2)为银行调整信贷政策提供依据。为建设项目提供贷款的银行通过开展建设项目后评价，可以发现项目建设资金使用过程中存在的问题，进而分析研究贷款项目成功或失败的原因，为调整信贷政策提供依据。

(3)为提高建设项目监管水平提出建议。建设项目管理是一项十分复杂的活动，它涉及政府有关部门、建设项目业主、贷款银行、设备制造和材料供应商以及工程勘察设计、工程施工、工程监理等许多部门，只有各方面密切合作，建设项目才能顺利完成。如何进行有效管理、协调有关各方的关系、采取什么样的具体协作形式等，都应在项目建设过程中不断摸索、不断完善。

12.1.3 建设项目后评价的种类

从不同角度出发，项目后评价可分为不同种类。

12.1.3.1 根据评价的时点划分

(1)跟踪评价。是指在项目开工以后到项目竣工验收之前任何一个时点所进行的评价。其目的或是检查项目评价和设计质量；或是评价项目在建设过程中的重大变更及其对项目效益的作用和影响；或是诊断项目发生的重大困难和问题，寻求对策和出路等。

(2)实施效果评价。是指在项目竣工以后一段时间之内所进行的评价。生产性行业在竣工以后1～2年会进行实施效果评价，基础设施行业在竣工以后5年左右进行这一评价，社会基础设施行业可能更长一些。其主要目的是检查确定投资项目或活动达到理想效果的程度，总结经验教训，为完善已建项目、调整在建项目和指导待建项目服务。

(3)影响评价。是指在项目实施效果评价完成一段时间以后，在项目实施效果评价的基础上，通过调查项目的经营状况，分析项目发展趋势及其对社会、经济和环境的影响，总结决策等宏观方面的经验教训。行业或地区的总结都属于这类评价的范围。

12.1.3.2 根据评价的内容划分

(1)目标评价。一方面，有些项目原定的目标不明确，或不符合实际情况，项目实施过程中可能会发生重大变化，如政策性变化或市场变化等，所以项目后评价要对项目立项时原定决策目标的正确性、合理性和实践性进行重新分析和评价；另一方面，项目后评价要对照原定目标计划的需要完成的主要指标，检查项目实际实现的情况和变化并分析变化原因，以判断目的和目标的实现程度，这也是项目后评价所需要完成的主要任务之一。

(2)项目前期工作和实施阶段评价。主要通过评价项目前期工作和实施过程中的工作实践，分析和总结项目前期工作的经验教训，为今后加强项目前期工作和实施管理积累经验。

(3)项目运营评价。通过项目投产后的有关实际数据资料或重新预测的数据，研究建设项目实际投资效益与预测情况或其他同类项目投资效益的偏离程度及其原因，系统地总结项目投资的经验教训，并为进一步提高项目投资效益提出切实可行的建议。

(4)项目影响评价。分析评价项目对所在地区、所属行业和国家产生的经济、环境、社会等方面的影响。

(5)项目持续性评价。指对项目的既定目标是否能按期实现，项目是否可以持续保持产生较好的效益，接受投资的项目业主是否愿意并可以依靠自己的能力继续实现既定目标，项目是否具有可重复性等方面做出评价。

12.1.3.3 根据评价的对象划分

(1)大型项目或项目群的后评价。

(2)对重点项目中关键工程运行过程的追踪评价。

(3)对同类项目运行结果的对比分析,即进行比较研究的实际评价。

(4)行业性的后评价,即对不同行业投资收益性差别进行实际评价。

12.1.3.4 根据评价的主体划分

(1)项目自评价。由项目业主会同执行管理机构按照国家有关部门的要求编写项目的自我评价报告,报行业主管部门、其他管理部门或银行审查。

(2)行业或地方项目后评价。由行业或上级主管部门对项目自评价报告进行审查分析,并提出意见,撰写报告。

(3)独立后评价。由相对独立的后评价机构组织专家对项目进行后评价,通过资料收集、现场调查和分析讨论,编写项目后评价报告。

12.1.4 建设项目后评价与项目前评价的区别

项目后评价与项目前期准备工作阶段前评价在评价原则和方法上没有太大的区别,均是采用定量与定性相结合的方法。但是,由于两者的评价时点不同,目的也不完全相同,因此也就存在一些区别。

12.1.4.1 评价的主体不同

项目前评价主要由投资主体(投资者、贷款银行和项目审批部门)组织实施;而项目后评价则多是以投资主体之外的第三者(投资运行的监督管理机构、单独设立的后评价机构、决策的上一级机构)为主,组织主管部门会同计划、财政、审计、银行、质量等有关部门进行。

12.1.4.2 评价的性质不同

项目前评价是对将要投资的项目进行评价,其结果作为投资决策、项目取舍的依据;项目后评价是对已经实施一段时间的项目进行总结和鉴定,其结果一方面直接对存在的问题提出改进和完善的建议,另一方面间接作用于未来项目的投资决策,提高投资决策的科学化水平。

12.1.4.3 评价的依据不同

项目前评价主要依据国家、行业和部门颁布的政策规定、参数和指标,以及历史资料和对未来的预测资料;项目后评价主要依据项目实施的现实资料,并将预测数据和实际数据进行比较,总结经验,检测项目的实际情况与预测情况的差距,并分析原因,提出改进措施。

12.1.4.4 评价的阶段不同

项目可行性研究和前评价属于项目前期工作,它决定项目是否可以上马。项目后评价是项目竣工投产并达到设计生产能力后对项目进行的再评价,是项目管理的延伸。

12.1.4.5 评价的内容不同

项目可行性研究和前评价分析研究的内容是项目建设条件,设计方案,实施计划以及经济社会效果;后评价的主要内容是除对前评价上述内容进行再评价外,还包括对项目决策、项目实施效率等进行评价以及对项目实际运营状况进行较深入的分析。

12.1.4.6 在投资决策中的作用不同

项目可行性研究和前评价直接作用于项目决策,前评价的结论是项目取舍的依据。后评价则间接作用于项目投资决策，是投资决策的信息反馈。经过后评价可反映出项目建设过程和投产阶段(乃至正常生产时期)出现的一系列问题，将各类信息反馈到投资决策部门，从而能有效提高未来项目决策科学化的水平。

12.1.5 建设项目后评价的原则

建设项目后评价的基本原则是科学性、独立性、实用性、透明性、反馈性。

12.1.5.1 科学性

科学性的一个重要标志是项目后评价应该同时反映出项目的成功经验和失败教训，这就要求评价者具有广泛的阅历、丰富的经验和独立性。此外，后评价的科学性还取决于评价信息资料的可靠性和评价方法的适用性，取决于项目执行者、管理者和参与项目的相关人员能否共同参与后评价活动，为项目后评价工作提供真实有效的信息和资料。为增强后评价工作的可信度，评价报告的分析和结论应有充分可靠的依据，报告要注明评价者的名称或姓名，要说明所用资料的来源或出处，注明评价所采用的方法。

12.1.5.2 独立性

建设项目后评价必须保证独立，独立标志着后评价的合法性，后评价应从项目投资者和项目业主以外的第三者的角度出发，独立地进行，特别要避免项目决策者和管理者自己评价自己的情况发生。独立性应贯穿于后评价的全过程，即从后评价项目的选定、计划的编制、任务的委托、评价者的组成，到评价过程和报告的撰写。

12.1.5.3 实用性

建设项目后评价结果应为以后的项目决策提供依据，后评价报告应针对性强、文字简练明确、具有可读性，报告应能满足多方面的要求。实用性的另一项要求是报告的时间性，报告不应面面俱到，应突出重点。报告所提的建议应与该报告的其他内容分开表述，而且应能提出具体的措施和要求。

12.1.5.4 透明性

建设项目后评价的透明性越大越好，因为透明性越大，公众对后评价就越了解和关注，这样对投资决策活动及其效益和效果就能实施更有效的社会监督。从后评价成果的扩散和反馈的效果来看，透明性也是越大越好，因为能使更多的单位和个人在以后的项目决策中借鉴过去的经验教训。

12.1.5.5 反馈性

建设项目后评价和项目前评价相比，最主要的特点是其应具有信息的反馈特性。实际上建设项目后评价的最终目标是将评价结果反馈到决策部门，作为新项目立项和评价的基础，以及调整投资规划和政策的依据。因此，后评价结论的扩散和反馈机制、手段和方法成为后评价成败的关键因素之一。

12.2 建设项目后评价的内容和方法

自从项目后评价出现开始，其内容随着社会的发展而不断调整变化，20世纪60年代以前，国际通行的项目评估和评价的重点是财务分析，以财务分析的好坏作为评价项目成败的主要指标。20世纪60年代，西方国家能源、交通、通信等基础设施以及社会福利事业将经济评价(国内称国民经济评价)的概念引入了项目效益评价的范围。20世纪70年代前后，世界经济发展带来的严重污染问题引起人们广泛的重视，项目评价因此而增加了“环境评价”的内容。此后，随着经济的发展，项目的社会作用和影响日益受到投资者的关注。

12.2.1 建设项目后评价的基本内容

建设项目后评价的内容主要是对建设项目的目标、实施效果、技术水平、财务、国民经济、环境影响、社会影响等方面的评价。

12.2.1.1 建设项目目标后评价

在建设项目后评价中，对于项目目标的后评价，主要是对照项目在立项和可行性研究阶段的前评价中关于项目目标的论述和确定，找出实际发生的目标变化，分析项目目标的实现程度以及成败的原因。这一评价的具体内容包括以下几个方面。

(1)既定项目目标正确性与合理性的评价

对于项目目标的后评价，一项具体任务就是要对项目原定目标的正确性和合理性进行分析评价。有些项目原定的目标不明确或不符合实际情况，结果在项目实施过程中就会发生重大的目标变更。建设项目后评价要对项目原定目标给予分析和评价，项目目标正确性与合理性的评价工作主要是对项目可行性研究报告的目标进行评价。

对项目可行性研究报告的目标进行评价主要是评价项目前评价者在项目立项和可行性研究阶段所确定的项目目标是否科学合理，具体包括对项目产品及技术水平、项目产品的服务对象、产品市场定位、产品价格、质量、售后服务、市场占有率、综合竞争能力、产品盈利和项目盈利等目标的确定是否合理。若项目预定目标偏离实际较远，就应在建设项目后评价报告中给出评价和说明。

(2)对于项目目标实现情况的后评价

对项目目标实现情况的分析和评价主要是分析和确认项目实际实现的各种目标的情况是否合理，以及评价它与项目原定计划目标的一致性程度。由于根据项目前评价做出项目决策以后，项目所在国家及地区的宏观经济条件、市场供需情况和项目建设的各种条件都会发生变化，因此预定的项目目标的实现程度评价就成了建设项目后评价的主要任务之一。

建设项目后评价要对照原定项目目标去分析和检查实际完成的指标情况，检查项目实际实现目标的情况和变化的情况，分析项目目标实际发生改变的原因。对于项目目标实现情况的评价可以采用表12.1的方法。

表12.1 项目预定目标和目的达到程度分析表

项目目标的内容和名称	目标的预定值	目标实际达到的数值	目标的实现程度	目标偏离原因分析

12.2.1.2 建设项目实施效果后评价

建设项目实施效果后评价是指在项目竣工和运行一段时间之后所进行的评价。这种评价的主要目的是检查确定项目活动所达到的实际效果及其实现程度，从而总结经验教训，为新项目的决策提供政策和管理方面的反馈信息。对于项目实施效果的评价应对照项目立项和可行性分析时的项目前评价结果与可行性研究报告预计的项目指标，对项目实际实施的结果进行研究，通过比较和分析找出差别并分析造成差距的原因。

对项目实施效果的评价要分析项目主要指标的发展变化，找出差异并分析偏离程度。项目实施效果后评价的分析框架见表12.2。

表12.2　项目实施效果后评价的分析框架

项目的计划指标（实施前的计划）	项目的实施指标（实施效果）	对于项目实施效果的评价

12.2.1.3　建设项目技术水平后评价

建设项目技术水平后评价主要是对项目工艺技术、技术装备和工程技术选择的可靠性、适用性、配套性、先进性、经济合理性的再分析。对于加工制造业项目其评价内容主要包括以下几项。

(1)检验项目工艺技术与技术装备的可靠性

检验项目工艺技术与技术装备的可靠性，即对项目工艺技术和技术装备在生产中的应用进行经验总结。同时，对不成熟的工艺技术和技术装备给项目造成的损失，认真分析其原因，以便在今后的项目中吸取经验教训。

(2)检验工艺技术和技术装备是否合理

项目的工艺技术和技术装备是否符合项目生产的要求，包括项目的工艺技术与装备是否符合加工对象的特点，项目加工和形成产品的过程是否顺畅、便捷、具有连续性，以及项目生产的各种资源消耗情况是否合理等。

(3)检验工艺技术和装备对产品质量的保证程度

主要通过对项目实际生产情况的分析、调查、核实、对比，衡量项目工艺技术与装备实际生产出来的产品质量及其各种参数，由此分析和评价项目工艺技术和技术装备对项目产品质量的影响。

(4)检验工艺技术和技术装备的配套性

对于项目技术的后评价还要考察项目所采用的工艺技术和技术装备是否与项目组织的其他技术条件相匹配，这包括项目工艺技术及技术装备与项目执行人员的操作技能和运营管理水平的匹配情况，与项目组织的技术支持系统的匹配情况等。

12.2.1.4　建设项目财务后评价

建设项目财务后评价与项目前评价中的财务分析与评价的内容基本是相同的，都要进行项目的盈利能力、清偿能力等方面的评价。但在建设项目后评价中采用的数据不是简单的实际数据，应该将项目实际数据扣除物价指数的变动，以便使建设项目后评价与前评价中的各项评价指标在评价时点和计算范围上具有可比性。

(1)项目盈利能力分析

建设项目后评价过程中，通过计算项目财务净现值和内部收益率等指标值，对比项目实际的财务结果和项目前评价的计算值，并且考虑建设项目的行业基准收益率和项目利润率的大小关系，用以评价项目的盈利能力。在建设项目后评价的成本效益分析中，要重视可比性原则，包括计算数据时间的可比、价格的可比等因素。

(2)项目清偿能力分析

建设项目后评价中的项目清偿能力分析主要用于分析和评价项目实际的财务清偿能力。这需要从项目的“损益和利润分配表”以及“资产负债表”中考察以下指标：负债资产比、流动比率和速动比率。

(3)项目财务评价指标对比

项目的财务后评价中最重要的工作是对项目前评价和项目实际发生的财务评价指标的对比分析。这种分析可以采用表12.3所示的对比表形式进行。

表12.3　财务效益对比表

<table>
<tr><th rowspan="2">序号</th><th rowspan="2">分析内容</th><th rowspan="2">名称报表</th><th rowspan="2">评价指标名称</th><th colspan="2">指　标　值</th><th rowspan="2">偏离值</th><th rowspan="2">偏离原因</th></tr>
<tr><th>前评价</th><th>后评价</th></tr>
<tr><td>1</td><td rowspan="9">盈利能力分析</td><td rowspan="3">项目投资现金流量表</td><td>全部投资回收期</td><td></td><td></td><td></td><td></td></tr>
<tr><td>2</td><td>财务内部收益率(税前)</td><td></td><td></td><td></td><td></td></tr>
<tr><td>3</td><td>财务净现值(税前)</td><td></td><td></td><td></td><td></td></tr>
<tr><td>4</td><td rowspan="2">自有资金现金流量表</td><td>财务内部收益率(税后)</td><td></td><td></td><td></td><td></td></tr>
<tr><td>5</td><td>财务净现值(税后)</td><td></td><td></td><td></td><td></td></tr>
<tr><td>6</td><td rowspan="3">损益表</td><td>资金利润率</td><td></td><td></td><td></td><td></td></tr>
<tr><td>7</td><td>资金利税率</td><td></td><td></td><td></td><td></td></tr>
<tr><td>8</td><td>资本金利润率</td><td></td><td></td><td></td><td></td></tr>
<tr><td>9</td><td>资金来源与运用表</td><td>借款偿还期、偿债准备率</td><td></td><td></td><td></td><td></td></tr>
<tr><td>10</td><td rowspan="3">清偿能力分析</td><td rowspan="3">资产负债表</td><td>资产负债率</td><td></td><td></td><td></td><td></td></tr>
<tr><td>11</td><td>流动比率</td><td></td><td></td><td></td><td></td></tr>
<tr><td>12</td><td>速动比率</td><td></td><td></td><td></td><td></td></tr>
</table>

12.2.1.5　**建设项目国民经济后评价**

建设项目国民经济后评价的主要内容是通过编制项目投资和国内投资社会经济效益费用流量表、外汇流量表、国内资源流量表等计算出项目实际的国民经济成本与盈利指标，分析和评价项目的建设实际上对当地经济发展、所在行业和社会经济发展的影响和推动本地区、本行业技术进步的影响等。表12.4为建设项目国民经济后评价与前评价指标对比表。

表12.4　建设项目国民经济后评价与前评价指标对比表

<table>
<tr><th rowspan="2">序号</th><th rowspan="2">分析内容</th><th rowspan="2">名称报表</th><th rowspan="2">评价指标名称</th><th colspan="2">指　标　值</th><th rowspan="2">偏离值</th><th rowspan="2">偏离原因</th></tr>
<tr><th>前评价</th><th>后评价</th></tr>
<tr><td>1</td><td rowspan="4">盈利能力分析</td><td rowspan="2">项目投资经济盈利效益费用流量表</td><td>经济内部收益率</td><td></td><td></td><td></td><td></td></tr>
<tr><td>2</td><td>经济净现值</td><td></td><td></td><td></td><td></td></tr>
<tr><td>3</td><td rowspan="2">国内投资经济效益费用流量表</td><td>经济内部收益率</td><td></td><td></td><td></td><td></td></tr>
<tr><td>4</td><td>经济净现值</td><td></td><td></td><td></td><td></td></tr>
</table>

续表 12.4

序号	分析内容	名称报表	评价指标名称	指标值		偏离值	偏离原因
				前评价	后评价		
5	外汇效果分析	出口产品国内资源流量表及出口产品外汇流量表	经济换汇成本				
6		替代出口产品国内资源流量表及替代出口产品外汇流量表	经济节汇成本				

12.2.1.6　建设项目环境影响后评价

建设项目环境影响后评价是指对照项目前评价时批准的项目环境影响报告书，重新审查项目对于环境影响的实际结果，并评价两者之间的差异及其原因。项目环境影响后评价一般包括五部分内容：项目污染控制、区域环境质量影响、自然资源利用和保护、区域生态平衡影响和环境管理能力。

(1)项目污染控制

多数生产项目的一项重要环境保护工作就是控制项目的污染。建设项目后评价在检查和评价项目污染控制方面的主要工作有分析和评价项目的废气、废水、废渣(简称"三废")及噪声是否在总量和浓度上达到了国家和地方政府颁布的标准；评价项目实际的污染控制与项目设计之间的差距；评价项目的环保治理措施是否运转正常及项目环保的管理是否有效等。

(2)区域环境质量影响

区域环境质量影响主要分析项目产生的对当地环境影响较大的污染物，这些物质与环境背景有关，并与项目的"三废"排放有关。

(3)自然资源利用和保护

建设项目后评价在评价自然资源利用和保护方面的主要工作包括项目对于水、海洋、土地、森林、草原、矿产、渔业、野生动植物等自然资源的合理开发、综合利用、积极保护等方面的评价。这种对自然资源利用方面的评价分析的重点是节约资源和资源的综合利用。

(4)区域生态平衡影响

区域生态平衡影响评价的内容包括项目对于人类、植物和动物种群，特别是珍稀濒危的野生动植物等生态环境所造成的综合影响。这方面的后评价内容主要是评价项目实际对于区域生态环境的影响，以及对项目前评价的预计情况和建设项目后评价的实际情况进行必要的对比分析。

(5)环境管理能力

环境管理能力评价内容包括对环境监测管理情况、"三同时"制度(防治环境污染和生态破坏的设施，必须与主体工程同时设计、同时施工、同时投产使用)和其他环保条例的执行情况；环保资金、设备的管理情况；环保机构的设置、政策和规定的制定情况；环保技术管理和人员培训情况等进行评价。

12.2.1.7　建设项目社会影响后评价

对建设项目社会影响的后评价是指分析项目对国家或地方的社会发展目标的实际影响情况等。项目社会影响后评价的具体内容包括项目对于就业、地区收入分配的影响，项目对于社区居民的生活条件和生活质量的影响及受益者范围的分析，项目对于地方和社区的发展、妇女、民族以及宗教信仰等方面的影响。其主要内容如下：

(1)项目对于就业的影响

这里主要是指项目对于就业的直接影响。项目对于就业影响的评价可用绝对量指标，也可以使用相对量指标。绝对量指标是项目实际直接招收的就业人员数量，相对量指标是项目的就业率指标，可用下式来表示：

$$单位投资就业人数 = 新增就业人数 / 项目总投资 \tag{12.1}$$

新增就业人数包括项目带来的直接和间接新增就业人数，其中含所在地区妇女就业的人数分析；项目总投资包括直接和间接的投资。

(2)项目对地区收入分配的影响

这主要是指项目对地区的收入及其分配的影响，即项目对公平分配和扶贫的影响。项目对于这些方面的影响后评价主要是评价项目实际的影响和项目实际情况与项目前评价的预计情况的差距，以及造成这些差距的原因，从而修订决策或采取相应的改进措施。

(3)项目对居民生活水平和生活质量的影响

项目对于居民生活水平和生活质量的影响的后评价包括分析和评价项目实际引起的居民收入的变化、人口和计划生育变化情况、住房条件和服务设施的改善、教育和卫生条件的提高、体育活动和文化娱乐活动的改善等，以及相应的项目前后评价的对比。

(4)项目对于地方和社区发展的影响

项目对当地和社区发展的影响的后评价主要评价项目实际上对于地区和社区的基础设施建设以及未来发展的各种影响，项目对于地方和社区的社会安定、社区福利、社区组织和管理等方面的影响。

(5)项目对于文化教育和民族宗教的影响

这方面的建设项目后评价内容包括项目对于文化和教育事业的影响，项目对于妇女社会地位的影响，项目对于少数民族和民族团结的影响，项目对于当地人民的风俗习惯和宗教信仰的影响等。这种后评价也包括对项目实际情况的评价和项目前后评价指标的对比。

对于项目社会影响的后评价除了上述一些专项评价以外，还要在这些专项评价的基础上，进行项目社会影响的综合评价。表12.5所示是项目社会影响综合评价的一种矩阵分析法。

表12.5 项目社会影响综合评价矩阵表

序号	指标(定性和定量)			评　　价		说明(措施与费用)
	原定指标	实际实现指标	差别	原因	结论	
1						
2						
…						

12.2.2 建设项目后评价的方法

12.2.2.1 前后对比法

前后对比法是指将项目实施之前与完成之后的情况加以对比，以确定项目的作用与效益的一种对比方法。在项目建设后评价中，则是指将建设项目前期的可行性研究和评价的预测结论以及技术设计时的技术经济指标，与项目的实际运行结果相比较，从而发现变化、找出偏差并分析原因。这种对比用于揭示计划、决策和实施的质量，是项目评价应遵循的原则。前后对比法是进行项目后评价的基础，特别是在进行项目财务评价和工程技术的效益分析时是不可缺少的。

12.2.2.2 有无对比法

有无对比法是后评价中的常用方法，是指将项目实际发生的情况与若干项目可能发生但未真实发生的情况进行对比，以度量项目的真实效益、影响和作用。对比的重点是要分清建设项目的作用和影响及项目以外因素的作用和影响。比较的关键是要求投入的代价与产出的效果口径一致。也就是说，所度量的效果要真正归因于所评价的项目。很多项目，特别是大型社会经济项目，实施后的效果不仅仅是项目的效果和作用，还有项目以外多种因素的影响，因此，简单的前后对比不能得出项目真正的效果。可以说，有无对比法是对前后对比法的有力补充。

12.2.2.3 逻辑框架法

逻辑框架法(LFA)是由美国国际发展署(USAID)于1970年开发并使用的一种设计、计划和评价的工具。目前，已有2/3的国际组织把逻辑框架法作为对援助项目进行计划、管理和评价的主要方法。

(1)逻辑框架法的含义

逻辑框架法是一种概念化论述项目的方法，即用一张简单的框架来清晰地分析一个复杂项目的内涵和关系，使之更易理解。逻辑框架法是将几个内容相关、必须同步考虑的动态因素组合起来，通过分析其相互之间的关系，从设计策划到目的目标等方面来评价一项活动或工作。

(2)逻辑框架法的模式

逻辑框架法从确定待解决的核心问题入手，向上逐级展开，得到其影响及结果，向下逐层推演找出其引起的原因，得到所谓的“问题树”。将问题树进行转换，即将问题树描述的因果关系转换为相应的手段——目标关系，得到所谓的目标树。目标树得到之后，进一步的工作要通过“规划矩阵”来完成。

逻辑框架模式见表12.6。

表12.6 逻辑框架模式

概述	目的实证指标	指标验证方法	重要假设条件
目标	实现目标的衡量标准	监测和监督手段及方法	目的和目标间的假定条件
目的	项目最终状况	监测和监督手段及方法	产出与目的间的假定条件
产出	计划完成日期产出的定量	监测和监督手段及方法	投入与产出间的假定条件
投入	投入物定量指标	监测和监督手段及方法	项目的原始假定条件

(3)垂直逻辑

逻辑框架法把目标分为四个层次，四个层次自下而上由三个逻辑关系相连接。第一级，如果保证一定的资源投入，并加以很好地管理，预计有怎样的产出；第二级，项目的产出与社会或经济的直接变化之间的关系；第三级，项目的目的对整个地区或整个国家更高层次目标的贡献。垂直逻辑可用来阐述各层次的目标内容及其上下级间的关系，如图12.1所示。

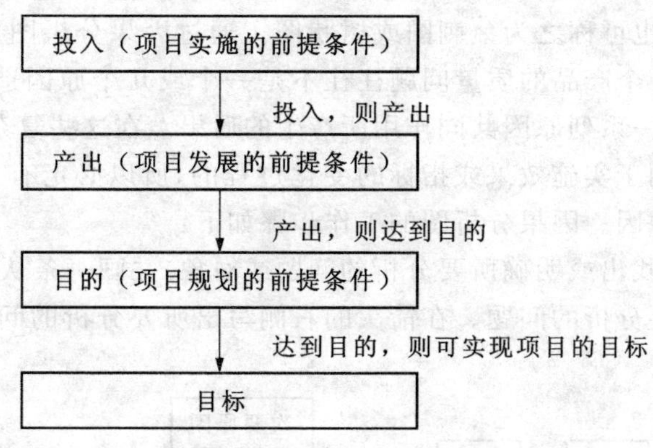

图 12.1　垂直逻辑中的因果关系

(4)水平逻辑

逻辑框架的垂直逻辑分清了评价项目的层次关系，但尚不能满足对项目实施分析和评价的要求。水平逻辑分析的目的是通过主要验证指标和方法来衡量一个项目的资源和成果。对应垂直逻辑每个层次目标，水平逻辑对四个层次的结果加以具体说明。水平逻辑关系由验证指标、验证方法和重要的假设条件所构成，形成了逻辑框架法的 4×4 的逻辑框架。水平逻辑验证指标和验证方法的内容与关系见表 12.7。

表 12.7　水平逻辑验证指标和验证方法

目标层次	验证指标	验证方法
宏观目标(影响)	影响程度(预测、实现等)	信息来源:文件、官方统计、项目受益者； 采用方法:资料分析、调查研究
项目目的(作用)	作用的大小	信息来源:受益者； 采用方法:资料分析、调查研究
产出	不同阶段项目定性和定量的产出	信息来源:项目记录、报告、受益者； 采用方法:资料分析、调查研究
投入	资源的性质、数量、成本、时间、区位	信息来源:项目评价报告、计划、投资者、协议、文件等

(5)建设项目后评价的逻辑框架

建设项目后评价通过应用逻辑框架法来分析项目原来的预期目标、各种目标的层次、目标实现的程度和原因，用以评价其效果、作用和影响。建设项目后评价的逻辑框架基本格式见表 12.8。

表 12.8　建设项目后评价的逻辑框架

目标层次	验证对比指标			原因分析		可持续性（风险）
	项目原定指标	实际实现指标	差别或变化	只要内部原因	只要外部条件	
宏观目标(影响)						
项目目的(作用)						
项目产出(实施结果)						
项目投入(建设条件)						

12.2.2.4　因果分析法

因果分析常采用因果分析图的方式进行。因果分析曾被用于分析和评价产品质量，根据因果分析图的形状，也可称之为鱼刺图或树状图。通过因果分析图可以分析查找造成质量问题的原因。因为一个产品的质量问题往往不是一个或几个原因造成的，而可能是由于大大小小、错综复杂的一系列原因共同作用所产生的后果。在这些复杂的原因中，由于它们不都是以同等效力作用于实施效果或指标的变化过程的，所以必定有主要的、关键的原因，也有次要的或一般的原因。因果分析图的工作步骤如下：

(1)首先从项目中找出或明确所要分析的问题或对象，并画一条从左至右的带箭头的粗线条，作为主干，表示要分析的问题。在箭头的右侧写出所要分析的问题或指标，如图 12.2 所示。

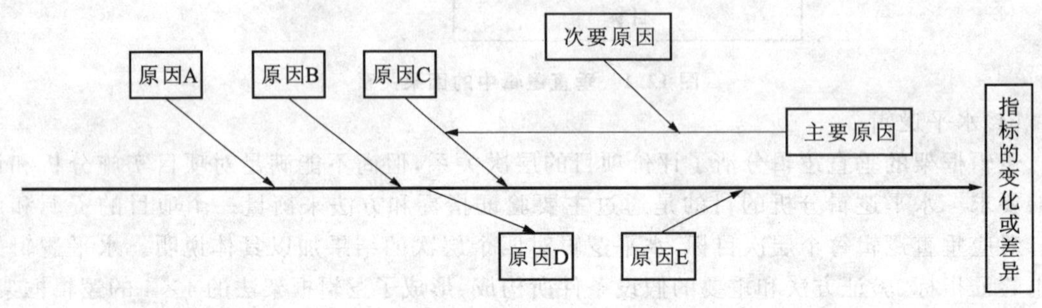

图 12.2　因果分析图

(2)原因分类。将原因、分析意见和收集的信息，按照问题的性质或属性进行分类，如外部因素、内部因素、主要因素、次要因素等。

(3)重要原因确定。对于造成项目重大变化，或对项目实施目标和效果产生重大影响的主要原因和核心问题加上突出的标记，作为重点分析评价对象。

12.3　建设项目后评价的指标

12.3.1　建设项目后评价指标体系的设置

对建设项目的实施效果进行定量分析，必须借助能够反映建设项目产生效果的评价指标。由于产出效果有不同的表现形式，说明不同方面的内容，单一指标不能概括各方面的效果，因此需要设计出一系列指标体系，才能够全面地反映建设项目的效果。

在建设项目后评价中的效果指标体系中，既要有反映经济效果的指标，又要有反映社会效果和环境效果的指标；既要有反映时间效果的指标，又要有反映质量和使用效果的指标；既要有反映策划、实施和运营等不同阶段效果的指标，又要有反映建设项目全寿命周期效果的指标。

12.3.2　建设项目后评价指标体系的设置原则

根据项目后评价的性质和特点，其指标体系的设置应遵循下列原则：

12.3.2.1　全面性和目的性相结合

项目后评价的指标要能全面反映建设项目从准备阶段到投产运营全过程的状况。但并不是越多越好，而是要围绕后评价的目标有一定的针对性。

12.3.2.2　微观投资效果指标与宏观投资效果指标相结合

整个国民经济和各部门、地区、企业在根本利益上是一致的。因此，在设置后评价指标体系时，既要有考核和分析项目实际微观投资效果的指标，也要有考核和分析项目实际宏观投资效果的指标。微观指标如前所述，宏观指标主要是指企业对国家宏观经济的影响，包括对国民经济的贡献，如 GDP 的增长，对国际收支的影响等。

12.3.2.3　动态指标与静态指标相结合

动态指标考虑了资金的时间价值，在计算过程中考虑了利息对项目的影响，能够真实反映项目的实际经济效果，但计算较复杂。动态指标适用于建设周期较长的项目，或资金流变化较大的项目。在进行项目后评价时，应将静态指标与动态指标结合起来，灵活运用。

静态指标在计算过程中不考虑资金的时间价值，也就是不考虑利息因素对项目的影响。静态评价指标使用简单，计算方便，但不能真实反映项目运营生命期内的实际经济效果。静态指标适用于项目建设周期较短，资金流变化不大的项目。

12.3.2.4　综合指标与单项指标相结合

综合指标是反映建设项目功能、利润、工期、投资总额、成本等经济效果的指标，如投资总额。它能够全面、综合地反映项目整体经济效益的高低，在项目后评价中起主导作用。单项指标是从某一方面或某一角度反映项目实际效果的大小的指标。

12.3.2.5　评价指标应具有可比性

项目后评价的指标与前评价、项目实施过程中的有关指标以及国内外同类项目的有关指标应基本一致，包括具有满足需要的可比性、价格可比性、时间可比性等。只有具备可比性，比较出来的结果才具备说服力和可信度。

12.3.2.6　后评价指标应具有通用性

通用性是指在进行建设项目后评价时，其计算指标的设置应该与建设项目前评价（如可行性研究）时的技术指标相对应，应具有相通性。这也是项目后评价与前评价进行对比分析的前提。

12.3.3　建设项目后评价指标的构成与计算

一般情况下，建设项目后评价主要通过以下一系列指标的计算和对比，来考察和分析项目实施后的效果。

12.3.3.1　反映建设项目前期和实施阶段效果的后评价指标

(1)实际项目决策（设计）周期变化率

$$\text{实际项目决策（设计）周期变化率} = \frac{\text{实际决策（设计）周期} - \text{预计决策（设计）周期}}{\text{预计决策（设计）周期}} \times 100\% \quad (12.2)$$

该指标反映实际项目决策（设计）周期与预计项目决策（设计）周期相比的变化程度。

(2)实际建设工期变化率

$$\text{实际建设工期变化率} = \frac{\text{实际建设周期} - \text{预计建设周期}}{\text{预计建设周期}} \times 100\% \quad (12.3)$$

该指标反映实际建设工期与计划安排工期（或国家统一制定的合理工期）的偏离程度。

(3)实际工程合格（优良）率

$$\text{实际工程合格率} = \frac{\text{实际工程合格数量}}{\text{鉴定工程合格数量}} \times 100\% \quad (12.4)$$

该指标反映建设项目的质量。

(4)实际总投资变化率

$$实际总投资变化率 = \frac{实际总投资 - 预计总投资}{预计总投资} \times 100\% \tag{12.5}$$

该指标反映实际总投资与项目前评价时预计总投资的偏离程度，包括静态比较与动态比较。

(5)实际单位生产能力(或效益)投资及其变化率

$$实际单位生产能力投资 = \frac{工程项目总投资}{新增生产能力} \times 100\% \tag{12.6}$$

该指标反映竣工项目每增加单位生产能力(或效益)所花费的投资，它将投资与投资效果联系起来分析，能够反映投资的比较效果。

$$\begin{array}{c}实际单位生产能力\\投资变化率\end{array} = \frac{实际单位生产能力投资 - 设计单位生产能力投资}{设计单位生产能力投资} \times 100\% \tag{12.7}$$

该指标反映实际单位生产能力(或效益)投资与设计单位生产能力(或效益)投资的偏离(节约)程度。

12.3.3.2　反映建设项目运营阶段效果的后评价指标

(1)实际达到产量年限变化率

$$实际达到产量年限变化率 = \frac{实际达产年限 - 设计达产年限}{设计达产年限} \times 100\% \tag{12.8}$$

该指标反映实际达到产量年限与设计达到产量年限的偏离程度。

(2)实际产品价格(成本)变化率

该指标可以衡量前评价中对产品价格(成本)的预测水平，也可以部分地解释实际投资效益与预期投资效益产生偏差的原因，还可以作为重新预测项目全寿命周期内产品价格(成本)变化情况的依据。该指标计算可分三步进行。

第一步，计算各年主要产品的价格(成本)变化率。

$$\begin{array}{c}各年主要产品的\\价格(成本)变化率\end{array} = \frac{该年实际产品价格(成本) - 预计产品价格(成本)}{预计产品价格(成本)} \times 100\% \tag{12.9}$$

第二步，计算各年主要产品价格(成本)平均变化率。

$$\begin{array}{c}各年主要产品价格\\(成本)平均变化率\end{array} = \sum \begin{array}{c}该年产品价格\\(成本)变化率\end{array} \times \frac{该产品产值(成本)}{总产值(总成本)} \tag{12.10}$$

第三步，计算考核期内的产品价格(成本)变化率。

$$\begin{array}{c}产品价格(成本)\\变化率\end{array} = \frac{\sum 各年主要产品价格(成本)平均变化率}{考核期限} \times 100\% \tag{12.11}$$

(3)实际投资利润(利税)率及其变化率

$$实际投资利润(利税)率 = \frac{年实际利润(利税)}{实际总投资} \times 100\% \tag{12.12}$$

该指标是反映建设项目投资效果的一个重要指标，其中年实际利润(利税)是指项目达到设计生产能力后的实际年利润(利税)或实际平均利润(利税)。

$$\begin{array}{c}实际投资利润\\(利税)变化率\end{array} = \frac{年实际利润(利税)率 - 预计投资利润(利税)率}{预计投资利润(利税)率} \times 100\% \tag{12.13}$$

该指标反映实际投资利润(利税)率与预计投资利润(利税)率的偏离程度。

12.3.3.3 反映建设项目全寿命周期效果的后评价指标

(1)实际净现值($RNPV$)及其变动率

$$RNPV = \sum_{t=1}^{n}(RCI - RCO)_t(1+i)^{-t} \tag{12.14}$$

式中 $RNPV$——实际净现值;

RCI——建设项目实际或根据实际情况重新预测的年现金流入量;

RCO——建设项目实际或根据实际情况重新预测的年现金流出量;

i——根据实际情况重新选定的行业基准投资收益率;

n——重新预测的建设项目寿命期;

t——建设项目计算期($t=1,2,\cdots,n$)。

该指标反映建设项目寿命期内的动态获利能力。

$$\text{净现值变化率} = \frac{RNPV - NPV}{NPV} \times 100\% \tag{12.15}$$

式中 $RNPV$——实际(后评价)净现值;

NPV——预计(前评价)净现值。

该指标反映实际净现值与预计净现值的偏差程度。

(2)实际内部收益率($RIRR$)

$$RIRR = \sum_{t=1}^{n}(RCI - RCO)_t(1+IRR)^{-t} = 0 \tag{12.16}$$

实际内部收益率($RIRR$)是建设项目在后评价前实际发生的各年净现金流量和后评价后重新预测的项目全寿命周期内各年净现金流量的现值之和为零时的折现率。该指标是通过解上述方程求得的。用后评价时计算得到的实际内部收益率($RIRR$)与前评价时预测计算的内部收益率(IRR)或行业基准投资收益率(i_k)进行比较,能清楚地反映出建设项目的实际投资效益。若 $RIRR \geqslant i_k$ 或 $RIRR > IRR$,则说明建设项目的实际投资经济效益已达到或超过行业平均水平或预测的目标水平,有较好的投资经济效益。

(3)实际投资回收期

该指标反映用项目实际产生的净收益或根据实际情况重新预测的净收益来抵偿总投资所需的时间。投资回收期分静态投资回收期和动态投资回收期。

静态投资回收期(P)的计算公式为:

$$\sum_{t=1}^{P}(RCI - RCO)_t = 0 \tag{12.17}$$

式中 P——静态投资回收期;

其余符号同前。

动态投资回收期(P_t)的计算公式为:

$$\sum_{t=1}^{P_t}(RCI - RCO)_t(1+i)^{-t} = 0 \tag{12.18}$$

式中 P_t——动态投资回收期;

其余符号同前。

(4)实际借款偿还期(P_{Rd})

该指标反映用项目实际产生的用于还款的折旧和部分税后利润来抵偿固定资产投资借款本金和建设期利息所需的时间。它反映建设项目的实际偿债能力。

$$I_{Rd} = \sum_{t=1}^{P_{Rd}} (P_{Rp} + D_R + R_{Ro} - R_{Rt}) \tag{12.19}$$

式中 I_{Rd}——固定资产投资借款本金和建设期利息；

P_{Rd}——实际借款偿还期；

P_{Rp}——实际或重新预测的年税后利润；

D_R——实际用于还款的折旧；

R_{Ro}——实际用于还款的其他收益；

R_{Rt}——还款期内的企业留利。

(5)实际经济净现值(*RENPV*)和实际经济内部收益率(*REIRR*)

实际经济净现值(*RENPV*)和实际经济内部收益率(*REIRR*)是国民经济后评价中的两个重要指标，其计算方法与实际净现值(*RNPV*)和实际内部收益率(*RIRR*)相同。但在计算这两个指标时必须认真考虑以下两个问题：①建设项目投入物和产出物影子价格的确定；②建设项目的间接效益和间接费用的计算。由于后评价是在建设项目竣工投产若干年后进行的，与前评价相隔近10年，在此期间由于经济发展、产业结构调整和汇率变化，前评价时的影子价格已不适用了，必须重新计算；对于建设项目的间接效益和间接费用，也会随时间的推移，随其他建设项目建成投产等因素的变化，使预期的间接效益随之消失，间接费用也会有所变化，因此在后评价时均应重新加以考虑，做出新的符合实际的评价。

12.3.3.4　反映建设项目社会效益和环境效益的后评价指标

反映建设项目社会效益和环境效益的后评价指标有定性和定量两大类。

反映建设项目社会效益和环境效益的定性指标包括对资源的有效利用、先进技术的扩散、生产力布局的改善、工业产业结构的调整、地区经济平衡发展的促进以及有利于对生态平衡和环境保护等方面产生影响的描述。

反映建设项目社会效益和环境效益的定量指标有劳动就业效益、收入分配效益和综合能耗等。

(1)劳动就业效益的后评价指标

建设项目的劳动就业效益可分为直接劳动就业效益、间接劳动就业效益和总劳动就业效益三种。

$$\text{直接劳动就业效益} = \frac{\text{工程项目新增就业人数}}{\text{工程项目投资支出}} \tag{12.20}$$

$$\text{间接劳动就业效益} = \frac{\text{配套项目新增就业人数}}{\text{配套项目投资支出}}$$

$$\text{总劳动就业效益} = \frac{\text{工程项目新增就业人数} + \text{配套项目新增就业人数}}{\text{工程项目投资支出} + \text{配套项目投资支出}} \tag{12.21}$$

劳动就业效益指标是指单位投资所创造的就业机会。劳动就业效益与技术进步和劳动生产率提高是有矛盾的，所以劳动就业效益的评价应与项目的目标联系起来分析和评价。

(2)收入分配效益的后评价指标

收入分配效益是考察建设项目的国民收入净增值在职工、投资者、企业和国家等各利益主体之间的分配情况，并评价其公平、合理与否。

$$职工分配比重 = \frac{年职工工资收入 + 年职工福利费}{项目年国民收入净增值} \times 100\% \tag{12.22}$$

$$投资者分配比重 = \frac{投资者年分配利润}{项目年国民收入净增值} \times 100\% \tag{12.23}$$

$$企业留用比重 = \frac{年提取法定盈余公积金和公益金 + 未分配利润}{项目年国民收入净增值} \times 100\% \tag{12.24}$$

$$国家分配比重 = \frac{年上缴国家财政税金 + 保险费 + 利息}{项目年国民收入净增值} \times 100\% \tag{12.25}$$

$$国民收入综合能耗 = \frac{年度能源消耗量}{项目年国民收入净增值} \tag{12.26}$$

式中　年度能源消耗量——生产时消耗的煤、油、汽等折合成标准煤的重量。

综合能耗指标反映建设项目能源利用状况和对社会效益带来的影响。

12.4　建设项目后评价报告的编写

12.4.1　建设项目后评价工作程序

建设项目的后评价都应遵循一个客观和循序渐进的过程，具体可以概括为以下几个步骤。

12.4.1.1　组建建设项目后评价机构

建设项目后评价是一项较复杂的工作，其工作人员应具有良好的职业道德和较强的责任心，并具有较高的业务水平。就知识结构而言，工作人员应包括以下几类专家：经济学专家、工程技术专家、投资管理专家、生产经营管理专家、市场预测专家和统计分析专家等。

我国项目后评价的组织机构应符合以下基本要求：

(1)满足客观性、公正性要求。

(2)具有反馈检查功能。

12.4.1.2　选择项目后评价的对象

(1)投产后本身经济效益明显不好的项目。

(2)国家急需发展的短线产业部门的投资项目。

(3)国家限制发展的长线产业部门的投资项目。

(4)一些投资额巨大、对国计民生有重大影响的项目。

(5)一些特殊项目。

12.4.1.3　制订建设项目后评价计划

建设项目后评价机构应根据项目的特点，确定项目后评价小组的人员配备和进度安排、每个人员的具体职责分工，确定建设项目后评价的内容和范围，选择建设项目后评价所采用的方法和指标体系。

12.4.1.4　收集资料和选取数据

项目后评价是以大量的数据、资料为依据的，这些材料的来源要可靠。一般由项目后评价者亲自调查整理，需要收集的数据和资料如下：

(1)档案资料。如规划方案、项目建议书、可行性研究报告、评估报告、设计任务书、初步设计材料和批文、施工图设计和批文、竣工验收报告等。

(2)项目生产经营资料。主要包括生产、销售、供应、技术、财务等部门的统计年度报告。

(3)分析预测用基础资料。主要包括建设项目开工以来的有关利率、税种、税率、物价指数变化等方面的资料。

(4)与项目有关的其他资料。如国家及地方的产业结构调整政策和长远规划、国家和地方颁布的规定和法律文件等。

12.4.1.5　分析项目实际效果与预期目标的偏差

在充分占有资料的基础上,可根据原国家计划委员会制定的《国家重点建设项目后评价方法》,参照原国家计划委员会颁发的《建设项目经济评价方法与参数》,对项目进行全面的定性与定量分析论证。

(1)整理资料。整理已实际发生的各项基础财务数据资料,如项目所有投入和发生的费用、产出及取得的效益。了解这些费用和效益的数量、时间和具体内容,分析鉴别其真实性和可靠性。

(2)编制经济财务报表。将经整理和去伪存真的各项基础财务数据分门别类地填入相关报表,对后评价时点以后的栏目数据,需经重新测算后填入报表。测量依据要可靠,预测数据取值要经得起推敲。

(3)计算后评价指标。直接利用经济财务报表和有关资料计算整个项目的各项后评价指标。

(4)分析后评价指标。根据后评价指标,找出项目实际效果与预期目标的差异,分析产生偏差的原因。

12.4.1.6　编制建设项目后评价报告

建设项目后评价报告是后评价工作的最终成果,它应客观反映项目建设全过程,重新评估项目效果,总结经验教训,提出包括问题和建议在内的综合评价结论,并附有项目效果前后分析对比表。

12.4.1.7　上报后评价报告

把编制好的正式后评价报告上报给组织后评价的部门。

12.4.2　建设项目后评价报告的内容

建设项目的类型、规模不同,其后评价报告的内容和格式也不同。一般建设项目后评价报告应包括以下内容。

12.4.2.1　总论

综述建设项目实施概况,建设项目后评价的主要结论概要和存在的问题及建议,建设项目后评价工作的组织机构及其工作依据和方法简介。

12.4.2.2　项目前期工作后评价

项目前期工作后评价包括对项目筹建工作的评价、项目立项和决策工作的评价、厂址选择工作的评价、建设项目勘察设计工作的评价和建设项目建设准备工作的评价。

(1)项目筹建工作的评价。主要评价项目筹建单位的组织机构设置、人员素质情况、筹建计划安排及其筹建工作效率等。

(2)项目立项和决策工作的评价。建设项目立项和决策工作的评价是建设项目后评价的重点，主要评价承担建设项目可行性研究和项目(前)评估单位的资格及其提交报告的质量、项目决策依据、项目决策程序和项目决策效率。

(3)厂址选择工作的评价。主要评价厂址选择是否符合国家建设布局、城镇规划、环境保护、节约土地和技术协作等的要求。

(4)建设项目勘察设计工作的评价。主要评价承担建设项目勘察设计的单位是否经过招标优选，以及勘察设计的质量和效果。

(5)建设项目建设准备工作的评价。主要是对征地拆迁工作、建设资金筹集工作和建设物资采购工作的评价。

12.4.2.3 建设项目实施工作后评价

建设项目实施工作后评价包括对施工发包工作的评价，对工程质量、进度和造价的评价，对业主、监理和承包商三者协调关系的评价，对工程合同管理的评价，对工程竣工验收的评价。

(1)施工发包工作的评价。主要评价承担建设项目的施工企业是否经过招标优选，施工企业的资质和合同履约情况。

(2)工程质量、进度和造价的评价。主要是计算工程质量、进度和造价的后评价指标，并进行分析和评价。

(3)业主、监理和承包商三者协调关系的评价。评价工程实施管理的重点是质量、进度和造价，关键是业主、监理、承包商三方协调、携手协力。

(4)工程合同管理评价。主要评价工程合同形式的选择和工程索赔处理。

(5)工程竣工验收的评价。主要评价所有建设项目(包括环保设施)是否全部配套建成，竣工决算资料和技术档案是否已整理、移交和归档等，是否存在先使用、后验收或竣工验收后不办理固定资产交付使用手续等情况。

12.4.2.4 建设项目生产运营工作后评价

建设项目生产运营工作后评价包括对经营管理和生产技术系统的评价和产品方案的评价。

(1)经营管理和生产技术系统评价。主要评价生产管理机构设置是否合理，管理人员的知识结构、业务水平是否与生产经营活动相适应，经营管理制度是否健全与落实，技术研究和发展机构是否存在或设置是否合理，技术人员的知识结构、专业水平是否与技术研究和发展活动相适应，技术管理制度是否健全与落实。

(2)产品方案评价。主要评价投产后产品规格、品种的变化情况及其对经济效益的影响，以及现行产品方案对市场的适应性和企业根据市场需求及时调整产品方案的能力等。

12.4.2.5 建设项目经济后评价

建设项目经济后评价包括建设项目的财务效益后评价、国民经济效益后评价、社会效益后评价和环境效益后评价。

(1)财务效益后评价。主要是计算财务效益的后评价指标，并进行分析和评价。

(2)国民经济效益后评价。主要是计算国民经济效益的后评价指标，并进行分析和评价。

(3)社会效益后评价。主要是计算社会效益的后评价指标，并进行分析和评价。

(4)环境效益后评价。主要是计算环境效益的后评价指标，并进行分析和评价。

12.4.2.6 综合结论

综合结论是对上述各项评价内容进行的总结性归纳。它包括项目决策、实施和生产经营各阶段工作的主要经验和教训;对项目可行性研究和项目(前)评估决策水平的综合评价;在对项目进行再评估后,展望其发展前景,并为提高项目在未来时期内的经济效益水平提出的建议和对策。

本章小结

1.建设项目后评价是指对已经完成的建设项目或规划的目的、执行过程、效益、作用和影响所进行的系统的客观的分析。

2.建设项目后评价的特点。(1)合作性;(2)全面性;(3)现实性;(4)实用性;(5)反馈性;(6)探索性。

3.建设项目后评价的作用。微观角度(即项目自身)而言,建设项目后评价可以提高企业今后决策、管理和建设的水平,是增强投资活动工作者责任心的重要手段,进而达到提高和改善投资效益的目的,并可促使建设项目运营状态正常化。从宏观角度(即国家和社会角度)而言,可以为政府制定和调整有关经济政策提供参考信息,为银行调整信贷政策提供依据,为提高建设项目监管水平提出建议。

4.建设项目后评价的种类。根据评价的时点划分为跟踪评价、实施效果评价、影响评价;根据评价的内容划分为目标评价、项目前期工作和实施阶段评价、项目运营评价、项目影响评价、项目持续性评价;根据评价的对象划分为大型项目或项目群的后评价、对重点项目中关键工程运行过程的追踪评价、对同类项目运行结果的对比分析、行业性的后评价;根据评价的主体划分为项目自评价、行业或地方项目后评价、独立后评价。

5.建设项目后评价与项目前评价的区别主要包括:评价的主体不同、评价的性质不同、评价的依据不同、评价的阶段不同、评价的内容不同、在投资决策中的作用不同。

6.建设项目后评价的基本原则是科学性、独立性、实用性、透明性、反馈性。

7.建设项目后评价的基本内容主要是对建设项目的目标、实施效果、技术水平、财务、国民经济、环境影响、社会影响等方面的评价。

8.建设项目后评价的方法主要有前后对比法、有无对比法、逻辑框架法和因果分析法。

9.建设项目后评价指标体系的设置原则包括:全面性和目的性相结合,微观投资效果指标与宏观投资效果指标相结合,动态指标与静态指标相结合,综合指标与单项指标相结合。后评价指标应具有可比性,后评价指标应具有通用性。

10.建设项目后评价指标的构成与计算。指标主要包括反映建设项目前期和实施阶段效果的后评价指标,反映建设项目运营阶段效果的后评价指标,反映建设项目全寿命周期效果的后评价指标,反映建设项目社会效益和环境效益的后评价指标。

11.建设项目后评价工作程序。组建建设项目后评价机构,选择建设项目后评价的对象,制订建设项目后评价计划,收集资料和选取数据,分析建设项目实际效果与预期目标的偏差,编制建设项目后评价报告,上报后评价报告。

12.建设项目后评价报告的内容主要包括:总论,建设项目前期工作后评价,建设项目实施工作后评价,建设项目生产运营工作后评价,建设项目经济后评价,综合结论。

习　题

(1)什么是建设项目后评价？

(2)建设项目后评价的类型有哪些？

(3)项目后评价与项目前评价的主要区别有哪些？

(4)建设项目后评价有哪些特征？

(5)简述建设项目后评价的程序。

(6)建设项目后评价包括哪些方面的内容？

(7)项目后评价的常用方法有哪些？

(8)简述建设项目后评价的作用。

(9)建设项目后评价有哪些指标？

(10)什么是逻辑框架法？逻辑框架的模式是怎样的？

(11)什么是有无对比法？

(12)什么是因果分析法？

(13)项目后评价指标体系设置的原则是什么？

(14)反映建设项目社会效益和环境效益的后评价指标有哪些？

(15)简述建设项目社会影响后评价的主要内容。

(16)建设项目目标后评价的主要内容有哪些？

(17)项目环境影响后评价一般包括哪几部分内容？它们分别是什么？

(18)反映建设项目前期和实施阶段效果的后评价指标有哪些？

(19)反映建设项目运营阶段效果的后评价指标有哪些？

(20)反映建设项目全寿命周期效果的后评价指标有哪些？

(21)简述因果分析图的工作步骤。

(22)因果分析法的对象包括哪些？

案例　蓝山某财富城项目可行性研究报告

1.总论

1.1　项目概况

项目名称:蓝山某财富城项目

项目总投资:3000 万元,总建筑面积约 30307m^2

项目开发单位:某房地产开发公司

1.2　区域概况

蓝山县是革命老区,县境东西宽 55km,南北长 67km,全县总面积 1810.14km^2,总人口 35.34 万余人。

蓝山县区位优越,交通便利,素有“湘南门户”之称。境内资源丰富,可谓物华天宝。

1.3　项目简介

1.3.1　项目由来

项目位于城区繁华的最具升值潜力的商业核心圈。项目以拍卖方式获得该土地的使用权。

1.3.2　项目简介

本项目为商业综合开发项目。一至二层为商业用房,三层局部为商业用房,三层以上为高层商品住宅。共开发三栋房屋建筑。总用地面积 4705.5m^2,总建筑面积约 30307m^2,其中商铺面积约 7835.5m^2,商品住宅面积约 22471.5m^2。项目总投资 3000 万元。

1.4　项目开发单位基本情况

某房地产开发公司是一家较具规模的综合型房地产开发企业,有三级房地产开发资质。有一定的商业房地产开发经验,拥有大量的工程技术人员。

1.5　可行性研究的主要依据及范围

1.5.1　可行性研究主要依据

(1)国家现行的有关法律、法规和规定。

(2)蓝山某财富城项目建筑初步设计方案。

(3)蓝山某财富城项目规划及规划批复。

(4)土地拍卖确认书及土地使用证。

(5)项目建设开发单位提供的基础资料。

1.5.2　可行性研究范围

本次可行性研究主要依据国家有关政策、法律、法规、规范等,以及建设单位提供的基础资料,对该项目建设的必要性、工程建设条件、工程规划设计方案、工程建设内容进行分析、研究,确定拟建规模、工程建设总投资、工程实施进度安排、招投标方式、环境保护及节能措施、拆迁安置方案。综合分析预测房地产市场价格,对项目进行财务分析、社会经济评价以及风险能力分析,以确定项目的可行性。

1.6　主要技术经济指标(例表1.1)

例表1.1　主要技术经济指标

序号	项　　目	单位	数据	备注
1	占地面积	m^2	4705.5	
2	总建筑面积	m^2	30307	
3	可销售面积	m^2	30307	
4	建筑密度	%	65.8	
5	容积率		4.9	
6	绿化率	%	8	
7	总投资	万元	3000	
8	贷款利息	万元	141.75	
9	销售总收入	万元	5549	
10	上缴税金	万元	867.9	
11	开发利润	万元	1142.68	
12	项目投资利润率	%	28.4	
13	项目投资利税率	%	33.5	
14	项目财务内部收益率	%	27	税后
15	项目税后净现值	万元	456.98	$i_c=12\%$
16	借款偿还期	年	2.7	

1.7　主要研究结论

(1)项目地处蓝山县城东路的十字路商业中心地段,交通便捷,是经商的黄金地段,也是居家的风水宝地。该项目进行综合开发,将地理优势转化为商品经济优势,来满足市场需求,拉动地方经济发展。

(2)本项目总投资3000万元,项目预测房地产销售收入5549万元,财务内部收益率27%,开发企业在该项目上获纯利1142.68万元。全部投资回收期2.81年,借款偿还期2.7年,同时可向国家和地方财政上缴税金867.9万元,开发该项目经济效益明显。

(3)该项目的实施,为县域经济发展创造了良好的条件,增加了就业渠道,可同时解决1000多人就业和改善旧城区近100户居民的居住条件,具有极大的社会效益。

(4)该项目的实施,有利于县城的城市化发展,有利于美化、亮化城市,有利于提高县城的品位。

2.项目建设的必要性

该项目地处商业核心区中心,项目建设适应城市化发展的要求,以及旧城改造和新规划的商业中心商圈建设的需要。

3.项目开发条件

3.1　开发项目基本情况

项目位于交叉路口,场地平整,总占地面积4705.5m^2。该建筑为综合性商住楼,总建筑面积为 30307m²,建筑层数为十二层。

3.2 开发项目建设条件

原材料供应情况较好,基础设施及市政设施条件配套完备,且有优惠政策。

4.市场分析

4.1 房地产市场环境分析

4.1.1 人口环境

城区人口为10多万,流动人口近5万。城市居民年龄结构比较年轻,人口增长速度较快,市场规模容量不断扩大。随着住房制度的推进和企业改制力度的加大,对房地产商品的需求进一步加强。

4.1.2 经济环境

国民经济增长速度快,居民储蓄量不断增加,对房地产商品的要求也不断提高。

4.1.3 政治环境

本项目作为招商引资项目,纳入县委、县政府的重要工作目标,享有一系列的招商引资优惠政策。

4.1.4 市场环境

房地产开发逐步规范化、市场化,不公平竞争将退出历史舞台,为旧城区土地的不断升值创造了条件。

4.1.5 市场前景

县城房价呈逐年递增之势,市场对商品住宅及商场的需求呈旺盛之势。

4.2 市场需求分析

4.2.1 供给市场特征

(1)商业非常集中,商圈现象突显。

(2)商业分布缺乏规划,不成体系。

(3)缺乏现代商业形式。

(4)缺乏上档次的卖场。

(5)缺乏餐饮、娱乐和休闲场所。

(6)房地产市场刚刚起步。

(7)缺乏开发理念。

(8)开发水平低,开发规模小。

4.2.2 需求市场特征

住宅产品市场需求量大,商业物业需要精心定位。

4.3 相关项目的市场调查分析

4.3.1 优势

(1)避免定位重复,形成恶性竞争。

(2)避免价格战。

4.3.2 项目销售价格预测

(1)按照15年的投资回收期确定项目的销售价格;比照周边门面的租赁价格,可以确定本项目的租赁价格为43元/(m²·月)。按照15年的投资回收期计算,则项目临街门面的平均销售单价是43元/(m²·月)×12月×15年=7740元/m²。

考虑预测价格，约为 7800 元/m^2。

(2)商铺抛出市场的价格区间

一层临街门面：9000～11000 元/m^2；

一层内部：4000～6000 元/m^2；

二层商铺：2000 元/m^2 左右；

三层商铺：1800 元/m^2 左右。

4.4 市场调查结论

当前商场及商品住宅市场状况良好，消费基础稳定，有着相当多的优势条件，有利于本项目开发，具体分析如下：

4.4.1 有利因素

(1)经济持续增长，居民生活水平不断提高。

(2)成熟商业核心区，得天独厚的绝版地段，无须大量宣传即可得到消费者认可。

(3)独特的设计，打破现有商铺与多层住宅模式，易于制造热点。

(4)政府政策扶持，加大培育市场力度；同时通过对国有土地的严格控制，使地价与房价在近期内得到飙升。

(5)旧城区的整合与改造，使旧城商业环境与居住环境得到了相当大的改善。

4.4.2 不利因素

(1)土地开发成本较高，存在一定的竞争压力，开发周期要短；

(2)项目位于旧城中心，施工场地较小，要加强施工管理，文明施工。

5.项目规划设计方案及项目建设内容

5.1 规划设计说明

5.1.1 设计依据

(1)甲方所提供的《设计方案征集邀请书》。

(2)甲方所提供的有关该项目用地红线图及地形图。

(3)《民用建筑设计通则》(GB 50352—2005)。

(4)《建筑设计防火规范》(GB 50016—2006)。

(5)《工程建设标准强制性条文》(房屋建筑部分)，建标[2002]219 号。

(6)住房和城乡建设部颁布的《建筑工程设计文件编制深度的规定》。

5.1.2 设计理念

(1)充分关注商业及住宅建筑的形象塑造，力图保持城市主干道景观序列的延续性和完整性。

(2)突出城市办公建筑的特殊性质，使建筑形象充分反映新时代的特色。

(3)室内外空间互相融合，创造出丰富而有层次的建筑空间效果。

(4)建筑外形明快，具有现代感，以展现新世纪新建筑的风貌。

5.1.3 功能布局

本项目打破传统的空间组织形式，力图营造一种多层次主体化的公共活动空间，利用不同功能空间之间的互相渗透，加上边廊、内院、中庭、联系平台的相互穿插，使平面和竖向空间层次丰富。

5.1.4 造型设计

建筑造型以现代风格为基调，外观虚实对比强烈，造型纯朴而明快，色彩丰富，体现出浓厚的现代办公建筑的氛围。建筑风格突出一种充分体现时代感的新锐特色。建筑形体既有整体的大气磅礴，也不乏丰富的细致纤巧，通过整体造型的几何特性、材料的巧妙运用，传达出新时代锐意进取、力争上游的拼搏精神。

5.1.5 技术经济指标

总用地面积：4705.5m^2（其中道路面积 328.34m^2）。

净用地面积：4377.16m^2。

总建筑面积：30307m^2（住宅面积 22471.5m^2，商业面积 7835.5m^2）。

基底面积：4052.0m^2。

容积率：4.9。

建筑密度：65.8%。

5.2 项目规划建筑物设计方案

根据已经批复的项目规划，项目建设总建筑面积 30307m^2，其中：商铺 7835.5m^2，住宅 22471.5m^2。总基底面积约 4052m^2，建筑密度 65.8%，设计为一、二层为商业用房，三层局部为商业用房，三层以上为小高层商品住宅。设计商铺可售面积 7835.5m^2，住宅 200 套，面积 22471.5m^2，同时配套建设停车场，停车位 20 个。在住宅设计中，三室两厅（122.72m^2/套）100 套，二室两厅（102m^2/套）100 套。商场设计为全框架结构，打破现有门面商铺概念，由自动扶梯联系一至三层，商场并设中厅，与二层屋面采光井配套，确保商场有良好的通风和采光。

5.3 项目工程建设内容

5.3.1 拆除工程

项目内现有五层楼 1 栋，民房 2 栋，总拆除面积 2000m^2，所拆房屋为砖混结构，所有拆除工作在 1 个月内可以完成。

5.3.2 建安工程

(1)土建部分：总建筑面积 30307m^2，建筑结构采用人工挖孔桩基础，主体工程为框架结构，外部装修采用外墙漆、铝塑板。

(2)设备及安装：安装工程包括消防系统，室内设备，商场扶梯。

(3)配套工程：休闲广场、绿地、临街景观、停车场及消防通道。

6.环境保护与节能

6.1 环境保护

(1)该项目属综合服务性项目，有生活污水产生，需按国家标准进行处理。

(2)对于生活废弃物要指定地方堆放、分类处理；该焚烧的焚烧，该转走的转走，配有专人负责管理。

(3)本项目在正常运营过程中产生的生活垃圾统一进入垃圾站房，交送环保部门统一处理。

(4)本项目在施工过程中，机械设备噪音及施工中粉尘对周围人群和环境会造成污染。因此施工中对产生较大噪音的机械设备需加隔音装置，对粉尘拟采用喷水降尘措施。总之，在项目建设和运营过程中，采取措施后要符合环保法规的要求。

6.2 节能

6.2.1 节电措施

一切电器设备、机械设备电机均采用最新节能产品，减少电能消耗，如电梯、空调、扶梯等。

6.2.2　节水措施

一切用水器具均采用节水型器具，本项目采用直接饮用水和生活用水分开的方式，可节约用水；冲洗卫生间的用水可采用中水，高压供水系统可采用二次加压，以减少用水量。

6.2.3　其他节能措施

采用真空玻璃减少室外温度传递到室内，从而减少室内能量消耗，商场入口及楼梯口装置幕帘，减少室内外热量传递，从而达到节能效果。

7. 项目开发管理、开发建设进度安排及工程招标事项

7.1　外部协调

本项目属招商引资建设项目，由县政府成立指挥部协调处理开发建设过程中的各种外部问题，保证开发项目的投资单位不受外界干扰，顺利完成项目开发、建设和营销等工作。

7.2　内部管理

经公司董事会研究决定，本项目由董事长兼总经理全权负责，重大决策再召开董事会研究，由董事长直接聘请下属人员，集公司全体职工力量进行项目开发建设。

7.3　开发建设进度安排

整个项目从当年 8 月开始，至次年 10 月全部竣工，历时 1 年零两个月。

7.4　工程招标事项

本项目属公共商业建筑及商品住宅建筑，应纳入招标范围，建筑及安装工程采用公开招标方式；工程设计、监理可采用邀请招标方式。

8. 投资估算与资金筹措

8.1　投资估算

本项目总投资由项目建设成本和建设期利息两部分组成。

8.1.1　开发成本估算

开发成本主要包括建筑安装工程费（简称建安工程费）、土地开发成本、开办费、不可预见费、销售费用等。

(1)建安工程费主要包括建安成本和配套设施建设费，共计 2105.07 万元。

①建安成本包括土建工程、室内给排水工程、室内照明工程、室内装饰工程、设备及消防工程所需成本，按目前建筑市场实际行情约 580 元/m²，计算需建安成本 1757.81 万元。商铺隔断及装修费 117.26 万元。

②基础设施配套费为 230 万元。

③拆除工程：根据实际行情，拆除房屋废旧材料可抵扣拆除工程工资及废渣清理费。

(2)土地开发成本：根据土地拍卖确认书，所有土地购置费为 318.2 万元。

(3)开办费共计 120.31 万元。

①项目管理费按建安成本的 4%计算，为 70.31 万元。

②规划勘探设计费为 50 万元。

(4)其他费用含质检费、监理费、投资管理费等，共 25 万元。

(5)前期销售费用包括广告宣传及市场推广费等，共 30 万元。

(6)开发期税费共计 83.89 万元。

①土地出让金及土地使用税：本项目土地通过拍卖出让所得，土地出让金及土地使用税免。

②规划配套设施费 30 万元。

③劳保基金：53.89 万元。

(7)不可预见费按 270.28 万元考虑。

以上 7 项费用共计 2952.75 万元。

8.1.2　建设期利息

本项目拟向银行贷款 1500 万元，于次年贷款，至第三年全部还清，贷期两年，年利率 6.3%，共需：

$$建设期利息=(上年贷款本息累计+当年贷款额\times\frac{1}{2})\times年实际利率$$

$$=\frac{1}{2}\times1500\times6.3\%=47.25\ 万元$$

经营期第一年利息＝接转上年本利和×年实际利率＝1500×6.3%＝94.5 万元

项目投资总额为 3000 万元，以开发单位可销售面积计算，每平方米综合造价为 989.87 元/m^2，项目总投资估算见例表 1.2。

例表 1.2　项目总投资估算表

编号	项目名称及费用	单价(元/m^2)	面积(m^2)	合计(万元)
1	建安工程费			2105.07
1.1	建安成本	580	30307	1757.81
1.2	基础设施配套费			230
1.3	商铺隔断及装修费			117.26
2	土地开发成本			318.2
3	开办费			120.31
3.1	项目管理费			70.31
3.2	规划勘探设计费			50
4	其他费用(含质检费、监理费等)			25
5	前期销售费用			30
6	开发期税费			83.89
6.1	规划配套设施费			30
6.2	劳保基金			53.89
7	不可预见费			270.28
8	建设投资(1+2+3+4+5+6+7)			2952.75
9	建设期利息			47.25
10	项目总投资(8+9)			3000
11	建筑面积单位成本(元/m^2)			989.87

8.2　资金筹措及资金使用计划

8.2.1　资金筹措

资金筹措和使用计划估算表见例表1.3。

例表1.3　资金筹措和使用计划估算表

单位:万元

编号	项目名称	建设经营期	
		当年	次年
1	资金来源	1500	1500
	1.1 自有资金	1100	
	1.2 建筑商垫资	100	
	1.3 房屋销售收入再投入	300	
	1.4 银行贷款		1500
2	资金运用	1500	1500
	2.1 建设资金成本	1500	1452.75
	2.2 借款还本付息		47.25
	2.3 销售税金及附加		
	2.4 土地增值税		
	2.5 所得税		
3	累计盈余资金		

项目资金投入量较大,约为3000万元,资金来源为自有资金、建筑商垫资、房屋销售收入再投入和银行贷款。

(1)自有资金:公司计划投放自有资金1100万元,于第一年全部投入。

(2)建筑商垫资:按市场行情垫资取建安成本10%左右可筹集资金100万元,于第一年投入。

(3)房屋销售收入再投入:项目主体工程计划于次年6月完成,7月开始预售,预计收取300万元定金滚动投入项目开发。

(4)银行贷款:本项目虽通过自有资金、商品房预售筹集了大量资金,但项目开发建设资金仍有较大缺口,拟贷款1500万元用于项目建设,解决资金困难,贷款期至第三年。

8.2.2　资金使用计划

根据项目建设进度安排,本项目自当年8月开始投入建设,次年10月完工交付使用,分年度各项资金投入计划如下:

(1)建安工程成本:资金投入从当年8月开始至次年12月结束,当年投入1500万元,次年投入1500万元。

(2)土地开发成本:根据土地协议,当年投入318.2万元,支付地价款。

8.2.3　贷款还款计划

本项目实际贷款1500万元,建设期累计利息47.25万元,建设期利息计入总投资,用售房收入还款。

9. **项目财务分析**

9.1　说明及基本数据

该项目财务评价根据《建设项目经济评价方法与参数》(第三版)、有关的建设项目经济评价方法实施细则和建设项目可行性研究报告编制内容及深度规定,以及现行的会计制度和税收制度等相关规定进行测评。

9.2　销售预测

9.2.1　销售量预测

本项目自当年7月开工以来,已被定购商铺30%,已被定购住宅40%,销售趋势看涨,正处在购房高峰期,本项目仅有200套住宅,不存在销售风险,并且销售价格也在看涨。

销售计划如下:一层商场次年销售30%,第三年销售70%;二层商场第三年销售50%,第四年销售50%;三层商场在第四年销售完。住宅分三年销售,次年销售30%,第三年销售40%,第四年销售30%。

9.2.2　销售单价确定

公司经对县城商业物业及各商品住宅销售价格进行比较和市场预测(详细市场分析)得知,近几年县城旧城改造任务大,搬迁工程多,商场及商品住宅需求量较大,虽有较为激烈的竞争,但市场的需求旺盛。考虑到一些不可预见因素,因此在确定销售价格时采取较为保守的价格,商品住宅平均价按1060元/m^2,一层临街商铺按9000～11000元/m^2,内商场按4000～6000元/m^2,二层商场按2000元/m^2,三层商场按1800元/m^2分别进行计算。

9.3　销售收入、销售税金及附加

(1)销售收入根据上述单价及面积经计算得出总收入为5549万元,具体见例表1.4。

(2)考虑到该项目以城市基础设施建设和建筑工程建设为主要内容,在税收征缴上,本项目按5%的营业税(另加税金的7%城建税、3%教育附加费)综合,按房产销售收入的5.5%计算营业税金及附加。此外,该项目为招商引资项目,有权享受县区政府制定的招商引资优惠政策。

例表1.4　销售收入表

序号	类　别		可销售面积(m^2)	销售单价(元/m^2)	销售金额(万元)
1	一层商场	临街	1120	10000	1120
		内商场	2391.8	5000	1196
2	二层商场		3603.7	2000	721
3	三层商场		720	1800	130
4	住宅		22471.5	1060	2382
合计					5549

9.4　总成本费用

根据建设投资成本、借款利息支出及经营期成本估算,项目投资总成本费用为3538.42万元,其中经营成本为538.42万元(主要是工资、广告费及销售费用等,假定经营成本自第2年起分年按33.23%、55.63%、11.14%计算),年平均综合开发成本摊销1500万元(详见《总成本费用表》、《损益表》)。

9.5　财务评价

9.5.1　财务效益分析

根据逐年估算的销售收入、总成本费用、现金流量及借款偿还期计算得到财务评价及效益分析结果见例表1.5。

例表1.5　财务评价及效益分析结果总表

序号	项　　目	单位	数量	备　　注
1	总投资	万元	3000	按项目
2	销售收入	万元	5549	按项目
3	总成本费用	万元	3538.42	按项目
4	利润总额	万元	1705.38	累计利润总额
5	投资利润率	%	28.4	按项目总利润计算
6	投资利税率	%	33.5	按项目总利税计算
7	全部投资财务内部收益率	%	27	所得税后
8	全部投资财务净现值	万元	456.98	折现率12%(税后)
9	全部投资回收期	年	2.81	含建设期2年
10	借款偿还期	年	2.7	含建设期2年

9.5.2　财务盈利能力分析(全部投资)

通过对该项目全部投资财务现金流量的计算,其全部投资内部收益率(税后)为27%,全部投资回收期为2.81年(含建设期2年),财务净现值($i=12\%$)为456.98万元。

从以上测算指标分析,项目财务盈利能力较强,且该项目属城市商业地产开发项目,已能满足投资的要求。

9.5.3　偿债能力分析

该项目经营期短,主要依靠房屋销售收入偿还借款本息,借款偿还期为2.7年(含建设期2年),偿债能力较强(详见《借款还本付息计算表》)。

9.6　敏感性分析及盈亏平衡点

该项目敏感性因素主要有建设投资及费用,商品房销售价格及总收入,建设经营期延长1年造成经营成本增加,根据上述因素,按最不利情况来判断项目的风险状况,具体见例表1.6。

例表1.6　敏感性分析表

序号	变化因素	幅度	基本年内部收益率(%)	基本年投资回收期(年)	变化后内部收益率(%)
1	总成本费增加	+5%	27	2.81	22
2	销售收入减少	−5%	27	2.81	20
3	建设经营期延长1年使经营成本增加	+20%	27	2.81	19

计算结果表明:各因素的变化均不同程度影响到财务内部收益率和投资回收期,但变化后的财务内部收益率均大于行业基准值,其中最敏感、最不利情况为经营期延长1年,造成经营成本增加,这种情况下,财务内部收益率仅为19%,其次是销售收入降低5%时财务内

部收益率仅为20%,基本可行。说明本项目开发有较强的抗风险能力。

盈亏平衡分析:该项目的固定成本为土地费用、设计费、办证手续费、工程管理费、基础设施建设费、建筑工程费等建设投资,共3000万元,开发收益为销售收入减去经营成本,则:

盈亏平衡点=3000÷(5549-538.42)×100%=59.87%

9.7　财务评价结论

通过指标计算和经济分析,该项目财务效益较好,抗风险能力较强,社会效益显著,特别是具有较强的偿债能力,因而开发建设本项目从经济上看是可行的。

10.风险分析

本项目的风险主要来自房屋建造成本、售价、销售进展、项目的允许建设面积、开发周期、贷款利率等方面,其中主要取决于销售价格的变化和销售进度的快慢。而这些风险因素,又受政治、经济、社会条件的影响。另外,自有资金占总投资的比例为40%,这虽然对整个项目全部资金投资效益没有影响,但是由于贷款的杠杆作用会影响自有资金的经济评价指标,因此要认真考虑。

10.1　盈亏平衡分析

本项目的盈亏平衡点为59.87%,即销售面积达到可销售面积的59.87%时,项目保持盈亏平衡。

10.2　敏感性分析

影响本项目财务效益的主要风险因素为总投资(建造成本)、售价和项目的允许建设面积。建造成本的增加将直接降低本项目的经济效益。销售价格的上升和销售速度的加快,对项目经济效益影响很大,能大大提高项目的内部收益率和财务净现值。

(1)本项目的关键是第二年度和第三年度的预期销售收入能否实现。若销售进度能加快,则项目投资更保险,财务收益状况会明显好于评估的结果,反之亦然。如果第二年销售速度加快,就可以大大降低自有资金的投入,使公司的自有资金能再选择其他理想的投资渠道。因此,对销售应给予足够的关注和重视,应建立一支良好的销售队伍,加强促销手段,并根据销售情况适时调整工程进度。

(2)影响建造成本的因素很多,工期、质量、原材料供应等都会影响到建造成本的增减,因此在工程实施过程中,要加强施工管理,实行工程建设监理制。制订材料供应计划,落实资金供应计划,以确保项目的顺利进行。

从敏感性分析来看,本项目在保守估算的情况下,项目内部收益率仍达到19%,项目的抗风险能力强。

11.社会效益分析及评价

经初步测算,该项目的开发建设对经营者(政府)来说,虽然不会取得很大的直接经济效益,但建设项目完成后,其社会效益是显而易见的。主要体现在以下几方面:

11.1　拉动内需消费,促进经济发展

经计算,全部完成规划区内的房屋拆迁和各项建设,共需投入开发建设资金近3000万元,按工期2年计算,平均每年投入近1500万元。这对促进当地经济的发展是极为有利的。

11.2　增加就业机会,缓解就业矛盾

该项目从启动到项目完成,每年可安排约150人从事各项建设和管理工作;项目完成后的商业、服务业等相关行业,每年可增加就业岗位100～200个。这对于缓解目前十分突出的下岗职工再就业难的矛盾,消除社会不安定隐患是非常有利的。

11.3 绿化、美化城市,提高居民生活质量

随着项目的实施和完成,整个规划区内将逐步建成功能分区合理、设施配套齐全、环境优美雅致、商贸秩序井然的商业中心。来这里无论是经商消费,还是居住观光,都将会感到心旷神怡,流连忘返,这将在很大程度上提高当地居民的生活质量。

11.4 拓展经营空间,促进商贸繁华

项目建成后,在整个旧城区将会形成开放式的空间,不仅商业经营面积比目前增加近一倍,而且经营环境会大大改善。便利的交通条件,宽敞的商贸空间,优美的经营环境,对投资、经商、消费、休闲都具有吸引力。这里的人气将会越来越旺,商贸交易将会越来越繁荣。这对促进当地经济的发展无疑具有极大的推动作用。

12.结论与建议

通过上述分析和财务效益评估的结果表明,本项目具有较好的内部收益率,有基本的贷款偿还和自身平衡能力,且抗风险能力较强,本项目是可行的。

12.1 本项目拥有良好的市场前景

本项目建设正处于国内经济发展阶段、县城城市建设高潮时期,整个社会对商业旺铺及高档次住宅的需求旺盛,市场前景乐观。

12.2 本项目财务效益较好

本项目财务的内部收益率为27%,财务效益较好,通过敏感性分析可知项目抗风险能力较强,即使在不利情况下,也能获得较好的经济回报。

12.3 项目亏损风险小

项目完成后,可为开发企业获得纯利润1142.68万元,上缴税收867.9万元,经济效益十分可观,项目的盈亏平衡点低,亏损风险小。

12.4 本项目还贷能力强

本项目的预售单价是在充分分析县城房地产市场销售价格后定出的,作为高档物业,按此价格销售,形势将十分看好,对还贷十分有利,还贷能力强。

12.5 本项目可行

本项目规划运作空间大,有非常好的规划设计空间,易于制造热点,项目可行。

12.6 本项目的运行有利

本项目开发建设得到县委、县政府的高度重视,拥有良好的政策环境,建设规费实行低收费,县政府成立指挥部出面协调各部门关系,确保拆迁按期完成,这样不仅可以减少项目投资,对项目的运行也是十分有利的。

12.7 项目达到银企双赢的目的

项目竣工销售完交付使用后,不仅可以按时还清银行贷款,还可以为银行创造141.75万元的利息,达到了银企双赢的目的。

12.8 项目促进城市的发展

改善了城东路的城市面貌,大大促进此地段的房屋工程建设,促进了城市的发展。

本项目的开发建设符合县政府制定的“十一五”新县城城市发展规划要求,水、电、通信、道路设施已按高标准建成使用,这为本项目的实施提供了外部条件。

该项目的费用与效益估算表见例表1.7～例表1.11。

例表 1.7　房产销售收入分年估算表

单位:万元

序号	年份 项目	合计	建设经营期							
			1	2	3	4	5			合计
	销售比例(%)			30	70					
1	一层商场临街门面	1120		336	784					
	一层内商场	1196		358.8	837.2					
	销售比例(%)				50	50				
2	二层商场	721			360.5	360.5				
	销售比例(%)					100				
3	三层商场	130				130				
	销售比例(%)			30	40	30				
4	住宅	2382		714.6	952.8	714.6				
	合计	5549		1409.4	2934.5	1205.1				

例表 1.8　总成本费用表

序号	费用名称	单位	数量	费率	金额(万元)	备注
1	工程建设投资	m^2	30307		3000	含建设期利息
2	营销费用	万元	5549	5%	277.45	营销人员工资、营销成本
3	营业税及附加	万元	5549	5.5%	305.2	
4	公司管理费	万元	5549	3%	166.47	公司管理人员工资、办公费、业务费
5	经营期利息	万元	1500	6.3%	94.5	
6	总成本费用	万元			3538.42	
7	其中:固定成本	万元			3000	
8	经营成本	万元			538.42	

注:总成本费用=3000+277.45+166.47+94.5=3538.42万元。

例表 1.9　损益表

单位:万元

序号	年份 项目	合计	建设经营期							
			1	2	3	4				合计
	生产负荷(%)									
1	营业(产品销售)收入	5549		1409.4	2934.5	1205.1				
2	营业(产品销售)税金及附加	305.2		77.52	161.4	66.28				
3	产品总成本及费用	3538.42	1500	1678.92	299.5	60				
3.1	其中:营销费、管理费	443.92		178.92	205	60				
3.2	综合开发成本摊销费	3000	1500	1500						
3.3	财务费用(利息支出)	94.5			94.5					
4	利润总额	1705.38	−1500	−347.04	2473.6	1078.82				
5	弥补以前年度亏损									
6	应纳税所得额	1705.38			626.56	1078.82				
7	所得税(按税率 33%考虑)	562.7			206.7	356				
8	净利润	1142.68	−1500	−347.04	2266.9	722.82				
8.1	提取法定盈余公积金及公益金									
8.2	应付利润									
8.3	未分配利润	1142.68	−1500	−347.04	2266.9	722.82				
9	累计未分配利润		−1500	−1847.04	419.86	1142.68				
计算指标	投资利润率 28.4%(按项目计算);投资利税率 33.5%(按项目计算)									

注:财务费用(利息支出)=1500×6.3%=94.5 万元;

投资利润率=(年利润总额/总投资)×100%=(1705.38/2)/3000=28.4%;

投资利税率=(年利税总额或平均利税总额/总投资)×100%=[(1705.38+305.2)/2]/3000=33.5%。

例表 1.10　项目现金流量表

单位:万元

序号	年份 项目	合计	建设经营期							
			1	2	3	4	5			合计
	生产负荷(%)									
1	现金流入	5549		1409.4	2934.5	1205.1				
1.1	营业(产品销售)收入	5549		1409.4	2934.5	1205.1				

续例表 1.10

序号	项目 \ 年份	合计	建设经营期							
			1	2	3	4	5			合计
1.2	加收固定资产余值									
1.3	回收流动资金									
1.4	其他									
2	综合开发投资	4406.32	1500	1756.44	667.6	482.28				
2.1	流动资金									
2.2	建设投资	3000	1500	1500						
2.3	经营成本	538.42		178.92	299.5	60				
2.4	营业(产品销售)税金及附加	305.2		77.52	161.4	66.28				
2.5	所得税	562.7			206.7	356				
3	净现金流量	1142.68	−1500	−347.04	2266.9	722.82				
4	累计净现金流量		−1500	−1847.04	419.86	1142.68				
计算指标	所得税后 财务内部收益率(*FIRR*)=27% 财务净现值(*FNPV*)=456.98 万元　$i=12\%$ 投资回收期(静态):2.81 年(含建设期 2 年)									

注:财务内部收益率(*FIRR*)=27%(用内插法进行计算);

财务净现值(*FNPV*)$=-1500\times(1+12\%)^{-1}-347.04\times(1+12\%)^{-2}+2266.9\times(1+12\%)^{-3}+722.82\times(1+12\%)^{-4}=456.98$ 万元;

投资回收期(静态)=累计净现金流量开始出现正值的年份数−1+上一年累计净现金流量的绝对值/出现正值年份的净现金流量=3−1+(1847.04/2266.9)=2.81 年。

例表 1.11　借款还本付息计算表

单位:万元

序号	项目 \ 年份	合计	建设经营期					
			1	2	3	4	5	
1	长期借款及还本付息	利率 6.3%						
1.1	年初借款本息累计			1500	1500			
1.1.1	其中:借款本金			1452.75				
1.1.2	建设期利息			47.25				
1.2	本年新增借款	1500		1500				
1.3	本年应计利息	141.75		47.25	94.5			
1.3.1	计入建设期利息			47.25				
1.3.2	计入经营期利息				94.5			

续例表 1.11

序号	年份 项目	合计	建设经营期					
			1	2	3	4	5	
1.4	本年还本付息				1594.5			
1.4.1	还本	1500			1500			
1.4.2	付息	141.75		47.25	94.5			
2	还本资金来源				2266.9			
2.1	固定资产折旧费							
2.2	摊销费							
2.3	未分配利润				2266.9			
2.4	累计							
计算指标	借款偿还期 2.7 年(含建设期 2 年)							

注:借款偿还期=(借款偿还开始出现盈余年份－1)＋(盈余当年应偿还借款额/盈余当年可用于还款的余额)=(3－1)＋(94.5＋1500)/2266.9=2.7 年。

附录A　复利系数表(部分)

为了使用的方便，现将复利计算常用的六大公式进行汇总，如附录表A0所示。作者利用Visual FoxPro编写了复利计算程序和复利系数计算程序，附录表A1～附录表A7中列出了用该程序计算得到的常用复利系数。

表A0　复利计算公式汇总表

序号	公式名称	已知	求	公式
1	复利终值公式	P,i,n	F	$F=P(1+i)^n=P(F/P,i,n)$
2	复利现值公式	F,i,n	P	$P=F(1+i)^{-n}=F(P/F,i,n)$
3	年金终值公式	A,i,n	F	$F=A\dfrac{(1+i)^n-1}{i}=A(F/A,i,n)$
4	偿债基金公式	F,i,n	A	$A=F\dfrac{i}{(1+i)^n-1}=F(A/F,i,n)$
5	资本回收公式	P,i,n	A	$A=P\dfrac{i(1+i)^n}{(1+i)^n-1}=P(A/P,i,n)$
6	年金现值公式	A,i,n	P	$P=A\dfrac{(1+i)^n-1}{i(1+i)^n}=A(P/A,i,n)$

表A1

$i=4\%$

	一次支付		等额多次支付				
n	$(F/P,i,n)$	$(P/F,i,n)$	$(F/A,i,n)$	$(A/F,i,n)$	$(A/P,i,n)$	$(P/A,i,n)$	n
1	1.0400	0.9615	1.0000	1.0000	1.0400	0.9615	1
2	1.0816	0.9246	2.0400	0.4902	0.5302	1.8861	2
3	1.1249	0.8890	3.1216	0.3203	0.3603	2.7751	3
4	1.1699	0.8548	4.2465	0.2355	0.2755	3.6299	4
5	1.2167	0.8219	5.4163	0.1846	0.2246	4.4518	5
6	1.2653	0.7903	6.6330	0.1508	0.1908	5.2421	6
7	1.3159	0.7599	7.8983	0.1266	0.1666	6.0021	7
8	1.3686	0.7307	9.2142	0.1085	0.1485	6.7327	8
9	1.4233	0.7026	10.5828	0.0945	0.1345	7.4353	9
10	1.4802	0.6756	12.0061	0.0833	0.1233	8.1109	10
11	1.5395	0.6496	13.4864	0.0741	0.1141	8.7605	11
12	1.6010	0.6246	15.0258	0.0666	0.1066	9.3851	12
13	1.6651	0.6006	16.6268	0.0601	0.1001	9.9856	13
14	1.7317	0.5775	18.2919	0.0547	0.0947	10.5631	14
15	1.8009	0.5553	20.0236	0.0499	0.0899	11.1184	15

续表 A1

一次支付			等额多次支付					
16	1.8730	0.5339	21.8245	0.0458	0.0858	11.6523	16
17	1.9479	0.5134	23.6975	0.0422	0.0822	12.1657	17
18	2.0258	0.4936	25.6454	0.0390	0.0790	12.6593	18
19	2.1068	0.4746	27.6712	0.0361	0.0761	13.1339	19
20	2.1911	0.4564	29.7781	0.0336	0.0736	13.5903	20
21	2.2788	0.4388	31.9692	0.0313	0.0713	14.0292	21
22	2.3699	0.4220	34.2480	0.0292	0.0692	14.4511	22
23	2.4647	0.4057	36.6179	0.0273	0.0673	14.8568	23
24	2.5633	0.3901	39.0826	0.0256	0.0656	15.2470	24
25	2.6658	0.3751	41.6459	0.0240	0.0640	15.6221	25
26	2.7725	0.3607	44.3117	0.0226	0.0626	15.9828	26
27	2.8834	0.3468	47.0842	0.0212	0.0612	16.3296	27
28	2.9987	0.3335	49.9676	0.0200	0.0600	16.6631	28
29	3.1187	0.3207	52.9663	0.0189	0.0589	16.9837	29
30	3.2434	0.3083	56.0849	0.0178	0.0578	17.2920	30
31	3.3731	0.2965	59.3283	0.0169	0.0569	17.5885	31
32	3.5081	0.2851	62.7015	0.0159	0.0559	17.8736	32
33	3.6484	0.2741	66.2095	0.0151	0.0551	18.1476	33
34	3.7943	0.2636	69.8579	0.0143	0.0543	18.4112	34
35	3.9461	0.2534	73.6522	0.0136	0.0536	18.6646	35
36	4.1039	0.2437	77.5983	0.0129	0.0529	18.9083	36
37	4.2681	0.2343	81.7022	0.0122	0.0522	19.1426	37
38	4.4388	0.2253	85.9703	0.0116	0.0516	19.3679	38
39	4.6164	0.2166	90.4091	0.0111	0.0511	19.5845	39
40	4.8010	0.2083	95.0255	0.0105	0.0505	19.7928	40
41	4.9931	0.2003	99.8265	0.0100	0.0500	19.9931	41
42	5.1928	0.1926	104.8196	0.0095	0.0495	20.1856	42
43	5.4005	0.1852	110.0124	0.0091	0.0491	20.3708	43
44	5.6165	0.1780	115.4129	0.0087	0.0487	20.5488	44
45	5.8412	0.1712	121.0294	0.0083	0.0483	20.7200	45
46	6.0748	0.1646	126.8706	0.0079	0.0479	20.8847	46
47	6.3178	0.1583	132.9454	0.0075	0.0475	21.0429	47
48	6.5705	0.1522	139.2632	0.0072	0.0472	21.1951	48
49	6.8333	0.1463	145.8337	0.0069	0.0469	21.3415	49
50	7.1067	0.1407	152.6671	0.0066	0.0466	21.4822	50

表 A2

$i=6\%$

	一次支付		等额多次支付				
n	$(F/P,i,n)$	$(P/F,i,n)$	$(F/A,i,n)$	$(A/F,i,n)$	$(A/P,i,n)$	$(P/A,i,n)$	n
1	1.0600	0.9434	1.0000	1.0000	1.0600	0.9434	1
2	1.1236	0.8900	2.0600	0.4854	0.5454	1.8334	2
3	1.1910	0.8396	3.1836	0.3141	0.3741	2.6730	3
4	1.2625	0.7921	4.3746	0.2286	0.2886	3.4651	4
5	1.3382	0.7473	5.6371	0.1774	0.2374	4.2124	5
6	1.4185	0.7050	6.9753	0.1434	0.2034	4.9173	6
7	1.5036	0.6651	8.3938	0.1191	0.1791	5.5824	7
8	1.5938	0.6274	9.8975	0.1010	0.1610	6.2098	8
9	1.6895	0.5919	11.4913	0.0870	0.1470	6.8017	9
10	1.7908	0.5584	13.1808	0.0759	0.1359	7.3601	10
11	1.8983	0.5268	14.9716	0.0668	0.1268	7.8869	11
12	2.0122	0.4970	16.8699	0.0593	0.1193	8.3838	12
13	2.1329	0.4688	18.8821	0.0530	0.1130	8.8527	13
14	2.2609	0.4423	21.0151	0.0476	0.1076	9.2950	14
15	2.3966	0.4173	23.2760	0.0430	0.1030	9.7122	15
16	2.5404	0.3936	25.6725	0.0390	0.0990	10.1059	16
17	2.6928	0.3714	28.2129	0.0354	0.0954	10.4773	17
18	2.8543	0.3503	30.9057	0.0324	0.0924	10.8276	18
19	3.0256	0.3305	33.7600	0.0296	0.0896	11.1581	19
20	3.2071	0.3118	36.7856	0.0272	0.0872	11.4699	20
21	3.3996	0.2942	39.9927	0.0250	0.0850	11.7641	21
22	3.6035	0.2775	43.3923	0.0230	0.0830	12.0416	22
23	3.8197	0.2618	46.9958	0.0213	0.0813	12.3034	23
24	4.0489	0.2470	50.8156	0.0197	0.0797	12.5504	24
25	4.2919	0.2330	54.8645	0.0182	0.0782	12.7834	25
26	4.5494	0.2198	59.1564	0.0169	0.0769	13.0032	26
27	4.8223	0.2074	63.7058	0.0157	0.0757	13.2105	27
28	5.1117	0.1956	68.5281	0.0146	0.0746	13.4062	28
29	5.4184	0.1846	73.6398	0.0136	0.0736	13.5907	29
30	5.7435	0.1741	79.0582	0.0126	0.0726	13.7648	30
31	6.0881	0.1643	84.8017	0.0118	0.0718	13.9291	31
32	6.4534	0.1550	90.8898	0.0110	0.0710	14.0840	32
33	6.8406	0.1462	97.3432	0.0103	0.0703	14.2302	33
34	7.2510	0.1379	104.1838	0.0096	0.0696	14.3681	34
35	7.6861	0.1301	111.4348	0.0090	0.0690	14.4982	35
36	8.1473	0.1227	119.1209	0.0084	0.0684	14.6210	36
37	8.6361	0.1158	127.2681	0.0079	0.0679	14.7368	37
38	9.1543	0.1092	135.9042	0.0074	0.0674	14.8460	38
39	9.7035	0.1031	145.0585	0.0069	0.0669	14.9491	39
40	10.2857	0.0972	154.7620	0.0065	0.0665	15.0463	40
41	10.9029	0.0917	165.0477	0.0061	0.0661	15.1380	41
42	11.5570	0.0865	175.9505	0.0057	0.0657	15.2245	42
43	12.2505	0.0816	187.5076	0.0053	0.0653	15.3062	43
44	12.9855	0.0770	199.7580	0.0050	0.0650	15.3832	44
45	13.7646	0.0727	212.7435	0.0047	0.0647	15.4558	45
46	14.5905	0.0685	226.5081	0.0044	0.0644	15.5244	46
47	15.4659	0.0647	241.0986	0.0041	0.0641	15.5890	47
48	16.3939	0.0610	256.5645	0.0039	0.0639	15.6500	48
49	17.3775	0.0575	272.9584	0.0037	0.0637	15.7076	49
50	18.4202	0.0543	290.3359	0.0034	0.0634	15.7619	50

表 A3

$i=8\%$

	一次支付		等额多次支付				
n	$(F/P,i,n)$	$(P/F,i,n)$	$(F/A,i,n)$	$(A/F,i,n)$	$(A/P,i,n)$	$(P/A,i,n)$	n
1	1.0800	0.9259	1.0000	1.0000	1.0800	0.9259	1
2	1.1664	0.8573	2.0800	0.4808	0.5608	1.7833	2
3	1.2597	0.7938	3.2464	0.3080	0.3880	2.5771	3
4	1.3605	0.7350	4.5061	0.2219	0.3019	3.3121	4
5	1.4693	0.6806	5.8666	0.1705	0.2505	3.9927	5
6	1.5869	0.6302	7.3359	0.1363	0.2163	4.6229	6
7	1.7138	0.5835	8.9228	0.1121	0.1921	5.2064	7
8	1.8509	0.5403	10.6366	0.0940	0.1740	5.7466	8
9	1.9990	0.5002	12.4876	0.0801	0.1601	6.2469	9
10	2.1589	0.4632	14.4866	0.0690	0.1490	6.7101	10
11	2.3316	0.4289	16.6455	0.0601	0.1401	7.1390	11
12	2.5182	0.3971	18.9771	0.0527	0.1327	7.5361	12
13	2.7196	0.3677	21.4953	0.0465	0.1265	7.9038	13
14	2.9372	0.3405	24.2149	0.0413	0.1213	8.2442	14
15	3.1722	0.3152	27.1521	0.0368	0.1168	8.5595	15
16	3.4259	0.2919	30.3243	0.0330	0.1130	8.8514	16
17	3.7000	0.2703	33.7502	0.0296	0.1096	9.1216	17
18	3.9960	0.2502	37.4502	0.0267	0.1067	9.3719	18
19	4.3157	0.2317	41.4463	0.0241	0.1041	9.6036	19
20	4.6610	0.2145	45.7620	0.0219	0.1019	9.8181	20
21	5.0338	0.1987	50.4229	0.0198	0.0998	10.0168	21
22	5.4365	0.1839	55.4568	0.0180	0.0980	10.2007	22
23	5.8715	0.1703	60.8933	0.0164	0.0964	10.3711	23
24	6.3412	0.1577	66.7648	0.0150	0.0950	10.5288	24
25	6.8485	0.1460	73.1059	0.0137	0.0937	10.6748	25
26	7.3964	0.1352	79.9544	0.0125	0.0925	10.8100	26
27	7.9881	0.1252	87.3508	0.0114	0.0914	10.9352	27
28	8.6271	0.1159	95.3388	0.0105	0.0905	11.0511	28
29	9.3173	0.1073	103.9659	0.0096	0.0896	11.1584	29
30	10.0627	0.0994	113.2832	0.0088	0.0888	11.2578	30
31	10.8677	0.0920	123.3459	0.0081	0.0881	11.3498	31
32	11.7371	0.0852	134.2135	0.0075	0.0875	11.4350	32
33	12.6760	0.0789	145.9506	0.0069	0.0869	11.5139	33
34	13.6901	0.0730	158.6267	0.0063	0.0863	11.5869	34
35	14.7853	0.0676	172.3168	0.0058	0.0858	11.6546	35
36	15.9682	0.0626	187.1021	0.0053	0.0853	11.7172	36
37	17.2456	0.0580	203.0703	0.0049	0.0849	11.7752	37
38	18.6253	0.0537	220.3159	0.0045	0.0845	11.8289	38
39	20.1153	0.0497	238.9412	0.0042	0.0842	11.8786	39
40	21.7245	0.0460	259.0565	0.0039	0.0839	11.9246	40
41	23.4625	0.0426	280.7810	0.0036	0.0836	11.9672	41
42	25.3395	0.0395	304.2435	0.0033	0.0833	12.0067	42
43	27.3666	0.0365	329.5830	0.0030	0.0830	12.0432	43
44	29.5560	0.0338	356.9496	0.0028	0.0828	12.0771	44
45	31.9204	0.0313	386.5056	0.0026	0.0826	12.1084	45
46	34.4741	0.0290	418.4261	0.0024	0.0824	12.1374	46
47	37.2320	0.0269	452.9002	0.0022	0.0822	12.1643	47
48	40.2106	0.0249	490.1322	0.0020	0.0820	12.1891	48
49	43.4274	0.0230	530.3427	0.0019	0.0819	12.2122	49
50	46.9016	0.0213	573.7702	0.0017	0.0817	12.2335	50

表 A4

$i=10\%$

	一次支付		等额多次支付				
n	$(F/P,i,n)$	$(P/F,i,n)$	$(F/A,i,n)$	$(A/F,i,n)$	$(A/P,i,n)$	$(P/A,i,n)$	n
1	1.1000	0.9091	1.0000	1.0000	1.1000	0.9091	1
2	1.2100	0.8264	2.1000	0.4762	0.5762	1.7355	2
3	1.3310	0.7513	3.3100	0.3021	0.4021	2.4869	3
4	1.4641	0.6830	4.6410	0.2155	0.3155	3.1699	4
5	1.6105	0.6209	6.1051	0.1638	0.2638	3.7908	5
6	1.7716	0.5645	7.7156	0.1296	0.2296	4.3553	6
7	1.9487	0.5132	9.4872	0.1054	0.2054	4.8684	7
8	2.1436	0.4665	11.4359	0.0874	0.1874	5.3349	8
9	2.3579	0.4241	13.5795	0.0736	0.1736	5.7590	9
10	2.5937	0.3855	15.9374	0.0627	0.1627	6.1446	10
11	2.8531	0.3505	18.5312	0.0540	0.1540	6.4951	11
12	3.1384	0.3186	21.3843	0.0468	0.1468	6.8137	12
13	3.4523	0.2897	24.5227	0.0408	0.1408	7.1034	13
14	3.7975	0.2633	27.9750	0.0357	0.1357	7.3667	14
15	4.1772	0.2394	31.7725	0.0315	0.1315	7.6061	15
16	4.5950	0.2176	35.9497	0.0278	0.1278	7.8237	16
17	5.0545	0.1978	40.5447	0.0247	0.1247	8.0216	17
18	5.5599	0.1799	45.5992	0.0219	0.1219	8.2014	18
19	6.1159	0.1635	51.1591	0.0195	0.1195	8.3649	19
20	6.7275	0.1486	57.2750	0.0175	0.1175	8.5136	20
21	7.4002	0.1351	64.0025	0.0156	0.1156	8.6487	21
22	8.1403	0.1228	71.4027	0.0140	0.1140	8.7715	22
23	8.9543	0.1117	79.5430	0.0126	0.1126	8.8832	23
24	9.8497	0.1015	88.4973	0.0113	0.1113	8.9847	24
25	10.8347	0.0923	98.3471	0.0102	0.1102	9.0770	25
26	11.9182	0.0839	109.1818	0.0092	0.1092	9.1609	26
27	13.1100	0.0763	121.0999	0.0083	0.1083	9.2372	27
28	14.4210	0.0693	134.2099	0.0075	0.1075	9.3066	28
29	15.8631	0.0630	148.6309	0.0067	0.1067	9.3696	29
30	17.4494	0.0573	164.4940	0.0061	0.1061	9.4269	30
31	19.1943	0.0521	181.9434	0.0055	0.1055	9.4790	31
32	21.1138	0.0474	201.1378	0.0050	0.1050	9.5264	32
33	23.2252	0.0431	222.2515	0.0045	0.1045	9.5694	33
34	25.5477	0.0391	245.4767	0.0041	0.1041	9.6086	34
35	28.1024	0.0356	271.0244	0.0037	0.1037	9.6442	35
36	30.9127	0.0323	299.1268	0.0033	0.1033	9.6765	36
37	34.0039	0.0294	330.0395	0.0030	0.1030	9.7059	37
38	37.4043	0.0267	364.0434	0.0027	0.1027	9.7327	38
39	41.1448	0.0243	401.4478	0.0025	0.1025	9.7570	39
40	45.2593	0.0221	442.5926	0.0023	0.1023	9.7791	40
41	49.7852	0.0201	487.8518	0.0020	0.1020	9.7991	41
42	54.7637	0.0183	537.6370	0.0019	0.1019	9.8174	42
43	60.2401	0.0166	592.4007	0.0017	0.1017	9.8340	43
44	66.2641	0.0151	652.6408	0.0015	0.1015	9.8491	44
45	72.8905	0.0137	718.9048	0.0014	0.1014	9.8628	45
46	80.1795	0.0125	791.7953	0.0013	0.1013	9.8753	46
47	88.1975	0.0113	871.9749	0.0011	0.1011	9.8866	47
48	97.0172	0.0103	960.1723	0.0010	0.1010	9.8969	48
49	106.7190	0.0094	1057.1896	0.0009	0.1009	9.9063	49
50	117.3909	0.0085	1163.9085	0.0009	0.1009	9.9148	50

表 A5

$i=12\%$

	一次支付		等额多次支付				
n	$(F/P,i,n)$	$(P/F,i,n)$	$(F/A,i,n)$	$(A/F,i,n)$	$(A/P,i,n)$	$(P/A,i,n)$	n
1	1.1200	0.8929	1.0000	1.0000	1.1200	0.8929	1
2	1.2544	0.7972	2.1200	0.4717	0.5917	1.6901	2
3	1.4049	0.7118	3.3744	0.2963	0.4163	2.4018	3
4	1.5735	0.6355	4.7793	0.2092	0.3292	3.0373	4
5	1.7623	0.5674	6.3528	0.1574	0.2774	3.6048	5
6	1.9738	0.5066	8.1152	0.1232	0.2432	4.1114	6
7	2.2107	0.4523	10.0890	0.0991	0.2191	4.5638	7
8	2.4760	0.4039	12.2997	0.0813	0.2013	4.9676	8
9	2.7731	0.3606	14.7757	0.0677	0.1877	5.3282	9
10	3.1058	0.3220	17.5487	0.0570	0.1770	5.6502	10
11	3.4786	0.2875	20.6546	0.0484	0.1684	5.9377	11
12	3.8960	0.2567	24.1331	0.0414	0.1614	6.1944	12
13	4.3635	0.2292	28.0291	0.0357	0.1557	6.4235	13
14	4.8871	0.2046	32.3926	0.0309	0.1509	6.6282	14
15	5.4736	0.1827	37.2797	0.0268	0.1468	6.8109	15
16	6.1304	0.1631	42.7533	0.0234	0.1434	6.9740	16
17	6.8660	0.1456	48.8837	0.0205	0.1405	7.1196	17
18	7.6900	0.1300	55.7497	0.0179	0.1379	7.2497	18
19	8.6128	0.1161	63.4397	0.0158	0.1358	7.3658	19
20	9.6463	0.1037	72.0524	0.0139	0.1339	7.4694	20
21	10.8038	0.0926	81.6987	0.0122	0.1322	7.5620	21
22	12.1003	0.0826	92.5026	0.0108	0.1308	7.6446	22
23	13.5523	0.0738	104.6029	0.0096	0.1296	7.7184	23
24	15.1786	0.0659	118.1552	0.0085	0.1285	7.7843	24
25	17.0001	0.0588	133.3339	0.0075	0.1275	7.8431	25
26	19.0401	0.0525	150.3339	0.0067	0.1267	7.8957	26
27	21.3249	0.0469	169.3740	0.0059	0.1259	7.9426	27
28	23.8839	0.0419	190.6989	0.0052	0.1252	7.9844	28
29	26.7499	0.0374	214.5828	0.0047	0.1247	8.0218	29
30	29.9599	0.0334	241.3327	0.0041	0.1241	8.0552	30
31	33.5551	0.0298	271.2926	0.0037	0.1237	8.0850	31
32	37.5817	0.0266	304.8477	0.0033	0.1233	8.1116	32
33	42.0915	0.0238	342.4294	0.0029	0.1229	8.1354	33
34	47.1425	0.0212	384.5210	0.0026	0.1226	8.1566	34
35	52.7996	0.0189	431.6635	0.0023	0.1223	8.1755	35
36	59.1356	0.0169	484.4631	0.0021	0.1221	8.1924	36
37	66.2318	0.0151	543.5987	0.0018	0.1218	8.2075	37
38	74.1797	0.0135	609.8305	0.0016	0.1216	8.2210	38
39	83.0812	0.0120	684.0102	0.0015	0.1215	8.2330	39
40	93.0510	0.0107	767.0914	0.0013	0.1213	8.2438	40
41	104.2171	0.0096	860.1424	0.0012	0.1212	8.2534	41
42	116.7231	0.0086	964.3595	0.0010	0.1210	8.2619	42
43	130.7299	0.0076	1081.0826	0.0009	0.1209	8.2696	43
44	146.4175	0.0068	1211.8125	0.0008	0.1208	8.2764	44
45	163.9876	0.0061	1358.2300	0.0007	0.1207	8.2825	45
46	183.6661	0.0054	1522.2176	0.0007	0.1207	8.2880	46
47	205.7061	0.0049	1705.8838	0.0006	0.1206	8.2928	47
48	230.3908	0.0043	1911.5898	0.0005	0.1205	8.2972	48
49	258.0377	0.0039	2141.9806	0.0005	0.1205	8.3010	49
50	289.0022	0.0035	2400.0182	0.0004	0.1204	8.3045	50

表 A6

$i=15\%$

	一次支付		等额多次支付				
n	$(F/P,i,n)$	$(P/F,i,n)$	$(F/A,i,n)$	$(A/F,i,n)$	$(A/P,i,n)$	$(P/A,i,n)$	n
1	1.1500	0.8696	1.0000	1.0000	1.1500	0.8696	1
2	1.3225	0.7561	2.1500	0.4651	0.6151	1.6257	2
3	1.5209	0.6575	3.4725	0.2880	0.4380	2.2832	3
4	1.7490	0.5718	4.9934	0.2003	0.3503	2.8550	4
5	2.0114	0.4972	6.7424	0.1483	0.2983	3.3522	5
6	2.3131	0.4323	8.7537	0.1142	0.2642	3.7845	6
7	2.6600	0.3759	11.0668	0.0904	0.2404	4.1604	7
8	3.0590	0.3269	13.7268	0.0729	0.2229	4.4873	8
9	3.5179	0.2843	16.7858	0.0596	0.2096	4.7716	9
10	4.0456	0.2472	20.3037	0.0493	0.1993	5.0188	10
11	4.6524	0.2149	24.3493	0.0411	0.1911	5.2337	11
12	5.3503	0.1869	29.0017	0.0345	0.1845	5.4206	12
13	6.1528	0.1625	34.3519	0.0291	0.1791	5.5831	13
14	7.0757	0.1413	40.5047	0.0247	0.1747	5.7245	14
15	8.1371	0.1229	47.5804	0.0210	0.1710	5.8474	15
16	9.3576	0.1069	55.7175	0.0179	0.1679	5.9542	16
17	10.7613	0.0929	65.0751	0.0154	0.1654	6.0472	17
18	12.3755	0.0808	75.8364	0.0132	0.1632	6.1280	18
19	14.2318	0.0703	88.2118	0.0113	0.1613	6.1982	19
20	16.3665	0.0611	102.4436	0.0098	0.1598	6.2593	20
21	18.8215	0.0531	118.8101	0.0084	0.1584	6.3125	21
22	21.6447	0.0462	137.6316	0.0073	0.1573	6.3587	22
23	24.8915	0.0402	159.2764	0.0063	0.1563	6.3988	23
24	28.6252	0.0349	184.1678	0.0054	0.1554	6.4338	24
25	32.9190	0.0304	212.7930	0.0047	0.1547	6.4641	25
26	37.8568	0.0264	245.7120	0.0041	0.1541	6.4906	26
27	43.5353	0.0230	283.5688	0.0035	0.1535	6.5135	27
28	50.0656	0.0200	327.1041	0.0031	0.1531	6.5335	28
29	57.5755	0.0174	377.1697	0.0027	0.1527	6.5509	29
30	66.2118	0.0151	434.7451	0.0023	0.1523	6.5660	30
31	76.1435	0.0131	500.9569	0.0020	0.1520	6.5791	31
32	87.5651	0.0114	577.1005	0.0017	0.1517	6.5905	32
33	100.6998	0.0099	664.6655	0.0015	0.1515	6.6005	33
34	115.8048	0.0086	765.3654	0.0013	0.1513	6.6091	34
35	133.1755	0.0075	881.1702	0.0011	0.1511	6.6166	35
36	153.1519	0.0065	1014.3457	0.0010	0.1510	6.6231	36
37	176.1246	0.0057	1167.4975	0.0009	0.1509	6.6288	37
38	202.5433	0.0049	1343.6222	0.0007	0.1507	6.6338	38
39	232.9248	0.0043	1546.1655	0.0006	0.1506	6.6380	39
40	267.8635	0.0037	1779.0903	0.0006	0.1506	6.6418	40
41	308.0431	0.0032	2046.9539	0.0005	0.1505	6.6450	41
42	354.2495	0.0028	2354.9969	0.0004	0.1504	6.6478	42
43	407.3870	0.0025	2709.2465	0.0004	0.1504	6.6503	43
44	468.4950	0.0021	3116.6334	0.0003	0.1503	6.6524	44
45	538.7693	0.0019	3585.1285	0.0003	0.1503	6.6543	45
46	619.5847	0.0016	4123.8977	0.0002	0.1502	6.6559	46
47	712.5224	0.0014	4743.4824	0.0002	0.1502	6.6573	47
48	819.4007	0.0012	5456.0047	0.0002	0.1502	6.6585	48
49	942.3108	0.0011	6275.4055	0.0002	0.1502	6.6596	49
50	1083.6574	0.0009	7217.7163	0.0001	0.1501	6.6605	50

表 A7

$i=20\%$

	一次支付		等额多次支付				
n	$(F/P,i,n)$	$(P/F,i,n)$	$(F/A,i,n)$	$(A/F,i,n)$	$(A/P,i,n)$	$(P/A,i,n)$	n
1	1.2000	0.8333	1.0000	1.0000	1.2000	0.8333	1
2	1.4400	0.6944	2.2000	0.4545	0.6545	1.5278	2
3	1.7280	0.5787	3.6400	0.2747	0.4747	2.1065	3
4	2.0736	0.4823	5.3680	0.1863	0.3863	2.5887	4
5	2.4883	0.4019	7.4416	0.1344	0.3344	2.9906	5
6	2.9860	0.3349	9.9299	0.1007	0.3007	3.3255	6
7	3.5832	0.2791	12.9159	0.0774	0.2774	3.6046	7
8	4.2998	0.2326	16.4991	0.0606	0.2606	3.8372	8
9	5.1598	0.1938	20.7989	0.0481	0.2481	4.0310	9
10	6.1917	0.1615	25.9587	0.0385	0.2385	4.1925	10
11	7.4301	0.1346	32.1504	0.0311	0.2311	4.3271	11
12	8.9161	0.1122	39.5805	0.0253	0.2253	4.4392	12
13	10.6993	0.0935	48.4966	0.0206	0.2206	4.5327	13
14	12.8392	0.0779	59.1959	0.0169	0.2169	4.6106	14
15	15.4070	0.0649	72.0351	0.0139	0.2139	4.6755	15
16	18.4884	0.0541	87.4421	0.0114	0.2114	4.7296	16
17	22.1861	0.0451	105.9306	0.0094	0.2094	4.7746	17
18	26.6233	0.0376	128.1167	0.0078	0.2078	4.8122	18
19	31.9480	0.0313	154.7400	0.0065	0.2065	4.8435	19
20	38.3376	0.0261	186.6880	0.0054	0.2054	4.8696	20
21	46.0051	0.0217	225.0256	0.0044	0.2044	4.8913	21
22	55.2061	0.0181	271.0307	0.0037	0.2037	4.9094	22
23	66.2474	0.0151	326.2369	0.0031	0.2031	4.9245	23
24	79.4968	0.0126	392.4842	0.0025	0.2025	4.9371	24
25	95.3962	0.0105	471.9811	0.0021	0.2021	4.9476	25
26	114.4755	0.0087	567.3773	0.0018	0.2018	4.9563	26
27	137.3706	0.0073	681.8528	0.0015	0.2015	4.9636	27
28	164.8447	0.0061	819.2233	0.0012	0.2012	4.9697	28
29	197.8136	0.0051	984.0680	0.0010	0.2010	4.9747	29
30	237.3763	0.0042	1181.8816	0.0008	0.2008	4.9789	30
31	284.8516	0.0035	1419.2579	0.0007	0.2007	4.9824	31
32	341.8219	0.0029	1704.1095	0.0006	0.2006	4.9854	32
33	410.1863	0.0024	2045.9314	0.0005	0.2005	4.9878	33
34	492.2235	0.0020	2456.1176	0.0004	0.2004	4.9898	34
35	590.6682	0.0017	2948.3411	0.0003	0.2003	4.9915	35
36	708.8019	0.0014	3539.0094	0.0003	0.2003	4.9929	36
37	850.5623	0.0012	4247.8112	0.0002	0.2002	4.9941	37
38	1020.6747	0.0010	5098.3735	0.0002	0.2002	4.9951	38
39	1224.8096	0.0008	6119.0482	0.0002	0.2002	4.9959	39
40	1469.7716	0.0007	7343.8578	0.0001	0.2001	4.9966	40
41	1763.7259	0.0006	8813.6294	0.0001	0.2001	4.9972	41
42	2116.4711	0.0005	10577.3553	0.0001	0.2001	4.9976	42
43	2539.7653	0.0004	12693.8263	0.0001	0.2001	4.9980	43
44	3047.7183	0.0003	15233.5916	0.0001	0.2001	4.9984	44
45	3657.2620	0.0003	18281.3099	0.0001	0.2001	4.9986	45
46	4388.7144	0.0002	21938.5719	0.0000	0.2000	4.9989	46
47	5266.4573	0.0002	26327.2863	0.0000	0.2000	4.9991	47
48	6319.7487	0.0002	31593.7436	0.0000	0.2000	4.9992	48
49	7583.6985	0.0001	37913.4923	0.0000	0.2000	4.9993	49
50	9100.4382	0.0001	45497.1908	0.0000	0.2000	4.9995	50

附录 B　部分习题参考答案

2　建筑工程经济分析的基本要素

2.2　练习题

(1)个人所得税 295 元。

(2)双倍余额递减法:第一年,100000 元;第二年,60000 元;第三年,36000 元;第四年、第五年,24000 元。

年数和法:第一年,81333 元;第二年,65067 元;第三年,48800 元;第四年,32533 元;第五年,16267 元。

(3)第一年:18 万元;第二年:74.16 万元;第三年:143.059 万元。

3　现金流量与资金时间价值

3.2　练习题

(1)C　(2)D　(3)A　(4)B

(5)单利法:$F=2800$ 万元;复利法:$F=2938.66$ 万元。

(6)2480 万元。

(7)$A=562.63$ 万元。

(8)$A=36.85$ 万元。

(9)12.12 万元。

(10)$A=28.283$ 万元。

(11)甲银行的年实际利率为 16%,乙银行的年实际利率为 16.07%,

因为乙银行的实际利率大于甲银行,所以应选择甲银行。

4　建设项目经济评价方法

4.2　练习题

(1)5 年。

(2)$P_t=5.33$ 年。

(3)总投资收益率=28.5%;投资利税率=36.5%;资本金利润率=24.12%。

(4)$P_d=5.061$ 年。

(5)利息备付率=2.11;偿债备付率=2.21。

(6)资产负债率=15.92%。

(7)流动比率=1.98;速动比率=1.29。

(8)$NPV=-80-80(P/F,10\%,1)+40(P/F,10\%,2)+50(P/F,10\%,3)+60(P/F,10\%,4)+70(P/F,10\%,5)=2.34$ 万元。

(9)$NPV=144.62$ 万元;$NPVR=72.31\%$。

(10)$NAV_A=7.0037$ 万元;$NAV_B=7.2355$ 万元;$NAV_B>NAV_A$;所以选择使用设备 A。

(11)$\Delta NPV=1593.95$ 万元;$P'_t=5.17$ 年。

(12)因为 $IRR=13.5\%>i_c=12\%$,故该项目在经济效果上是可以接受的。

(13)①静态 $P_t=3-1+50/55=2.91$ 年,可行;

②动态 $P'_t=4-1+15.71/37.57=3.42$ 年,可行。

(14)应首先选择 A2 方案。

(15)①计算差量净现金流量 ΔNCF

$\Delta NCF_0=-150-(-100)=-50$ 万元,

$\Delta NCF_{1\sim10}=29.29-20.18=9.11$ 万元;

②$\Delta IRR=12.74\%$;

③用差额投资内部收益率法决策　因为:$\Delta IRR=12.74\%>i_c=10\%$　所以:应当投资 A 项目。

5　建设项目多方案经济性评价

5.2　练习题

(1)静态回收期 5.75 年;动态回收期 6.29 年。

(2)5.1%。

(3)21.93%。

(4)项目净现值均大于零,方案一的净现值率更好,所以选择方案一。

(5)146.04 万元。

(6)方案一　费用现值 109.14,费用年值 17.88;方案二　费用现值 101.12,费用年值 16.56;所以方案二更优。

(7)内部收益率 17.40%,方案可行。

(8)方案 B 更优。

(9)6.49%　14.2 年。

6　建设项目不确定性分析与风险分析

6.2　练习题

(1)产量=3300 台;利用率=33%。

(2)$Q_1=1500$ 件,$Q_2=8500$ 件,即当产量处于 1500～8500 件范围内时,该项目可实现盈利。

(3)价格是敏感性因素,投资额次之,寿命期最不敏感。

(4)当投资额、产品价格变化时,方案盈利的概率为 92%。

(5)$Q=94000$ 件;$\Delta Q=54000$ 件。

(6)产量-盈亏平衡点:$Q^*=21400$ 件;

产能利用率-盈亏平衡点:$E^*=71.43\%$;

销售价格-盈亏平衡点:$P^*=2600$ 元/件;

单位产品变动成本-盈亏平衡点:$C_v=2000$ 元/件。

(7)由于 B 方案年净现金流量大,10 年以上定是 B 方案优。

(8)开工方案的期望值 $E_1=50000\times0.2+(-10000)\times0.8=2000$ 元。

不开工方案的期望值 $E_2=(-1000)\times0.2+(-1000)\times0.8=-1000$ 元

$E_1>E_2$,所以,应选开工方案。

6.3　案例分析

(1)当建筑面积<675m² 时,砖木结构为宜;当建筑面积>675m² 时,砖混结构为宜。

(2)该项目净现值的期望值大于零,是可行的。但净现值大于零的概率不够大,说明项目存在一定的风险。

(3)如果根据市场预测项目寿命期小于5年,应采用方案A;如果寿命期在5年以上,则应采用方案B。

(4)方案3更优。

7 设备更新经济分析

7.2 练习题

(1)C (2)C (3)A (4)C (5)A

(6)D (7)A (8)C (9)D (10)C (11)A

7.3 计算题

(1)6年。

(2)①24.48万元;②16.84万元,18.86万元。

(3)4年。

(4)AC_A=63013.09元,AC_B=62592.08元,故应立即用设备B更新设备A。

(5)$\Delta PW_{购置-租赁}$=-66364.3元<0,应选择租赁施工机械方案。

8 价值工程

8.2 练习题

(1)因为乙>丁>甲>丙,所以选择乙。

(2)因为丙>甲>乙,所以方案丙最优。

8.3 案例分析

(1)②最佳设计方案为A;

③最佳设计方案为B。

(2)②施工单位应首选A工作作为降低成本的对象。理由是:A工作价值指数低,降低成本潜力大。

(3)零部件F4的功能重要性系数=6/40=0.15。

(4)②

方案名称	单方造价	成本指数 C	功能指数 F	价值指数 F/C	最优方案
A	1420	1420/5160=0.275	0.255	0.927	
B	1230	1230/5160=0.238	0.256	1.076	
C	1150	1150/5160=0.223	0.259	1.161	最优
D	1360	1360/5160=0.264	0.23	0.871	
合计	5160	1	1		

(5)价值指数:A为0.906;B为1.046;C为1.067,方案C的价值指数最高,故C为最优方案。

10 建设项目财务分析

10.2 练习题

(1)n=3.827年<6年(基准投资回收期),所以该方案可行。

(2)流动资金=5900万元。

(3)$FNPV$=1759.65 万元>0，

所以该项目在财务上是可行的。

(4)I_2=7966.56 万元。

(5)I=25650 万元。

(6)①NPV=424 万元。

②i=19.38%。

(7)22%。

(8)$FIRR$>基准收益率，在基准收益率为 12%时，$FNPV$>0，该项目在财务上是可行的。

(9)6.00。

(10)37.5%。

10.3 案例分析

(1)②P_t=8.06 年。

(2)①建设期借款利息=60.90 万元。

(3)①369.27 万元；②551.10 万元；③第一年：1027.85 万元；第二年：1137.66 万元；④偿债备付率>1，可以归还贷款；⑤10.58%。

(4)②4.24 年；③712.90 万元；④17.1%；⑤从财务角度分析该项目投资可行。

11 建设项目国民经济评价

11.2 练习题

(1)①C ②A ③A ④B ⑤B ⑥C

(2)①ABD ②ABCD ③ABDE ④ABCD

(3)①2232.19 元/吨；②390 万元/台，432.96 万元/台，822.96 万元。

参考文献

[1] 赵彬.建筑工程经济与管理.武汉:武汉理工大学出版社,2009.
[2] 刘晓君.工程经济学.北京:中国建筑工业出版社,2010.
[3] 刘晓君.建设项目投资决策理论与方法.北京:中国建筑工业出版社,2009.
[4] 刘晓君.工程经济学.北京:中国建筑工业出版社,2012.
[5] 刘晓君.技术经济学.北京:科学出版社,2012.
[6] 刘新梅.工程经济学.北京:北京大学出版社,2009.
[7] 肖跃军.工程经济学.2版.徐州:中国矿业大学出版社,2012.
[8] 全国一级建造师执业资格考试用书编写委员会.建设工程经济.3版.北京:中国建筑工业出版社,2013.
[9] 全国一级建造师执业资格考试用书编写委员会.建设工程经济复习题集.北京:中国建筑工业出版社,2013.
[10] 全国造价工程师职业资格考试培训教材编审委员会.建设工程造价管理.北京:中国计划出版社,2013.
[11] 李慧民.工程经济与项目管理.北京:中国建筑工业出版社,2009.
[12] 都沁军.工程经济学.北京:北京大学出版社,2012.
[13] 杨双全.工程经济学.武汉:武汉理工大学出版社,2012.
[14] 杜葵.工程经济学.重庆:重庆大学出版社,2011.
[15] 陆宁.工程经济学.北京:化学工业出版社,2008.
[16] 田恒久.工程经济学.武汉:武汉理工大学出版社,2007.
[17] 应试指导专家组.环境影响评价技术方法.北京:化学工业出版社,2012.
[18] 李娜.建筑工程经济.西安:西安交通大学出版社,2011.
[19] 刘颖春,邱国林,闫波.工程经济学.北京:中国电力出版社,2013.
[20] 谭大璐,赵世强.工程经济学.武汉:武汉理工大学出版社,2008.
[21] 宋伟,王恩茂.工程经济学.北京:人民交通出版社,2007.
[22] 郭献芳.工程经济分析.北京:化学化工出版社,2008.
[23] 王诺,梁晶.建设项目经济分析案例教程.北京:化学化工出版社,2008.
[24] 瞿焱.工程造价辅导与案例分析.北京:化学化工出版社,2008.
[25] 葛震明.建设工程经济.上海:同济大学出版社,2012.
[26] 全国一级建造师执业资格考试研究组.建设工程经济.北京:北京科学技术出版社,2012.
[27] 刘颖春.工程经济学.北京:中国电力出版社,2013.
[28] 武献华,宋维维,屈哲.工程经济学.北京:科学出版社,2010.